UNITED NATIONS
New York and Geneva,2011

联合国贸易和发展组织
UNITED NATIONS CONFERENCE ON TRADE AND DEVELOPMENT

WORLD INVESTMENT REPORT
世界投资报告
国际生产和发展的非股权形式

WIR 2011

NON-EQUITY MODES OF INTERNATIONAL PRODUCTION AND DEVELOPMENT

经济管理出版社
ECONOMY & MANAGEMENT PUBLISHING HOUSE

图书在版编目（CIP）数据

世界投资报告 2011：国际生产和发展的非股权形式/联合国贸易和发展组织. —北京：经济管理出版社，2011.7

ISBN 978-7-5096-1546-1

Ⅰ. ①2… Ⅱ. ①联… Ⅲ. ①对外投资—调查报告—世界—2011 Ⅳ. ①F831.6

中国版本图书馆 CIP 数据核字（2011）第 150782 号

出版发行：经济管理出版社
北京市海淀区北蜂窝 8 号中雅大厦 11 层
电话：(010)51915602　　邮编：100038

印刷：三河市海波印务有限公司　　经销：新华书店

责任编辑：张永美
责任印制：杨国强

880mm×1230mm/16　　20.5 印张　　494 千字
2011 年 9 月第 1 版　　2011 年 9 月第 1 次印刷

定价：158.00 元

书号：ISBN 978-7-5096-1546-1

目　录

专　栏

附 录

说　明

贸发会议投资和企业司是联合国系统内处理与投资和企业发展相关议题的全球性的高级研究中心。凭借35年的经验和国际专门知识，它开展研究和政策分析，在政府间建立共识，并向发展中国家提供技术援助。

本报告所用“国家/经济体”一词亦指领土和地区。本报告中所用的名称以及材料的编排方式，并不意味着联合国秘书处对任何国家、领土、城市或地区或其主管当局的法律地位或者对其边界或疆界的划分表示任何意见。此外，国家类别名称的使用完全是为了便于统计或分析，未必表示对某一国家或地区在发展进程中所处的发展阶段做出判断。本报告所用主要国家类别沿用联合国统计处的分类，即：

发达国家：经合组织成员国（智利、墨西哥、韩国和土耳其除外），加上不属于经合组织成员国的欧洲联盟新成员国（保加利亚、塞浦路斯、拉脱维亚、立陶宛、马耳他、罗马尼亚），外加安道尔、以色列、列支敦士登、摩纳哥和圣马力诺。

转型期经济体：东南欧国家和独立国家联合体。

发展中经济体：泛指所有不在以上之列的经济体。出于统计的目的，中国的数据不包括香港特别行政区、澳门特别行政区和中国台湾地区。

贸发会议述及某一公司或其活动时，不应被视为认可该公司或其活动。

在本书提供的地图上显示的边界和名称以及使用的称呼，并不意味着联合国对其正式认可或接受。

图表中使用了下列符号：

● 两点“..”表示没有数据或无法得到单独的数据。表格中如果某行的任何一项均无数据，则予以删除；

● 破折号“——”表示该项数据等于零或可略去不计；

● 除非另有说明，否则表格中的空白表示该项目不适用；

● 代表年份的数字之间的斜线“/”，如1994/95，表示财政年度；

● 在代表年份的数字之间使用连接符“~”，如1994~1995，指所涉的是整个时期，包括开始年份和结束年份；

● 除非另有说明，否则“元”（$）指美元；

● 除非另有说明，否则年增长率或变动率均指年复合率；表内各分项数字或百分数由于四舍五入的缘故，其合计数未必与总计数相等。本报告所载资料尽可引用，但需恰当注明出处。

联合国出版物

销售编号：E.10.II.D.2

ISBN 978-92-1-112806-2

瑞士印刷

前　言

虽然一些区域的复苏形势好于其他区域，但是全球外国直接投资仍未回升至危机之前的水平。其原因并不在于融资限制，而在于脆弱的世界经济中可以察觉的风险和监管不确定性。

《世界投资报告 2011》预测，除非出现经济震荡，否则未来两年外国直接投资流量将回升至危机之前的水平。发展界面临的挑战在于如何使预期的投资对实现《千年发展目标》的努力产生更大影响。

2010 年，发展中经济体吸收的外国直接投资首次接近全球总流入量的一半。其外国直接投资流出量也创造了历史最高水平，大部分资金流向其他南方国家。这进一步表明，发展中经济体对于世界经济以及南南合作与投资对于可持续发展越来越重要。

通过合同制造、订单农业、服务外包、特许经营和许可经营等不断扩大的多种生产和投资模式，跨国公司与发展中和转型期经济体的接触日益增多。这些较为新颖的现象为发展中和转型期经济体提供了机遇，使其能够进一步融入瞬息万变的全球经济，增强本土生产能力的潜力，提高国际竞争力。

充分发挥这些新进展的潜力，需要各国政府和国际组织的明智决策和体制建设。发展中和转型期经济体的企业家和企业需要各种框架，使之能够充分受益于一体化国际生产和贸易。我向在迅速变化的世界中寻求成功发展的政策制定者和企业推荐这份研究内容丰富、分析精辟的报告。

Ki Moon Ban

潘基文

联合国秘书长

2011 年 6 月，纽约

鸣 谢

《世界投资报告 2011》由 James Zhan（詹晓宁）领导的小组编写。小组成员有：Richard Bolwijn、Quentin Dupriez、Masataka Fujita、Thomas van Giffen、Michael Hanni、Kalman Kalotay、Joachim Karl、Ralf Krüger、Guoyong Liang（梁国勇）、Anthony Miller、HafizMirza、Nicole Moussa、Shin Ohinata、Astrit Sulstarova、ElisabethTuerk、Jörg Weber 和 Kee Hwee Wee。Wolfgang Alschner、AmareBekele、Federico Di Biasio、Hamed El Kady、Ariel Ivanier、Lizzie Medrano、Cai Mengqi、Abraham Negash、Sergey Ripinski、Claudia Salgado、Christoph Spennemann、Katharina Wortmann 和 Youngjun Yoo 也对报告做出了贡献。

Peter Buckley 担任总顾问。《世界投资报告 2011》还得益于 Ilan Alon、Mark Casson、Lorraine Eden、Pierre Guislain、Justin Lin、Sarianna Lundan、Ted Moran、Rajneesh Narula 和 Pierre Sauvé 的建议。

Bradley Boicourt、Lizanne Martinez 和 Tadelle Taye 及实习人员 Hasso Anwer、Hector Dip、Riham Ahmed Marii、Eleni Piteli、John Sasuya 和 Ninel Seniuk 提供了研究和数据支持。

Tserenpuntsag Batbold、Elisabeth Anodeau-Mareschal、Séverine Excoffier、Rosalina Goyena、Natalia Meramo-Bachayani、Chantal Rakotondrainibe 和 Katia Vieu 为《世界投资报告 2011》的组合成型及传播提供了支持。

Christopher Long 编辑了手稿，Laurence Duchemin 和 Tess Ventura 负责排版。Sophie Combette 设计了封面。

在编写报告的不同阶段，特别是为讨论报告初稿组织的四次研讨会期间，小组得益于以下人员的意见和建议：Rolf Adlung、Marie-Claude Allard、Yukiko Arai、Rashmi Banga、Diana Barrowclough、Francis Bartels、Sven Behrendt、Jem Bendell、Nathalie Bernasconi、Nils Bhinda、Francesco Ciabuschi、Simon Collier、Denise Dunlap-Hinkler、Kevin Gallagher、Patrick Genin、Simona Gentile-Lüdecke、David Hallam、Geoffrey Hamilton、Fabrice Hatem、Xiaoming He、Toh Mun Heng、Paul Hohnen、Anna Joubin-Bret、Christopher Kip、Pascal Liu、Celso Manangan、Arvind Mayaram、Ronaldo Mota、Jean-François Outreville、Peter Muchlinski、Ram Mudambi、Sam Muradzikwa、Peter Nunnenkamp、Offah Obale、Joost Pauwelyn、Carlo Pietrobelli、Jaya Prakash Pradhan、Hassan Qaqaya、Githa Roelans、Ulla Schwager、Emily Sims、Brian Smart、Jagjit Singh Srai、Brad Stillwell、Roger Strange、Timothy J. Sturgeon、Dennis Tachiki、Ana Teresa Tavares-Lehmann、Silke Trumm、Frederico Araujo Turolla、Peter Utting、Kernaghan Webb、Jacques de Werra、Lulu Zhang 和 Zbigniew Zimny。

众多中央银行、政府机构、国际组织和非政府组织的工作人员也为《世界投资报告 2011》做出了贡献。

衷心感谢芬兰和瑞典政府提供的资助。

缩略语

ASEAN	东南亚国家联盟
BIT	双边投资协定
BOO	建设—拥有—运营
BOT	建设—运营—移交
CIS	独立国家联合体
COMESA	东非和南部非洲共同市场
CSR	企业社会责任
EAC	东非共同体
EMS	电子产品制造服务商
FDI	外国直接投资
GCC	海湾合作委员会
GFCF	固定资产形成总额
GHG	温室气体
IIA	国际投资协定
IP	知识产权
IPA	投资促进机构
IPO	首次公开募股
ISDS	投资者—东道国争端解决
IT-BPO	信息技术和业务流程外包
LDC	最不发达国家
LLDC	内陆发展中国家
LNG	液化天然气
M&As	兼并与收购
MFN	最惠国待遇
MSI	多方利益相关者倡议
NEM	非股权模式
NIE	新兴工业化经济体
ODA	官方发展援助
OECD	经济合作与发展组织
PPM	加工和生产方法
PPP	公私合作制
QIA	卡塔尔投资局
R&D	研究与开发
ROCE	已动用资本回报率
RTAs	区域贸易协定
SADC	南非发展共同体
SEZ	经济特区
SIDS	小岛屿发展中国家
SME	中小企业
SOE	国有企业
SWF	主权财富基金
TBT	贸易技术壁垒
TNC	跨国公司
TRIMs	与贸易有关的投资措施协定
TRIPS	与贸易有关的知识产权协定
WIPS	国际投资前景调查

本书的主旨

外国直接投资（FDI）的趋势和前景

2010年，虽然全球外国直接投资小幅回升至1.24万亿美元，但仍比危机前的平均值低15%。与此形成鲜明对比的是，全球工业产出和贸易则已经恢复到危机前的水平。联合国贸发会议估计，全球外国直接投资将在2011年恢复到危机前的水平，增加到1.4万亿~1.6万亿美元，并在2013年接近2007年的最高值。不过，上述积极的预计是在全球经济不遭受意外冲击的情形下做出的，而这些经济冲击很可能被许多现存的危险因素所诱发。

发展中经济体和转型经济体合计吸收利用的外国直接投资，首次超过了全球的一半。来自发展中经济体和转型经济体的对外直接投资也创了历史新高，其中大部分投资投向了其他南方国家。与此相反，流入发达国家的外国直接投资仍在继续下降。

一些最贫困地区吸收利用的外国直接投资仍在下降。流入到非洲、欠发达国家、内陆发展中国家、小型岛屿发展中国家以及南亚的外国直接投资都在下降。与此同时，流入主要新兴地区，如东亚、东南亚以及拉丁美洲国家的外国直接投资则在强劲增长。

跨国公司的国际生产规模、海外销售额、就业和资产规模等都在继续扩张。2010年，跨国公司在世界范围内创造了大约16万亿美元的增加值，占全球国内生产总值（GDP）的1/4左右。全球10%以上的国内生产总值和1/3的世界出口都来自跨国公司的海外子公司。

国有跨国公司正日益成为国际直接投资的重要来源。全球至少有650家国有跨国公司，并拥有8500多家国外子公司。2010年，虽然国有跨国公司的数量不到全球跨国公司总数的1%，然而，来自国有跨国公司的对外直接投资却占全球对外直接投资总额的11%。国有跨国公司的所有权和管理问题已经在一些东道国引发了公平竞争环境和国家安全等方面的关切，为这些公司的国际扩张带来了监管影响。

投资政策趋势

投资开放和促进仍然是近期投资政策的主导内容。然而，由于近年来限制性投资措施和监管审批程序的累积，投资保护主义的风险增加了。

国际投资制度正处于十字路口。近6100个投资协定，以及许多正在进行的协定谈判和多重争端处理机制，使得国际投资协定体系对政府和投资者而言，已到了太大、太复杂而难以操作的地步，但即使这样却仍不足以涵盖所有的双边投资关系（这还需要 14100 个双边协定）。关于国际投资协定未来定位和发展影响的政策讨论日益激烈。

在国家和国际两个层面，外国直接投资政策与产业政策之间的相互作用不断增强。所带来的挑战是如何处理好这一相互作用以使得两种政策形成合力促进发展。关键是要在加强国内生产能力建设和避免投资与贸易保护主义之间保持平衡，同时要增强国际协调与合作。

各类自愿性企业社会责任标准对投资政策格局的影响越来越大。通过采取适当政策，如统一企业报告规范、提供能力建设方案、将企业社会责任标准纳入国际投资制度，政府可以使这些标准带来最大化的发展效益。

国际生产与发展的非股权形式

当今世界，旨在加强发展中经济体融入全球价值链的政策必须将目光超越直接外资和贸易。政策制定者需要考虑国际生产的非股权形式，例如合同制造、服务外包、订单农业、特许经营、许可经营、管理合同及其他类型的合约关系，跨国公司通过这些关系协调东道国公司的业务活动，而不拥有其股份。

世界范围内的跨境非股权形式活动意义重大，对于发展中国家尤为重要。据估计，这种非股权活动在 2010 年创造了超过 2 万亿美元的销售额。其中，合同制造与服务外包贡献了其中的 1.1 万亿~1.3 万亿美元，特许经营额为 3300 亿~3500 亿美元，许可经营总额 3400 亿~3600 亿美元，管理合同总额则达到了约 1000 亿美元。几乎在所有的行业中，NEMs 都表现出了比行业总体更快的增长速度。

NEMs 能够带来显著的发展效益。它在发展中国家创造了 1400 万~1600 万个工作岗位。在一些国家当中，其创造的增加值超过了当地 GDP 的 15%。在一些产业中，其出口额则占到了该行业全球出口总额的 70%~80%。总体而言，NEMs 可以通过生产能力建设（包括技术扩散以及国内企业发展等方式）帮助发展中国家从融入全球价值链的过程中获益，并由此为相关产业的发展提供长期支持。

NEMs 也为这些发展中国家带来了一定的风险。合同制造所创造的就业岗位具有高度的商业周期性并且能够被轻易替代。而且，东道国的 NEMs 企业从全球生产价值链体系中所获得的增加值可能偏低。此外，还有一些人担心跨国公司可能利用 NEMs 来规避社会与环境标准。发展中国家需要注意规避相关的风险，防止被锁定在低附加值的生产活动上，并过于依赖跨国公司拥有的技术以及由跨国公司掌控的全球价值链。

政策是关键。要从 NEMs 中获得最大限度的发展效益需要以下四个方面的努力：首先，NEMs 政策必须被置于国家总体发展战略当中，与贸易、投资以及技术政策统筹安排并注意解决过度依赖风险。其次，政府需要采取措施对国内自身生产能力的建设提供支持，以确保存在有资格进入全球价值链的富有吸引力的商业伙伴。再次，NEMs 的提升与发展需要一个强有力的法律与制度框架以及吸引跨国公司合作伙伴的投资促进机构的广泛参与。最后，相关政策还需要通过强化本土 NEM 参与者的谈判能力，确保公平竞争、保护环境与劳动者权益等措施来规避和消除 NEMs 所带来的不良后果与风险。

概论：外国直接投资的趋势和前景

2011 年外国直接投资加速复苏

2010 年，全球外国直接投资（FDI）流入量小幅回升了 5%，达到 1.24 万亿美元。尽管全球工业产出和贸易都业已恢复到金融危机前的水平，但是 2010 年的外国直接投资流量仍然比金融危机前的平均水平低了 15%左右，比 2007 年的峰值水平低了约 37%。

联合国贸发会议预计，2011 年的外国直接投资流量将继续回升，达到 1.4 万亿~1.6 万亿美元，恢复到金融危机前的水平。2012 年外国直接投资流量有望进一步上升到 1.7 万亿美元，在 2013 年达到 1.9 万亿美元，即 2007 年的峰值水平。创纪录的跨国公司现金持有量、持续进行的公司和产业重组、不断上涨的股票市值，以及政府从金融和非金融企业的股权中逐步退出、危机期间逐步建立的这些扶持措施为全球企业创造了新的投资机会。

但是，后危机时代的商业环境仍然受到不确定性的困扰。全球经济治理的不可预测性，一些发达国家可能蔓延的主权债务危机和财政、金融部门的不平衡，以及主要新兴市场经济体通货膨胀的攀升和经济过热的迹象，都有可能使得外国直接投资偏离复苏轨道。

新兴经济体是外国直接投资的新力量

2010 年，无论是作为外国直接投资的接受国，还是作为外国直接投资的投资国，发展中经济体的重要性都进一步提升。近年来，随着国际生产和国际消费向发展中和转型期经济体的转移，跨国公司正日益同时增加这些国家中的“效率寻求型”和“市场寻求型”项目的投资。2010 年，这些发展中和转型期经济体吸收的外国直接投资流入量，首次超过了全球流入量的一半。2010 年前 20 位外国直接投资东道国有一半是发展中或者转型期经济体。

来自发展中和转型期经济体的外国直接投资流出量的增长同样强劲，增长了 21%。如今它们已占到了全球外国直接投资流出量的 29%。2010 年，有六个发展中和转型期经济体位于全球前 20 位投资国之列。新兴市场跨国公司的投资活力，与发达国家尤其是那些欧洲国家跨国公司的投资乏力，形成了鲜明的对比。发达国家跨国公司的外向投资仍然只有其在 2007 年高峰时期的一半左右。

服务业外国直接投资疲软，跨国并购反弹

部门格局。2010 年外国直接投资流入量的小幅回升掩盖了重大的部门差异。在金融危机导致的全球外国直接下滑量中占据绝大比重的服务业，其 2010 年外国直接投资流量继续下滑。尽管降速不一，但主要服务业（商业服务、金融、运输以及通讯和公共事业）的外国直接投资都在减少。金融业的外国直接投资流量经历了有史以来最剧

烈的一次下降。制造业在所有外国直接投资项目中的比重几乎上升到了一半。而制造业中金属和电子等经济周期敏感型产业的投资也有所减少。化工业（包括制药业）仍然保持着对金融危机的抗御能力。与此同时，食品加工、饮料和烟草、纺织和服装以及汽车制造业的外国直接投资在2010年均有回升。采掘业（在金融危机中未遭受严重影响）外国直接投资在2010年出现了下降。

进入方式。2010年，跨国并购交易额增长了36%，但仍然只有2007年峰值水平的1/3左右。针对发展中经济体的跨国并购翻了一番。2010年，绿地投资出现下降，但2011年前五个月，绿地投资无论是投资额还是项目数量都出现了显著增长。

外国直接投资组成成分。世界各地经济表现的提升以及国外分支机构利润的增长，使得利润再投资与2009年相比增长了近一倍。外国直接投资的另外两个组成部分——股本投资和公司内借贷——在2010年均出现下降。

特殊基金。2010年，私募股权基金的外国直接投资开始回升，并日渐投向发展中和转型期经济体。然而，私募股权基金的外国直接投资仍然比2007年的峰值水平低了70%多。2010年，主权财富基金（SWFs）的外国直接投资由2009年的265亿美元下降到100亿美元。更有利的全球经济环境可能会使得这些特殊基金的外国直接投资在2011年出现增长。

国际生产回升

随着经济环境的改善，2010年包括跨国公司的海外销售额、海外雇员数量以及海外资产在内的国际生产指标都出现了增长。联合国贸发会议估计全球国外分支机构的销售额和增加值已分别达到了33万亿美元和7万亿美元。同时它们还出口了6万多亿美元，约为全球总出口量的1/3。全球跨国公司，包括母公司和国外分支机构，2010年创造了约16万亿美元的增加值——约占全球GDP的1/4。

国有跨国公司引人注目

在国家安全、公平竞争环境、公司治理和透明度等方面，国有跨国公司引起了一些东道国的担忧和关注。从国有跨国公司母国的角度来看，他们所关注的是对其国有跨国公司投资的开放程度。一些国际论坛已经就这些问题展开了讨论，试图解决这些问题。

目前至少有650家国有跨国公司，它们是外国直接投资的一个重要新兴来源。它们的8500多家海外子公司遍布全球，使得它们同许多东道国都有联系。虽然国有跨国公司在数量上相对较小（不到跨国公司总数的1%），但它们的外国直接投资额却相当可观，大约占到了2010年全球外国直接投资流量的11%。在2010年世界100家最大的跨国公司中，国有跨国公司占据了19席就反映了这一点。国有跨国公司的构成多样。尽管发达国家继续保持相当数量的国有跨国公司，但超过一半（56%）的国有跨国公司来自发展中和转型期经济体。与国有跨国公司主要集中在初级部门的普遍观点不同，这些国有跨国公司分布广泛，并且在服务业中也大量出现。

各区域的表现不均

发展中国家外国直接投资的增长掩盖了重要的区域差异。一些最贫困地区的外国直接投资流入量继续下降。流向非洲、最不发达国家（LDCs）、内陆发展中国家（LLDCs）以及小岛屿发展中国家（SIDS）的外国直接投资继续下降，南亚地区也是如此。与此同时，东亚、东南亚以及拉丁美洲等主要新兴地区的外国直接投资流入量强劲增长。

2010年，流向非洲的外国直接投资下降了9%，降至550亿美元，非洲在全球外国直接投资流入量中所占的份额也由2009年的5.1%下降到2010年的4.4%。初级部门，尤其是石油产业的外国直接投资，在非洲大陆的外国直接投资流入量中继续占主导地位。这正是加纳成为主要东道国，而安哥拉和尼日利亚的流入量下滑的原因。尽管跨国公司，尤其来自亚洲的跨国公司对自然资源的持续追逐，可能会支撑流向撒哈拉以南非洲的外国直接投资，但是对于整个非洲大陆而言，北非的政治动荡也许会使2011年再度成为充满挑战的一年。

尽管有迹象表明，非洲区域内外国直接投资正开始出现在非自然资源产业，但是这些区域内国外直接投资无论是在量上还是在产业的多样性上，仍然是有限的。协调非洲区域贸易协定，将外国直接投资制度纳入其中，能够有助于非洲进一步发挥区域内外国直接投资潜力。

2010年，东亚、东南亚以及南亚国家的外国直接投资流入量整体上升了24%，达到3000亿美元。然而这三个地区变化趋势大相径庭：流向东盟的外国直接投资增加了一倍多，流向东亚的外国直接投资增长了17%，而流向南亚的外国直接投资却下降了1/4。

中国是发展中国家中最大的外国直接投资接受国，其外国直接投资流入量攀升了11%，达到1060亿美元。然而，随着中国持续增长的工资水平和生产成本，劳动密集型制造业外包至中国的速度放缓，流入的外国直接投资继续转向高科技产业和服务业。与此相对照，一些东盟国家，比如印度尼西亚和越南，作为低成本生产基地尤其是低端制造业的生产基地的区位优势有所增强。

南亚国家外国直接投资流入量的下降，以印度外国直接投资流入量下滑31%、巴基斯坦下降14%为代表。在印度，吸引外国直接投资受挫的原因，部分是由于对宏观经济的担忧。同时，作为南亚日益重要的低成本生产基地，孟加拉国外国直接投资流入量跃升了30%，达到91300万美元。

2010年，南亚、东亚和东南亚国家的外国直接投资流出量增长了20%，达到2320亿美元。近些年来，发展中国家外国直接投资流出量的不断上升，显示出新的和多样化的产业格局。在采掘业涌现出新的投资者，像中国中信集团公司（中国）、瑞莱恩斯集团（印度）这样的集团公司，以及中国投资公司和淡马锡控股（新加坡）这样的主权财富基金。该地区的金属企业在获取海外矿产资源，如铁矿石和铜矿方面尤为积极。在制造业领域，亚洲公司一直在积极收购发达国家的大型企业，但面临着越来越多的政治障碍。服务业的外国直接投资流出量有所下降，但在通信等行业中的并购一直在上升。

2010年，流向西亚地区的外国直接投资继续受到全球金融危机的影响，下降了12%，但它们有望在2011年见底。然而，对该地区政治不稳定性的担忧，有可能会抑制其复苏的步伐。

2010年，西亚的外国直接投资流出量下降了51%。西亚的外向投资主要由政府控制的实体带动，最近这些实体将国家的石油出口盈余转而支持本国的国内经济。这些国家通过双重战略来实施经济多样化政策：一方面投资其他阿拉伯国家，以支撑其较小的国内经济；另一方面也投资发达国家，为本国产业潜力的发展和多样化寻求战略资产。这一政策越来越多地被用来创建国内正在丧失的生产能力，比如汽车制造、替代能源、电子设备以及航空航天。这种做法同其他国家不同，别的国家一般都是在国内生产能力发展到一定水平以后，才开始进行对外直接投资。

2010年，流向拉丁美洲和加勒比地区的外国直接投资增加了13%。最强劲的增长出现在南美，增长率达到 56%，巴西尤为突出。2010 年，拉丁美洲和加勒比地区的外国直接投资流出量增长了 67%，这主要是由于巴西和墨西哥的跨国公司进行了大规模跨国并购。

拉丁美洲和加勒比地区同样也经历了来自发展中亚洲跨国公司，尤其是“资源寻求型”项目的投资浪潮。2010 年，来自亚洲跨国公司的收购跃升至 200 亿美元，在流向该地区外国直接投资总量中的比重超过了 60%。这引发了该地区一些国家对贸易格局的担忧——南美国家出口的主要是初级产品，进口的大多是工业制成品。

2010 年，流向转型期经济体的外国直接投资略微下降。流向独联体国家的外国直接投资微涨了 0.4%。外国投资者继续被当地快速成长的消费市场所吸引，尤其是俄罗斯，其外国直接投资流入量上升了 13%，达到 410 亿美元。与此相反，流向东南欧国家的外国直接投资连续三年锐减，部分原因是来自欧盟国家的投资乏力。

东南区域间外国直接投资快速增长。转型期经济体和发展中经济体的跨国公司，已逐渐挺进对方市场。例如，2010 年，在发展中东道国的绿地投资项目中，转型期经济体的跨国公司所占的比重已经上升至 60%（2004 年仅为 28%），而在过去的十年间，发展中国家对转型期国家的外向外国直接投资增加了 5 倍多。哈萨克斯坦和俄罗斯是发展中国家投资者最重要的投资目的地，而中国和土耳其则是最受转型期经济体欢迎的外国直接投资目的地。东南区域间的外国直接投资的增长，主要受益于政府通过区域合作（如上海合作组织）和建立双边伙伴关系等措施对外向外国直接投资的支持。

流向最贫困区域的外国直接投资继续下降

与发展中国家外国直接投资整体上的欣欣向荣形成鲜明对照的是，2010 年 48 个最不发达国家的外国直接投资流入量进一步下降了 0.5%——这是一个需要严重关注的问题。同时，流入最不发达国家的外国直接投资分布仍极不均衡，超过 80%流向了非洲资源丰富的经济体。当然，资源项目高、资本密集型的特点夸大了这种地区分布的不均衡。从数量上看，约 40%的投资项目以绿地投资的形式存在于制造业部门，16%的项目分布在服务业部门。

在 2011 年第四届联合国最不发达国家问题会议上，联合国贸发会议就最不发达国家的投资问题提出了一项行动计划。计划的重点是实施一项针对投资、技术能力建设和企业发展的综合政策，在以下五个领域采取行动：公私合营基础设施的发展、生产能力的援助、增加最不发达国家的投资机会、当地商业的发展和融资机会，以及监管和体制改革。

2010 年，内陆发展中国家（LLDCs）的外国直接投资流入量下降了 12%，降至 230 亿美元。这些国家历来是外国直接投资的边缘目的地，他们仅占了流向发展中国家外国直接投资总量的 4%。随着南南经济合作的加强和来自新兴市场资金流量的增加，这些国家外国直接投资流入量的前景向好。

2010 年，流向小岛屿发展中国家（SIDS）的外国直接投资整体上略微下降 1%，降至 42 亿美元。由于这些国家特别容易受到气候变化的影响，小岛屿发展中国家期望吸引跨国公司进行投资，通过调动财政和技术资源，实行适应性举措及增强本地适应能力，为适应气候变化做出贡献。

流向发达国家的外国直接投资依然大大低于危机前的水平

2010 年，发达国家的外国直接投资流入量微微下降，外国直接投资流入量的分布也呈现出区域性的不均衡。欧洲遭受剧烈下降，日本的外国直接投资流量同样也出现了下降。更加暗淡的经济前景、严厉的法令和可能出现的主权债务危机，以及对政府监管的担忧，这些因素都阻碍了欧洲外国直接投资流入量的复苏。然而，流向美国的外国直接投资出现了强势逆转，增长超过了40%。

在发达国家，由监管当局推动的银行业重组，已经导致了一系列重大的外国资产撤资现象。与此同时，这些资产在各大投资者间转手，也产生了新的外国直接投资。全球推行金融体系改革的努力，以及各国政府的退出战略，都可能会对未来金融业的外国直接投资流量产生重大影响。

2010年发达国家外向外国直接投资的下行趋势发生了逆转，比2009年增加了10%。然而，这也仅仅是2007年峰值水平的一半。由跨国公司更加强健的资产负债状况和债务融资历史性低利率水平促成的更高额的跨国并购，是引发这种逆转的主要原因。

投资政策趋势

国家政策：喜忧参半

2010年，在已公布的投资政策措施中，超过2/3的政策措施是放宽对外国直接投资的限制和促进外国直接投资。这一点在亚洲地区尤为明显，亚洲地区有相当多的政策措施，都旨在使外国投资的进入和建立的条件变得更加容易。大多数的投资促进和便利化措施都是由亚洲和非洲国家实施的。这些措施包括简化准入程序、开放新的经济特区或者扩大原有的经济特区。

另外，在2010年新出台的政策措施中，几乎1/3都是投资监管和限制方面的措施，延续着该类政策措施比重自2003年以来不断上升的趋势。当前的限制措施主要是集中在少数的产业，特别是自然资源型产业和金融服务业。几年来限制措施的持续累积和它们不断增加的趋势，以及更加严格的外国直接投资进入审查程序，都增加了投资保护主义的风险。

尽管很多国家仍在继续实施紧急措施，或者持有可观的资产，但是从援助方案和因实施紧急措施而产生的负债中的退出已经开始。这一进程相对缓慢。截至2011年4月，政府持有的金融和非金融公司的遗留资产和负债估计超过了2万亿美元。迄今为止，最大的部分涉及金融部门的几百家公司。所有的这些都预示着未来几年可能会出现一波私有化浪潮。

国际投资制度：过多与过少

2010年，总共缔结了178项新的国际投资协定——平均每周缔结的新协定超过三项。截止到2010年年底，国际投资协定体系的协定总数已达到6092条。协定的快速扩张趋势有望在2011年得以持续，前5个月已经缔结了48项新的国际投资协定，还有100多项正在谈判当中。外国直接投资管辖权由欧盟成员国向欧盟转移，将会对整个国际投资协定体系产生怎样的影响，目前依然不太明朗（当前欧盟成员国同非欧盟国家签订了1300多项双边投资协定）。在基于条约的投资者与东道国间争端解决方面，2010年至少有25起新案件被提交仲裁，有47项案件做出裁决，从而使得已知的备案案件达390起，结案案件197起。绝大多数的此类案件是由发达国家的投资者提交仲裁的，发展中国家通常为应诉方。2010年的裁决结果进一步向更加有利于东道国的方向倾斜——78起案件胜诉、59起败诉。

各国在缔结国际投资协定时，有时会使用一些新颖的条款，其目的是对国家和公司间的权利和义务进行再平衡，以及确保国际投资协定与其他公共政策的协调一致，而随着这种协定缔结过程的持续进行，对国际投资协定体系的未来定位，以及如何让国际投资协定更好地促进可持续发展的相关政策讨论日趋激烈。在国内层面，这一点在广泛的投资利益相关者不断增加的讨论中得以体现，这些投资利益相关者包括民间团体、商业团体和国会议员。在国际层面，这一类的政策讨论有联合国贸发会议 2010 年世界投资论坛、联合国贸发会议投资委员会以及经合组织贸发会议联合投资会议等场合的政府间讨论。

数千个投资协定，以及许多正在进行的协定谈判和多重争端处理机制，使得今天的国际投资协定体系对政府和投资者而言，已几乎到了太大、太复杂而难以操作的地步。然而，这样的国际投资协定体系也仅为全球 2/3 的外国直接投资存量提供了保护，仅覆盖了 1/5 的双边投资关系。要涵盖所有的双边投资关系，还需要有 14100 个双边投资协定才能完成。这不仅引发了关于努力完善全球国际投资协定网络体系的问题，还引发了关于国际投资协定体系的影响和它在促进与保护投资方面的效果问题，以及关于如何确保国际投资协定实现它的发展潜力问题。

外国直接投资政策和产业政策间的相互作用日益增强

无论是国家层面还是国际层面，外国直接投资政策同产业政策的相互作用都日益增强。在国家层面，这种政策交会体现在以下几个方面：国家特定的投资指导目录；为产业发展设定目标投资类型，或者规定特定类别的外国投资者；对特定产业、经营活动和地区的投资激励；以及同产业发展战略相一致的投资便利化措施等。同时，各国还出于在危机时刻保护幼稚工业、国家龙头企业、战略性企业或境况不佳的国内产业等产业政策方面的目的，运用选择性的直接外资限制措施。

在国际层面上，外国直接投资促进措施可以通过国际投资协定来为产业政策提供支持，当个别的国际投资协定包含特定产业内容时这种支持作用尤为明显。同时，国际投资协定条文能够限制产业政策的管制空间。为了避免出现过度的政策约束，国际投资协定发展了一些灵活机制，例如将某些行业排除在外或制定保留条款、一般例外或国家安全例外。根据联合国贸发会议对国际投资协定中保留条款的研究，同初级部门和制造部门相比，各国越来越倾向于在服务业部门保留政策空间。而在服务业部门，大多数的保留条款存在于交通运输、金融服务和通信等领域。

我们所面临的挑战是如何处理好这一相互作用以使得两种政策形成合力促进发展。这就需要在以下两个方面寻求平衡：一方面要建立起强劲的国内生产能力；另一方面又要避免投资和贸易保护主义。更好的国际协调能够有助于避免“以邻为壑”的政策，并为全球合作创造合力。

企业社会责任标准日益影响投资政策

近些年来，企业社会责任（CSR）标准已经逐渐成为一种独特的“软法律”。这些企业社会责任标准一般关注于跨国公司的运营行为，因而随着重新平衡国家和投资者之间权利和义务的努力不断加强，它们对国际投资的影响日益加深。反过来，跨国公司通过它们的海外投资和全球价值链，能够影响全球商业的社会和环保行为。企业社会责任标准目前的格局是多层次、多方面且相互关联的。联合国、国际劳工组织和经合组织的企业社会责任标准，都旨在界定基本的企业社会责任并提供指导。此外，还有几十个国际多方利益相关者倡议（MSIs），上百个行业协会倡议以及上千个独立公司准则，为企业国内和国外的社会和环保行为提供标准。

企业社会责任标准提出了一系列的系统性挑战。影响到大多数企业社会责任标准的一个基本挑战，是必须确保企业确实遵照执行。而且，各标准在全球影响力、涵盖主题、产业重点以及不同公司的理解方面存在着差距、重叠和矛盾。自愿的企业社会责任标准能够补充政府的监管，但是它们也有可能会削弱、替代或者扰乱政府监管。最后，公司在报告企业社会责任标准的履行表现时，仍然缺乏标准和可比性。

在建立一套连贯政策和制度框架，以解决企业社会责任标准领域所面临的挑战和机遇方面，政府能够扮演重要的角色。促进企业社会责任标准的政策选择包括：支持制定新的企业社会责任标准；在政府采购中应用企业社会责任标准；构建发展中国家企业社会责任标准的适用能力；促进对企业社会责任报告和负责任投资的理解；将企业社会责任标准作为监管举措的一部分；强化对现有国际标准的遵守促进机制；将企业社会责任标准纳入国际投资协定中。现行的大量方法正日益整合政府监管和自愿手段，以促进负责任的商务活动。

虽然企业社会责任标准通常旨在促进可持续发展目标，但在国际生产领域我们必须予以关注，以避免其成为贸易和投资壁垒。投资促进目标能够同企业社会责任标准交相呼应。国际社会正在对负责任投资进行讨论，比如在2010年，20国集团领导人鼓励各国政府和公司遵守联合国贸发会议、世界银行、国际农业发展基金会和联合国粮农组织制定的“负责任的农业投资准则”(PRAI)，并请这些组织为促进农业领域的负责任投资拟定备选方案。

国际生产和发展的非股权形式

现在国际生产已不再仅仅涉及外国直接投资和贸易这两个方面。国际生产的非股权形式(NEMs)日益重要，2010年产生了2万多亿美元的销售额，主要是在发展中国家。非股权形式包括合同制造、服务外包、订单农业、特许经营、许可经营、管理合同及其他类型的契约关系，通过这些契约关系，跨国公司能够协调其全球价值链（GVCs）中的活动并影响东道国公司的管理，而不需要在这些公司中持有股权。

从发展角度来看，非股权形式伙伴关系和国外分支机构（即外国直接投资）都能使东道国融入全球价值链。非股权形式的一个关键优势在于这是与本地公司之间的灵活安排，跨国公司的内在动机是通过传播知识、技术和技能，投资开发其业务伙伴独立发展的能力。这就为东道国经济体提供了相当大的潜力，通过就业、增值、创造出口和技术引进等若干影响发展的重要渠道，进行长期产业能力建设。另外，跨国公司通过外国直接投资建立当地分支机构，标志着其对东道国经济承担着长期的责任。对于现有生产能力有限的经济体，吸引外国直接投资也是更好的选择。在敏感的情况下，非股权形式可能比外国直接投资更为适宜。例如，在农业领域，订单农业比大规模土地收购更易于解决负责任投资的问题——尊重本地权利、农民的生计和资源的可持续利用。

对于发展中国家的政策制定者，非股权形式的兴起不仅创造了建设生产能力、融入全球价值链的新机遇，而且也带来了新挑战，因为每一种非股权形式都有自己的一套发展影响和政策影响。

跨国公司“制造或购买”的决定和作为“中间道路”选择的非股权形式

跨国公司首要的核心竞争力是在全球价值链中协调各项活动的能力。跨国公司可以决定在内部进行这类活动（内部化），也可以委托其他企业进行（外部化）——这种选择类似于“制造或购买”的决定。内部化中存在跨国内容时，就成为外国直接投资，货物、服务、信息和其他资产的国际流动发生在企业内部，并完全处于跨国公司的控制之下。外部化的结果可能是产生跨国公司不对其他公司实施控制的公平贸易，也可能是作为一个“中间道路”的选项，形成企业间的非股权安排，通过合同协议和相对议价能力来调节东道国企业的运作和行为。这种“调节”可以对商业行为产生实质性影响，例如，要求东道国公司投资设备、改变流程、采用新的程序、改善劳动条件或使用指定供应商。

掌握全球价值链的最终所有权和控制配置是跨国公司一套战略性选择的结果。在典型的价值链中，跨国公司管理着从投入品采购、制造业务直到分销、销售和售后服务这一系列活动。此外，公司还从事 IT 服务或研发等活动，支持价值链的所有部分。在一个完全一体化的公司中，价值链上述全部环节的活动都在公司内部完成（内部化），如果活动发生在海外，就产生外国直接投资。然而，在价值链的所有环节，跨国公司都可以选择以各种非股权形式将活动外部化。例如，跨国公司可以不在东道国设立制造子公司（即外国直接投资），而将生产外包给合同制造商或允许本地公司在获得许可证后生产。

跨国公司在价值链任意环节中最终选择外国直接投资还是选择非股权形式（或贸易），要依据其战略、相对成本和效益、相关风险和可用备选方案的可行性。在价值链的某些部分，非股权形式可以替代直接外资，在其他部分，二者可以起到互补作用。

非股权形式的价值超过 2 万亿美元，绝大部分在发展中国家

据估计，2010 年全球跨国非股权形式活动将共产生超过 2 万亿美元的销售额。这一数额中，合同制造和服务外包占 1.1 万亿~1.3 万亿美元，特许经营占 3300 亿~3500 亿美元，许可经营占 3400 亿~3600 亿美元，管理合同约占 1000 亿美元。

这些估算并不完整，仅包含每种非股权形式类型较为普遍的最重要的产业。总值还不包括订单农业和特许权等其他在发展中国家十分重要的非股权形式。例如，跨国公司的订单农业活动遍布全球，涵盖 110 多个发展中和转型期经济体，涉及广泛的农业商品，而且在产出中占据了很大的份额。

各产业的相对规模大不相同。汽车产业中，合同制造占全球汽车部件出口的 30%和 1/4 的就业。与之相反，合同制造在电子产业中占据了相当大的贸易份额和约 3/4 的就业。在服装、制鞋和玩具等劳动密集型产业中，合同制造甚至更加重要。

客观审视国际生产的各种形式，2010 年与所选取的非股权形式相关的跨国活动产生了 2 万亿美元的价值，与之相比，跨国公司国外分支机构的出口额约为 6 万亿美元。然而，非股权形式在发展中国家尤为重要。许多产业中，发展中国家几乎占据了全部与非股权形式相关的就业和出口，而它们在全球外国直接投资存量中所占的份额为 30%，在世界贸易中所占的份额不足 40%。

非股权形式的发展也十分迅速。在大多数情况下，非股权形式的增长速度超出了其所在产业的增长速度。非股权形式的增长动力源自其对跨国公司的若干重要优势：①所需前期资本支出相对较少，运营所需周转资金有限；②降低了面临的风险；③可灵活适应商业周期和需求的变化；④提供一个基础，将往往可由其他运营者以较低成本进行的非核心活动外部化。

非股权形式在发展中国家创造大量的正式就业

联合国贸发会议估计，全世界共有 1800 万~2100 万工人直接受雇于在非股权安排下运营的企

业，大多数从事合同制造、服务外包和特许经营活动。非股权形式创造的就业中约有80%是在发展中和转型期经济体。合同制造产生的就业主要集中于发展中国家，服务外包也大体如此。虽然无法获得全球范围的数据，但其他非股权形式均亦如此。例如，订单农业使莫桑比克约40万小型农户加入了全球价值链。

以低成本劳动力为基础的非股权形式企业中的工作条件常常是一个令人关切的问题，而且还因非股权形式公司的模式和其运营所在国家的法律、社会和经济结构的不同而差异显著。影响非股权形式下工作条件的因素包括政府在制定、传达和执行劳动标准方面发挥的作用和跨国公司的采购做法。跨国公司的社会责任已经超出了其自身的法律界限，并促使许多公司对价值链伙伴的活动施加了更大的影响。跨国公司为了管理风险及保护其品牌和形象，通过行为守则影响其非股权形式伙伴以及宣传国际劳动标准和良好管理做法的现象越来越普遍。

另一个令人关切的问题是非股权形式相对“游移”的特点。产业的季节性、跨国公司波动的需求格局及它们可以轻易将非股权形式生产转移至其他地点等因素可以对非股权形式企业的工作条件和就业稳定性产生强烈影响。

非股权形式往往可对GDP做出重大贡献

非股权形式可对本地增值产生显著影响。这取决于非股权安排如何融入跨国公司掌控的全球价值链，因此也就取决于有多少价值保留在东道经济体。这还取决于与其他企业联系的潜力及其潜在能力。

在合同制造或服务外包等寻求效率的非股权形式中，如果本地采购的范围有限，货物在进口加工后又再出口，东道经济体中的价值捕获较之于在全球价值链中创造的总价值有可能相对较小，如电子产业的情况即常常如此。虽然以在最终产品销售价格中所占份额捕获的价值可能有限，但是它仍然可能为本地经济做出重要贡献，在某些国家达到GDP的10%~15%。

如果合同制造的出现导致生产和出口活动的集中（例如集中于产业集群或产业园区），本地采购及对东道国增值的总体影响就会增加。工厂数量和与跨国公司的联系越多，溢出效应和本地增值就越大。此外，产业集群可以通过增加转移成本而降低跨国公司将生产转移至其他地点的风险。

非股权形式可以创造出口收益

非股权形式与国际贸易有着千丝万缕的联系，影响着全球许多产业的贸易格局。玩具、制鞋、服装和电子部门，合同制造占其全球贸易的50%以上。因此，对于力求以出口带动增长的国家，非股权形式可以成为其在逐渐发展独立出口能力前重要的“市场之路”和进入跨国公司掌控的全球价值链的重要起点。本地增值有限时，特别是在非股权形式发展的早期阶段，更多的进口可能部分抵消出口收益，降低出口纯收益。

非股权形式是一种重要的技术技能建设途径

非股权形式本质上是在合约的保护下向东道国公司转让知识产权。许可证是跨国公司准许非股权伙伴获得知识产权的证明，通常附有合约条件，但是常常包含培训或技能转让。国际特许经营是转让的一种商业模式，而且为了正确建立新的特许经营单位，通常向本地伙伴提供广泛的培训和支持，对技术传播具有广泛影响。

特别是在东亚、东南亚，还有东欧、拉美和南亚的一些经济体，电子、服装、制药、信息技术服务和业务流程外包（BPO）等领域的非股权形式公司已经通过获取和吸收技术技能，凭借自身力量成长为跨国公司和技术领袖。

通过非股权形式获取和吸收技术虽然是一种普遍现象，但并不是一个必然的结局，特别是在联系不足或质量低下的第二级和第三级供应方。一个关键因素是本地非股权伙伴的吸收能力，具体表现为其现有的技术基础、是否有可以接受新技术培训的工人以及将获得的技术转化为新商业活动的必要条件，包括监管框架、商业环境和融资可能。另一个重要因素是跨国公司和本地非股权伙伴相对的谈判能力。这两个因素均可受到适当政策的影响。

非股权形式在社会和环境方面的利与弊

人们担心某些产业中跨境非股权形式可能成为跨国公司在生产网络中规避高社会和环境标准的一种机制。来自国际社会的压力已促使跨国公司在其全球价值链中为此类标准承担更大的责任。现在有大量证据表明，在同类活动中，跨国公司比本国公司更有可能使用更环保的做法。跨国公司在何种程度上指导非股权业务的社会和环境做法取决于以下因素：第一，它们对法律责任风险（例如对环境破坏的赔偿）和商业风险（例如对其品牌的损害和销售额减少）的认识和了解程度；第二，它们可以控制非股权形式的程度。跨国公司采用若干机制来影响非股权伙伴，包括行为准则、工厂视察和审计及第三方认证制度。

非股权形式能够帮助各国融入全球价值链和建设生产能力

非股权形式对就业、GDP、出口和本地技术基础的直接贡献有助于提供长期产业能力建设所必需的资源、技能和进入全球价值链的机会。非股权形式对本地产能建设和长期产业发展前景所做贡献的主要一部分通过影响企业发展来实现，因为它需要本地创业和本国投资。非股权形式常常促进此类本国投资和获取本地或国际融资的机会，或者由跨国公司直接为本地非股权伙伴提供支持，或者是通过与大型跨国公司合作而带来间接保障。

虽然非股权形式对长期发展的潜在贡献十分明朗，但是人们常常给予关切（特别是关于合同制造和许可证），担心严重依赖非股权形式进行产业发展的国家被锁定在跨国公司掌控的全球价值链的低附加值环节，在技术上抱有依赖。在这种情况下，发展中经济体更是承担着跨国公司将生产活动转移至其他地点的风险，因为非股权形式与同等的外国直接投资业务相比，更具有游移性。必须将非股权形式纳入国家的总体发展战略，解决“依赖性”和“游移性”的相关风险。

正确的政策有助于从非股权形式中获得最大的发展收益

要使非股权形式的发展效益最大化，并最大限度地降低本国企业融入跨国公司非股权形式网络的相关风险，政策对于各国至关重要。政策制定者面临四大挑战：第一，如何将非股权形式政策纳入国家总体发展战略；第二，如何支持国内产能建设，确保可以提供具有全球价值链行为者资格的具有吸引力的商业伙伴；第三，如何便利和促进非股权形式；第四，如何应对非股权形式的消极影响。

将非股权形式政策正确纳入产业发展战略，将产生以下效果：

● 确保通过国内产能建设及便利与促进举措来吸引非股权形式的努力面向正确的产业、价值链和价值链中的具体活动或环节；

● 支持根据国家发展阶段进行产业升级，确保企业攀升至价值链的高附加值阶段，帮助本地非股权伙伴降低技术依赖性，发展自有品牌，或凭借自身力量成为非股权形式的发起者。

纳入非股权形式的产业发展战略中，一个重要内容是采取措施，通过均衡处理多样化和专门化，预防和缓解源自“游移性”及某些非股权形式类型的影响。多样化能够确保本国公司在价值链以内和不同价值链之间从事多种非股权形式活动，并与广泛的非股权伙伴保持联系。某些价值链中的专门化增强了本地非股权伙伴在这些价值链中的竞争优势，从长远来看还可以促使其攀升至获取价值更高的环节。一般来说，采取措施的目的应该是保持和提高东道国对跨国公司的吸引力，通过建设本地供应商集团或集群和本地技术基地来提高非股权形式的“执著度”。国内企业家和雇员的持续学习和技能升级也很重要，可以确保一旦外国公司将“低端”生产流程转移至更廉价的地点，国内企业能够转向高增值活动。

增强本地企业参与非股权形式的能力包括几个政策方面。积极的创业政策可以加强本国非股权伙伴的竞争力，这些政策范围广泛，从扶持起步创业到促进商业网络。将创业知识纳入正式教育系统，辅之以职业培训和与非股权形式相关的专门技能发展也很重要。综合的国家技术政策可以增强本地的吸收能力，创造技术集群和伙伴关系。可以实行各项政策，降低借贷成本和向中小型企业借贷的风险，或提供传统银行信贷的替代方式，来增加国内非股权伙伴的融资机会。促进工作还可以包括支持尊重核心劳动标准和企业社会责任的举措。

促进和便利非股权安排，首先要依靠清晰、稳健的规则来管理非股权伙伴之间的关系，包括透明度和一致性。这很重要，因为非股权安排常常受到多重法律和规章的管理。有所助益的还包括有利的非股权形式专项法律（例如特许经营法、订单农业规则）和适当的知识产权保护（特别关系到许可证、特许经营和合同制造等知识产权密集型非股权形式）。虽然目前投资促进机构对专门促进非股权形式的参与仍然有限，但是它们可以将工作范围扩展到外国直接投资以外，提高对非股权形式机会的认识，参与搭桥服务，并为起步企业提供激励。

要应对非股权形式的消极影响，必须增强本地非股权伙伴面对跨国公司的谈判能力，以确保合约以风险和利益的公平分配为基础。制定具有产业针对性的非股权形式合约或谈判准则有助于实现这一目标。如果参与非股权形式的跨国公司获得主导地位，它们也许会滥用市场权力，损害其（本国和外国）竞争对手和自己的贸易伙伴。因此，非股权形式促进政策需要与保障竞争的政策相辅相成。还需要注意其他的公共利益标准。务必保护本地能力和传统活动，它们可能因成功的非股权形式迅速增加市场份额而被排挤出局。

以订单农业为例，此类政策可能产生在与跨国公司谈判中支持小农户的范本合约或准则；提供适当的技术和政府主导的扩展服务，提高签约农民的能力；在偏远地区进行基础设施开发，增加签约农民的商业机会。如果政府政策给予订单农业更高地位，跨国公司直接投资大规模收购土地将不再是一个严重的问题。

最后，母国的举措和国际社会也可以发挥积极作用。专门促进海外非股权形式的母国政策包括：扩大国家出口保险制度和政治风险保险，使其覆盖某些类型的非股权形式。国际上虽然没有促进非股权形式及其发展贡献的综合法律和政策框架，但是各种扶持性国际政策林林总总，既有相关世界贸易组织协议和国际投资协议（后者范围有限），还有各种软性法律措施，协助统一私营非股权形式各方之间关系的管理规则或指导它们周密制定非股权形式合约。

* * *

外国直接投资是全球增长引擎的一个关键组成部分。然而，直接外资在危机后的复苏启动缓慢，分布不均衡，尤其是最贫困国家仍然处于“外国直接投资萧条”之中。国际经济中仍有多种不确定因素困扰着投资者。国家和国际政策动态正在向投资界发送混合的信息。而且伴随着国际生产的不断变化和外国直接投资、非股权形式和贸易之间模糊的界限，投资政策制定变得愈加复杂。在发展中经济体进一步融入全球经济方面，非股权形式的壮大带来了新的挑战，但是也创造了新的机会。《世界投资报告 2011》的目的是帮助发展中国家的政策制定者和国际发展界灵活应对挑战，并利用这些机会获取发展收益。

联合国贸发会议秘书长

素帕猜·巴尼巴滴

2011 年 6 月，日内瓦

第一章 全球投资趋势

2010年，虽然全球外国直接投资温和上升到了1.24万亿美元，但仍比危机前的平均值低15%。与此形成鲜明对比的是，全球工业产出和贸易则已经恢复到危机前的水平。联合国贸发会议估计，全球外国直接投资将在2011年恢复到危机前的水平，增加到1.4万亿~1.6万亿美元，并在2013年接近2007年的最高值。不过，上述积极的预计是在经济不遭受意外冲击的情形下做出的，而这些经济冲击很可能被许多现存的危险因素所诱发。

发展中经济体和转型期经济体合计吸收利用的外国直接投资，首次超过了全球的一半。来自发展中经济体和转型期经济体的对外直接投资也创了历史新高，其中大部分投资投向了其他南方国家。与此相反，流入发达国家的外国直接投资仍在继续下降。

一些最贫困地区吸收利用的外国直接投资仍在下降。流入到非洲、欠发达国家、内陆发展中国家、小型岛屿发展中国家以及南亚的外国直接投资都在下降。与此同时，流入主要新兴地区，如东亚、东南亚以及拉丁美洲国家的外国直接投资则在强劲增长。

跨国公司的国际生产规模、海外销售额、就业和资产规模等都在继续扩张。2010年，跨国公司在世界范围内创造了大约16万亿美元的增加值，占全球国内生产总值（GDP）的1/4左右。全球10%以上的国内生产总值和1/3的世界出口都来自跨国公司的海外子公司。

国有跨国公司正日益成为国际直接投资的重要来源。全球至少有650家国有跨国公司，并拥有8500多家国外子公司。2010年，虽然国有跨国公司的数量不到全球跨国公司总数的1%，然而，来自国有跨国公司的对外直接投资却占全球对外直接投资总额的11%。国有跨国公司的所有权结构和管理模式引起了一些东道国政府的关注，其中包括国有跨国公司投资的领域、程度以及国家安全问题，这些关注也影响了国有跨国公司的国际扩张。

一、全球趋势和前景：复苏已经来临

（一）总体趋势

2010年，虽然全球对外直接投资只是轻微上升，但发展中经济体和发达经济体对外直接投资以及吸收的外国直接投资都创了历史新高。

随着“一揽子”经济刺激计划和其他公共财政政策的退出，持续的经济复苏越来越依靠私人投资。目前，跨国公司尚没有完全作为私人投资者占据传统的主导地位。

继2008年和2009年的大幅下降之后，全球对外直接投资在2010年开始温和回升。2010年，全球对外直接投资达到1.24万亿美元，比2009年增加了5%（图1.1）。全球对外直接投资的温和增长，主要得益于发展中国家吸收了更多的直接投资。发展中国家和转型期经济体吸收利用的外国直接投资，首次超过了全球对外直接投资的一半。

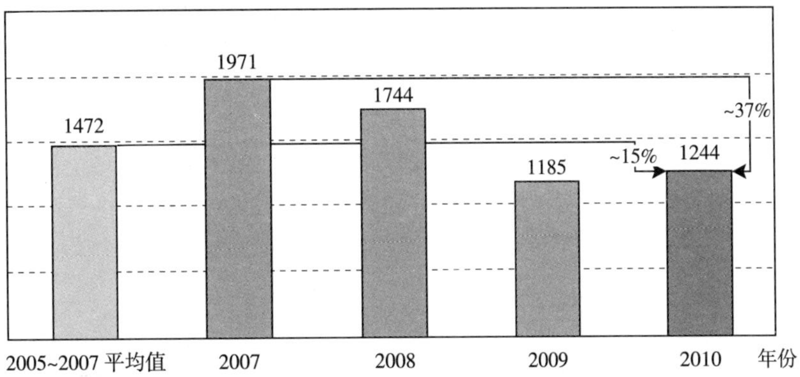

图1.1　2005~2007年、2007~2010年全球外国直接投资流入量年平均值（10亿美元）

数据来源：联合国贸发会议（UNCTAD）。根据附表1.1和外国直接投资/跨国公司数据库（网址：www.unctad.org/fdistatistics）整理得到。

2010年全球对外直接投资仍比经济危机前的平均值低15%，比2007年的最高值低37%，与此不同的是，世界工业总产出和贸易额则已经恢复到了危机前的水平（图1.1）。

2010年对外直接投资的温和复苏，反映了对外直接投资的进入模式、构成部分和投资主体的非平衡性。跨国并购（M&As）在逐步回升，然而占对外直接投资主体的绿地投资（Greenfield Investments），无论是投资项目数，还是投资金额，都在下降。海外子公司，特别是发展中国家海外子公司不断增长的利润，推动了对外直接投资三个构成部分之一的利润再投资（Reinvested Earnings）的增加。然而，全球货币市场和欧洲主权债务（European Sovereign Debt）危机所带来的风险，却导致了对外直接投资的另外两个构成部分，即公司内部贷款（Intra-company Loans）的减少和股权投资（Equity Investmen）水平的下降。2010年，虽然私募股权投资公司（Private Equity Firms）的对外直接投资重新开始增加，然而，主权财富基金公司（Sovereign Wealth Funds，SWFs）的对外直接投资却在大幅下跌。

全球资本市场经营业绩的改善和盈利能力的

提高，以及发展中国家良好的经济增长，使得2010年外国直接投资流入存量增加了7%，达到19万亿美元。

联合国贸发会议（UNCTAD）预测，外国直接投资将继续复苏，在2011年达到1.4万亿~1.6万亿美元，或达到经济危机之前的水平。虽然2011年第一季度的外国直接投资流入量，仍低于2010年第四季度的水平，但与2010年第一季度相比，则有所上升（图1.2）。预计到2012年，外国直接投资流入量将进一步攀升至1.7万亿美元，并在2013年增加到2007年的高峰值，即1.9万亿美元。跨国公司持有的创纪录的现金流、正在进行的公司重组和产业重构（industrial restructuring）、股市估值的持续上升以及政府对金融和非金融公司持股比例的逐渐减少（政府持股只是经济危机期间对公司的支持措施），这一切都正在为全球公司创造新的投资机会。

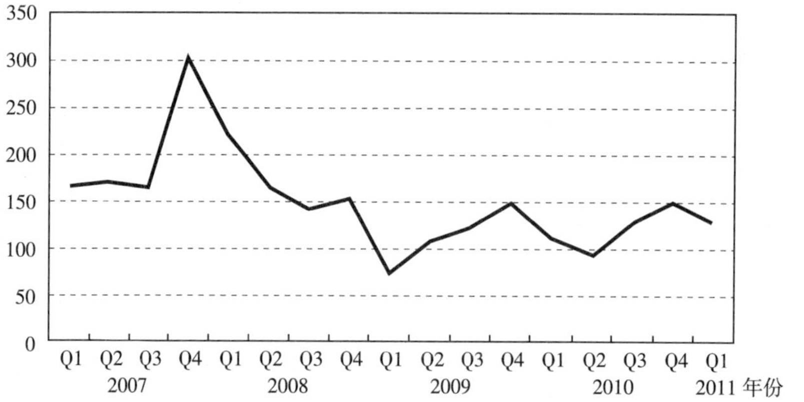

图1.2 联合国贸发会议全球外国直接投资（FDI）季度指数[①]：2007年第一季度至2011年第一季度（基数是2005年的季度平均值，为100）

注：①全球FDI季度指数，是根据87个国家外国直接投资流入量的季度数据计算的。87个国家的外国直接投资流入量占全球的90%左右。经过调整，该指数2005年的季度平均值等于100。

数据来源：UNCTAD。

不过，营商环境特别是发达国家营商环境的波动性，意味着跨国公司在考虑投资计划的时候，需要一直保持谨慎。此外，下面的一些风险因素，如全球经济治理的不可预测性、一些发达国家可能广泛存在的主权债务危机以及财政和金融部门存在的非平衡性、主要新兴市场经济体持续攀升的通货膨胀和经济明显过热的迹象等，都可能会破坏外国直接投资的复苏。

1. 当前趋势

外国直接投资加速转向流入发展中经济体和转型期经济体：这些经济体在2010年吸收利用的外国直接投资首次超过了全球外国直接投资的一半。

从图1.1可以看出全球外国直接投资流入流量（FDI inflows）从2009年的1.185万亿美元，小幅上升到2010年的1.244万亿美元。不过，外国直接投资流入流量在区域及次区域之间，都存在非平衡分布的格局。2010年，流入发达国家和转型期经济体的外国直接投资在进一步收缩，而流入发展中经济体的外国直接投资则在强劲复苏。发展中经济体和转型期经济体合计吸收利用的外国直接投资，首次超过全球外国直接投资的50%大关（图1.3）。

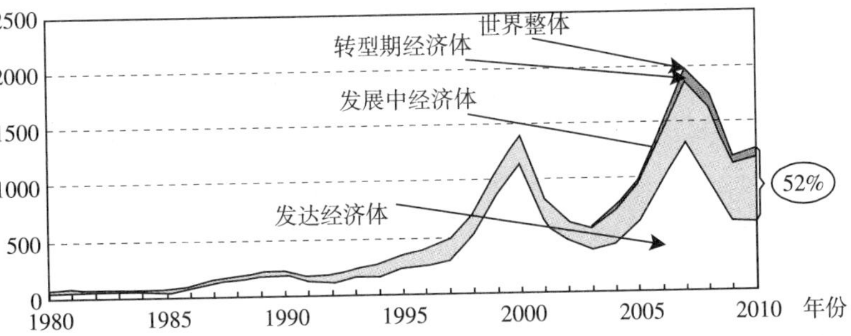

图 1.3　1980~2010 年全球及各经济体利用的外国直接投资（10 亿美元）

数据来源：联合国贸发会议（UNCTAD）。根据附表 1.1 和外国直接投资/跨国公司数据库（网址：www.unctad.org/fdistatistics）整理得到。

由于经济复苏相对较快、国内需求进一步加强以及南南相互投资的蓬勃发展，2010 年流入发展中经济体的外国直接投资增加了 12%，达到 5740 亿美元。公司资产富于吸引力的估值，强劲的收益增长以及稳健的经济基本面（如市场增长），使得发展中经济体的跨国并购金额也成倍增长。

随着越来越多的国际生产活动转移到发展中经济体和转型期经济体，为维持成本效益，并继续保持在全球生产网络中的竞争力，跨国公司不

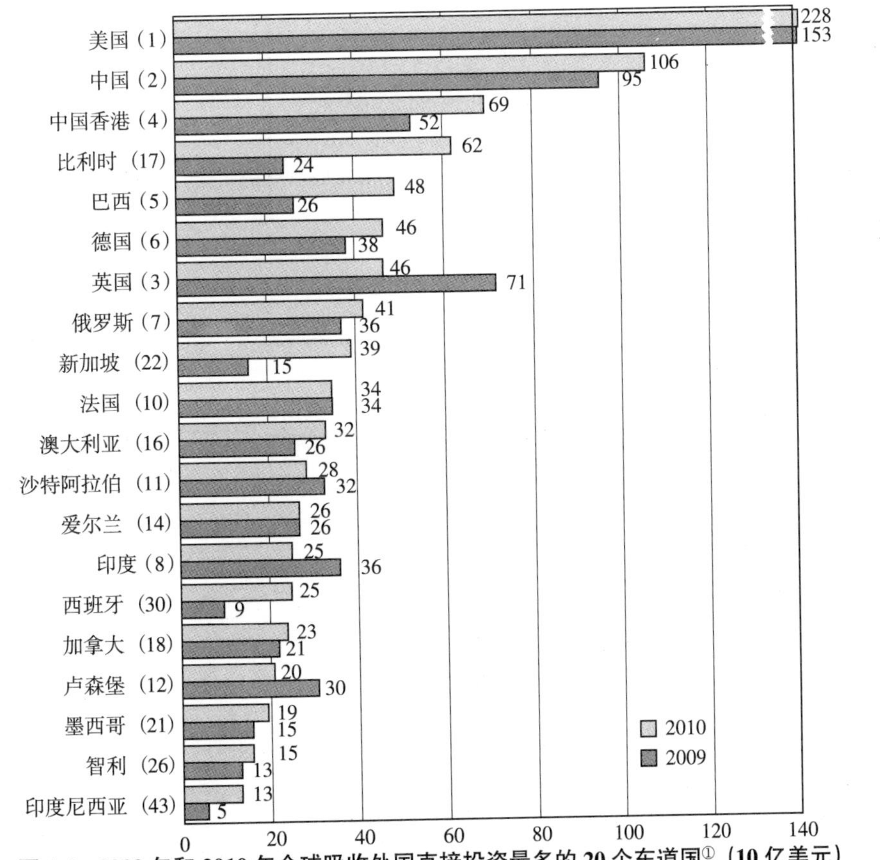

图 1.4　2009 年和 2010 年全球吸收外国直接投资最多的 20 个东道国[①]（10 亿美元）

注：①根据 2010 年外国直接投资流入的规模排名。

②国名之后括号内的数字为 2009 年的排名。2010 年排第 12 位的英属维尔京群岛，不包含在名单中。

数据来源：联合国贸发会议（UNCTAD）。根据附表 1.1 和外国直接投资/跨国公司数据库（网址：www.unctad.org/fdistatistics）整理得到。

断增加对发展中经济体和转型期经济体的直接投资。目前，这一点可由国际消费的转变反映出来，市场寻求型的外国直接投资也正从这一转变中获得好处。

全球利用外国直接投资最多的东道国排名，也证实了外国直接投资流入格局的改变：2010年，排名前20位的东道国中，有一半来自发展中经济体和转型期经济体，而2009年只有7个（图1.4）。此外，世界接受外国直接投资最多的五个东道国中，有三个是发展中经济体。虽然美国和中国利用的外国直接投资仍名列前茅，但一些欧洲国家利用外国直接投资的排名则在下降。印度尼西亚吸收的外国直接投资首次进入了前20名。

联合国贸发会议（UNCTAD）构建的东道国利用外国直接投资的业绩指数排名，也反映了全球外国直接投资正转向流入发展中经济体和转型期经济体。UNCTAD的外国直接投资业绩指数用于衡量东道国吸收利用的外国直接投资相对于其经济规模（GDP）的大小。作为一个整体，发达国家利用外国直接投资的业绩指数小于1（当一国吸收利用的外国直接投资占全球的份额等于该国的GDP占全球的份额时，该指数即等于1），而且相比于经济危机之前的2005~2007年，该指数在经济危机之后一直在下降。与发达国家形成鲜明对比的是，发展中国家利用外国直接投资的业绩指数都大于1，而且在2005~2010年一直都在增加（图1.5）。

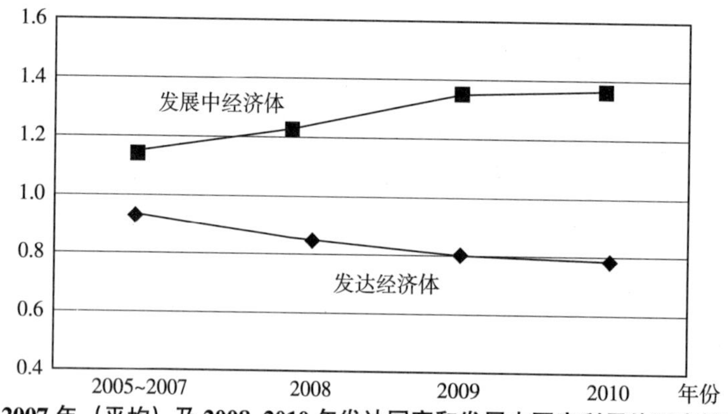

图1.5　2005~2007年（平均）及2008~2010年发达国家和发展中国家利用外国直接投资的业绩指数②

注：①利用外国直接投资的业绩指数，为一个国家或地区吸收利用的外国直接投资占全球外国直接投资的份额，与该国或地区的GDP占全球GDP的份额之比。该值大于1，表示一个国家或地区吸收利用了相对于其经济规模更多的外国直接投资；该值小于1，则表示一个国家或地区吸收利用了相对于其经济规模更少的外国直接投资。

②在网站www.unctad.org/wir上，可以获得所有国家利用外国直接投资的业绩指数排名。

数据来源：UNCTAD。根据外国直接投资/跨国公司数据库（网址：www.unctad.org/fdistatistics）整理得到。

发展中国家作为一个整体所利用的外国直接投资的增加，隐藏着巨大的地区差异。一些最贫困地区吸收的直接投资继续衰减。除欠发达国家（Least Developed Countries，LDCs），内陆发展中国家（Landlocked Developing Countries，LLDCs）以及一些小型的岛屿发展中国家（Small Island Developing States，SIDS）之外，流入非洲及南亚的外国直接投资也在持续下降。与此不同的是，流入诸如东亚、东南亚以及拉丁美洲等新兴市场经济体地区的外国直接投资则在强劲增长（图1.6）。

外国直接投资的缓慢增长，掩盖了全球地区间和地区内的多样化趋势。一些最贫困地区利用的外国直接投资持续在衰减。

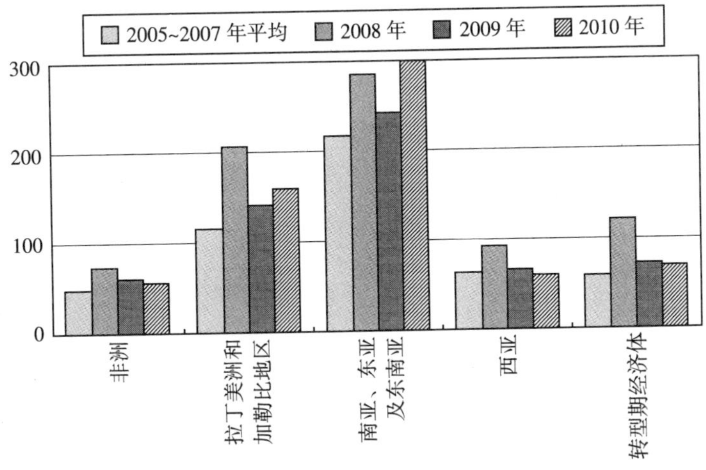

图 1.6 2005~2007 年（平均）及 2008~2010 年发展中经济体和转型期经济体各地区吸收的外国直接投资

数据来源：UNCTAD。根据外国直接投资/跨国公司数据库（网址：www.unctad.org/fdistatistics）整理得到。

流入南亚、东亚及东南亚的外国直接投资明显回升，表现超过了其他发展中国家和地区。特别是流入东南亚及东亚的外国直接投资的增加，使得该地区 2010 年吸收的外国直接投资上升了 24%，达到 3000 亿美元。与此类似，巨大的国内外需求、良好的宏观经济形势及高企的商品价格，刺激了拉丁美洲和加勒比地区经济的强劲增长，极大地推动了外国直接投资流入该地区，达到 1590 亿美元。该地区跨国并购的金额也由 2009 年的负值回升到 2010 年的 290 亿美元。几乎所有的利用外国直接投资较多的国家，吸收的外国直接投资都在增加，其中流入巴西的外国直接投资最多。

相反，流入非洲国家的外国直接投资在资源热潮的推动之下于 2008 年达到峰值，但从 2009 年开始则延续了下跌趋势。流入南非的外国直接投资下降到不足 2009 年的 1/4。流入北非的外国直接投资在 2010 年小幅下降了 8%；2011 年初爆发的社会混乱，阻止了 2011 年第一季度外国直接投资的流入（见专栏 1.1）。

专栏 1.1 全球对外直接投资的流入量和流出量数据为什么不相等？

全球对外直接投资的流入量和流出量的报告数据一直都存在明显的差异（见专栏图 1.1）。由于合理的政策分析和明智的决策制定，都需要可靠、准确、及时且具有可比性的数据，因此，对外直接投资流入量和流出量数据存在不同，使得世界各国的决策者在就对外直接投资进行决策时，都面临着该问题（Fujita，2008）。

流入量和流出量之间的差异主要由以下几个因素所致：第一，不同国家所用的数据收集和报告方法不一致。例如，东道国和母国运用不同的方法登记同一笔交易；外国直接投资包括的范围在国家之间不一致（比如，对利润再投资的处理方法存在不同）；各国在登记 FDI 交易时，使用了不同的汇率。第二，与外国直接投资相关的交易的性质在不断变化（如那些通过投资公司和被收购公司之间的股份交易进行的投资，以及各种来自间接渠道的投资），复杂程度也在不断提高（不仅涉及母公司的资金，还涉及“一揽子”的政府贷款和发展援助），这一切使得要获得准确的外国直接投

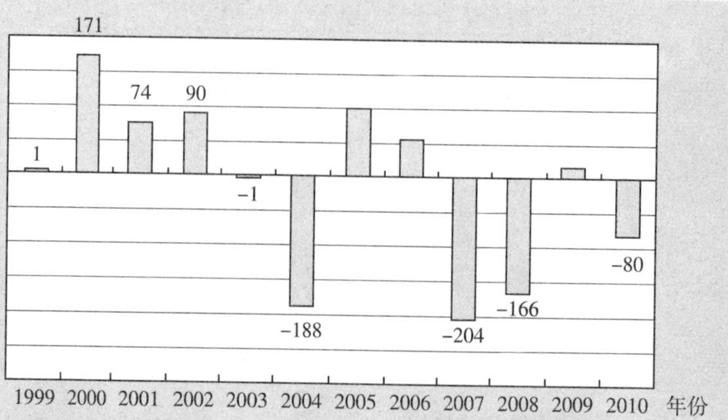

专栏图 1.1　1999~2010 年全球外国直接投资流入量和流出量之间的差异（10 亿美元）

注：正值表示流入量高于流出量；反之则表示流出量高于流入量。

数据来源：UNCTAD。

资数值变得很困难。第三，带有类似证券交易行为（portfolio-like behaviour）的外国直接投资与包含游资在内的证券投资（portfolio investment）之间的差异，经常被搞混。最后，全球经济危机也使得要准确报告外国直接投资数据变得很难。经济危机加剧了汇率波动，从而使得母国和东道国更不能准确协同地报告数据（因为登记的时间差异要与主要汇率差异一致）。

这就要求不断改进与外国直接投资有关的定义和数据采集方法，尤其是发展中国家更需要改进。联合国贸发会议（UNCTAD）和其他国际组织正做出巨大努力，以统一对外国直接投资（FDI）的定义和数据采集方法。可以预计，随着时间的推移，对外国直接投资流入流量和流出流量二者报告数据之间的差异将会缩小。

数据来源：UNCTAD。

虽然西亚地区各国的经济在稳定复苏，然而流入该地区的外国直接投资仍减少了 580 亿美元。石油国家政府支出的大规模增加，虽然加强了经济发展，然而一些国家私人部门的营商环境仍较为恶劣。

2010 年，流入东南欧及独联体（Commonwealth of Independent States，CIS）等转型期经济体的外国直接投资轻微下降了 5%，达到 680 亿美元，而 2009 年则下降了 41%。由于欧盟国家是东南欧国家外国直接投资传统的主要来源地，欧盟国家对东南欧国家直接投资的停滞不前，使得东南欧国家吸收的外国直接投资急剧下降。尽管独联体国家的商品价格更为坚挺，经济复苏更快，股票市场也在不断改善，然而流入独联体国家的外国直接投资增加不到 1%。

2010 年，流入发达国家的外国直接投资规模略有减少，下降不到 1%，达到 6020 亿美元。由于担心欧洲主权债务危机会进一步恶化，使得流入欧洲地区的外国直接投资急剧下降。不过，虽然意大利和英国吸收的外国直接投资在大幅下跌，但欧洲地区其他的主要经济体却仅轻微下降（如法国），甚或略有增加（如德国）。大量的撤资使得日本吸收的外国直接投资也在减少。相反的是，得益于海外子公司利润再投资的明显复苏，流入美国的外国直接投资几乎激增了 50%。尽管如此，美国吸收的外国直接投资仍仅是 2008 年最高值的 75%。

发展中经济体和转型期经济体的对外直接投资创了历史新高，其中大部分投资投向了其他发展中经济体和转型期经济体。

2010年，全球对外直接投资达到了1.323万亿美元，虽然比2009年有所增加，但仍比经济危机之前的平均值低11%左右，比2007年的最高值低39%（见专栏1.1，外国直接投资流入量与流出量之差）。外国直接投资流入量呈现出非平衡的地区分布格局。来自发展中经济体和转型期经济体的对外直接投资强劲回升，反映了这些经济体的经济实力有所增强、跨国公司更有活力以及不断增长的参与新兴市场竞争的意愿。来自发达国家的对外直接投资的下跌趋势有所逆转，2010年比2009年增加了10%。虽然如此，2010年来自发达国家的对外直接投资也仅及2007年最高值的一半水平。

2010年，来自发展中经济体和转型期经济体的对外直接投资（outward FDI）达到3880亿美元，较2009年增加了21%（图1.7和附表1.1）。发展中经济体和转型期经济体占全球对外直接投资的份额，由金融危机爆发之前，即2007年的16%，上升到2010年的29%。虽然发展中经济体和转型期经济体整体对外直接投资在增加，但国家之间存在着显著的差异。

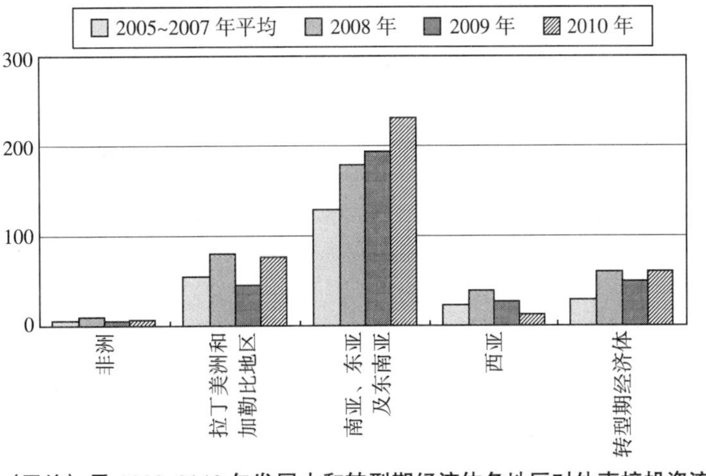

图1.7 2005~2007年（平均）及2008~2010年发展中和转型期经济体各地区对外直接投资流出量（10亿美元）

数据来源：UNCTAD。根据外国直接投资/跨国公司数据库（网址：www.unctad.org/fdistatistics）整理得到。

来自南亚、东亚和东南亚以及拉丁美洲的投资者，是推动发展中经济体和转型期经济体对外直接投资强劲增长的主要力量。其中最大的来源地是中国香港和中国内地，2010年上述两个地区对外直接投资的增长都超过了100亿美元，分别达到760亿美元和680亿美元的历史新高。中国内地公司在世界各国的许多行业继续抢购，大肆收购海外资产。中国内地公司总的对外直接投资金额已经超过了日本公司。

所有来自拉丁美洲的对外直接投资大国，如巴西、智利、哥伦比亚以及墨西哥等，受国内经济强劲增长的推动，也增加了海外收购，特别是在受金融危机冲击之后不断出现投资机会的发达国家进行收购。

相比之下，来自西亚主要投资者的对外直接投资则出现了大幅下降。原因是，由这些国家政府控制的企业，为了支持受全球金融危机削弱的国内经济，从而进行了大规模的海外撤资，并改变了对外直接投资的方向。

来自转型期经济体的对外直接投资流出量增

长了24%，创了610亿美元的新纪录。与往年一样，大多数对外直接投资项目，是由俄罗斯的跨国公司开展的，其次是哈萨克斯坦的跨国公司。转型期经济体自然资源型公司的快速恢复，除得益于政府的大力支持之外[1]，还得益于商品价格的回升和股市价格的提高（这二者缓解了这些公司在2009年一直面临的现金流问题）。

作为一个整体，发达国家的对外直接投资复苏有限。经济形势的差异使得发达国家和地区的对外直接投资的趋势也存在明显不同：2010年，来自欧洲和美国的对外直接投资分别上升了9.6%和16%，而来自日本的对外直接投资则进一步下跌了25%。金融危机给发达国家带来的挥之不去的影响和疲弱暗淡的前景，迫使许多发达国家的跨国公司进入新兴市场投资，以努力维持自己的市场和利润：2010年，发达国家对外直接投资（包括跨国并购和绿地投资项目）总额的近一半，投向了发展中经济体和转型期经济体，而2007年仅有32%投向发展中经济体和转型期经济体（图1.8）。[2]

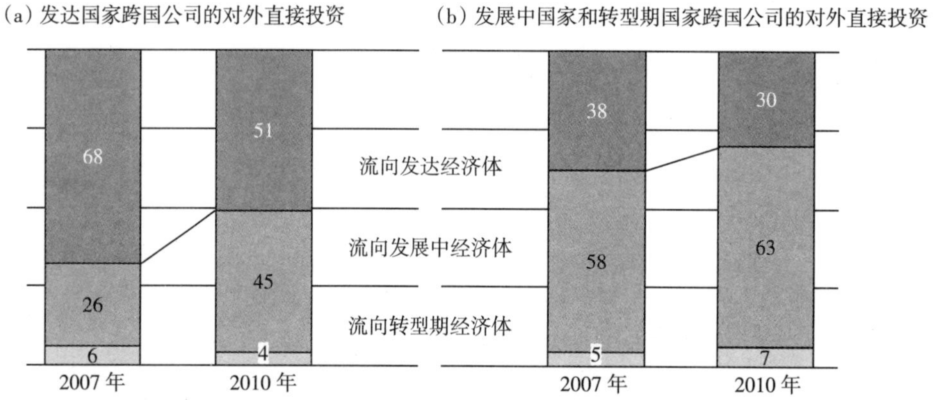

图1.8 2007年和2010年外国直接投资项目① 在各东道国地区的分布（%）

注：①包含跨国并购和绿地投资项目。

数据来源：UNCTAD。根据跨国并购数据库和金融时报有限公司的关于FDI市场的资料整理得到（www.fDimarkets.com）。

2010年，有6个发展中经济体和转型期经济体跻身对外直接投资20强（图1.9）。由联合国贸发会议（UNCTAD）开展的2011~2013年世界投资前景调查（World Investment Prospects Survey，WIPS）证实，发展中经济体和转型期经济体正日益成为重要的对外直接投资者，而且这种趋势很可能在近期一直持续下去（UNCTAD）。

许多来自发展中经济体和转型期经济体的跨国公司，正在其他一些经济复苏强劲和经济前景更好的新兴市场地区投资。事实上，2010年来自发展中经济体和转型期经济体的对外直接投资项目（含跨国并购和绿地投资项目），有70%投向了发展中经济体和转型期经济体内部。近年来，国内快速的经济增长、充裕的金融资源以及强烈的收购海外自然资源和战略资产的动机，使得那些来自金砖四国（巴西、俄罗斯、印度和中国）的跨国公司，特别是大型国有企业，成为了重要的对外直接投资者（见C部分）。

2010年，超过30亿美元的大宗交易，有七项（占总数的12%）涉及发展中经济体和转型期经济体（见附表1.7），而2009年仅有两项（占总数的3%）。来自亚洲发展中国家的公司，在2010年扩大了其在本区域之外的收购规模。例如，中国大幅增加了在拉丁美洲的对外直接投资规模（见第二章；拉加经委会（拉丁美洲和加勒比地区经济委员会，2011）。来自转型期经济体的公司，在2010年

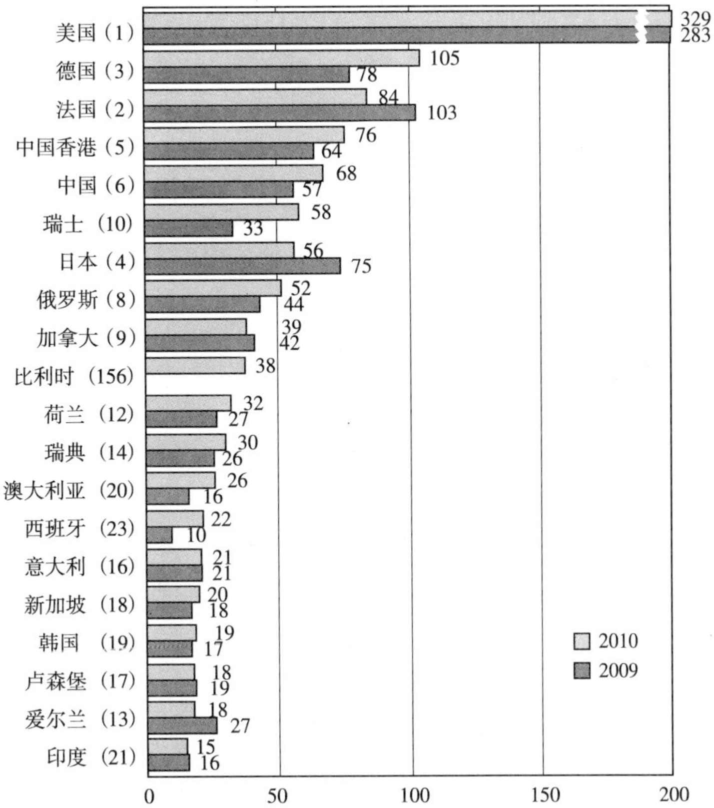

图 1.9　2009 年和 2010 年全球对外直接投资排名前 20 位的国家和地区①（10 亿美元）

注：①根据 2010 年对外直接投资的规模排序。

②国家名称之后括号内的数字为 2009 年的排名。2010 年，英属维尔京群岛排名第 16 位，本排名不含英属维尔京群岛。

数据来源：联合国贸发会议（UNCTAD）。根据附表 1.1 和外国直接投资/跨国公司数据库（网址：www.unctad.org/fdistatistics）整理得到。

也扩大了其在其他转型期经济体的收购规模。

2. 各部门和各行业的 FDI

在金融危机的影响下，制造业的外国直接投资已经回升，而服务业的外国直接投资则仍在下降。

2010 年，总的外国直接投资水平虽没有变化，但这无法掩盖主要部门之间吸收外国直接投资的差异。数据显示，制造业吸收的外国直接投资项目（包含跨国并购和绿地投资）的金额和份额都在上升，几乎占全部外国直接投资项目的一半。而初级部门和服务业吸收的外国直接投资项目的金额和份额则都在下降（图 1.10）。这与金融危机之前，即 2005~2007 年的情形完全相反。初级部门吸收的外国直接投资在复苏，服务业吸收的外国直接投资仍低于全球外国直接投资的一半，制造业吸收的外国直接投资则比金融危机之前低 10%（见附表 1.5）。

与 2009 年相比，2010 年制造业吸收的外国直接投资项目金额上升了 23%，达到 5540 亿美元。虽然金融危机重创了许多制造业行业，但这种冲击最终却被证明对制造业部门是有利的。因为金融危机对制造业直接投资的影响，迫使许多制造业公司进行重组，从事生产率和利润率都更高的经营活动。以美国为例，2010 年美国制造业直接投资上升了 62%，同时制造业的劳动生产率也得到了大幅提高（美国劳工统计局，2011）。

那些对经济周期比较敏感的制造业，如金属及金属制品业、电气和电子设备制造业，以及木材及木材制品业等，其利润和销售额都受到金融

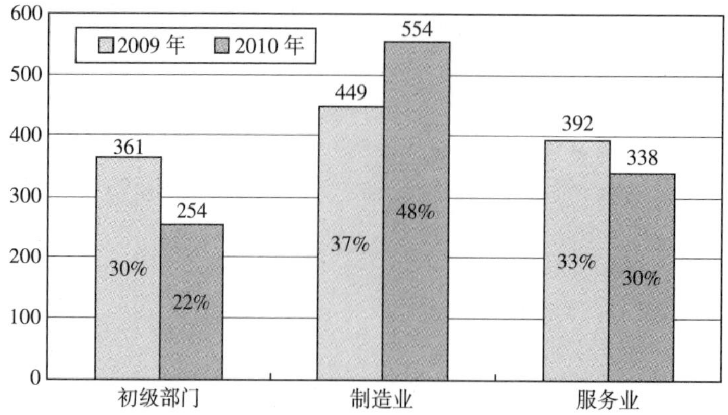

图 1.10 2009~2010 年外国直接投资（FDI）项目① 的部门分布（10 亿美元，%）

注：①外国直接投资包含跨国并购和绿地投资。绿地投资为资本投资的估计值。

数据来源：UNCTAD。

危机的重创（见附表 1.5）。结果导致这些行业的产能过剩，资不抵债，直接投资额也在下降。此外，这些行业的市场需求和增长前景仍然暗淡，尤其在发达国家更是如此。

化学工业（含医药制造业）等制造业迅速从金融危机中恢复过来。食品、饮料和烟草制品业、纺织和服装制造业以及汽车制造业等，在 2010 年也开始复苏。例如，医药制造业由于其最终产品市场，特别是在新兴经济体的最终产品市场仍充满旺盛的需求，从而使其仍能吸引外国直接投资。

医药制造业之所以能够吸引外国直接投资，是因为：第一，由全球制药公司所销售的许多主要药品的专利保护期即将到期，因此建立或收购生产工厂十分必要；第二，大多数发达国家都面临着人口老龄化的问题。2010 年，医药制造业发生的两起大宗交易表明，产业重组仍在进行中。[3] 商业交易机会的存在，还得益于新兴经济体（最突出的是中国和印度）科学家和制药公司数量的快速增长。

食品、饮料和烟草制品业的复苏，则得益于人们基本生活需求的持续旺盛，尤其是发展中国家更为旺盛。2010 年，食品、饮料和烟草制品业的许多大型跨国公司，其利润都在猛涨，许多大宗收购也发生在这个行业。[4] 消费需求，特别是一些新兴国家消费需求的增长，推动了纺织和服装制造业的迅速复苏。服装生产对成本相当敏感，服装生产商可以迅速地将生产工厂搬迁到劳动力成本低廉的国家。

虽然对原材料和能源资源的需求在不断增长，商品价格也在提高，然而，2010 年初级部门的外国直接投资却在下降。初级部门的外国直接投资项目（含跨国并购和绿地投资）在 2010 年达到 2540 亿美元，占全球外国直接投资的份额由金融危机之前的 14%提高到 22%。主要来自发展中经济体和转型期经济体的自然资源型公司，由于财务状况稳健，因而在初级部门进行了一些大宗收购。例如，来自中国的中国石油化工集团公司（Sinopec），以 70 亿美元收购了巴西的雷普索尔公司（Repsol）；来自印度的一些投资者以 48 亿美元收购了委内瑞拉玻利瓦尔共和国的 Carabobo 油田（见附表 1.7）。

与 2009 年及金融危机之前的水平相比，2010 年服务业外国直接投资的项目金额继续大跌。所有主要的服务业，如商业服务、金融业、运输和通信业以及公用事业等的外国直接投资，都在以不同的速度下跌。一些服务业跨国公司为削减内部成本，把非核心经营业务外部化，从而将越来越多的商业支持功能外包给了外部供应商，这使得服务业的外国直接投资比金融危机之前的水平下降了 8%（见第四章）。在金融危机之前的那轮大规模的跨国并购交易之后，运输和电信服务业的产业重组，特别是发达国家的产业重组基本完成，因而该行业的外国直接投资在 2010 年也几乎下跌了 8%。

作为金融危机的重灾区，金融业外国直接投资的跌幅最大，预计在近期仍会停滞不前。过去十年，金融业的扩张有助于将新兴经济体纳入到全球金融体系之中，同时也为东道国金融系统的效率和稳定性带来了巨大的利益。不过，金融业的扩张也因贷款的不可持续，从而产生了终将破裂的泡沫。泡沫破裂之后，管理国家风险和评估东道国金融系统形势等问题，在支持金融业海外扩张的决策中，占有主要地位。

公用事业的外国直接投资也受到金融危机的强烈影响。一些公用事业投资者因需求下降和亏损增加，被迫减少投资，甚至撤资。

3. 按进入方式划分的外国直接投资

绿地投资的规模已经远远超过跨国并购。2011 年外国直接投资的复苏得益于绿地投资和跨国并购规模的提高。

外国直接投资的两种主要进入方式，即跨国并购和绿地投资（或新设投资）之间存在不同的发展趋势。虽然跨国并购交易金额在 2010 年增加了 36%，达到 3390 亿美元，但这一规模仍大约仅为 2007 年最高值的 1/3（图 1.11）。由于公司资产价值的提升能够提高运用股权作为部分支付的跨国并购投资者的杠杆，因而，股票价格的上升增强了投资者在海外投资的购买力。同时，正在进行的公司和产业重组，为跨国公司特别是为资金充裕的跨国公司（包括那些来自新兴市场经济体的跨国公司）创造了新的收购机会。另外，外国直接投资的另一种进入模式，即绿地投资在 2010 年却在下降。跨国并购和绿地投资呈现出不同的发展趋势，并不令人奇怪，因为作为两种市场进入模式，跨国公司在某种程度上会认为二者可以相互替代。不过，金融危机以来，绿地投资项目的金额一直都远远超过跨国并购。

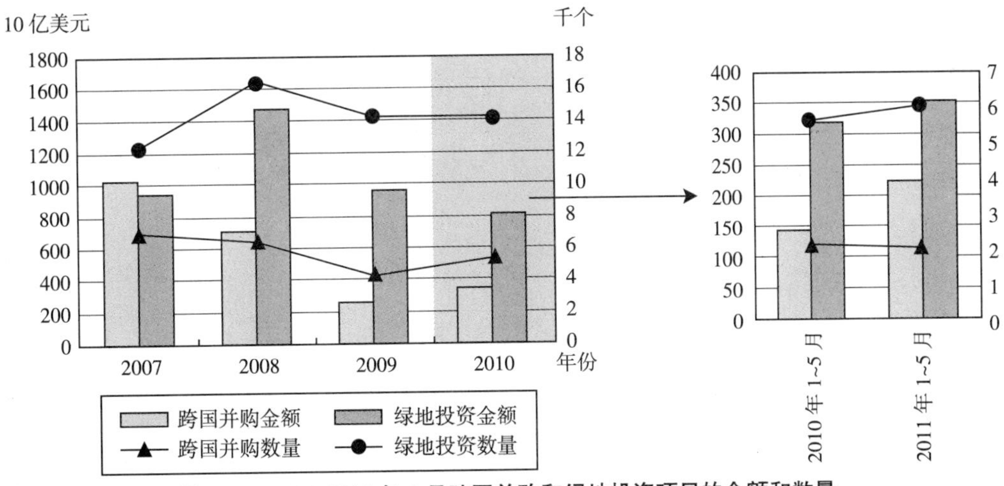

图 1.11 2007~2011 年 5 月跨国并购和绿地投资项目的金额和数量

注：绿地投资项目的金额为资本投资的估计值。

数据来源：UNCTAD。根据跨国并购数据库和金融时报有限公司的关于 FDI 市场的资料整理得到（www.fDimarkets.com）。

发展中经济体和转型期经济体更倾向于吸收绿地投资，而不是跨国并购。超过 2/3 的绿地投资投向了发展中经济体和转型期经济体，而仅有 25%的跨国并购发生在发展中经济体和转型期经济体。另外，来自发展中经济体和转型期经济体的投资者，正日益成为跨国并购交易市场的重要参与者，该市场过去一直被来自发达国家的投资者所占据。

2011 年前五个月，绿地投资金额和跨国并购交易金额都在显著增加（图 1.11，附表 1.3 至附表 1.6 和附表 1.8）。与 2010 年同期相比，跨国并购交易额上升了 58%。

4. 按构成划分的外国直接投资

2010 年，利润再投资增长迅速，而股权投资和公司内部贷款则在下降。海外子公司的现金储备大幅增长。

2010 年，全球外国直接投资流入量停滞不前，各构成部分的发展趋势各异（图 1.12）。许多国家经济业绩的改善以及跨国公司海外子公司利润的增加，使得利润再投资比 2009 年的水平几乎翻了一番（图 1.13）。这表明全球利润水平在普遍

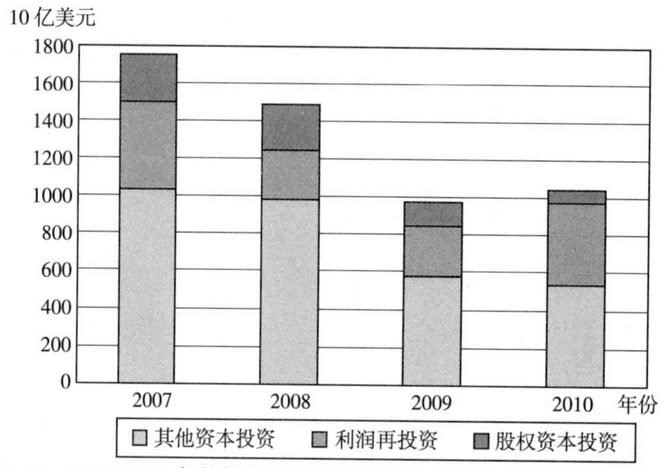

图 1.12 2007~2010 年按构成划分的外国直接投资流入量[①]（10 亿美元）

注：①根据 106 个国家计算。2007~2010 年，这 106 个国家的外国直接投资流入量占全球外国直接投资流入量的比重达到 85%。
数据来源：UNCTAD。根据外国直接投资/跨国公司数据库（网址：www.unctad.org/fdistatistics）整理得到。

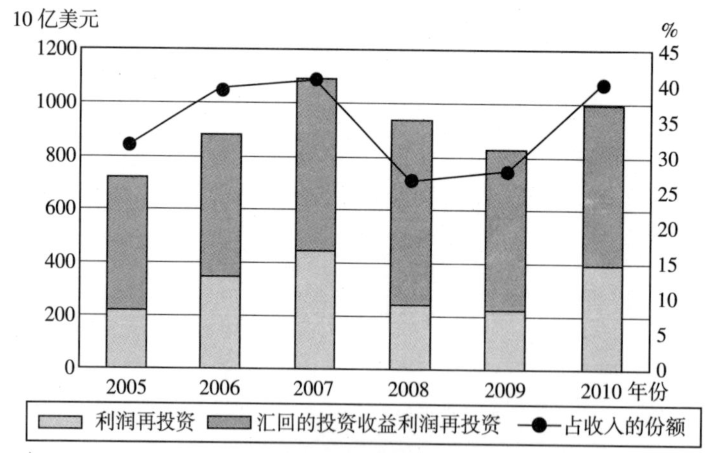

图 1.13 2005~2010 年外国直接投资收入[①]（10 亿美元，%）

注：①根据 104 个国家计算。2005~2010 年，这 104 个国家的外国直接投资流入量占全球外国直接投资流入量的比重达到 81%。
数据来源：UNCTAD。

提高。例如，美国标普 500 公司（S&P 500）2010 年的利润占销售收入的比重在进一步提高，日本公司 2010 年的利润也在增加。发展中国家的利润也在提高，如中国和韩国公司 2010 年的营业利润也在大幅上升。

专栏 1.2 外国直接投资 (FDI flows) 及投资基金的使用

外国直接投资一般被分解为三个组成部分：股权资本投资、公司内借贷以及海外子公司的利润再投资。除当地和国际资本市场提供的资金之外，上述三个组成部分可以被当作是投资资金的来源。跨国公司在东道国可以通过增加股权资本，提供贷款或者使用在东道国赚取的利润来为其生产性资产提供融资。不过，跨国公司在东道国的融资决策受许多因素的影响，其中大多数因素是东道国的决策者所无法影响的。

从决策者的角度来看，与其更为相关的可能是弄清外国直接投资的使用方式（即资金的用途）。跨国公司的直接投资主要用于下述三个方面：

(1) 生产性资产的创建、扩建或完善，以增加额外产能；

(2) 为改变资产的所有权结构提供融资（即跨国并购）；

(3) 增加海外子公司的资金储备。是否增加海外子公司的资金储备，由下列因素决定：

一是公司的财务杠杆水平；二是为未来的投资计划预留现金的需要；三是财务方面的考虑（如推迟支付汇回利润的税负）；四是其他因素（如部分跨国公司从汇率变化或者资产价格上升中赚取利润的投机行为）。

传统的根据资金来源分析外国直接投资的方法，往往会忽略跨国公司子公司所持有那些“保留资金”（“parked funds”）的重要性。“利润再投资”（“Reinvested earnings”）由海外子公司赚取的，没有汇回母公司所在国的利润构成。母公司不必为增加产能再运用该笔利润去投资。外国直接投资与海外子公司实际资本支出之差，代表了供增加产能，但并没有被立即使用的那部分直接投资。这部分直接投资可较好地作为海外子公司现金储备增加的替代指标。

过去十年，美国跨国公司海外子公司的现金储备替代指标表明，该指标在 2004 年达到最大，2005 年急剧下跌，2008 年又上升到一个新的高度，2009 年和 2010 年的估计值与 2008 年持平（见专栏图 1.2）。2005 年通过的本土投资法案（Homeland Investment Act），提供了对汇回利润的税收减免，这解释了该替代指标何以在 2004 年达到高峰值，而在 2005 年则处于低谷值。由于预期 2005 年会对汇回利润减税，跨国公司在 2004 年将现金囤积在海外的子公司，而在 2005 年则将多年的价值约达 3600 亿美元的留存收益汇回本国。最后三年，即 2008~2010 年的水平，一直与 2004 年异常的高峰值相似，由此可以认为，海外子公司的现金储备水平可能远远超过了正常的生产经营活动所需要的规模。日本跨国公司海外子公司的现金储备，对汇回资金的免税率也很敏感。海外收益汇回利润税率的变化，估计使得 2009 年全年有 400 亿美元的海外资金汇回本国（2010 年世界投资报告，第二章）。

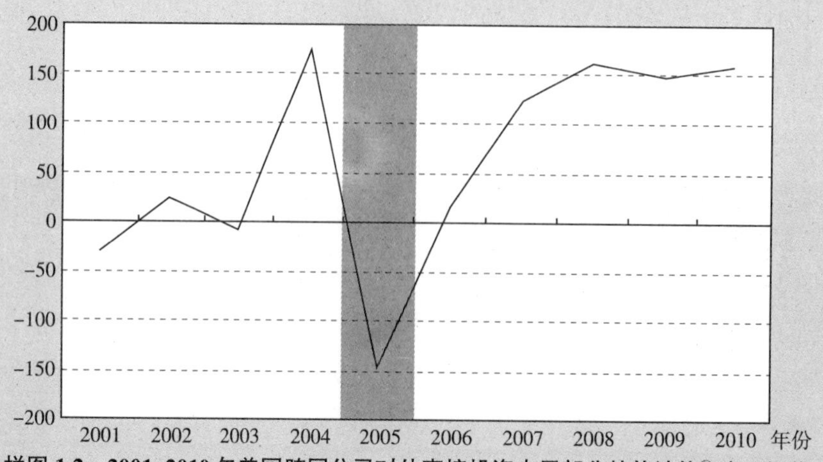

专栏图 1.2 2001~2010 年美国跨国公司对外直接投资未用部分的估计值①（10 亿美元）

数据来源：联合国贸发会议（UNCTAD）根据外国直接投资数据库和美国经济分析局的数据整理得到。

海外资金意义重大。跨国公司持有的待用状态（Under-employed）的现金储备，意味着这些尚未使用（untapped funds）的资金，可以用来刺激全球经济，创造就业机会，并为发展融资。

资料来源：UNCTAD。

不过，实际上并非所有的利润再投资都用于了生产领域的再投资。这些利润再投资可能被闲置起来，以等待未来更好的投资机会，或者为其他包括投机在内的经营活动融资（见专栏 1.2 和专栏 1.5）。大约 40%的外国直接投资收入，保留在东道国作为利润再投资（图 1.13）。利润再投资的增加抵消了股权资本投资的下降。尽管跨国并购在增加，然而股权资本投资却在轻微下跌。股权资本投资水平的持续衰退，是外国直接投资处于相对较低水平的关键原因。作为外国直接投资的构成部分之一，与利润再投资和公司内借贷相比，股权资本投资与跨国公司长期的国际投资战略关系最直接，因此，股权资本投资是一个值得关注的问题。为了增强资产负债表的平衡性，母公司收回了子公司，特别是那些在发达东道国的子公司的贷款，或者子公司向母公司偿还了借款，这使得公司内借贷的规模也在下降。这一点对欧洲跨国公司来讲尤为明显。由于面临着蔓延在欧元区许多国家的主权债务危机的威胁，欧洲跨国公司大规模减少了对英国和美国子公司的贷款。

鉴于海外子公司资产负债表上尚有大量留存收益的事实（见专栏 1.2），如果这些留存收益不被汇回母国的母公司，那么利润再投资在决定外国直接投资的水平方面将继续发挥重要的作用。

5. 按特殊资金划分的外国直接投资：私募基金和主权财富基金

私募股权投资基金（Private Equity Funds）：由私募股权资本发起的外国直接投资，虽然低于金融危机之前的水平，但已经恢复了上升势头。私募股权资本更多地流向了发展中经济体和转型期经济体，通常进行二次收购和规模较小的并购。

由私募股权资本发起的跨国并购在经历了连续两年的下跌之后，在 2010 年达到了 1220 亿美元，比 2009 年的 1070 亿美元增加了 14%（见表 1.1）。[5] 相应的跨国并购交易项目数创了历史新高，共完成了 2050 笔交易。

由私募基金发起的外国直接投资的增加，与

表 1.1 1996~2011 年 5 月私募基金发起的跨国并购交易（数量和金额）

年 份	交易项目数		交易金额	
	项目数	份额	10 亿美元	所占份额
1996	932	16	42	16
1997	925	14	54	15
1998	1089	14	79	11
1999	1285	14	89	10
2000	1340	13	92	7
2001	1248	15	88	12
2002	1248	19	85	18
2003	1488	22	109	27
2004	1622	22	157	28
2005	1736	20	207	22
2006	1698	18	271	24
2007	1917	18	457	27
2008	1785	18	322	25
2009	1993	25	107	19
2010	2050	22	122	17
2011	591	17	91	20

注：本表的跨国并购交易金额是根据总值计算的，这与其他根据净值计算的跨国并购交易表有所不同。本表包含由对冲基金公司（hedge funds）发起的跨国并购。私募基金公司和对冲基金公司指的是“其他未分类的投资”（investors not elsewhere classified）收购者。这种分类参考的是 Thomson 跨国并购金融数据库（Thomson Finance database on M&As）。

数据来源：联合国贸发会议（UNCTAD）跨国并购数据库（网址：www.unctad.org/fdistatistics）。

宏观经济形势的稳定有关。此外，投资者也在利率不断下降的环境下，寻求新的投资领域。私募基金在新兴市场经济体日益活跃的投资行为，支持了这一积极的变化趋势（新兴市场私募基金协会，2011）。2010 年，私募基金公司投向发展中经济体和转型期经济体的外国直接投资金额，达到 380 亿美元，由 2009 年的 26%上升到了 2010 年的 31%（图 1.14）。这种增长表明，发展中国家比以前提供了更好的商业机会，从而使私募基金公司在发展中国家的公司和创投业务的收益不断增长。

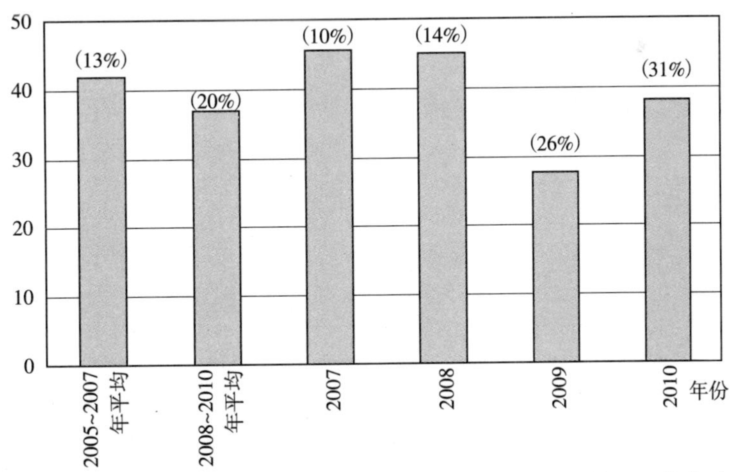

图 1.14 2005~2010 年私募基金公司在发展中经济体和转型期经济体进行的跨国并购（10 亿美元；%）

注：括号内的数字为占全部私募基金公司跨国并购总额的百分比。2005~2007 年和 2008~2010 年的数据都为年平均数。

数据来源：联合国贸发会议（UNCTAD）跨国并购数据库（网址：www.unctad.org/fdistatistics）。

由私募基金发起的跨国并购在 2010 年获得了强劲增长，跨国并购交易金额虽低于 2007 年的最高值，但仍超过了最高值的 70%。私募基金对全球外国直接投资的相对贡献率，继续在下降。全球跨国并购交易总额中，私募基金的份额由 2009 年的 19%下降到了 2010 年的 17%（见表 1.1）。私募基金对全球外国直接投资的相对贡献率，从最高值的 2004~2010 年，下跌了将近 40%。

2011 年更加良好的全球经济环境，有助于提升筹资和投资水平，同时也促使私募基金公司对未来的直接投资持有更为乐观的态度。在 2010 年初期，私募股权投资者估计持有将近 1 万亿美元尚未投资的资本，这些资本作为未来的投资储备，可能带来 2011 年跨国并购规模的飙升（贝恩公司，2011）。

两个方面的因素使得目前供给方提供了更多的机会：第一，一些私募基金公司拥有的公司，正成为其他私募基金公司的目标。二次收购（即私募股权投资公司的收购）的相对业绩，仅比初次收购略低。其原因有两个方面：一是在发行新股（IPOs）（首次公开募股）方面，二次收购可能要比初次收购更快；二是二次收购的总体风险要比首次收购更低一些。[6] 第二，私募基金公司目前正在寻找规模较小的公司，并在从事更小规模的收购。私募基金公司虽然以前没有过多地关注这个领域，然而这却是一个将会发现许多有吸引力的公司的领域。

不过，私募基金公司继续会面临为应对全球金融危机而进行的监管，当然一定程度上也是因为 20 国集团承诺要将所有重要的金融市场参与者都纳入适当的监管和监督之下。例如，欧盟的另类投资基金经理指令（EU Alternative Investment Funds Managers Directive）[7] 和美国的多德—弗兰克华尔街改革（Dodd-Frank Wall Street Reform）及消费者权益保护法案 [8] 都将直接或间接地影响私募基金公司的运作和筹资能力，从而最后影响到私募基金公司对外国直接投资的贡献。

主权财富基金（Sovereign Wealth Funds，SWF）：由主权财富基金发起的外国直接投资，因大量减少了在海湾地区的投资，从而出现了大幅下降。不过，作为外国直接投资的来源之一，主权财富基金的长期潜力仍然存在。

主权财富基金是一种由政府所有的、带有特殊目的的投资基金或投资安排。[9] 2009 年底，能够确认的主权财富基金数量超过了 80 家，总资产估计有 5.9 万亿美元。[10] 仅 2010 年一年之内，就有近 20 国政府审议或决定成立主权财富基金，其中大多数来自新兴市场经济体。

虽然主要投资于债务工具（如政府债券）的主权财富基金没有受到全球金融危机的巨大影响，然而，那些拥有大量股权的主权财富基金却遭受了投资价值的巨大缩水。不过，到 2009 年底，随着世界各国股票市场的复苏，几乎所有的主权财富基金都已经能够弥补其 2008 年金融危机以来的损失。

股票市场的整体复苏，使得大多数主权财富基金在 2010 年都积极地去收购公司。尽管如此，由主权财富基金发起的外国直接投资，仍从 2009 年的 265 亿美元大幅下跌到 2010 年的仅 100 亿美元（图 1.15）。主权财富基金在澳大利亚、加拿大、英国和美国进行的规模最大的投资，涉及基础设施、零售业、运输业、自然资源和公用事业等（见表 1.2）。

由主权财富基金发起的外国直接投资在 2010 年有所下降，这与主权财富基金从 2005 年开始就日益成为更为活跃的外国直接投资者的趋势非常不一致。有两个方面的原因能解释这一点：第一，与前几年不同的是，来自海湾地区（如阿拉伯联合酋长国）的主权财富基金在 2010 年根本就没有进行对外直接投资（见表 1.2）。来自亚洲和加拿

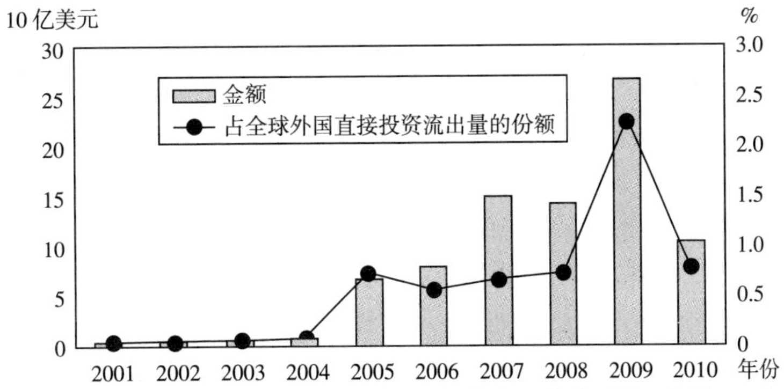

图 1.15　2001~2010 年由主权财富基金进行的跨国并购（百万美元，%）

数据来源：联合国贸发会议（UNCTAD）跨国并购数据库（www.unctad.org/fdistatistics）。

大的主权财富基金才是 2010 年主要的投资者。第二，尽管主权财富基金发起的外国直接投资不一定存在周期性，不过，前几年全球金融形势的极端不稳定性，影响了主权财富基金 2010 年对直接投资的兴趣。正是因为这种不稳定性，使得主权财富基金，在 2010 年将大约 1/3 的外国直接投资，用于收购私募基金和其他基金的股份或者向私募基金和其他基金注入资本，[11] 而不是将投资用于收购由实业公司发行的股份，如加拿大养老金计划投资董事会向英托鲁集团（IntollGroup，一家基础设施基金公司）投资了 30 亿美元，见表 1.2。

表 1.2　2010 年由主权财富基金完成的主要大宗外国直接投资交易

金额（百万美元）	收购公司	收购国家	目标公司	目标国家	被收购公司所属行业
3090	加拿大养老金计划投资局	加拿大	英托鲁集团	澳大利亚	金融
2227	卡塔尔控股有限责任公司	卡塔尔	哈洛德百货公司	英国	零售
1581	中国投资有限责任公司	中国	爱依斯电力公司	美国	电力燃气和水
881	加拿大养老金计划投资局	加拿大	407 高速公路收费公司	加拿大	运输仓储和电信业
800	中国投资有限责任公司	中国	畔西能源信托公司	加拿大	石油矿采业
576	安大略教师养老金计划投资公司	加拿大	柯莱特集团公司	英国	团体、社会及个人服务业
400	淡马锡控股有限责任公司	新加坡	奥迪布里切特油压和天然气公司	巴西	石油矿采业
259	魁北克储蓄投资集团	加拿大	高密度纤维板（英国）控股有限公司	英国	金融
194	新加坡政府产业投资有限公司	新加坡	萨尔塔不动产-工业物业组合有限公司	澳大利亚	商业服务
100	淡马锡控股有限责任公司	新加坡	Platmin 集团公司	南非	石油矿采业
91	加拿大养老金计划投资局	加拿大	沃那多房地产信托公司	美国	商业服务
43	阿曼投资基金	阿曼	越南石油保险联合股份公司	越南	金融

数据来源：联合国贸发会议（UNCTAD）跨国并购数据库（www.unctad.org/fdistatistics）。

虽然主权财富基金对外国直接投资的支出在下降，不过，促使主权财富基金更积极地从事外国直接投资的基本推动力仍是强劲的。特别是 2010 年商品价格的坚挺，更是为主权财富基金，包括那些在过去几年一直从事外国直接投资活动的主权财富基金，营造了良好的资金环境。作为一家活跃的战略投资者，卡塔尔投资局（Qatar Investment Authority）的海外资产规模，估计从 2009 年的 650 亿美元增加到了 2010 年的 900 亿美元，到 2011 年底估计会达到 1200 亿美元。[12]

成立于 2007 年的中国投资有限责任公司（China Investment Corporation），其任务是分散在中国的外汇储备，同时也是一家活跃在能源、自然资源和基础设施资产领域的投资者。据统计，2010 年中国投资有限责任公司接受了 1000 亿~2000 亿美元的新资金。[13]

其他主权财富基金在 2010 年获得的优良回报，使其做出更积极主动地进行外国直接投资的决策。例如，挪威全球政府养老基金（The Norwegian Government Pension Fund Global），自 2009 年以来，旗下管理的资金超过了 4000 亿美元，拥有世界股权的近 1%。该基金目前承认持有上市公司的股份达到 10%，即已经达到了作为外国直接投资（FDI）的水平。这使得该基金成为外国直接投资的一个非常重要的潜在来源。[14] 资金更容易获得，允许主权财富基金有更大的余地去收购资产更多的企业的政策，再加上住房公积金管理能力的提高，一切都将使主权财富基金日益成为外国直接投资更重要的来源。

（二）前景

复苏仍在进行之中，而风险和不确定性却仍存在。

根据 2011 年前几个月的外国直接投资流量（FDI flows）数据，即跨国并购和绿地投资数据，可以看到外国直接投资的复苏是比较强劲的。在 2011 年剩下的几个月里，这一趋势很可能会持续下去。新的投资机会正等待着发达国家和发展中国家的那些资金充裕的公司。新兴经济体，特别是巴西、中国、印度和俄罗斯，在近几年已经获得了作为外国直接投资重要来源地的地位。外国直接投资的复苏即将来临。

不过，营商环境仍然动荡不定，跨国公司在考虑其投资计划时，很可能会采取相对谨慎的态度。由于外国直接投资在经历了 2008 年和 2009 年的急剧下降之后，并没有真正回暖，在 2010 年也仅获得了温和的复苏，因此，外国直接投资的中期前景可能存在很大的变数，这将取决于全球经济存在的一些潜在风险是否会实现。

为了说明这些不确定性所带来的影响，联合国贸发会议在图 1.16 中给出了未来外国直接投资增长的基准预测值和悲观预测值。基准预测是基于各种主要指标做出的，这些指标包括联合国贸发会议即将推出的《世界投资前景调查：2011—2013》（World Investment Prospects Survey 2011－2013），预测外国直接投资流入量（FDI inflows）的计量模型（见专栏 1.3）以及 2011 年前四五个月的跨国并购和绿地投资金额数据。同时考虑上述各种指标，2011 年外国直接投资的规模可能在 1.4 万亿~1.6 万亿美元之间变动（基准预测值则是 1.52 万亿美元），达到金融危机之前 2005~2007 年

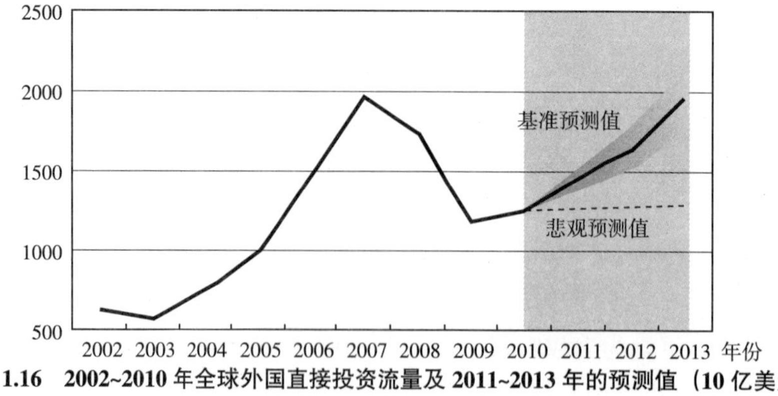

图 1.16　2002~2010 年全球外国直接投资流量及 2011~2013 年的预测值（10 亿美元）

数据来源：UNCTAD。

的平均值。预计到 2012 年，外国直接投资的规模将进一步上升到 1.7 万亿美元，到 2013 年则将达到 2007 年的最高值，即 1.9 万亿美元。

专栏 1.3　预测全球和区域的外国直接投资流量

联合国贸发会议（UNCTAD）对外国直接投资流量的部分预测，是根据计量模型做出的。利用该计量模型，不仅能够预测 2011~2013 年全球的，而且还能预测区域的外国直接投资流量。由于外国直接投资决策是跨国公司从众多地区做出的一项战略选择，因此，单一的国家或地区模型无法说明跨国公司是如何选择某个地区，而不是其他地区的。当前的研究通常认为外国直接投资仅受单个国家或地区的影响，而没有考虑其他国家或地区的影响因素。然而其他国家或地区是可能将外国直接投资从别的国家或地区吸引到本国或本地区的，或者外国直接投资从本国或本地区撤出到其他国家或地区。因此，要解释和预测全球和区域的外国直接投资，就必须将所有国家或地区的影响因素都同时考虑到模型之中。

联合国贸发会议（UNCTAD）构建的外国直接投资计量模型，使用的是 1995~2010 年 93 个国家的面板数据。这 93 个国家利用的外国直接投资占各自所在区域外国直接投资的份额都超过了 90%（非洲，西亚、南亚、东亚及东南亚，拉丁美洲和加勒比地区，欧盟及其他发达国家）。[①] 模型使用的变量包括：20 国集团（全球外国直接投资的主要输出国和吸收国）的市场增长率，市场规模（各国滞后一年的 GDP），滞后一年的石油价格（以考察自然资源型 FDI 项目），贸易开放度（进出口之和占 GDP 的比重），滞后的外国直接投资（以考察前期外国直接投资的影响）（自相关问题）。专栏表 1.1 总结了回归结果。

专栏表 1.1　外国直接投资预测模型的回归结果：面板数据的固定效应估计 *

解释变量	系数
G20 growth	0.37
	(3.87) ***
GDP (–1)	0.01
	(3.32) ***
Openness	0.01
	(3.48) ***
Oil price (–1)	0.02
	(3.9) ***
FDI (–1)	0.5
	(7.2) ***
Constant	–0.63
	(–0.58)
R^2	0.81
样本量	1395

数据来源：联合国贸发会议（UNCTAD）。根据 UNCTAD（提供外国直接投资流入量数据），IMF（提供 20 国集团各国市场增长、GDP 和开放度数据），UN（提供石油价格数据）等共同提供的数据估计得到。

注：* 回归模型是：$FDIjt = \alpha o + \alpha 1*G20t + \alpha 2*GDPjt - 1 + \alpha 3*Openessjt + \alpha 4*Oil\_pricejt - 1 + \alpha 5*FDIjt - 1 + ejt$，回归方法是截面广义最小二乘法固定效应面板回归。估计系数运用 white 异方差一致性标准差进行调整。显著性水平分别为 1%（***）和 5%（**）。

根据上述计量模型，在 20 国集团国家经济增长复苏的推动下，预计 2011 年的外国直接投资流量将会出现回暖，并达到金融危机前的水平。2013 年估计会达到 2007 年的最高水平（见专栏表 1.2）。

专栏表 1.2 各经济类型外国直接投资流量的计量中期基准预测值摘要（10 亿美元）

	平均值		2009	2010	预测值		
	2005~2007	2008~2010			2011	2012	2013
全球 FDI 流量	1471799	1390934	1185030	1243671	1523598	1685792	1874620
发达国家	967947	723284	602835	601906	790183	887729	1026109
发展中国家	444945	580716	510578	573568	655800	713946	749531
转型期经济体	58907	86934	71618	68197	77615	84117	98980

数据来源：UNCTAD。

不过，本模型的分析结果主要是基于经济基本面做出的，没有考虑本报告提及的各种风险因素。之所以没有考虑这些风险因素，是因为这些风险因素难以量化。

资料来源：UNCTAD。

注：①唯一例外的是拉丁美洲和加勒比地区，模型包括的国家占该地区外国直接投资流入量的比重约 70%。覆盖面较低的原因是，加勒比地区的宏观经济数据无法获得。

不过，如果上面提到的那些风险都出现了的话，如全球经济治理的不可预测性、主权债务危机进一步恶化、各国财政和金融失衡等，那么外国直接投资流量可能会停滞不前（即出现悲观预测情形）。

经过 2008 年底和 2009 年初的急剧衰退之后，过去两年的经济环境有了明显改善。世界产出增长的复苏取决于多项因素，这些因素包括：稳定的金融系统、新兴市场经济体恢复增长、世界各主要经济体实施的一揽子经济刺激方案以及发达国家最终需求市场的回升。上述因素将使家庭和企业都重新恢复信心。最近的预测表明，2011 年全球 GDP 将增长 3%。此外，无论是发展中国家还是发达经济体，其国内投资都会强劲增加。以韩国为例，2011 年韩国的投资支出预计将创历史新高，达到近 10%。[15]

表 1.3 2010~2012 年实际 GDP 和固定资本形成总额（GFCF）增长率（%）

变 量	地 区	2010 年	2011 年	2012 年
GDP 增长率	世界	3.6	3.1	3.5
	发达经济体	1.6	1.3	1.7
	发展中经济体	7.1	6	6.1
	转型期经济体	3.8	4	4.2
固定资本形成总额增长率	世界	5.9	6.5	7.2
	发达经济体	2.5	4.2	6.2
	新兴和发展中经济体①	9.6	8.9	8.2

注：①国际货币基金组织对发达经济体、新兴经济体和发展中经济体的分类，与联合国对发达经济体和发展中经济体的分类有所不同。

数据来源：联合国贸发会议（UNCTAD）根据 2011 年联合国提供的 GDP 数据和国际货币基金组织（IMF）提供的固定资本形成总额数据① 计算得到。

全球宏观经济前景的改善对跨国公司的投资能力存在积极的影响。经过两年的衰退之后，跨国公司的利润在 2010 年出现了明显回升（图 1.17），2011 年也在继续增加。例如，美国标准普尔 500 家公司（S&P 500）2011 年第一季度的利润与 2010 年第一季度相比增长了 12%。又如日本，虽然自然灾害使得日本出现了负的经济增长率，然而上市公司仍在盈利[16]，日本跨国公司甚至在灾后还大规模地在海外进行投资（见专栏 1.4）。公司当前持有的现金水平超过了历史记录。与 2009 年相比，跨国公司无论是在全球，还是对其海外子公司的销售额都在大幅上升（参见 C 部分）。

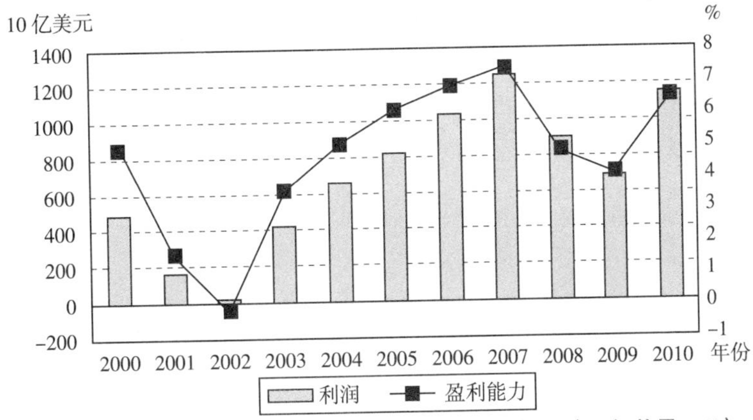

图 1.17 1997~2010 年跨国公司的盈利能力和利润水平（10 亿美元，%）

注：图中数据根据 2498 家跨国公司计算。

数据来源：联合国贸发会议（UNCTAD）。根据汤姆森银行家数据库（Thomson One Banker）计算整理得到。盈利能力根据净收入占销售总额的比重计算。

专栏 1.4 自然灾难对日本跨国公司及其对外直接投资的影响

2011 年 3 月 11 日，日本北部发生了一场毁灭性的地震和海啸。受影响最严重的地区，正是许多小型高科技公司（niche hi-tech companies）以及所有主要的专业零部件生产商［例如，瑞萨电子（Renasas Electronics）公司，该公司控制了全球微控制器市场的 30%］的总部所在地。地震及其随后发生的电力中断，不仅导致了日本国内，还导致了国际供应链被严重割裂。尽管损害严重，不过到 6 月，绝大多数供应链都已经恢复，例如，丰田的产量就已经恢复到了震前 90%的水平。

虽然日本公司表现出了非凡的韧性，但一连串的事故促使日本制造商重新考虑其采购战略。日本经济新闻集团公司（the Nikkei）对日本公司的最新调查显示，① 1/4 的受访公司表示将增加海外采购，而 1/5 的受访公司表示将在日本国内分散采购来源。调查还表明，地震之后，约有 2/3 的公司打算维持或增加总投资水平。

供应链中断，在短期将会减少那些受供应链中断影响的日本跨国公司海外子公司的营业收入，从而减少其利润再投资水平。从另一方面来看，营业收入的暂时减少，也可能导致子公司所属的母公司，增加公司内部的贷款规模。从中期影响来看，采购来源的多元化战略可能会增强对外直接投资（outward FDI）。不过，地震对日本跨国公司对外直接投资的总体影响，可能是有限的，特别是在日本跨国公司主要通过跨国并购进行对外直接投资的背景之下，这一影响更是有限。从长远来看，日本将再次成为对外直接投资的主要投资者。

注：①根据 2011 年 5 月 29 日日本经济新闻集团公司对 100 家公司 CEO 的调查结果。

资料来源：UNCTAD。

跨国公司对全球投资环境的态度也反映了全球宏观经济和微观经济形势的改善。2011 年世界投资前景调查（World Investment Prospects Survey，WIPS）[17] 显示，有 17 家跨国公司对直到 2013 年的全球投资环境都表示越来越乐观（图 1.18）。在接受调查的跨国公司中，大约有 34%的跨国公司对 2011 年的全球投资环境表示“乐观”或“非常乐观”，而对于 2013 年的全球投资环境，则有超过一半达到 53%的跨国公司表示“乐观”或“非常乐观”。令人感到更为意外的是，对 2013 年全球投资环境表示“悲观”或“非常悲观”的跨国公司数量，下降到了 1%。

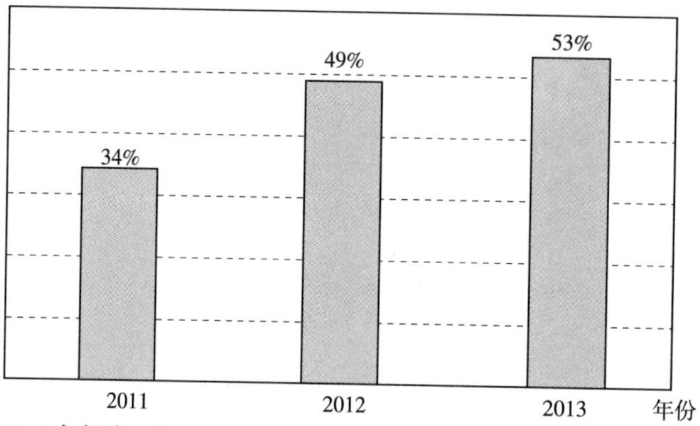

图 1.18 跨国公司对 2011~2013 年投资环境的乐观程度（做出乐观反应的跨国公司占接受调查的全部跨国公司的比重）
数据来源：联合国贸发会议，即将出版。

世界投资前景调查（WIPS）的结果也有力地表明，发展中经济体和转型期经济体正持续成为外国直接投资的重要目的地（图 1.19）。虽然近几年利用外国直接投资最多的前五个国家的构成一直变化不大，例如，2005 年利用外国直接投资最多的五个国家分别是中国、印度、美国、俄罗斯和巴西，然而利用外国直接投资最多的第二梯队的国家构成，则随时在发生改变。与以往的调查相比，除利用外国直接投资最多的发展中国家外，亚洲其他发展中国家和地区，如印度尼西亚、越南和中国台湾等，所利用的外国直接投资都在明显上升。在利用外国直接投资的拉丁美洲国家之中，秘鲁和智利因稳定的投资环境和强劲的宏观经济因素，也提高了其利用外国直接投资的地位。比较突出的是，非洲国家都没有出现在对跨国公司来讲最具投资潜力的东道国名单之中。

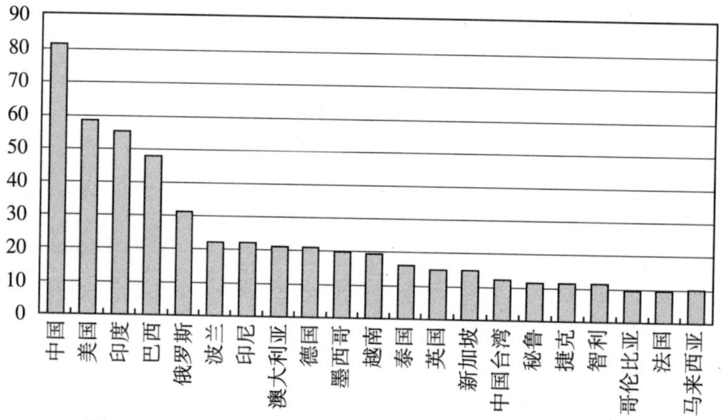

图 1.19 2011~2013 年最受外国直接投资青睐的东道国经济体
（该国被受访跨国公司提到会最优先考虑在该国投资的次数）
数据来源：UNCTAD 即将出版。

投资者的乐观情绪，随着宏观经济和微观经济基本面的好转在不断提升；蓬勃发展的新兴市场经济体也在大力拉动，这一切本应预示着全球外国直接投资量将会出现强劲反弹，但风险和不确定性因素仍可能继续阻碍新的投资机会的出现。这些因素包括：全球治理（如金融系统和投资体制等）的不可预测性；一些发达国家主权债务危机的进一步恶化，以及由此引发的财政紧缩政策；地区动荡；能源价格攀升和通货膨胀风险；汇率波动；对投资保护主义的担忧等。每个风险因素都会以自身的方式抑制投资，所有风险因素同时出现则可能会严重阻碍全球范围内的外国直接投资。

* * *

在2010年全球外国直接投资出现温和复苏的基础之上，联合国贸发会议的世界投资前景调查和预测未来几年外国直接投资量的计量模型都给出了一幅虽然谨慎但却日益乐观的投资前景，认为2011年全球外国直接投资量将增加到1.4万亿~1.6万亿美元。如果外国直接投资量达到1.6万亿美元的上限值，则将略高于金融危机前的平均值，但仍低于2007年2万亿美元的最高值。比较而言，世界贸易量则已经恢复到了金融危机前的水平（见表1.5）。

当外国直接投资开始复苏时，世界各地对私人部门的生产性投资需求在日益增长，而曾经使全球经济免于陷入长期萧条的政府公共投资，世界各国则都在纷纷削减。由于许多国家在国家及地区层面的高公共债务水平难以为继，资本市场也较为紧张，各国政府如今只好控制赤字，让私人投资对经济复苏的出现和持续起主要作用。

2010年外国直接投资之所以复苏缓慢，不是因为缺乏投资资金，也不是因为缺乏投资机会。根据跨国公司对联合国贸发会议的世界投资前景调查做出的回应表明，跨国公司的投资意愿不断增强，跨国公司也清楚有优先投资机会的领域。然而，跨国公司的经理人员察觉到了全球投资环境存在的许多风险，比如金融动荡和投资保护主义抬头的可能性。正是这些风险阻止了资本投资的复苏。

在跨国公司优先选择的投资国名单中，许多发达国家的排名远远低于按照其经济规模或者按照其外国直接投资业绩所应有的排名。这些发达国家为了取代不断萎缩的公共投资，从而产生了最大规模的私人投资需求。强烈建议这些国家的决策者为其国际同行发挥表率作用，继续确保良好而稳定的全球投资环境。

二、作为发展中国家外部资金来源的FDI

发展中经济体和转型期经济体仍以国内投资为主，[18] 外国投资仅起补充作用。不过，每种形式的外国投资在促进经济增长和可持续发展、增强国家竞争力、创造就业机会以及缩小社会和收入分配差距等方面，都发挥了独特而重要的作用。

非外国直接投资与外国直接投资，要么共同发挥作用，要么单独发挥作用。没有哪一种单纯的投资能够满足投资需求，因此，重要的是应该综合利用各种投资，以最大化其对发展所带来的影响。本节将讨论各种形式的投资对发展带来的影响，以及将外国直接投资和其他来源于私人或公共部门的外部资金进行综合利用所带来的好处。

除外国直接投资之外，国外投资者还可以借助其他各种工具为其经营活动融资。经营活动的动机不同，融资工具也有差异，从而对发展也会产生不同的影响。因此，有必要对每种融资工具及其相互之间的联系进行评论。动机、特征和反应方式的差异，可以将企业内的投资者区分为不同的群体，如私人投资者（个人、企业和基金等）和公共投资者［如通过官方发展援助（ODA）和其他官方资金进行投资］。

流入发展中国家的以外国直接投资为主体的外部资本正在复苏之中。不过，鉴于外国直接投资的波动性，需要注意的是复苏的可持续性。

虽然存在资本流动持续复苏的迹象，但仍需谨慎。自 2009 年上半年以来，虽然流入新兴经济体和发展中经济体的，以外国直接投资为主体的私人资本一直在增加，但流入的资本量仍低于 2007 年的最高值（见表 1.4）。

表 1.4 2005~2010 年流入发展中国家的资本量（10 亿美元）

类型＼年份	2005	2006	2007	2008	2009	2010
总额：	579	930	1650	447	656	1095
FDI	332	435	571	652	507	561
证券投资	154	268	394	−244	93	186
其他投资①	94	228	686	39	56	348
备注：						
不含技术合作的官方赠款	56.9	106.9	76.1	86.4	95	—
储备变化	539	647	1063	774	673	927
员工汇款	173	204	245	288	281	297

注：①其他投资包括商业银行贷款、官方贷款以及贸易信贷。

数据来源：联合国贸发会议根据下列数据整理得到：2011 年国际货币基金组织（IMF，2011a）提供的证券投资、其他投资及储备资产数据；联合国贸发会议提供的外国直接投资流入量和工人汇款数据；世界银行（WB）提供的不含技术合作的官方赠款数据。

向发展中经济体和转型期经济体提供发展融资的复苏，是可持续的吗？该复苏是长期结构性因素的推动和短期周期性因素的拉动共同作用之下的结果。预期发展中国家会获得较高的 GDP 增长，从而预示着发展中国家存在有利可图的投资机会（周期性因素的拉动作用），同时，发展中国家的政策框架也被认为更能适应未来的冲击，特别是亚洲发展中国家（结构性的推动作用）。量化宽松的货币政策和低利率政策使得发达国家存在流动性过剩的问题。这驱使发达国家在利率和回报率都相对较高的发展中国家去投资（Akyuz，2011；IMF，2011b）。[19] 不过，人们仍担忧发展中国家会出现经济波动。

首先，资本激增使得发展中经济体和转型期经济体，直接面临着货币汇率升值的压力，从而使发展中经济体和转型期经济体面临着更大的不稳定性。同时，发达国家的低利率环境不可能无限期地维持下去。[20] 2009~2010 年，外国直接投资一直都是新兴市场和发展中经济体资本流入的主要来源，这预示着新兴市场和发展中经济体为生产性投资提供了长期来看更为稳定和回报更高的环境。消极地讲，由于外国直接投资对发达经济体来讲，重要性相对较低，因此，此次全球外国直接投资的复苏可能更为脆弱。而发达经济体目前尚面临着严重的证券市场动荡，以及其他诸如银行贷款等资本问题。

其次，尽管外国直接投资仍比证券投资和其他投资（如商业贷款和贸易信贷）稳定得多，但近几年发展中经济体和转型期经济体利用的外国直接投资也开始逐渐变得越来越不稳定（图 1.20）。有人认为，这可能反映了流入发展中经济体和转型期经济体的外国直接投资的构成正在发生变化，例如由股权投资向债务投资转变。这种转变使得外国直接投资对曾经引发上次金融危机的美国货币政策的变化更为敏感。因此，应该谨慎对待认为外国直接投资（FDI）相对于其他类型资本投资更具稳定性的观点。人们应该记得，流入新兴经济体的外国直接投资曾经大起大落，因此，新兴经济体更应谨慎对待外国直接投资的稳定性（IMF，2011a）。例如，流入巴西的外国直接投资，2008 年为 450 亿美元，2009 年急剧下降到 260 亿美元，2010 年又大幅上升到 480 亿美元；韩国 2008 年利用的外国直接投资为 84 亿美元，2009 年为下降为 75 亿美元，2010 年进一步下降到 69 亿美元；南非 2008 年利用的外国直接投资为 90 亿美元，2009 年下降到了 54 亿美元，到 2010 年则急剧下跌到 16 亿美元。外国直接投资也可能包含一些短期和不稳定的资本，或者“热钱”（hot money）。资本流动的稳定性目前是许多发展中国家面临的重大挑战（见专栏 1.5）。

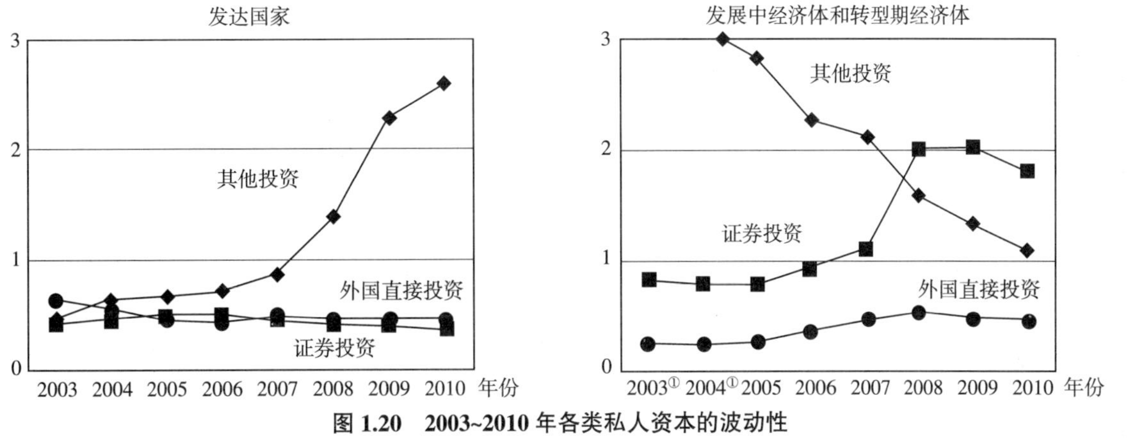

图 1.20 2003~2010 年各类私人资本的波动性

注：①2003 年和 2004 年的标准偏差值大于 3。

②每类资本的波动性根据连续十年的相对标准偏差计算。2010 年的相对标准偏差根据 2001~2010 年的流量计算。

数据来源：UNCTAD。

专栏 1.5 外国直接投资与资本管制

一些发展中国家担心，大规模的资本流入可能会加剧经济失衡，并使宏观经济政策变得更为复杂。在此背景下，这些发展中国家将资本管制重新提上了政策日程。国际货币基金组织（IMF）目前也放松了其反对资本管制的传统立场（Ostry et al.，2011），从而使一些亚洲和拉丁美洲国家，更容易采取一些措施来限制短期和不稳定的资本流动，同时保持了对长期资本流动更优惠的政策待遇。由于优惠措施仅针对长期资本流动，因此，原则上来讲，这些措施不应影响外国直接投资（FDI）。不过现实更为复杂，因为一些统计在外国直接投资项下的资本流动，可能包含了一些短期资本流动。

2010 年，流入一些发展中国家的外国直接投资出现了大幅上升。在某些情况下，外国直接投资的增加，并不必然伴随着固定资产投资或跨国并购的增加。流入发展中东道国的外国直接投资，有一部分可能是出于获得短期资本收益的目的。在外国直接投资流入量大大超过外国子公司资本支出的国家，那些外国子公司可能持有部分来自母公司的，不是用于当前资产投资的资金，如投机资金。

此外，短期投机性资金在流出母国时，可能被误记为母国流出的外国直接投资，然而却没有被登记为流入东道国的外国直接投资。因为这些以投机为目的的短期投机性资金，在转移之时，即被迅速使用，根本不会在海外子公司的会计账户停留太久。这些短期投机资金要么保存在专门投资公司和金融控股公司（financial holding companies）里，要么投资于房地产和那些能够容易结算的资产。事实上，许多国家，特别是中国（见第二章）和拉丁美洲国家，如同金融危机之前的西亚一样，房地产行业的外国直接投资正在迅速增加。长期资本流动（外国直接投资，FDI）和短期资本流动之间的区别，正变得越来越模糊，这使得误报不断发生。短期资本的增加，使得最近的外国直接投资流量比以前更具波动性（图 1.20）。

虽然有些短期投机性的私人资本，可能已经被统计为外国直接投资的一部分，不过由于短期投机性私人资本无法登记在国际收支平衡表（the balance of payments）的其他现有项目之下，因此，绝大多数的短期投机性私人资本仍继续登记在错误与遗漏项下（errors and omissions）。根据最新可得的 2009 年的数据显示，在 2009 年，国际收支平衡表中错误与遗漏项的金额，相当于全球所有外国直接投资流入量的将近一半，而前些年则仅约为 10%。

由于各类资本流动市场是相互关联的，因此要采取措施专门针对短期资本流动，变得越来越困难。例如，2009~2010 年，亚洲各国对房地产市场采取了资本管制：直接控制短期资本和长期资本的流入规模（IMF，2011a）。

资料来源：UNCTAD。

外国直接投资的三个组成部分，即股权投资、利润再投资和公司内借贷、每一个部分都有波动的原因。公司内债务，由于与母公司帮助海外子公司在成立，重组或扩张过程中增加或削减运营成本等方面的决策更为相关，因此其条款和条件一般要比商业贷款更为灵活。[21] 根据盈利能力和以股息支付形式从国外汇回本国利润的水平，利润再投资的波动十分明显。虽然股权投资仍是外国直接投资（FDI）最稳定的组成部分，不过由于全球生产链的巨大改变，也使得股权转移变得更为容易。

尽管近年来外国直接投资流量一直不稳定，不过，正是由于得益于外国直接投资，才使许多发展中国家的净私人资本流入保持为正。外国直接投资的复苏并没有引起其他所有的私人资本流入在所有地区出现复苏。事实上，即使在外国直接投资高涨的时期，非外国直接投资的资本流入（Non-FDI Flows）在许多地区的许多年份里都为负数（图 1.21）。因此，外国直接投资呈现出了比其他私人资本流动（即私人证券投资和其他私人资本）小得多的波动性。

所有的外国私人资本流动，包括证券投资（Portfolio Investment）、银行贷款和外国直接投资（FDI），都为发展做出了贡献。因此，最近的金融危机和私人资本的性质以及私人资本所固有的当前尚在不断增加的脆弱性，都是发展中国家所关心的两个问题。这使得官方发展援助（Official Development Assistance，ODA）变得非常重要。官方发展援助虽然更不易波动，但发达国家运用官方发展援助实现其既定目标的失败，使得人们对官方发展援助在解决受益国家关键发展问题的效果方面产生了深刻的怀疑。

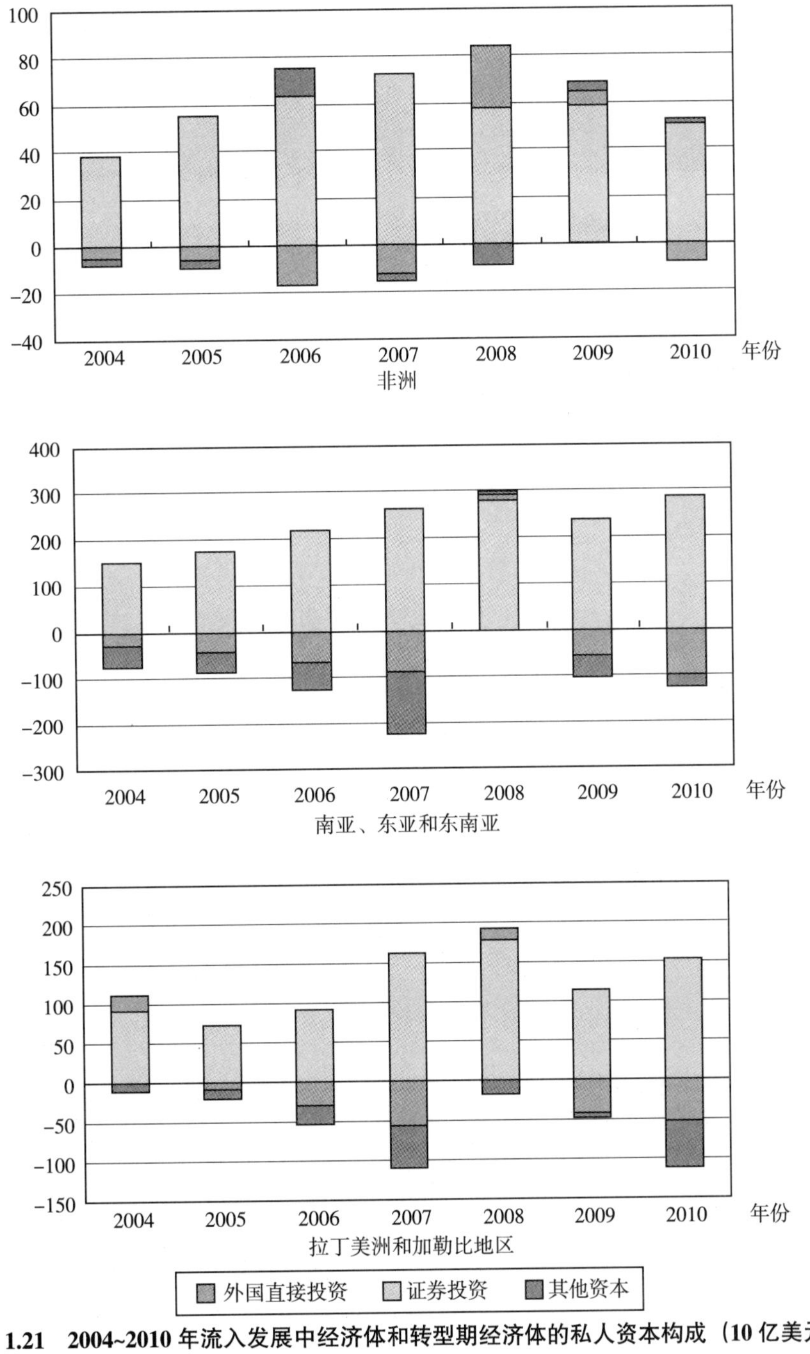

图 1.21　2004~2010 年流入发展中经济体和转型期经济体的私人资本构成（10 亿美元）

数据来源：联合国贸发会议根据 IMF（2011a）的数据整理得到。

三、国际生产进一步扩张

（一）公司国际化步伐加快

跨国公司海外子公司的销售额、就业人数以及资产规模等都在增加，国际化生产在不断扩张（见表 1.5）。联合国贸发会议估计，全世界的跨国公司在母国及国外创造了大约 16 万亿美元的增加值（图 1.22），占全球 GDP 的 1/4 强。2010 年，全球超过 1/10 的 GDP 和超过 1/3 的世界总出口均来自跨国公司的海外子公司。

表 1.5　1990~2010 年外国直接投资和国际生产主要指标

指　　标	金额（当年价，10 亿美元）					年增长率或回报率变化（%）				
	1990 年	2005~2007 年平均值	2008 年	2009 年	2010 年	1991~1995 年	1996~2000 年	2001~2005 年	2009 年	2010 年
FDI 流入流量	207	1472	1744	1185	1244	22.5	40.1	5.3	-32.1	4.9
FDI 流出流量	241	1487	1911	1171	1323	16.9	36.3	9.1	-38.7	13.1
FDI 流入存量	2081	14407	15295	17950	19141	9.4	18.8	13.4	17.4	6.6
FDI 流出存量	2094	15705	15988	19197	20408	11.9	18.3	14.7	20.1	6.3
流入 FDI 收入	75	990	1066	945	1137	35.1	13.1	32	-11.3	20.3
流入 FDI 回报率①	6.6	5.9	7.3	7	7.3	-0.5	–	0.1	-0.3	0.3
流出 FDI 收入①	122	1083	1113	1037	1251	19.9	10.1	31.3	-6.8	20.6
流出 FDI 回报率①	7.3	6.2	7	6.9	7.2	-0.4	–	–	-0.2	0.3
跨国并购	99	703	707	250	339	49.1	64	0.6	-64.7	35.7
海外子公司销售额	5105	21293	33300	30213②	32960②	8.2	7.1	14.9	-9.3	9.1
海外子公司产出增加值	1019	3570	6216	6129②	6636②	3.6	7.9	10.9	-1.4	8.3
海外子公司总资产	4602	43324	64423	53601②	56998②	13.1	19.6	15.5	-16.8	6.3
海外子公司总出口	1498	5003	6599	5262③	6239③	8.6	3.6	14.7	-20.3	18.6
海外子公司就业人数（千人）	21470	55001	64484	66688②	68218②	2.9	11.8	4.1	3.4	2.3
GDP	22206	50338	61147	57920④	62909④	6	1.4	9.9	-5.3	8.6
固定资本形成总额	5109	11208	13999	12735	13940	5.1	1.3	10.7	-9	9.5
特许权和许可证使用费	29	155	191	187	191	14.6	10	13.6	-1.9	1.7
货物和非要素服务出口	4382	15008	19794	15783④	18713④	8.1	3.7	14.7	-20.3	18.6

注：①根据提供了 FDI 收入数据国家的 FDI 收入和 FDI 存量数据计算得到。

②2009 年和 2010 年的数据，都是根据 1980~2008 年每个变量为被解释变量，FDI 流出存量和滞后变量为解释变量，利用面板数据的固定效应估计得到。

③1995~1997 年的数据，是根据 1982~1994 年的海外子公司出口为被解释变量，FDI 流入存量为解释变量，利用线性回归估计得到。1998~2010 年的数据，是根据 1998 年海外子公司出口占世界出口的份额（33.3%），利用线性回归模型预测得到。

④根据国际货币基金组织（IMF，2011a）的数据得到。

⑤本表不包括通过非股权（non-equity）与母公司联系在一起的海外子公司在全世界的销售额，也不包括母公司自身在全世界的销售额。全世界海外子公司的销售额、总产值、总资产、出口总额以及就业人数等，都是根据来自下列国家跨国公司的海外子公司的数据，进行推算估计得到。这些国家包括：澳大利亚、奥地利、比利时、加拿大、捷克、芬兰、法国、德国、希腊、以色列、意大利、日本、拉脱维亚、立陶宛、卢森堡、葡萄牙、斯洛文尼亚、瑞典以及美国。利用下列国家跨国公司海外子公司的销售额，得到全世界的销售额，这些国家是：澳大利亚、奥地利、比利时、加拿大、捷克、芬兰、法国、德国、希腊、以色列、意大利、日本、拉脱维亚、立陶宛、卢森堡、葡萄牙、斯洛文尼亚、瑞典以及美国。利用下列国家跨国公司海外子公司的增加值（产出）数据，得到全世界的总产出数据，这些国家包括：捷克、法国、以色列、葡萄牙、斯洛文尼亚、瑞典以及美国。利用下列国家跨国公司海外子公司的资产数据，得到全世界的资产数据，这些国家包括：奥地利、德国、日本和美国。利用下列国家跨国公司海外子公司的出口数据，得到全世界的出口额，这些国家包括：捷克、日本、葡萄牙、斯洛文尼亚，瑞典和美国。利用下列国家跨国公司海外子公司的就业人数数据，得到全世界的就业人数，这些国家包括：澳大利亚、奥地利、比利时、加拿大、捷克、芬兰、法国、德国、意大利、日本、拉脱维亚、立陶宛、卢森堡、中国澳门、葡萄牙、斯洛文尼亚、瑞典、瑞士以及美国。每个指标都是根据上述国家外国直接投资流出存量占全世界的份额进行推算估计得到。

数据来源：UNCTAD。

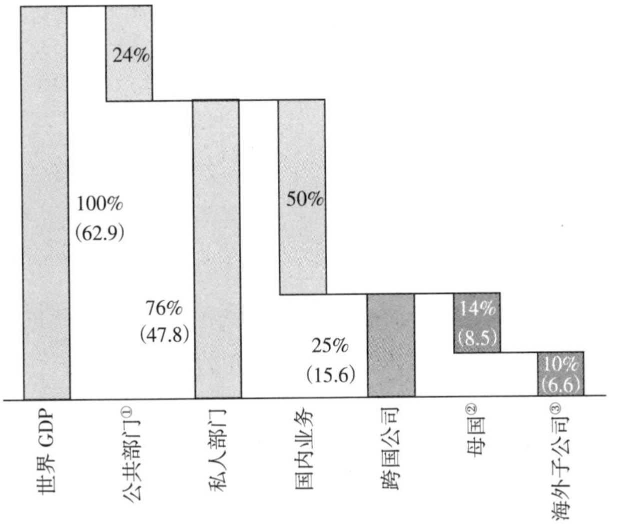

图 1.22 2010 年跨国公司占世界 GDP 的 1/4（%；万亿美元④）

注：①国际标准产业分类（ISIC）（公共行政、国防、社会保障、健康、卫生、社团服务、家政服务）。
②根据母国经济规模的加权平均估计得到。
③参见本报告表 1.5。
④当年价，当年汇率。
数据来源：UNCTAD。

跨国公司的国际生产，即跨国公司海外子公司创造的增加值，占跨国公司总增加值的比重，由 2005 年的大约 35%，上升到 2010 年的大约 40%（图 1.22）。尽管在金融危机期间，由于外国直接投资流量下降，从而使跨国公司国际生产的增长率有所放慢，但跨国公司的国际生产网络仍在继续扩大。

跨国公司国际生产网络的持续扩张，反映了跨国公司一直在获得的高回报率。经历了金融危机期间一年的下跌之后，外国直接投资在 2010 年恢复上升了 7.3%（见表 1.5）。虽然杠杆率（以外国直接投资流出存量与海外资产的比率替代）在稳步下降，但回报率已经恢复到了金融危机前的水平。从 2005~2007 年外国直接投资上涨期间，随着外国直接投资存量（所有者权益）与资产的比率从近 40%下降到了 25%，杠杆率达到最高值。但在 2009 年和 2010 年，随着所有者权益与资产的比率不断攀升到 36%，杠杆率一直在下降。

2010 年其他指标也表明跨国公司的国际生产获得了积极的发展。海外子公司的销售额在 2010 年上升了 9.1%，反映了跨国公司在发展中经济体和转型期经济体获得了巨大的收益。由于金融危机期间，效率寻求型投资的扩张，使得跨国公司海外子公司的就业规模也在继续扩大。

跨国公司以及那些以前还不是跨国公司的企业的国际化步伐加快，带来了国际生产规模的扩大。有三个因素推动了国际化的新暴涨（new burst）：第一，金融危机使得企业理顺了其公司结构，并尽一切可能，通常是通过把一些业务部门转移到具有成本优势地区的方式，来提高效率（采取的其他措施还包括关闭一些子公司或把子公司出售给其他公司）。第二，相对于发达经济体较弱的经济复苏，新兴市场经济体的经济复苏更为迅速，这迫使许多跨国公司为了努力维持利润和获得增长，从而不得不增加对新兴市场经济体的投资，以占领这些市场。第三，来自新兴市场经济体的跨国公司，包括国有跨国公司的兴起。

2010 年，世界最大的非金融跨国公司的海外经营业务出现反弹，其占跨国公司全部经营业务的份额保持了较高的水平。

经济和金融危机期间，许多跨国公司为了继续盈利，开始大量裁员，并进行结构调整。发达国家的跨国公司，占世界跨国公司的近 80%，占全球外国直接投资流出量的约 70%。对发达国家的跨国公司来讲，跨国公司的裁员和结构调整意味着跨国公司削减在母国的经营业务，而将工厂转移到国外，或在国外开设新厂，以利用那些地区特有的比较优势。2010 年，世界最大的非金融跨国公司的海外经营业务出现反弹，其占跨国公司全部经营业务的份额保持了较高的水平。不过，并非所有最大的跨国公司都增加了其国际化经营活动。例如，2010 年，金融业跨国公司就遭遇了巨大的困难（见专栏 1.6）。

专栏 1.6 世界最大的金融跨国公司国际化的最新趋势

2006~2008 年期间，全球超过 20%的外国直接投资流出量（FDI outflows）来自于金融行业的跨国公司。近年来，金融业跨国公司的财富一直在大幅波动。金融危机以来，许多金融业跨国公司被迫由政府接管。虽然金融业跨国公司利润的强劲反弹，证明这些跨国公司的经营状况已经稳定下来了①，不过，金融危机还是严重破坏了许多最大的金融业跨国公司的国际化进程。在某些情况下，一些金融业跨国公司被监管机构合并，或被新的国有金融公司合并，使其把经营重点放在国内市场，从而放弃了海外业务。例如，因政府大量干预才得以幸存的苏格兰皇家银行（RBS），已经出售了许多海外资产。冰岛银行和爱尔兰银行也遭遇了与苏格兰皇家银行同样的命运。在另外的一些情形下，金融危机使一些金融业跨国公司加快实施了以前被搁置的计划，例如，美国花旗集团出售了其在日本的非零售银行资产（见第二章）。②

金融业最大跨国公司面临的压力，使其在 2010 年不可避免地放慢了国际化的步伐。联合国贸发会议（UNCTAD）度量 50 家最大的金融业跨国公司的平均地理分散度③，在 2010 年达到 44.9%，相比于 2009 年的 43.5%，仅上升了 1.4 个百分点。各家公司的平均地理分散度，差异较大。许多欧洲金融机构的平均地理分散度出现了急剧下降。许多美国的金融跨国公司的平均地理分散度也在下降。相比而言，日本金融业跨国公司，由于在金融危机期间实施了国际战略收购，从而提高了其国际化水平④。

在未来几年可能会出现新一轮的跨国并购浪潮，不过，来自发达国家的金融跨国公司也许会发现，他们如果想进入迅速成长的发展中国家市场，将会面临各种资本管制措施（见专栏 1.5）。金融危机期间，许多最大的发展中国家的决策者，特别是巴西和中国的决策者，把国有金融机构视为是金融市场健康发展的主体。金融跨国公司如果不能够顺利进入最大且增长最快的市场，他们将会发现很难坚持长期国际化的基本原则：在来自相对稳定的发达国家的收入与增长迅速但却更为波动的发展中国家的收入二者之间进行平衡（Schildbach，2009）。

注：①“银行业获得了 2007 年初以来最好的季度利润”，华盛顿邮报，2011 年 5 月 25 日。
②“花旗集团将出售日本的经纪公司 monex 的股份”，彭博资讯，2010 年 9 月 21 日。
③地理分散度根据下面的公式计算：地理分散度 = 国际化指数（海外子公司占全部子公司的份额）的平方根，乘以东道国数量。
④“大男孩回来了”，《经济学家》，2008 年 9 月 25 日。
资料来源：UNCTAD。

上述趋势可以从联合国贸发会议（UNCTAD）提供的世界最大跨国公司年度调查结果中清晰地看到（见表 1.6）。这些主要来自发达经济体的跨国公司，将其生产经营活动扩张到母国之外，在 2010 年继续增加其海外资产。由最大跨国公司进行的跨国并购活动，特别是以战略企业为目标的跨国并购活动不断增加，进一步推动了跨国公司海外资产的扩张势头。[22] 跨国公司在母国和国外的就业人数和销售额都在增加。

表 1.6 全世界和发展中及转型期经济体 100 家最大跨国公司国际化统计指标（10 亿美元，就业人数千人，%）

变量	全世界 100 家最大的跨国公司					发展中经济体和转型期经济体 100 家最大的跨国公司		
	2008 年	2009 年	2008~2009 年变化（%）	2010②	2009~2010 年变化（%）	2008 年	2009 年	变化（%）
资产								
海外资产	6161	7147	16	7512	5.1	899	997	10.9
总资产	10790	11543	7	12075	4.6	2673	3152	17.9
海外资产所占份额	57	62	4.8①	62	0.3①	34	32	–2①
销售额								
海外销售额	5168	4602	–10.9	5005	8.8	989	911	–7.9
总销售额	8406	6979	–17	7847	12.4	2234	1914	–14.3
海外销售额所占份额	61	66	4.5①	64	–2.2①	44	48	3.3①
就业人数								
海外就业人数	9008	8568	–4.9	8726	1.8	2651	3399	28.2
总就业人数	15729	15144	–3.7	15489	2.3	6778	8259	21.9
海外就业人数所占份额	57	57	–0.7①	56	–0.2①	39	41	2

注：①百分比。

②初步结果。

③从 2009 年起，数据指的是财政年度（基年 4 月 1 日至次年 3 月 31 日）报告数据。由于发展中经济体和转型期经济体的数据报告期更晚，因此 2010 年的来自发展中经济体和转型期经济体的 100 家最大跨国公司的数据不可得。

数据来源：UNCTAD。

来自发展中经济体和转型期经济体的最大跨国公司，经历了与发达国家最大跨国公司略微不同的压力。在巨大的一揽子公共支出刺激的推动下，许多发展中经济体和转型期经济体出现了惊人的经济增长。在此情形下，这些最大的来自发展中经济体和转型期经济体的跨国公司努力在下述两个方面进行平衡：一方面要为国内经济增长做出贡献，另一方面要实现其长期国际化目标和收购国际品牌、技术，并获得自然资源的愿望。因此，这些最大的来自发展中经济体和转型期经济体的跨国公司，其海外经营活动占其全部经营活动（即销售额和就业）的份额不断地在上升（见表 1.6）。这些跨国公司继续迅速扩张其海外子公司的资产规模，2009 年（能获得数据的最近一年），其海外子公司的资产规模上升了 11%，几乎达到 1 万亿美元（见表 1.6）。

发展中经济体和转型期经济体日益重要。

跨国公司在新兴市场经济体的丰厚利润刺激了进一步的投资。

金融危机使效率寻求型投资者和市场寻求型投资者都认识到了将发展中经济体和转型期经济体，特别是将新兴市场经济体，如巴西、印度、中国和俄罗斯“金砖四国”（BRICs），作为其主要投资目的地的重要性。这些经济体，不仅因为劳动力成本低下而具有吸引力，还因为其自身作为日益重要的市场而具有吸引力。跨国公司在这些

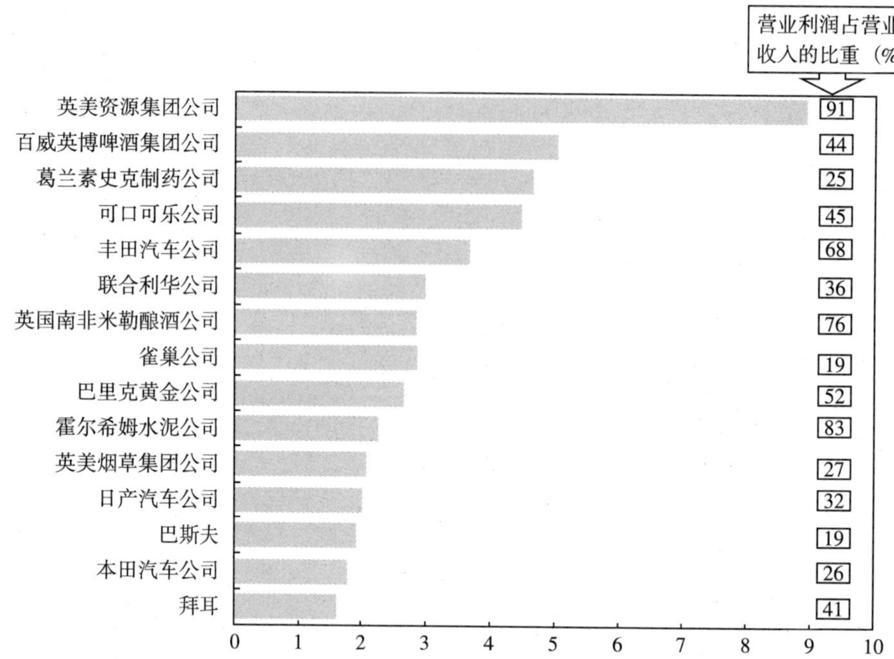

图 1.23 2010 年主要跨国公司 100 强在发展中经济体和转型期经济体所取得的营业利润（10 亿美元）

注：跨国公司的地区报告存在差异。在这种情形下，包括完全或主要发生在发展中经济体或转型期经济体的那部分营业利润。
数据来源：UNCTAD。

经济体所获得的营业利润的份额，以及以这些经济体为目标的投资数量，都明显地体现了这一趋势。

世界许多最大的跨国公司的利润，都已经出现了大幅反弹，而金融危机期间，这些公司的利润则在下降。最大的发展中经济体迅速的经济复苏，为跨国公司恢复其收入增长发挥了重要的作用。在某些情形下，在跨国公司的营业收入中，来自发展中经济体和转型期经济体的收入已经占有重要的份额。这种趋势跨越了跨国公司所在的各个行业，如美国的可口可乐饮料公司，瑞士的霍尔希姆水泥公司以及日本的丰田汽车公司，其来自发展中经济体的营业收入占其全部营业收入的份额都超过了 1/3。

世界 100 家最大的跨国公司的投资活动，如今都已经决定性地转向了发展中经济体和转型期经济体。2007~2008 年和 2009~2010 年，新建项目的国际比较发现，以发展中经济体和转型期经济体为投资目标的新建项目数量增加了 23%，而以发达国家为投资目标的新建项目则仅增加了 4%。尽管亚洲发展中国家在世界 100 家最大的跨国公司的投资中仍占主导地位，不过，比较明显的是，拉丁美洲和非洲如今正成长为跨国公司投资新的增长极（图 1.24）。

德国的麦德龙股份公司（Metro AG）一直追求在发展中经济体和转型期经济体获得增长，如该公司在 2010 年期间，分别在俄罗斯新开了 17 家分店，在中国新开了 7 家分店，在哈萨克斯坦和越南都新开了 4 家分店，而同时却关闭了在欧洲发达市场国家的分店。[23] 美国通用电气公司（General Electric）（以海外资产规模衡量，该公司是世界最大的跨国公司），也是这一转变的象征。通用电气公司最近宣布，为了降低成本，并增加主营业务收入的增长，该公司打算把占其工业收入 40%的新兴市场经济体作为其关注的重点。[24]

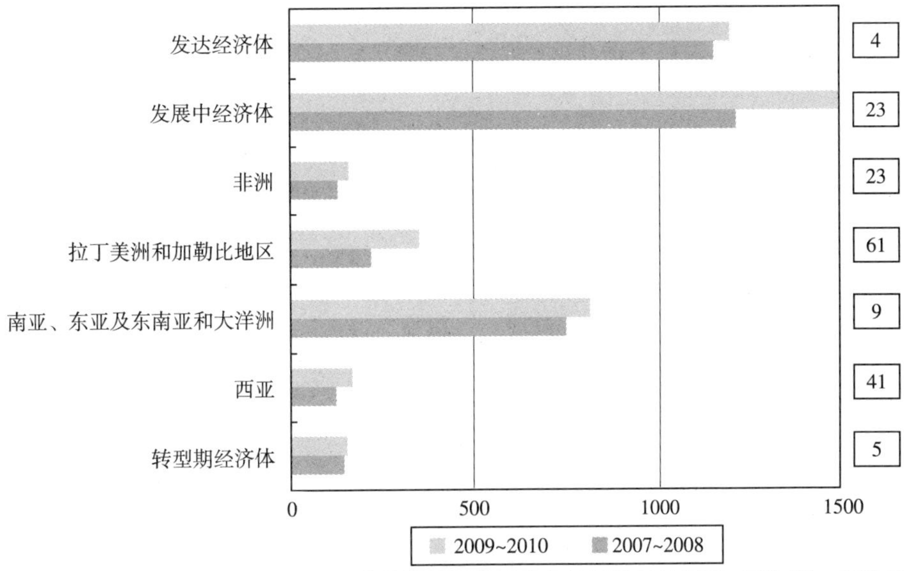

图 1.24 2007~2008 年和 2009~2010 年世界 100 家最大跨国公司在各地区的绿地投资（项目数，百分比变化）

数据来源：UNCTAD。

（二）国有跨国公司

作为重要的对外投资者，国有跨国公司，特别是那些来自发展中经济体的国有跨国公司的兴起，对母国和东道国的经济都有重要的影响。

来自发展中经济体和转型期经济体的大型国有企业的国际化，构成了外国直接投资（FDI）的重要组成部分。事实上，来自发达国家的国有跨国公司也在国际化，只不过尚没有广泛地被人们所认识而已。国有跨国公司与传统私有跨国公司或股东与所有跨国公司在股权方面存在的差异，会对公司的目标、动机和战略产生影响，尽管目前尚无对此进行深入的研究，但这已经成为一个引起人们浓厚兴趣和争论的问题。

国有跨国公司是指那些完全由政府拥有控股权益（完全控股，多数股权或重要的少数股权）的母公司和外国子公司组成的企业，无论这些企业是否在股票市场上市。存在各种对控股权的定义，但在本报告中，控制权指的是拥有 10%或以上投票权的股权，或者政府是最大的单一股东。国有指的是由国家政府或地方政府（如地区、省、市等）所有。重要的是，这个定义不包括近年来比较突出的投资者，即主权财富基金（SWFs）的国际投资[25]（参见本节第 5 点，评论了主权财富基金主导的外国直接投资最近的发展趋势），因为主权财富基金不是公司，因此不必按照通用的公司机制进行管理。一些例子可以清晰地说明构成国有跨国公司的因素（参见专栏 1.7），例如法国电信，国家在其中有大约 26%的股份。

专栏 1.7 何为国有企业 (State-Owned enterprises)——法国的例子

法国并没有专门的法律去界定什么是国有或国有控股企业。法国国家统计和经济研究所 French National Institute of Statistics and Economic Studies（INSEE）对国有企业的定义如下：“[a] 国有企业是指这样的公司：政府通过拥有公司的多数资本或拥有公司公开发行股份的多数投票权，从而获得公司的财产或财务参与权，进而可以直接或间接地获得对公司的支配权”。上述定义十分宽泛，涵盖了各种情形和公司类型，应从"控制权"（Control）而不应单纯从"所有权"（Ownership）的角度去分析。根据法国国家统计和经济研究所的定义，基本上可以确认四类"国有"企业：

1. 完全由政府拥有的非上市公司，即所谓的公共设施企业。这些公司有特定的职能，因而难以多元化经营。例如法国公交公司（RATP）、法国国营铁路公司（SNCF）、法国铁路路线公司以及法兰西银行等。

2. 完全由政府拥有的上市公司[①]。在自由市场的法律框架内，这些公司可以多元化经营。若无法律明确禁止，法国政府的持股比例可以随时减少，甚至完全丧失股份，例如法国邮政公司。

3. 法国政府持有 50%以上股份的上市公司，政府能完全控制公司管理。例如，法国电力公司（EDF，以前也是一家公共设施企业），巴黎航空公司以及全国其他大型的机场和港口。

4. 法国政府直接或间接持有的股份低于 50%的上市公司。例如，法国电信公司（以前也是公共设施企业，政府持股 26%）、法国天然气苏伊士集团公司（GDF-Suez）[法国天然气公司（GDF，以前也是一家公共设施企业），通过并购 Suez（一家私营企业）组建而成]。

注：①这种情形在国有企业私有化或公有化时是可能出现的。
资料来源：UNCTAD。

1. 国有跨国公司的范围界定和经营领域

作为一个整体，国有跨国公司的规模相对较小，但许多国有跨国公司却跻身世界最大的跨国公司之列。

2010 年，在全球各地生产经营的国有跨国公司至少有 650 家，总共拥有 8500 多个海外子公司。[26] 虽然在跨国公司领域，国有跨国公司属于少数，但在 2009 年和 2010 年世界 100 家最大的跨国公司中，国有跨国公司却占据 19 个席位。更为明显的是，2009 年，在来自发展中经济体和转型期经济体的 100 家最大的跨国公司中，有 28 家是国有跨国公司。表 1.7 中 15 家最大的相对较为知名的国有跨国公司，既有来自发达经济体的，也有来自发展中经济体的。需要说明的是，表 1.7 列举的国有跨国公司，都仅指母公司，这样可以有效地减少一些企业集团进入国有跨国公司之列。此外，一些跨国公司只是因为最近经济危机导致的政府大量注资，才将其认定为国有跨国公司，因此表 1.7 列示的国有跨国公司名单应该是暂时的（如通用汽车公司）。

表 1.7　2009 年[①] 30 家资产规模最大的非金融国有跨国公司（百万美元）

公司名称	所属经济体	政府股份[②]	行业[③]	资产总值		销售额		就业人数		跨国指数[⑤] (%)
				国外	总体	国外	总体	国外[④]	总体	
国家电力 SPA 公司	意大利	34.7	电力蒸汽水	157	231	44	86	43	81	57.2
大众汽车	德国	20	汽车	156	255	105	146	196	369	61.9
法国燃气苏伊士集团	法国	36.4	公用事业	146	247	68	111	96	197	56.5
法国电力公司	法国	84.7	公用事业	134	348	40	92	58	169	39
德国电信股份公司	德国	31.7	电信	113	184	53	90	108	258	54.1
埃尼公司	意大利	30.3	石化	102	169	78	117	40	78	59.2
通用汽车	美国	32	汽车	76	136	55	105	114	217	53.7
法国电信公司	法国	26.7	电信	73	133	31	64	64	167	47

续表

公司名称	所属经济体	政府股份[②]	行业[③]	资产总值		销售额		就业人数		跨国指数[⑤]（%）
				国外	总体	国外	总体	国外[④]	总体	
欧洲宇航防务集团	法国	22.4	航空	72	116	54	60	75	120	71.9
万提弗 AB 公司	瑞典	100	电力蒸汽水	72	83	22	27	34	40	84.9
威立雅环境集团	法国	10.7	公用事业	52	72	29	48	212	313	66.9
中信集团	中国	100	多元化	44	315	11	31	25	125	23.2
挪威国家石油公司	挪威	67	石化	43	97	17	74	11	29	34.4
德国邮政	德国	30.5	运输仓储	39	50	44	67	258	425	68.3
淡水河谷公司	巴西	5.5（12 为黄金股份）	采掘业	39	102	20	24	13	60	48.2
马来西亚国家石油公司	马来西亚	100	石化	34	126	28	63	8	41	30.7
TeliaSonera AB	瑞典	37.3	电信	32	37	10	14	20	29	73.3
雷诺	法国	18.3	汽车	30	92	29	47	66	121	50.2
日本烟草公司	日本	50	食品饮料和烟草	30	42	29	66	25	50	55.4
芬尼梅卡	意大利	30.2	机械和设备	29	44	20	25	32	73	62.7
中国远洋运输集团公司	中国	100	运输仓储	28	36	18	28	4	72	49.7
卢克石油公司	俄罗斯	13.4	石油天然气	24	79	38	68	22	143	34
新加坡电信	新加坡	54.4	电信	23	27	8	12	10	23	64.3
Zain	科威特	49.2	电信	19	20	7	8	12	13	92.1
卡塔尔电信	卡塔尔	55	电信	18	23	5	7	1	2	78
塔塔钢铁公司	印度	12.9	金属和金属制品	16	24	16	22	47	81	65.2
巴西国家石油公司	巴西	39.8	石化	15	200	29	116	8	77	14.2
阿布扎比国家能源公司	阿拉伯联合酋长国	100	公用事业	14	25	3	5	3	4	67.2
委内瑞拉石油公司	委内瑞拉	100	石化	12	150	33	75	5	92	19
中国石油天然气集团公司	中国	100	石化	12	325	5	178	30	1585	2.7

注：①除非特别说明，所有数据都来源于公司年报。

②根据 Thomson Worldscope 最新数据整理得到。

③公司所属行业参照美国标准产业分类，该分类标准为美国证券交易委员会所使用。

④大多数情况下，国外就业人数根据上年到 2009 年总就业人数中外国就业人数的份额计算。

⑤跨国指数根据下面三个指标的平均值计算：国外资产占总资产的比重、国外销售额占总销售额的比重、国外就业人数占总就业人数的比重。

数据来源：UNCTAD。

政府对国有跨国公司的控制范围，从实质性控制延伸到完全控制。大约有 44%的国有跨国公司，其政府都占有多数股权（图 1.25）。这些国有跨国公司有的完全与政府一体化了，隶属于政府的某一个部门；而有的虽然表面上公开上市了，但实际上政府拥有超过 50%的表决权股份。在认定的国有跨国公司中，政府持股低于 50%的占 42%；低于 10%的占 10%。对于政府持股低于 50%的国有跨国公司，政府通常是持股比例较低的股东中最大的股东，或者持有所谓的“黄金股”（Golden Shares），因此，政府仍然能对公司的董事会构成和公司管理施加占绝对优势的重大影响。

从地理位置上看，世界范围内，56%的国有跨国公司来自发展中经济体和转型期经济体（见表 1.8）。这些经济体中，排名前五位的分别是：南非有 54 家；中国有 50 家；马来西亚有 45 家；

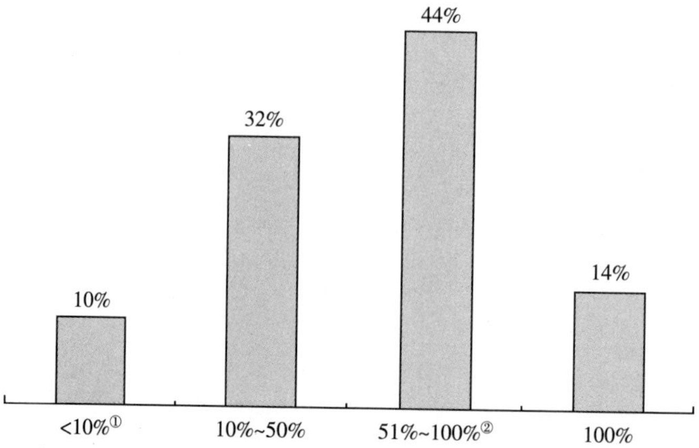

图 1.25　2011 年国有跨国公司的所有权结构（根据政府股份的规模分组，国有跨国公司的比重）

注：①指政府是最大的股东或持有黄金股。
②包括下述国有跨国公司：政府股权没有公布，但假定政府拥有多数股权。
数据来源：UNCTAD 根据 653 家跨国公司整理得到。

阿拉伯联合酋长国有 21 家；印度有 20 家。来自发达经济体的国有跨国公司，大多数集中在欧洲，特别是丹麦有 36 家；法国有 32 家；芬兰有 21 家；瑞典有 18 家。然而，这些总体数字掩盖了非常不同的政府所有权战略。例如，南非整个国内经济的各项商业活动，都是通过公共投资公司，依靠大量的国有企业去投资公共养老基金，结果造成政府持有大量公司较少的股份（不到 15%）。而在中国，政府则通过拥有多数股权或完全拥有股权，控制国有跨国公司。大多数情况下，这些数据由于各个经济体整体的国有企业数量而被低估了。例如，在 2008 年，法国大约有 900 家国有企业，而中国则有大约 154000 家国有独资或政府控股的国有企业。这表明，从事跨国生产活动的国有企业的数量和比例还是相对较小的。

表 1.8　2010 年国有跨国公司的来源国（地区）分布

地区/经济体	数量（个）	份额（%）
世界	653	100
发达国家	286	43.8
欧盟	223	34.2
丹麦	36	5.5
芬兰	21	3.2
法国	32	4.9
德国	18	2.8
波兰	17	2.6
瑞典	18	2.8
其他欧盟国家	81	12.4
其他欧洲国家	41	6.3
挪威	27	4.1
瑞士	11	1.7
其他	3	0.5
美国	3	0.5
其他发达国家	18	2.8

续表

地区/经济体	数量（个）	份额（%）
日本	4	0.6
其他	14	2.1
发展中经济体	345	52.8
非洲	82	12.6
南非	54	8.3
其他	28	4.3
拉丁美洲和加勒比地区	28	4.3
巴西	9	1.4
其他	19	2.9
亚洲	235	36
西亚	70	10.7
科威特	19	2.9
阿拉伯联合酋长国	21	3.2
其他	30	4.6
南亚、东亚和东南亚	165	25.3
中国	50	7.7
印度	20	3.1
伊朗	10	1.5
马来西亚	45	6.9
新加坡	9	1.4
其他	31	4.7
东南欧和独联体	23	3.5
俄罗斯	14	2.1
其他	9	1.4

注：虽然表中数据并不完全，但包含了主要的国有企业投资者。
数据来源：UNCTAD。

国有跨国公司主要活跃在金融服务业和资本密集型行业，这些国有跨国公司依靠垄断地位获得必要的规模经济，被认为带有强烈的国家战略利益倾向。大约70%的国有跨国公司在服务业从事生产经营活动，其中金融服务业居首，占全部国有跨国公司的19%；其次是运输、仓储和通信业，占全部国有跨国公司的16%；再次是电力，燃气和水的生产和供应业，占全部国有跨国公司的10%。22%左右的国有跨国公司在制造业从事生产经营活动，主要是汽车和运输设备（占全部国有跨国公司的4%）、化工和化学制品（占全部国有跨国公司的3%）以及金属和金属制品（占全部国有跨国公司的3%）（参见表1.9）。剩下9%的国有跨国公司主要在初级部门从事生产经营活动，特别是活跃在采掘业。

表1.9　2010年国有跨国公司的部门/行业分布

部门/行业	数量（个）	份额（%）
整体	653	100
初级部门	56	8.6
石油矿产业	48	7.4
其他初级部门	8	1.2

续表

部门/行业	数量（个）	份额（%）
制造业	142	21.7
食品饮料和烟草	19	2.9
木材及制品	12	1.8
焦炭石油及核燃料	11	1.7
化工和化学制品	20	3.1
金属及制品	20	3.1
汽车及其他运输设备	27	4.1
其他制造业	33	5.1
服务业	455	69.7
电力燃气和水	63	9.6
建筑	20	3.1
贸易	42	6.4
运输仓储和电信业	105	16.1
金融	126	19.3
财务投资	27	4.1
保险	17	2.6
租赁	14	2.1
商业服务	18	2.8
其他服务业	23	3.5

注：虽然表中数据并不完全，但包含了主要的国有企业投资者。
数据来源：UNCTAD。

跨国指数（参见表 1.7）以及国有跨国公司海外子公司数量占全部子公司数量的份额，反映了每一家国有跨国公司的国际化程度。以国有跨国公司海外子公司的份额度量，来自西亚的国有跨国公司的国际化水平最高，其海外子公司占全部子公司的平均份额达到 47%。许多发展中国家的国有跨国公司，无法获得其跨国指数指标。其他来自如非洲、拉丁美洲和加勒比地区、南亚、东亚和东南亚等发展中国家和地区的国有跨国公司，国际化水平都较低，其海外子公司占全部子公司的比重不到一半。而世界 100 强跨国公司的海外子公司占其全部子公司的比重平均都在 70%左右；来自发展中国家的 100 家最大的跨国公司，其海外子公司占全部子公司的比重平均也达到 51%（《2008 世界投资报告》），因此与上述跨国公司相比，国有跨国公司的国际化程度还相当低下。国有跨国公司生产经营业务的地理分布相对更为有限，在国有跨国公司从事生产经营活动的东道国数量方面，欧洲国有跨国公司在更多的东道国从事生产经营活动（平均在 8.2 个海外国家从事生产经营活动），而来自发展中经济体和转型期经济体的国有跨国公司则平均分别仅在 2.7 个和 6.3 个海外国家从事生产经营活动（图 1.26）。

2. 国有跨国公司对外直接投资的趋势

国有跨国公司，特别是那些来自发展中经济体的国有跨国公司，其迅猛增长的对外直接投资，提升了其在世界投资舞台的地位。

对外国直接投资项目（含跨国并购和绿地投资）的分析表明，2010 年国有跨国公司在世界各地都是比较活跃的投资者。[27] 以项目价值衡量，国有跨国公司的对外直接投资达到 1460 亿美元左

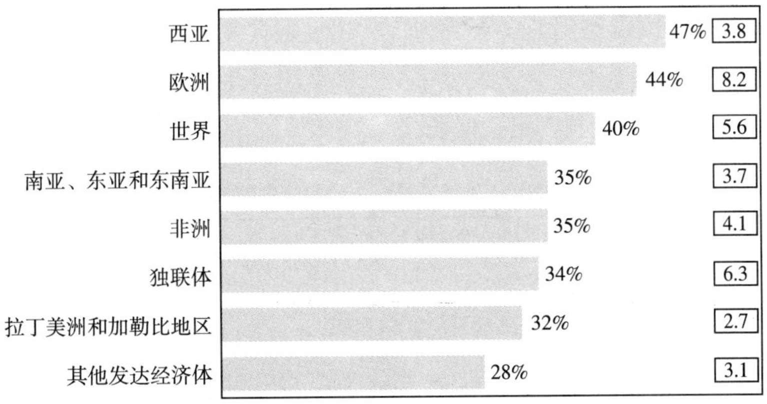

图 1.26 西亚国有跨国公司比其他国有跨国公司更加国际化（平均国际化指数①和平均东道国数量）

注：①国际化指数根据海外子公司数量除以全部子公司数量计算得到。

数据来源：UNCTAD。

右，约占全球对外直接投资的 11%（图 1.27）。而这些国有跨国公司的数量不到全球跨国公司的 1%。2003~2010 年，国有跨国公司的对外直接投资项目平均占到发展中国家对外直接投资总量的 32%。过去五年，从事大型交易的发展中国家的国有跨国公司数量的激增，能较好地解释这一点（见表 1.10）。6 个价值超过 100 亿美元的对外直接投资项目，有 4 项（含一项并购交易和三项绿地投资项目）来自发展中国家的国有跨国公司。尽管不存在单独对国有跨国公司对外直接投资存量的官方统计，但粗略估计表明，2010 年国有跨国公司对外直接投资存量占全球对外直接投资存量的比重应不低于 6%。[28]

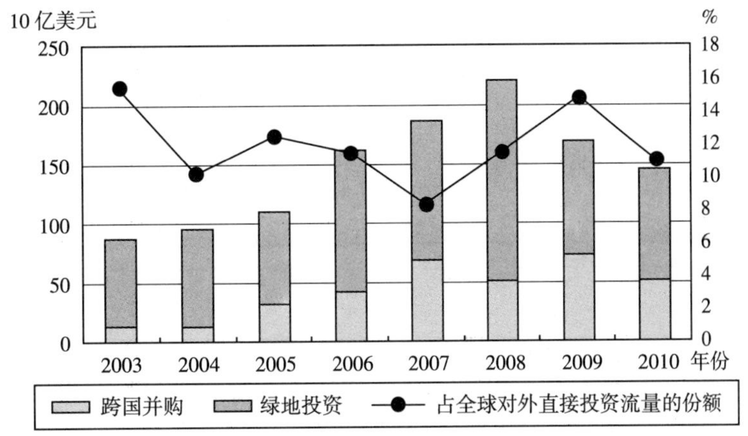

图 1.27 2003~2010 年国有跨国公司对外直接投资的项目① 价值及其占世界对外直接投资（流量）的份额②

注：①对外直接投资项目包括跨国并购和绿地投资，后者为资本投资的估计金额。

②跨国并购数据仅指政府占有 50%及以上股份的跨国公司。

③作为资本投资估计值的绿地投资规模，可能被高估。

数据来源：UNCTAD。

根据 20 世纪 80 年代初至 2010 年国有跨国公司的跨国并购历程判断，国有跨国公司作为主要的国际投资者，还是一个相对较新的现象。在此期间，存在两个关键的活动阶段：第一个阶段是 20 世纪 80 年代初至 20 世纪 90 年代末，来自发达国家的国有跨国公司在这一阶段的对外直接投资中，比来自发展中国家的国有跨国公司更为重要；第二个阶段是 2000 年以来至今，来自发展中经济体的国有跨国公司的对外直接投资迅猛增长，超过来自发达国家的国有跨国公司，成为国有跨国公司对外直接投资的主体（图 1.28）。

表 1.10　2006~2010 年国有跨国公司排名前十位的跨国并购和绿地投资（百万美元，%）

（a）跨国并购

年份	金额（百万美元）	东道国	被收购公司	被收购公司所属行业	收购公司	收购公司母国	收购份额（%）
2009	16938	英国	英国能源集团公司	电力服务	法国电力公司	法国	73
2007	14684	英国	加拉赫集团公司	烟草	日本烟草公司	日本	100
2007	11600	美国	通用塑料集团公司	塑料材料及合成树脂	沙特基础工业公司	沙特	100
2009	7157	瑞士	Addax 石油公司	石油和天然气	中国石油化工集团公司	中国	100
2010	7111	巴西	雷普索尔公司巴西子公司	石油和天然气	中国石油化工集团公司	中国	40
2006	6899	英国	半岛东方航运公司	远洋运输	迪拜港口世界公司	阿拉伯联合酋长国	100
2008	6086	英国	英国能源集团公司	电力服务	法国电力公司	法国	26
2007	5483	意大利	快速宽带网络公司	信息检索服务	瑞士电信公司	瑞士联邦	82
2009	4500	美国	美国联合能源公司	电力服务	法国电力公司	法国	50
2006	4388	中国香港	和记黄埔港口集团公司	海洋货物装卸	新加坡港务集团公司	新加坡	20

（b）绿地投资

年份	金额（百万美元）	东道国	投资公司	投资公司所属行业	投资公司所在母国		
2006	18725	巴基斯坦	埃玛尔地产	房地产	阿拉伯联合酋长国		
2010	16000	澳大利亚	马来西亚国家石油公司	煤炭石油和天然气	马来西亚		
2007	14000	突尼斯	迪拜控股有限责任公司	房地产	阿拉伯联合酋长国		
2006	9000	中国	科威特石油公司	煤炭石油和天然气	科威特		
2006	6000	土耳其	印度石油公司	煤炭石油和天然气	印度		
2010	5800	古巴	中国石油天然气集团公司	煤炭石油和天然气	中国		
2010	5740	尼日利亚	中国建筑工程总公司	煤炭石油和天然气	中国		
2008	5000	摩洛哥	国际石油投资公司	煤炭石油和天然气	阿拉伯联合酋长国		
2010	5000	加麦隆	法国燃气苏伊士集团	煤炭石油和天然气	法国		
2008	4700	美国	法国核能设备制造业公司	替代可再生能源	法国		

数据来源：UNCTAD。

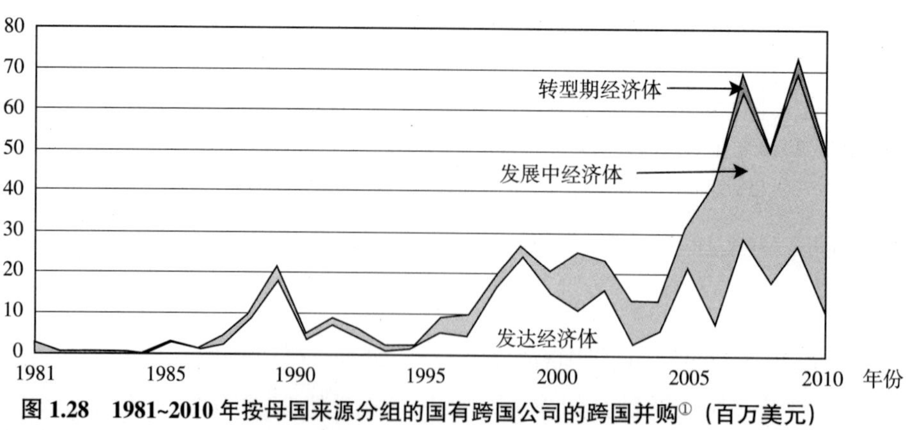

图 1.28　1981~2010 年按母国来源分组的国有跨国公司的跨国并购①（百万美元）

注：①国有跨国公司仅指政府拥有 50%及以上股权的跨国公司。

数据来源：UNCTAD。

2003~2010 年，跨国并购和绿地投资的数据都可得。这一时期的投资数据显示，所有国有跨国公司的对外直接投资都倾向于投向发展中经济体和转型期经济体。国有跨国公司在发展中经济体和转型期经济体的直接投资占其总投资的比重达到 56%（见表 1.11）。来自发展中经济体和转型期经济体的国有跨国公司，是南南直接投资的重要投资主体。在 2003~2010 年，来自发展中经济体和转型期经济体的国有跨国公司，在其他发展中经济体和转型期经济体的直接投资合计达到 4580 亿美元，超过了这些发展中经济体和转型期经济体累计利用的外国直接投资（6630 亿美元）的 2/3 强。对外直接投资的流向受直接投资方式的影响：全世界 2/3 的跨国并购交易由国有跨国公司完成，以跨国并购进行的直接投资主要流向发达国家。与此形成鲜明对比的是，绿地投资的 68%则流向了发展中经济体和转型期经济体。

表 1.11　2003~2010 年国有跨国公司对外直接投资项目① 的来源地和目的地分布②（按累计金额计算）

来源国	东道国			
(a) 金额（百万美元）				
	发达经济体	发展中经济体	转型期经济体	合计
发达经济体	292109	180641	45748	518498
发展中经济体	176314	394935	18826	590076
转型期经济体	28556	16916	26987	72460
合计	496979	592493	91562	1181034
(b) 来源国的目的地分布（%）				
	发达经济体	发展中经济体	转型期经济体	合计
发达经济体	56	35	9	100
发展中经济体	30	67	3	100
转型期经济体	39	23	37	100
合计	42	50	8	100

注：①对外直接投资项目包括跨国并购和绿地投资。绿地投资为资本投资的估计值。
②跨国并购数据仅指政府占有 50%及以上股权的跨国公司。
③由于绿地投资为整个项目资本投资的估计值，因此该值可能被高估。
数据来源：UNCTAD。

不同部门或行业的投资方式和来源也呈现出差异。按价值总额计算，虽然国有跨国公司对外直接投资项目的 40%集中在初级部门，但跨国并购和绿地投资在制造业和服务业部门的份额却存在着差异。在 1981~2010 年，国有跨国公司的跨国并购目标主要针对的是采掘业、公用事业和电信业（图 1.29）。来自发达国家国有跨国公司的对外直接投资大量集中在公用事业（占其对外直接投资总额的 33%），如电力、燃气和水的生产和供应业，以及电信业等（占其对外直接投资总额的 19%）。然而，与发达国家的国有跨国公司不同，来自发展中经济体和转型期经济体的国有跨国公司，其投资目标主要集中在采掘业（占其对外直接投资总额的 37%）和电信业（占其对外直接投资总额的 20%）。

发达国家国有跨国公司与发展中国家国有跨国公司投资模式之间的差异，在一定程度上反映了进行直接投资的主体及其战略目标的差异。发达经济体最活跃的国有跨国公司主要是大型的国有公用事业公司，这些公司进行对外直接投资的目的是要利用其公司特有优势，并拓展母国之外的市场。而发展中经济体最活跃的国有跨国公司

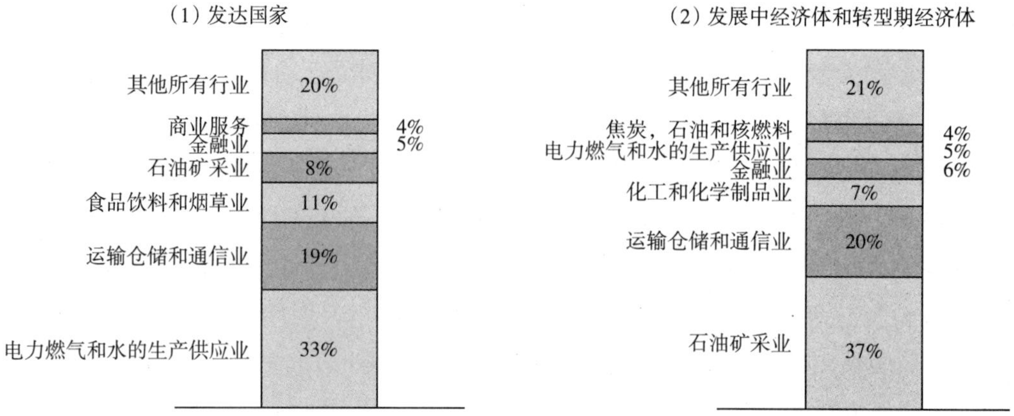

图 1.29　1981~2010 年国有跨国公司① 累计跨国并购：按经济类型分组的目标产业份额（%）

注：①仅指政府拥有 50%及以上股权的国有跨国公司。

数据来源：UNCTAD。

则通常都是采掘业公司。这与许多新兴经济体企图确保获得必要的自然资源的国家目标是高度一致的。

3. 相关的公司治理问题

公司治理结构在国有跨国公司做出对外直接投资的决策中扮演着重要的角色，这引起了一些东道国的担忧和关注。

政治制度和国有企业所有者利益的不同，使得世界各国国有企业的经营活动呈现出明显的多样性。即使是同一个国家的国有企业，也在诸如承担的任务、拥有的技术、所属的行业以及市场背景等方面存在差异。国有企业可能承担了诸如政治、社会、文化或者收入分配等方面的多重目标。许多国有企业创办之初即是为公共政策目标服务。这些因素使得理解国有企业的经营方式、治理模式以及如何维持与政府之间的关系等，变得比理解私营企业更为复杂。[29]

作为跨国公司国有企业的发展，总体上受到所在国的政治经济环境的影响。首先，弄清一个国家是以自由市场政策为主，还是以政府干预为主，是非常重要的。其次，国有跨国公司的国际化进程受到国有跨国公司所在国发展水平的影响。可以这样认为，一个国家发展水平越低，则该国政府将更倾向于直接参与国有企业的管理，因为国有企业是该国发展的重要工具。在某些情况下，政府可能会阻止国有企业的对外直接投资，因为国有企业的对外直接投资会减少其对本国的贡献，并削弱其在本国经济（如社会和工业发展）中的作用。而在另一些情况下，政府也可能愿意支持国有企业的对外直接投资，因为国有企业的对外直接投资有助于获得规模经济，从而进一步增强本国公司和整个国家的竞争地位（参见 Deng，2004；Child and Rodrigues，2005）。最后，政府特定的产业政策、科技政策、金融政策以及社会和外资政策等，都会影响国有企业国际化的可能性和模式。

因此，重要的是要弄清政府阻止国有企业对外直接投资和支持国有企业对外直接投资的情形及其效果：

（1）政府作为国有企业国际化进程的反对者，例如，在意大利，人们一直在反复讨论国有企业的国际化对本国失业率的潜在影响。

（2）政府作为国有企业国际化进程的支持者，例如，中国政府的"走出去"（Go Global）政策、海外合作委员会（GCC）国家的经济多元化政策、韩国政府的一揽子海外直接投资政策以及南非的对外直接投资政策（《世界投资报告2006》）。

（3）政府作为国有企业国际化进程的中立者，根据国有企业国际化进程对经济发展的影响，给予一般性的支持或力度更大的支持（如瑞典的Vattenfall公司在非洲的投资）。人们普遍认为，国有企业经营方式和管理模式（包括对外直接投资）的自由化程度，或者受政府干预约束的程度，是非常重要的。政府积极参与国有企业，通常被认为限制了国有企业取得较好的经济绩效。然而，如果国有企业的自治程度非常高，又可能使国有企业像一家私营企业那样经营，从而影响了其承担的初始使命，并妨碍了其作为实施公共政策角色的作用。上述情形表明，虽然政府对国有企业一定程度的干预有利于提高国有企业的经营绩效，包括国际经营多元化方面，然而，政府过度的干预也可能会损害国有企业的经营绩效。

国有企业对外直接投资的水平和方式，也受到东道国管理外国直接投资的政策的影响。国有跨国公司的直接投资是得到东道国的支持还是反对，主要取决于东道国的条件和态度。例如，国有跨国公司一直被认为会带来不公平竞争，同时有人也担心国有跨国公司会成为政府外交政策的工具（Mazzolini，1980；Mascarenhas，1989；Anusha and Nandini，2008；Athreye and Kapur，2009）。作为对国有跨国公司直接投资的部分回应，过去几年以来，一些东道国，特别是发达世界的东道国，着手制定一些法律框架和程序，为确认和避免那些所谓由国有跨国公司的直接投资所带来的不良后果提供依据（如澳大利亚和加拿大等）。

不过，也有一些国家对外国国有企业的直接投资持更为支持的态度。例如，存在这样的情形，即那些尚未建立政治关系的两国政府，通常会将国有企业的对外直接投资视为是建立彼此更为密切关系的措施之一。其中的一个例子是，马来西亚的国有跨国公司，如马来西亚国家石油公司（Petronas）在一些非洲国家的投资，即经常得到马来西亚政府的支持和推动（《世界投资报告2006》）。也存在这样的情况，即两国政府之间已经存在紧密的联系，国有企业的对外直接投资被视为是进一步加强这些联系。此时，国有企业的国际商业经营活动成了官方发展援助（ODA）的构成部分之一。

由于国有跨国公司为政府所有，因此其目标通常与政府目标（这些目标可能会偏离商业标准）有关，这使得人们关注国有跨国公司的公司治理。国有跨国公司通常被认为存在下面几个问题：较低的透明度水平、经验不足的董事会成员，以及政府与其他股东和利益相关者较弱的联系。[30] 由于许多国有企业没有公示其经营情况的要求，一些相关信息只有政府才能获得，这妨碍了监管，限制了问责，在某些情形下还可能产生腐败的机会。

有鉴于此，东道国政府未来的政策议程应处理国有跨国公司与私营跨国公司之间的关键差异，并努力减轻人们的担忧。

（1）当国有跨国公司的投资活动在21世纪初期不断增加的时候，对国家安全问题的关注变得尤为突出。人们认为国有跨国公司的投资活动会危及东道国的国家安全形势。例如，2006年，阿拉伯联合酋长国（UAE）迪拜港口世界公司（DP World）在美国收购六个主要海港的港口管理业务，就受到了人们的密切关注，因为担心该收购会危及美国的港口安全。政治阻力最终迫使迪拜港口世界公司放弃了该收购。政府与国有企业管理层之间若能对国有企业的目标进行明确界定，并达成协议，可能会有助于减少母国和东道国的关注，有助于国有企业明确管理目标，提高管理业绩，并减少机会主义。

（2）在外商直接投资被认为威胁到东道国的核心产业和关键企业（national champions）的领域，人们就会对竞争力问题争论不休。当然，在涉及知识和技术转移问题时，人们同样会提出竞争力问题。正是基于上述原因，使得 2009 年采矿业第二大收购最终归于失败，否则，中国铝业公司（简称中铝，是中国的一家国有金属集团公司）是能够收购力拓矿业有限公司（澳大利亚和英国力拓矿业有限公司，是目前全球领先的矿业公司）更多股份的。至今人们尚在争论这一失败案例。

（3）随着国有跨国公司对外直接投资的增加，东道国在未来可能更加关注的是国有跨国公司的公司治理以及社会和环境标准问题，其实对这些问题的关注一直在采掘业和农业部门存在。为了提高透明度，需要国有企业遵循会计和审计更高标准。事实上，根据联合国贸发会议（UNCTAD）的统计，653 家国有跨国公司中仅有 119 家（不到 1/5）承诺遵守联合国全球契约标准（United Nation's Global Compact），仅有 19 家（占 3%）采用了全球报告倡议（Global Reporting initiative，GRI）的标准。相比之下，世界排名前 100 位的跨国公司则有 60%的公司都使用了上述两个标准（UNCTAD，2011）。[31] 经济合作与发展组织（OECD）则已经制定了一个有效的法律和监管框架作为指导方针（OECD，2005）。

此外，东道国对国有跨国公司的国际投资的开放度问题也引起了国有跨国公司母国的关注。鉴于目前尚没有就作为对外直接投资重要来源的国有跨国公司的管理规则达成广泛共识，母国和东道国应该更明确地定义和界定国有跨国公司直接投资活动应该遵循的法规和规章。

政策议程决定了该领域未来的部分工作内容。研究工作应该关注政府具体的产业政策、科技政策、财税政策以及社会和外交政策是如何影响国有企业国际化的可能性和方式的。特别是应该确定和考察国有企业国际化的推动因素，同时也应确定和考察国有企业对外直接投资对一些重要领域的影响，比如就业环境、技术转移、市场准入以及环保问题等。

注释

[1] 2008 年 10~12 月，俄罗斯政府通过国家发展和对外经济事务银行股份有限公司，向俄罗斯最大的公司提供了数量达到 9.78 万亿美元的金融援助（Filippov，2011）。

[2] 由于无法获得分部门或分国家的外国直接投资流量数据（FDI flows）（以国际收支平衡表为基础），本报告采用的数据为外国直接投资项目数（FDI projects，含跨国并购和绿地投资）。

[3] 美国雅培公司（Abbott Laboratories）以76 亿美元收购比利时苏威制药公司（Solvay Pharmaceuticals）；德国默克药物和化工集团公司（The Drug and Chemical Group Merck）以 60 亿美元收购了美国密理博公司（Millipore）（见附表1.7）。

[4] 2010 年雀巢公司（Nestlé）获得了 340亿美元的净利润，而美国卡夫食品公司（Kraft Foods）以 190 亿美元收购英国吉百利公司（Cadbury）则是 2010 年最大的一笔交易（见附表1.7）。

[5] 私募基金公司从事的是购买或收购现有公司的大部分股权，而不是投资建立新的公司（绿地投资）。

[6]《2011 年全球私募股权投资报告》，贝恩咨询公司，波士顿。

[7] 2009 年欧共体委员会。欧洲议会和欧盟理事会关于另类投资基金经理的 207 号最后决议：布鲁塞尔，欧共体。

[8] 2010 年 7 月 21 日 111~202 号公法，多德—弗兰克华尔街改革和消费者权益保护法案（Dodd-Frank Wall Street Reform and Consumer Protection Act）。

[9] 主权财富基金国际工作组：公认的原则和做法，圣地亚哥原则，2008 年 10 月 8 日。

[10] 杜鲁门（Truman，2011 年 11 月）。注意：主权财富基金的规模取决于定义主权财富基金的资格标准。例如，摩立特集团公司在其摩立特 FEEM 主权财富基金交易数据库中，包括 33 只基金。主权财富基金国际工作组

的成员包含23个国家的26家主权财富基金，管理的资产规模约为2.3万亿美元。本报告的分析建立在上述两个样本的综合定义基础之上。

[11] 一些主权财富基金公司已经获得了诸如凯雷集团公司（Carlyle Group）、黑石集团公司(Blackstone Group)以及安伯深合伙公司（Apax Partners）等主要的私募基金公司的大部分股权。主权财富基金和私募基金公司共同投资组建联合投资企业的较好的例子是，由主权财富基金公司加州公共雇员退休系统公司（California Public Employees Retirement System）、阿布扎比投资管理局（Abu Dhabi Investment Authority）、韩国国家养老金服务公司（the Republic of Korea's National Pension Service）、澳大利亚未来基金公司（Australian Future Fund）等，与私募基金公司全球基础设施合作伙伴公司（Global Infrastructure Partners）共同拥有伦敦盖特威克机场（Gatwick Airport）的所有权(《未来基金领先持有盖特威克》，《金融时报》，2010年12月20日)。

[12] 国际金融研究所：《海外合作委员会地区概览》(GCC Regional Overview)，2010年10月29日。

[13]《中投公司（CIC）将获得至多2000亿美元的政府新注资》，《金融时报》，2011年4月25日。

[14] 政府全球养老金基金公司（Government Pension Fund Global）2009年年报，奥斯陆：挪威银行投资管理局(Norges Bank Investment Management)，p.22。

[15] 根据600家主要公司计算。2011年4月12日，日经指数。

[16] 美国公司数据来自汤姆森路透社（2011年4月10日，日经指数）；日本公司数据根据2011年5月14日日经指数计算。

[17] 本年的调查提供了205家最大的跨国公司和91家投资促进机构对外国直接投资未来发展趋势的展望。

[18] 对外国直接投资和国内投资的详细讨论，参见UNCTAD（2010a和2011a)。

[19] 这是因为在发达国家内，银行因担忧经济复苏而不愿放贷，负债累累的消费者不愿借钱或花钱，企业则因市场前景疲软而对投资没有信心。

[20] 例如，美国在过去突然提高利率，从而引发了发展中国家的经济危机，这些危机包括20世纪80年代的债务危机以及90年代各新兴市场经济体的危机。

[21] 公司内贷款的条件和条款通常很灵活，如低利率或零利率以及还款期限可以推延或改变(Bhinda and Martin，2009)。

[22] 例子之一是，美国卡夫食品公司（Kraft Foods）以188亿美元收购英国吉百利公司(Cadbury)，这是2010年度金额最高的跨国并购交易（见附表1.7)。

[23] 参见麦德龙股份公司（Metro AG）2010年年报。

[24] 参见通用电气公司（General Electric）2010年年报。

[25] 政府股权由主权财富基金持有的跨国公司也包括在国有跨国公司的范围之内，例如新加坡电信（Singapore Telecom）的多数股权即由主权财富基金公司，即淡马锡公司（Temasek）所拥有。

[26] 在不能完全将相关的限定条件应用于政府持股低于10%的情形，国有跨国公司也计算在内。

[27] 鉴于数据所限，本部分的分析指的是政府持有50%及以上股权的国有跨国公司。数据也不包含主权财富基金的外国直接投资项目。开始的部分讨论了主权财富基金。

[28] 与2003~2010年累计的跨国并购和绿地资本支出总和相比。

[29] 对国有跨国公司的公司治理和外国直接投资问题更深入的研究正在进行之中，不久将由联合国贸发会议(UNCTAD）出版发表。

[30] 对国有企业公司层面治理问题的讨论主要涉及专门的公司治理决策，比如谁应该被任命为董事会成员和CEO、补偿和管理激励以及报告和新投资数量等。

[31] 联合国贸发会议（UNCTAD）利用世界排名前100位的跨国公司进行企业社会责任（CSR）的研究，其中包括14家国有跨国公司。这14家国有跨国公司都签署了联合国全球契约标准（Global Compact)，并使用了全球报告倡议（Global Reporting initiative，GRI）的两个报告标准。

地区投资趋势

第二章

在2010年FDI流量缓慢恢复的情况下，各地区呈现出明显不同的趋势：东亚及东南亚、拉丁美洲FDI流入增长迅速，而非洲、南亚、西亚、转型和发展中国家的FDI流入继续下降。在非洲的各个亚区域中FDI的流入也表现不同。在发展中亚洲，东盟和东亚的FDI流入创造了新纪录，而由于受到全球经济危机的影响，西亚FDI流入继续减少。拉丁美洲和加勒比地区国家的跨国并购激增，这些并购主要来自发展中亚洲。在转型国家，独联体FDI流入的微弱上升并不能弥补东南欧FDI流入的大幅下降。在发达国家，欧洲和日本的FDI流入下降，使得美国FDI流入的增加也失色不少。三个结构不健全、脆弱和规模小的经济体小组（最不发达国家、内陆发展中国家、小岛屿发展中国家）的FDI流入都下降了。

地区FDI的一些主要发展特征：

(1) 非洲内部的FDI是增加的，但仍需发挥潜力。

(2) 南亚、东亚及东南亚的FDI流入增长迅速，并显示出新的和多样的产业模式。

(3) 在提高母国竞争力的战略下，国有企业引领了西亚的对外FDI。

(4) 拉丁美洲和加勒比地区国家来自发展中亚洲的资源寻求型FDI正在激增。

(5) 发展中经济体和转型经济体的投资联系正在获得动力，这得益于大宗商品的繁荣和两个经济体政府的支持。

(6) 发达国家的银行业的重组同时导致了外国资产的大规模撤资和新的FDI的产生。

(7) 在一个投资、技术能力建设和企业发展的综合政策框架性下，一个新的行动计划被推荐给了最不发达国家。

(8) 跨国公司参与导致了内陆发展中国家的大规模的基础设施增加。

(9) 跨国公司有助于小岛屿发展中国家应对气候变化所带来的经济挑战。

一、地区趋势

（一）非洲

1. 最近趋势

表 A　2010 年各经济体 FDI 流量的区间分布①

规模	流入	流出
高于 30 亿美元	安哥拉、埃及、尼日利亚、利比亚	—
20 亿~29 亿美元	刚果（金）、刚果、加纳、阿尔及利亚	—
10 亿~19 亿美元	苏丹、南非、突尼斯、摩洛哥、赞比亚	利比亚、埃及、安哥拉
5 亿~9 亿美元	尼日尔、马达加斯加、纳米比亚、乌干达、莫桑比克、乍得、坦桑尼亚、赤道几内亚、博茨瓦纳	尼日利亚、摩洛哥
1 亿~4 亿美元	毛里求斯、喀麦隆、科特迪瓦、塞舌尔、几内亚、利比里亚、塞内加尔、埃塞俄比亚、加蓬、马里、马拉维、肯尼亚、索马里、佛得角、贝宁、津巴布韦	南非、赞比亚、阿尔及利亚、塞内加尔、毛里求斯
低于 1 亿美元	斯威士兰、中非共和国、厄立特里亚、莱索托、卢旺达、多哥、冈比亚、布基纳法索、塞拉利昂、吉布提、布隆迪、毛里塔尼亚、科摩罗、几内亚比绍、圣多美和普林西比	加蓬、突尼斯、苏丹、利比里亚、肯尼亚、津巴布韦、尼日尔、加纳、斯威士兰、刚果（金）、贝宁、塞舌尔、塞拉利昂、圣多美和普林西比、马里、毛里塔尼亚、喀麦隆、马拉维、莫桑比克、科特迪瓦、布基纳法索、佛得角、几内亚比绍、纳米比亚、多哥、博茨瓦纳

注：①经济体按 FDI 流量的大小进行排列。

表 B　2009~2010 年 FDI 的流入量和流出量以及跨国并购的出售额和购买额（10 亿美元）

地区	FDI 流入		FDI 流出		跨国并购出售额		跨国并购购买额	
	2009 年	2010 年	2009 年	2010 年	2009 年	2010 年	2009 年	2010 年
非洲	60.2	55	5.6	6.6	5.1	7.6	2.7	3.2
南非	18.5	16.9	2.5	3.4	1.5	1.1	1	1.5
东非	3.6	3.7	0.1	0.2	—	0.3	0.2	0.2
西非	12.7	11.3	1.5	1.1	-0.2	0.4	—	—
南部非洲	20	15.1	1.4	1.9	3.9	5.6	1.5	1.5
中非	5.4	8	0.1	0.1	—	0.2	—	—

表 C　2009~2010 年 FDI 流入存量和 FDI 流出存量以及两者对应的收入（10 亿美元）

地区	FDI 流入存量		FDI 流出存量		FDI 流入的收入		FDI 流出的收入	
	2009 年	2010 年	2009 年	2010 年	2009 年	2010 年	2009 年	2010 年
非洲	488.8	554	106	122.4	39.2	50.1	2.2	2.7
南非	190.7	206.1	20.2	23.6	8.7	12.7	0.5	0.7
东非	27.5	30.9	0.9	1.1	0.7	0.7	0.1	0.2
西非	84.1	95.4	5.7	6.8	12.2	15.3	0.3	0.4
南部非洲	153.6	182.8	78.2	90	14	17.2	1.1	1.2
中非	32.9	38.8	1	1	3.5	4.3	0.1	0.2

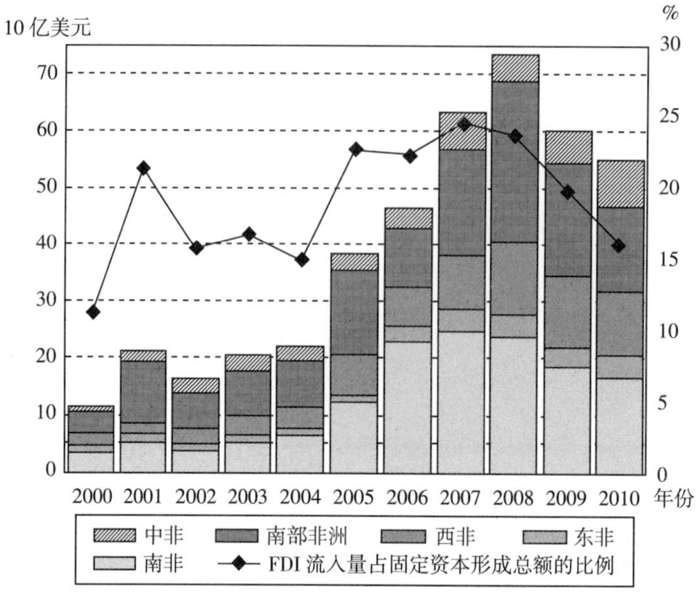

图 A　2000~2010 年 FDI 流入量

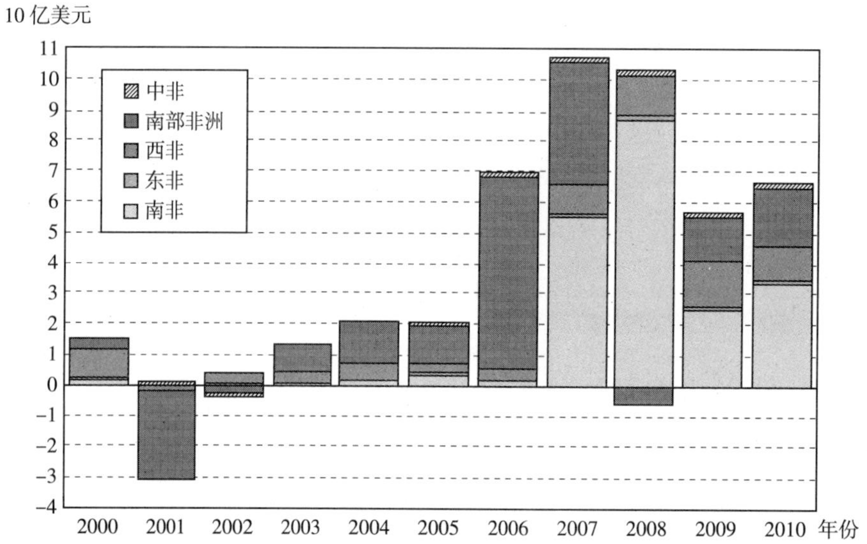

图 B　2000~2010 年 FDI 流出量

表 D　2009~2010 年各行业的跨国并购额（百万美元）

产业/行业	出售额		购买额	
	2009 年	2010 年	2009 年	2010 年
所有产业	**5140**	**7608**	**2702**	**3184**
第一产业	**2579**	**2149**	**621**	**–81**
采掘业、石油业	2579	2149	621	–81
制造业	**–110**	**303**	**138**	**381**
食品、饮料和烟草	—	263	39	2
木材和木材制品	11	–1	—	1
化学和化学制品	–620	5	—	–38
非金属矿物制品	250	—	–4	416

续表

产业/行业	出售额		购买额	
	2009年	2010年	2009年	2010年
金属和金属制品	248	32	102	—
机械设备	—	2	—	—
电气和电子设备	—	-9	—	—
精密仪器	—	10	—	—
服务业	**2672**	**5157**	**1942**	**2885**
建筑	—	—	-103	—
贸易	—	84	-1	-26
酒店和餐馆	-117	136	3	—
运输、仓储和通信	3058	1912	—	—
金融	-295	38	1643	2572
商业服务	21	3003	32	340
卫生和社会服务	5	—	—	—
社区、社会和个人服务活动	0	-23	369	-1
其他服务	—	6	—	—

表E　2009~2010年跨国并购的地区/国家分布（百万美元）

地区/国家	出售额		购买额	
	2009年	2010年	2009年	2010年
世界	**5140**	**7608**	**2702**	**3184**
发达经济体	**4328**	**6355**	**1378**	**1336**
欧盟	3159	1459	782	1224
美国	1125	1927	—	45
日本	—	3199	—	—
发展中经济体	797	952	1124	1460
非洲	927	268	927	268
北非	324	—	—	54
撒哈拉以南非洲	603	268	927	214
南非	597	100	500	-88
乌干达	—	257	—	—
赞比亚	—	—	11	257
津巴布韦	—	—	62	51
拉丁美洲和加勒比地区	-70	-84	395	-75
南美洲	—	—	383	-75
加勒比地区	—	-84	12	—
亚洲	-60	768	102	1267
西亚	—	-10653	—	965
南亚、东亚和东南亚	—	11421	102	302
东南欧和独联体	—	—	-300	—
罗斯	—	51	200	388

非洲FDI流入在2008年资源繁荣时期达到了顶峰，2010年继续下降，但亚区域有着显著的差异。这个地区2010年FDI总额为550亿美元，比2009年下降了9%（见表A）。因为其他发展中地

区表现要好很多，所以非洲 FDI 流入在发展中国家中的份额从 2009 年的 12%下降到 2010 年的 10%。

北非的 FDI 流入约占非洲总额的 1/3。北非的 FDI 流入已经连续两年下降了，尽管下降的比率缩小了很多，而且增长也不平衡。实际上，利比亚的 FDI 流入 2010 年上升了 40%，虽然从这个国家当前的政治形势来看这种增长似乎必然是短暂的。

在西非，两个最大的接受国有着截然相反的境遇，加纳的流入大幅增加，却弥补不了尼日利亚的大规模下降，所以使得这个亚区域呈下降的趋势。在这两个国家里，主要的因素都是石油业。在尼日利亚，石油工业法案[1]的不确定性（石油工业法案被认为是对跨国公司不利的）以及尼日尔三角洲尚未解决的政治问题，都阻碍了外国投资者，据称这些导致了壳牌集团（Shell）卖掉了很多陆上许可。至于加纳，较大范围石油生产的开始引起了跨国公司的兴趣，这些跨国公司中的一部分正在这个亚区域寻求能够替代尼日利亚的石油资源。

南部非洲的 FDI 流入下降了 24%。南非作为这个亚区域两个主要的接受国之一，FDI 流入下降了超过 70%，为 16 亿美元，这只有 2008 年峰值时的 1/6。这个区域最大的接受国安哥拉的流入下降了 15%。虽然下降幅度很大，但考虑到 2003 年该国内战刚结束时的流入量只有 50 亿美元，那么 2008 年的 166 亿美元以及 2009 年的 112 亿美元（投资主要在石油和农业）也许并不是可持续的。安哥拉石油业目前面临的一个问题是生产已经超过了安哥拉的 OPEC 配额。

在西非和南部非洲的其他地方，石油和天然气跨国公司正在出让他们的下游业务。2010 年 4 月，壳牌宣布了从 21 个非洲国家撤出下游市场（被认为是“低利润”的）的计划。与此相似，英国石油公司（BP）宣布计划从 5 个南部非洲国家撤出。

2010 年中非和东非的 FDI 流入都增加了，分别达到了 80 亿美元和 37 亿美元。中非最大的接受国［乍得、刚果、刚果（金）、赤道几内亚和加蓬］的流入主要是石油相关的投资。非初级产业 FDI 的唯一显著实例是刚果（金）电信业的投资。东非的增长较少（2.5%），因为这个亚区域最大接受国马达加斯加的流入下降较多（19%）。这个亚区域其他两个主要接受国乌干达和坦桑尼亚的 FDI 流入近些年都比较平稳，2010 年大体上仍维持平稳。

从跨国公司子公司网络通过跨国并购（见表 D 和表 E）以及绿地投资进行的扩张来进行估计，可以得出非洲 FDI 的来源国和行业分布。和前一年一样，2010 年投资非洲的跨国公司主要来自发达国家。在发展中国家，中国、印度和阿拉伯联合酋长国是 2010 年主要的来源国。

在行业分布上，初级产业（主要是煤、石油和天然气）占了 43%，制造业占了 29%（其中大约一半是在金属行业），服务业（主要是电信和房地产）占了 28%。2010 年全球最大的并购交易之一是 Zain（科威特）在 15 个非洲国家（不包括北非那些国家）的电信业务被印度移动通信运营商 Bharti Airtel 所收购，金额为 107 亿美元。虽然交易本身并没有给非洲带来净外部资金，但新所有者宣布 2011 年它将投资 10 亿美元来扩张业务[2]。

因为利比亚的军事冲突和这个区域普遍存在的政治不确定性（见专栏 2.1），将来北非的 FDI 流入似乎有可能会大幅下降。

撒哈拉以南的非洲需要明显的好转才能逆转 FDI 流入下降的趋势。非洲作为一个整体，2011 年前几个月 FDI 项目（包括绿地投资和跨国并购）比 2010 年同期增长了 9%，但这个增长主要是由加纳大规模投资驱动的[3]。这个时期北非的 FDI 项目缩减了一半（见附表 1.3 和附表 1.8）。

中国跨国公司对自然资源的持续追逐，再加

专栏 2.1 阿拉伯之春和北非 FDI 的前景

阿拉伯之春导致了这个亚区域民主诉求的兴起，但也在短期内降低了投资者的信心。目前能得到的 2011 年前几个月的数据表明这个亚区域 FDI 流入（正如绿地投资和跨国并购数据所显示的，见附表 1.3 和附表 1.8）大幅度下降。例如，在 2011 年前几个月北非还没有跨国并购的记录（见附表 1.3）。投资者恢复对这些国家的信心可能需要几个月的时间。

埃及绿地投资 2011 年前 4 个月比 2010 年同期下降了 80%（见附表 1.8），最重要的投资国是美国，据报道美国占了南非 111 亿美元外国投资（包括 FDI 和间接投资）中的 90 亿美元。2011 年 5 月，美国通过海外私人投资公司为超过 10 亿美元的贷款提供了担保，目的是对埃及的基础设施发展提供资金并促进就业创造。

另据报道，在埃及政府为促进投资而建立的价值大约 1.7 亿美元的基金中，一些海湾国家已经同意尽己所能。除了国际支持，在简化批准新工业项目的程序以及放松设立特许经营的限制方面，政府也采取了一些措施。但是，在当前的政治转型环境下，投资激励的影响是有限的，投资者的信心恢复依赖于整体政治解决以及周边国家地缘政治环境。

从长期看，民主化应该会使治理变得更好，从而会使得经济活动有更持续的发展，而这其中就包括了 FDI 的发展。

资料来源：UNCTAD。

上印度跨国公司在非洲的兴趣渐浓，可能会对 FDI 流入产生推动作用（这些跨国公司在其他产业也大量存在）。加纳的新兴石油业也许提供了一个非常强的积极预期。但总的来说，2011 年对非洲 FDI 流入来说可能还会是一个有挑战的年份。

2. 地区内 FDI 有待发展

非洲地区内 FDI 有着很大的潜力，亚区域组织可以做得更多以促进 FDI 流动。

非洲地区内 FDI 的程度目前是有限的。这可以从 FDI 项目的数据来判断，地区内 FDI 只占了金额的 5%，数量的 12%（见表 2.1）。撒哈拉以南非洲地区内部 FDI 项目所占的高份额是由于南非投资者所起的重要作用。这也表明除了南非的 FDI（南非非常倾向于地区内的投资），非洲地区内 FDI 的发展非常不足。

表 2.1 2003~2010 年非洲地区内的 FDI 项目①：金额和数量以及占总体的份额

总体和地区内 FDI	金额		项目数量	
	10 亿美元	比例（%）	个	比例（%）
所有地区内 FDI 项目	46	5	570	12
北非内部 FDI 项目	8	1	65	1
撒哈拉以南地区内部项目	35	4	461	10
北非投资撒哈拉以南地区项目	2	0.2	43	1
撒哈拉以南地区投资北非项目	0.2	0	1	0
备忘录				
非洲总的 FDI 项目	848	100	4702	100

注：①包括跨国并购和绿地 FDI 项目。

资料来源：UNCTAD。

从发展的角度来看，地区内 FDI 的缺乏意味着错失良机。地理上邻近和文化相似被认为是地区内跨国公司的一种优势，它们熟悉东道国的运营环境和商业需求。从东道国的角度来看，发展中国家跨国公司可能拥有更适合的技术（因此有更大的技术转移的潜力），也更能满足当地消费者（尤其是穷人）的需求（UNCTAD，2011b）。

实际上，有一些证据表明地区内 FDI 给非洲东道国带来了积极的发展影响。例如，外国农场主的投资在赞比亚的农业复兴中起了重要的作用。莫桑比克给外国农场主的投资提供了优厚的激励措施，其他国家也考虑了类似的计划（如肯尼亚、尼日利亚、坦桑尼亚和乌干达）[4]。

在非洲，因为缺乏具有所需的技术和资金能力的国内合作者，所以国内和国外合作者成立的合营企业的范围常常受到限制。在制造业，Coleus Crowns（乌干达）提供了地区内成立合营企业的一个成功案例。它是 Madhvani Group（乌干达）和 Coleus Packaging（南非）成立的一个合资企业，并在 2007 年开始生产锯齿状瓶盖。从那时起，该企业就顺理成章地成为一些主要跨国公司的供应商，例如 Nile Breweries（SABMiller 的子公司），Pepsi Uganda 和 Coke Uganda。它为布隆迪、卢旺达和苏丹的地区市场[5]服务。

在服务业，一些电信业和银行业的非洲跨国公司已经在积极地进行地区内扩张。这个地区电信业的领先者包括 MTN（南非）、Orascom（埃及）和 Seacom（毛里求斯）。在金融行业，尼日利亚和南非的很多银行发展了地区/亚区域的业务。在西非，尼日利亚的银行在给邻近国家引入创新服务上有着较好的名声。

尽管有这些成功的案例，但地区内 FDI 的范围仍然有限。目前虽然还缺乏非洲 FDI 来源国的个体资料，但有很多数据可以反映非洲地区内 FDI 是失衡的和发展不足的。地区内 FDI 流量的大部分要归功于南非在东非和南部非洲邻近国家的投资。在有着高比例的地区内 FDI 流量/存量的国家（如博茨瓦纳、马拉维、摩洛哥、莫桑比克、纳米比亚和坦桑尼亚）中，南非的投资者是很活跃的，其主要分布在自然资源相关的部门。对于南非来说，非洲在其对外投资中的重要性不断增加。在其对外投资存量中非洲所占的比例从 2005 年的 8%上升到了 2009 年的 22%（见表 2.2）。南非支配性的地位也可以从跨国公司子公司网络通过绿地项目和并购而进行的扩张上得到证实。

表 2.2　不同年份的非洲地区内 FDI

国家	年份	来源地区（百万美元）		非洲占全部的百分比（%）
		来自非洲	全部	
FDI 流入	—	—	—	—
埃及	2007~2009	162.6	13882.1	1.2
埃塞俄比亚	1997~1999	0.8	206.4	0.4
	2002~2004	37.3	421.7	8.8
毛里求斯	1990~1992	1.8	24.9	7.3
	2007~2009	45.6	348.1	13.1
摩洛哥	1996~1998	20.3	664.7	3.1
	2006~2008	41.0	3735.2	1.1
莫桑比克	2007~2009	229.1	636.3	36.0
纳米比亚	1991~1993	78.4	98.0	80.0
	2006~2008	522.7	653.4	80.0

续表

国家	年份	来源地区（百万美元）		非洲占全部的百分比（%）
		来自非洲	全部	
突尼斯	1990~1992	8.4	261.7	3.2
	2007~2009	70.6	2020.7	3.5
流入 FDI 存量				
博茨瓦纳	1997	769.7	1280.2	60.1
	2007	310.0	968.9	32.0
马拉维	2000	103.6	357.7	29.0
	2004	151.5	562.3	26.9
摩洛哥	2004	236.1	19883.1	1.2
	2008	303.1	39388.3	0.8
南非	2000	301.1	43451.0	0.7
	2009	802.4	117434.1	0.7
坦桑尼亚	1998	924.3	3352.5	27.6
	2005	2224.9	5141.6	43.3
流出 FDI 存量		流向非洲	全部	
南非	2005	3017.0	36826.0	8.2
	2009	15676.0	72583.0	21.6

资料来源：UNCTAD，FDI/TNC 数据库（www.unctad.org/fdistatistics）。

考虑到地理邻近性和文化相似性，在行业和来源国上，都应该具有多样的地区内 FDI 的潜力。但是，现有国际层次的证据表明这方面的现实情况是非常复杂的。例如，塞内加尔在赞比亚的 FDI 是相对多样的，涉及金融、制造、房地产、批发和零售等行业。与此相反，尼日利亚对外 FDI 集中于金融业。在坦桑尼亚，来自肯尼亚的 FDI 是多样的，包括了不同制造业、金融和服务活动，而来自南非的 FDI 集中在采矿业，虽然南非其他部门投资项目数量多，但采矿业投资项目金额较大使得其他部门投资相形见绌（Bhinda and Martin，2009）。

当前的形势要求为了促进地区和亚区域层次的 FDI 还需要更多的努力。为了这个目的，各种亚区域提案被提出来了。南部非洲发展共同体（The Southern African Development Community，SADC）[6] 自由贸易区建立的一个目的就是通过创造更大的统一市场促进 FDI 和国内投资（Rwelamira and Kaino，2008）。SADC 已经签订了一个关于金融和投资的协定，给地区合作以及金融、投资和宏观经济政策领域的协调建立了基础。SADC 还有一个“服务协定”，但还没有实施，它也涉及 FDI。东非共同体（The East African Community，EAC）[7] 已经讨论到了促进亚区域 FDI 的需要，但似乎还没有形成成熟的架构来促进亚区域内 FDI 的发展。

促进区域集团之间 FDI 的提案最著名的是东部和南部非洲共同市场（Common Market for Eastern and Southern Africa，COMESA）（Fujita，2009；UNCTAD，2008a）。它的共同投资区（Common Investment Area）的目的就是促进 COMESA 内部以及国际的 FDI 进入基础设施、信息技术、能源、农业、制造和金融等行业 [8]。

非洲有大约 30 个地区贸易协定（RTAs），一个国家往往属于几个不同的集团。认识到这一点后，COMESA、EAC 和 SADC 在 2008 年开始提高成员国的一体化程度（Brenton et al.，2011）。非洲 RTA 的协调，以及对于 FDI 的加速的和紧密配合的计划，都有助于非洲实现地区内 FDI。

（二）南亚、东亚和东南亚

1. 最近趋势

表 A　2010 年各经济体 FDI 流量的区间分布①

规模大小	流入	流出
高于 500 亿美元	中国、中国香港	中国香港、中国内地
100 亿~490 亿美元	新加坡、印度、印度尼西亚	新加坡、韩国、印度、马来西亚、中国台湾
10 亿~99 亿美元	马来西亚、越南、韩国、泰国、伊朗、中国澳门、中国台湾、巴基斯坦、菲律宾、蒙古	泰国、印度尼西亚
1 亿~9 亿美元	孟加拉国、柬埔寨、缅甸、文莱、斯里兰卡、老挝、东帝汶、马尔代夫	越南、菲律宾、伊朗
低于 1 亿美元	阿富汗、尼泊尔、朝鲜、不丹	蒙古、巴基斯坦、斯里兰卡、柬埔寨、孟加拉国、文莱、老挝、中国澳门

注：①经济体按 FDI 流量的大小进行排列。

表 B　2009~2010 年 FDI 的流入量和流出量以及跨国并购的出售额和购买额（10 亿美元）

地区	FDI 流入量		FDI 流出量		跨国并购出售额		跨国并购购买额	
	2009 年	2010 年	2009 年	2010 年	2009 年	2010 年	2009 年	2010 年
南亚、东亚和东南亚	**241.5**	**299.7**	**193.2**	**231.6**	**34.7**	**32.1**	**40.5**	**93.5**
东亚	161.1	188.3	142.9	174.3	15.7	16.1	35.9	53.1
南亚	42.5	32.0	16.4	15.1	6.1	5.6	0.3	26.4
东南亚	38.0	79.4	33.8	42.2	12.9	10.4	4.3	14.0

表 C　2009~2010 年 FDI 流入存量和 FDI 流出存量以及两者对应的收入（10 亿美元）

地区	FDI 流入存量		FDI 流出存量		FDI 流入的收入		FDI 流出的收入	
	2009 年	2010 年	2009 年	2010 年	2009 年	2010 年	2009 年	2010 年
南亚、东亚和东南亚	**2565.6**	**3087.8**	**1766.1**	**2115.2**	**190.6**	**232.4**	**99.1**	**116.8**
东亚	1599.4	1888.4	1365.5	1586.5	145.6	177.9	90.9	107.6
南亚	220	261	83.7	97.2	16.2	17	1.5	1.4
东南亚	746.3	938.4	317	431.5	28.8	37.4	6.7	7.7

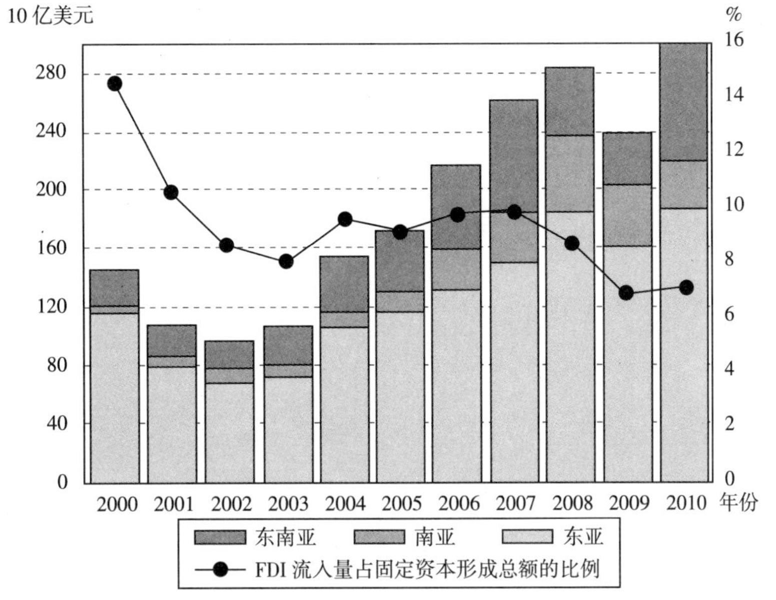

图 A　2000~2010 年 FDI 流入量

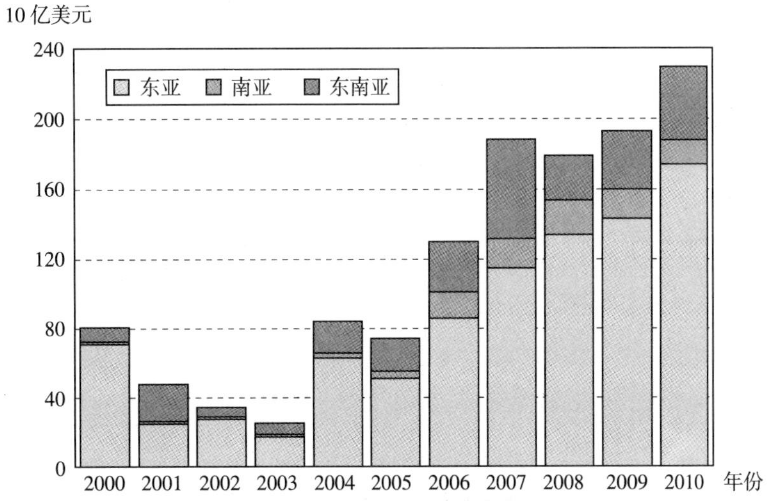

图 B　2000~2010 年 FDI 流出量

表 D　2009~2010 年各行业的跨国并购额（百万美元）

产业/行业	出售额		购买额	
	2009 年	2010 年	2009 年	2010 年
所有产业	**34748**	**32089**	**40467**	**34748**
第一产业	**1597**	**–428**	**12962**	**1597**
农业、牧业、林业和渔业	4	180	–54	4
采掘业、石油业	1593	–608	13016	1593
制造业	**17084**	**17806**	**2798**	**17084**
食品、饮料和烟草	3298	2896	–142	3298
纺织、服装和皮革	86	367	235	86
焦炭、石油和核燃料	2212	265	—	2212
化学和化学制品	1038	5950	154	1038
橡胶和塑料制品	14	460	35	14

续表

产业/行业	出售额		购买额	
	2009 年	2010 年	2009 年	2010 年
金属和金属制品	–351	1557	958	–351
机械设备	1119	300	531	1119
电气和电子产品	9441	918	787	9441
汽车与其他运输工具	88	4201	206	88
服务业	**16067**	**14711**	**24707**	**16067**
电力、天然气和自来水	2241	408	7973	2241
贸易	2609	239	2273	2609
酒店和餐馆	–3	138	262	–3
运输、仓储和通信	5758	2165	–3639	5758
金融	2839	1650	17876	2839
商业服务	2532	4837	947	2532
卫生和社会服务	–236	3330	41	–236

表 E 2009~2010 年各地区/国家的跨国并购额（百万美元）

地区/国家	出售额		购买额	
	2009 年	2010 年	2009 年	2010 年
全世界	**34748**	**32089**	**40467**	**93521**
发达国家	**11320**	**14936**	**19966**	**42661**
欧盟	1031	1446	2875	18594
美国	3985	5780	1014	8329
澳大利亚	206	910	3529	9383
日本	5473	4840	350	625
发展中国家	**23195**	**16223**	**18796**	**50816**
非洲	102	302	105	11421
拉丁美洲和加勒比地区	374	–618	1018	19935
南美洲	—	39	981	19353
中美洲	246	9	—	25
亚洲	22497	16539	17649	19284
西亚	5005	–2143	158	602
南亚、东亚和东南亚	17491	18682	17491	18682
中国	4519	7024	9333	2536
中国香港	7746	1790	2403	8924
韩国	276	3536	243	–318
马来西亚	2637	1061	323	2119
新加坡	2482	3192	4940	4448
东南欧和独联体	**13**	**—**	**1706**	**44**
哈萨克斯坦	—	—	1359	24
俄罗斯	13	—	347	16

2010 年，南亚、东亚和东南亚的 FDI 流入上升了 24%，达到了 3000 亿美元（见图 A）。但是，该地区几个主要经济体的表现相差悬殊：10 个东盟国家的 FDI 流入翻了一番还多，中国内地和中国香港也有着两位数的增长，而韩国和中国台湾都下降了（见表 B）。

2010年东盟的FDI流入飙升到了790亿美元，超过了2007年760亿美元的记录。增长主要来自于马来西亚、印度尼西亚和新加坡（分别增长了537%、173%和153%）（见表A，附表1.1）。国家层次积极的政策努力有助于这个地区的FDI流入：2010年，柬埔寨、印度尼西亚和菲律宾放开了更多的行业，印度尼西亚通过了FDI相关的管理程序，菲律宾加强了对公私合作（Public-private Partnerships，PPPs）的支持性服务（见第三章）。

2010年新加坡FDI流入达到了历史性的390亿美元，占了东盟FDI流入的一半。作为全球金融中心和跨国公司总部的地区中心，在后危机时期资本更多流向新兴经济体的背景下，这个岛国特别受益于来自发展中亚洲的投资的增长。中国生产成本的上升，导致一些东盟国家，如印度尼西亚和越南，已经在作为低成本生产地（尤其是低档制造品[9]）方面取得了进展。东盟最不发达国家的FDI流入也在增加，尤其是来自于邻近国家如中国和泰国的FDI。例如，老挝近年来成功地在基础设施上吸引了外国投资，由于中国在国际高速铁路网上的投资，老挝的FDI流入在未来几年有可能会激增。

东亚的FDI流入上升到了1880亿美元，这要归功于中国香港和中国内地FDI流入的增长（分别为32%和11%，见表A）。因为极大地受益于和中国内地的紧密经济联系，中国香港很快从全球金融危机的打击中恢复过来，2010年FDI流入创纪录地达到了690亿美元。但是，其他两个新兴工业化经济体韩国和中国台湾的FDI流入分别下降了8%和11%。

中国继续经受着工资和生产成本的上升，因此，遍及中国各地的离岸低成本制造业已经减速，沿海地区撤资正在发生。与此同时，结构转型使得FDI流入转向高科技部门和服务业。例如，2010年仅仅房地产业的FDI就占了中国吸引FDI总量的20%，2011年年初更是占据了近50%。仿照发达国家的安排，2011年中国成立了一个部级联席委员会，负责审查某些外国收购对国家安全的影响。

南亚FDI流入下降到了320亿美元，作为该次大陆最大的两个FDI接受国，印度和巴基斯坦分别下降了31%和14%。印度吸引的FDI的下降部分要归因于对宏观经济的担忧（如高的经常账户赤字和通货膨胀），以及大的FDI项目批准上的延误[10]。这些因素阻碍了印度政府促进投资的努力（其中包括了计划在2007~2017年在基础设施上投资15亿美元）。与此相反，孟加拉国的FDI流入增长了近30%，达到了9.13亿美元，孟加拉国正在成为南亚主要的低成本生产地。

2010年这个地区的跨国并购下降了8%，为320亿美元。制造业的并购略有上升，而服务业的并购下降了8%。在制造业中，有些行业如化学制品、汽车和金属制品的交易额激增（并购额分别为60亿美元、42亿美元和16亿美元），但在食品和饮料行业以及电子行业则下降了（并购额分别为29亿美元和9.2亿美元）（见表D）。在2009年经历了由于大范围撤资和项目取消所带来的大幅度下降后，2010年绿地投资保持平稳（见附表Ⅰ.8）。

未来东亚的FDI流入应该会继续增加，而南亚有可能会恢复。东南亚国家在低成本生产上的竞争力将会加强，因此可以期待FDI会进一步增加。因为南南经济合作的加强以及地区内FDI的迅速增加，这个地区最不发达国家的FDI流入有着很好的前景。实际上，这个地区的国家已经在地区一体化上取得了重要的进步（例如，大中华区内），这会为地区内的FDI流动形成一个更好的投资环境。

2. 来自发展中亚洲的 FDI 增加：新的和多样的产业模式

不断增加的发展中亚洲的 FDI 流出在第一产业、制造业和服务业都显示出了新的和多样的产业模式。

2010 年，南亚、东亚和东南亚的 FDI 流出增加了 20%，达到了 2300 亿美元左右（见图 B），这是由于来自中国内地和中国香港、中国香港、马来西亚、韩国、新加坡和中国台湾的 FDI 流出的增加。这个地区最大的 FDI 流出的来源国（地区）是中国内地和中国香港，每个的增加都超过 100 亿美元，分别达到了创纪录的 760 亿美元和 680 亿美元。2010 年，中国的 FDI 流出（以及 GDP）第一次超过了日本。通过大规模交易，亚洲公司积极收购海外资产，覆盖了大范围的行业和国家（见附表 Ⅰ.7）。因此，2010 年跨国并购购买额激增，达到了创纪录的 940 亿美元，中国就占据了其中的 30%。印度的并购购买额激增，但 FDI 流出额却下降了 8%[11]，也许这反映了一个事实，那就是一些大的交易（如 Bharti Airtel–Zain 收购，后面讨论）没有被包括在官方的统计中。

2005 年以来这个地区的 FDI 流出额上升很快，只在 2008 年因为全球金融危机轻微下降（见图 B）。这个地区在全球 FDI 流出中所占的份额从 2008 年以前的不到 10%跃升到过去两年的大约 17%。FDI 流出的增长受到了各种各样的公司动机和策略的推动，近些年显现出了新的和多样的产业模式。

采掘业的 FDI 流出。在南亚、东亚和东南亚的对外 FDI 中，中国、印度、韩国和马来西亚是主要的投资国，其中采掘业（包括石油和天然气、金属矿开采及其他采掘活动）的 FDI 占据了很大的份额。采掘业中的 FDI 资本存量所占的份额似乎并不大，但在 FDI 流出中所占的份额一直在增加[12]。例如，虽然中国公司一直积极收购国外的矿产，近年来采掘业的 FDI 流出占中国 FDI 流出总额的份额大大超出了 20%，但这些行业在中国对外 FDI 的存量中所占的比例却不大，2009 年年底只有 16%。

有记录的绿地投资的项目数和金额表现出了某种程度上的波动，而跨国并购的项目数和金额一直在上升（见表 2.1）。因为采掘业项目的资本密集性质，所以虽然交易数量少，但整体投资的金额是非常大的。实际上，在 2003~2010 年，采掘业有记录的跨国并购大约有 560 起，绿地项目大约有 500 起，但是整体金额分别达到了 650 亿美元和 2580 亿美元（分别占总量的 19%和 25%）。

如中国和印度这样的经济体，为了支撑各自快速的经济增长、工业化和城市化以及维持长期稳定的自然资源供给（以应对大宗商品价格的上升），对石油和天然气及矿产的需求在不断增加，这带动了采掘业 FDI 流出的增加。此外，国家能源安全战略强化了国有企业收购海外矿产的动机。

这个地区主要的石油和天然气公司以及采矿公司是传统的自然资源收购者（见表 2.3），但新的投资者已经出现，包括金属公司、大型联合企业，如中国国际信托投资公司（CITIC，中国）和 Reliance Group（印度），以及主权财富基金，如中国投资公司（China Investment Corporation）和 Temasek Holdings（新加坡）。尤其是一些金属公司已越来越多地参与价值链上的垂直联系，以获得上游的矿产，如铁矿和铜。例如，这个地区很多钢铁公司已经投资了海外的铁矿石生产基地（见表 2.3）。面对铁矿石价格的上涨，它们积极收购世界各地的矿产以获得稳定的供应。

中国在采矿业作为领先投资者的地位得到了强化。2010 年中国超过美国成为世界最大的能源消费国[13]，中国的石油公司继续它们疯狂地购买，在海外资产上花掉了 250 亿美元，占据了全球交易活动总额的大约 1/5 [14]。中国采矿公司花的钱要少很多（45 亿美元），但正在追赶，值得特别指出的是中国五矿集团（minmetals corporation）对 Equinox Minerals（澳大利亚和加拿大）65 亿美元的出价。正是由于这些投资，中国正在成为澳大利亚的领先外国投资者。

来源于发展中亚洲的采矿业 FDI 的目的地是全世界的自然资源丰富国家（见表 2.3）。主要投资地包括发达国家中的矿产丰富的澳大利亚和加拿大，转型经济体中石油丰富的伊拉克、苏丹和乌兹别克斯坦等。撒哈拉以南的非洲仍是主要的目的地 [15]，但拉丁美洲和加勒比地区以及大洋洲似乎也被亚洲资源收购者所关注 [16]。

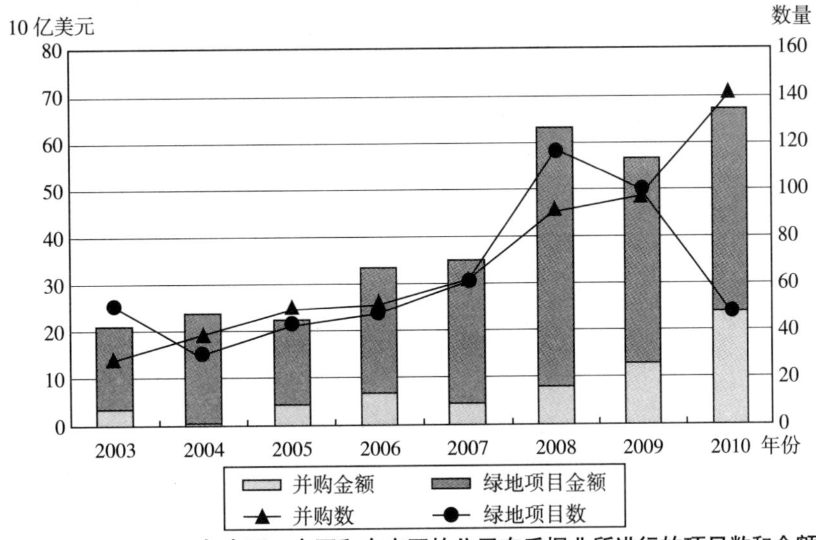

图 2.1 2003~2010 年南亚、东亚和东南亚的公司在采掘业所进行的项目数和金额

资料来源：UNCTAD，依据 UNCTAD 跨国并购数据库和来自于金融时报公司（Financial Times LTD）fDi Markets（www.fDImarkets.com）的信息。

制造业的 FDI 流出。南亚、东亚和东南亚制造业的 FDI 流出主要是通过绿地投资的方式。这个地区总体来说，绿地投资的累计对外 FDI 金额中制造业占了大约一半，但在跨国并购购买总额中制造业所占的比例小于 15%。2010 年，制造业的并购交易总额为 90 亿美元，大约相当于并购购买总额的 9%。

南亚、东亚和东南亚的 FDI 流出的主要目标行业是电子、金属和金属制品、汽车以及化学和化学制品（见表 2.2）。作为电子产品的全球中心，这个地区也是电子业主要的 FDI 输出国。实际上，电子业在这个地区的绿地投资和跨国并购金额中所占份额都超过了 1/4。电子业在这个地区对外 FDI 中的重要性和这个行业中亚洲公司的国际竞争力相一致，特别是合同制造商，已成了全球电子价值链中生产环节的主导力量（见第四章）。例如，鸿海（Hon Hai，中国台湾）已经成了世界最大的合同制造商，2010 年的销售额大约为 600 亿美元，有大约 100 万名职工 [17]。迄今为止其生产活动集中在东亚，特别是中国。但鸿海正在这个地区内和地区外建立新的生产地，如东南亚（马来西亚和越南）和捷克，鸿海还在考虑一个在巴西的数十亿美元的投资。在中国，鸿海积极地在内陆地区（如重庆、河南、四川和山西）投资建立大规模的生产基地。

表 2.3 来源于南亚、东亚和东南亚的石油和天然气、采矿和钢铁公司的主要外国生产地区

主要外国生产地区	石油和天然气公司				采矿公司		钢铁公司	
	中石油 CNPC（中国）	ONGC（印度）	KNOC（韩国）	PETRONAS（马来西亚）	五矿 Minmetal（中国）	MSG Group（马来西亚）	中钢 Sinosteel（中国）	Tata Steel（印度）
阿尔及利亚	×			×				
澳大利亚				×	×	×	×	×
阿塞拜疆	×		×					
喀麦隆				×			×	
加拿大	×		×			×		×
乍得	×			×				
几内亚	×							
印度尼西亚	×		×	×		×	×	
伊朗	×	×						
伊拉克	×	×	×	×				
哈萨克斯坦	×	×	×					
利比亚	×	×	×					
毛里塔尼亚	×			×				
缅甸	×	×		×				
尼日尔	×							
尼日利亚	×	×	×					
阿曼	×							×
秘鲁	×		×		×			
菲律宾						×	×	
俄罗斯	×	×	×					
苏丹	×	×						
叙利亚	×	×						
美国			×		×			×
泰国	×							×
乌兹别克斯坦	×		×					
委内瑞拉	×	×	×					
越南		×	×	×				×

资料来源：UNCTAD，依据公司年度报告和 UNCTAD 关于跨国并购的数据库。

电子业的案例可以说明，来源于南亚、东亚和东南亚的制造业绿地投资集中在地区内。受寻求市场和效率的动机的驱动，很多行业的制造商主要投资于邻国。但是，随着世界工业环境的发展，这个地区的一些经济体的生产成本在上升，公司战略也在转向，来源于这个地区的 FDI 的模式也开始改变。这个地区之外的生产地点开始出现。虽然在非洲、拉丁美洲及加勒比地区制造业的亚洲 FDI 的规模迄今为止还小，但其潜力是巨大的。新一轮的工业调整和升级正在中国发生，一些低端的、出口导向型的制造业活动已经从中国沿海转移到了东南亚和非洲的一些低收入国家。

近年来，来自于这个地区主要经济体（包括中国、印度、韩国和新加坡）的公司积极接管一些发达国家的公司，尤其是出现了一些特大交易（见表 2.4）。因为亚洲公司很想进入全球市场、积累所有权优势以及提高国际竞争力，所以通过跨国并购进行的战略资产寻求型投资就成了一个非常有吸引力的选择。例如，中国公司经常被不同的无形资产所吸引，如先进的专利技术、商标和分销渠道（Buckley et al. 2007）。发达国家在全球金融危机时期中以及之后的工业调整带来的并购机会、国内的高利润和充足的银行贷款，也都有助于推动制造业的对外 FDI。

随着亚洲国家在发达国家的并购市场上变得重要，其在开展战略资产 FDI 时面临了政治障碍。华为集团没能成功接管美国的 3com 和 3leaf（分别发生在 2008 年和 2010 年）就说明了这一点[18]。如何为中国投资者清除障碍是中美第三轮战略与经济对话所讨论的重要议题。

服务业的 FDI 流出。作为亚洲公司国际投资的主要对象，服务业大约占了通过跨国并购进行的对外 FDI 的 70%。与此相反，绿地投资的比例低于 30%。南亚、东亚和东南亚的 FDI 流出的主要目标服务业是房地产、酒店和旅游、电信、交通、金融服务（见图 2.3）。

在过去的几年中，虽然来自于这个地区的服务业 FDI 流出下降了，但某些服务行业的市场寻求型并购还在增加，如酒店、健康服务和电信，目的地在地区内和地区外都有。与此同时，自从全球金融危机后金融业的 FDI 流出也开始反弹，2010 年金融业交易的金额翻了一番多，达到了 390 亿美元。

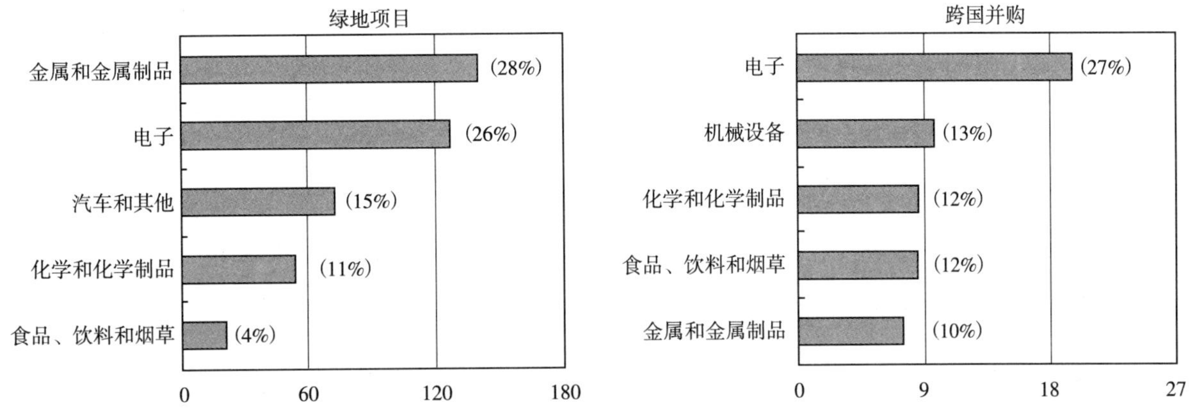

图 2.2 2003~2010 年南亚、东亚和东南亚在制造业的对外 FDI 前 5 名的行业

资料来源：UNCTAD，依据 UNCTAD 跨国并购数据和来自于金融时报公司（Financial Times LTD）（www.fDImarkets.com）的信息。

2010 年电信业的交易总额剧增至大约 140 亿美元。仅 Bharti Airtel（印度）就用 107 亿美元购买了 Zain（科威特）在非洲的移动业务（见附表Ⅰ.7）。通过积极的市场寻求型交易，Bharti Airtel 在 15 个非洲国家赢得了市场，并成了世界第五大移动电信商（以用户数排列）。这家印度公司 2010 年拥有 4200 万用户，年收入为 36 亿美元，计划到 2013 年在非洲拥有 1 亿用户，年收入达到 50 亿美元。但是，它还面临着在 15 个国家简化运营以及扭转亏损资产的挑战[19]。在酒店业，2011 年 5 月，海航（HNA，中国）支付 6.2 亿美元购买了 NH Hotels（西班牙）20%的股份，计划在欧洲扩展市场[20]。

表 2.4 2007~2011 年选定的南亚、东亚和东南亚的公司在发达国家制造业进行的特大交易

实施兼并的公司	目标公司	行业	金额（百万美元）	年份
Tata Steel（印度）	Corus Group（英国）	钢铁	11791	2007
Hindalco Industries（印度）	Novelis Inc.（美国）	铝	5789	2007
Doosan（韩国）	Ingersoll-Rand Co.（美国）	建筑设备	4900	2007

续表

实施兼并的公司	目标公司	行业	金额（百万美元）	年份
Flextronics（新加坡）	Solectron Corp.（美国）	电子	3675	2007
Tata Motors Ltd.（印度）	Jaguar Cars Ltd.（英国）	汽车	2300	2008
中国化工农化 China National Agrochemical	Elkem AS（挪威）	铝	2179	2011
万华聚氨酯 Wanhua Polyurethanes（中国）	Borsod Chem Zrt（匈牙利）	化学产品	1701	2011
Essar Steel Holding（印度）	Algoma Steel Inc.（加拿大）	钢铁	1603	2007
United Spirits（印度）	Whyte & Mackay（英国）	食品和饮料	1176	2007
吉利控股集团 Geely Holding Group（中国）	Volvo（瑞典）	汽车	1500	2010

资料来源：UNCTAD，跨国并购数据库（www.unctad.org/fdistatistics）。

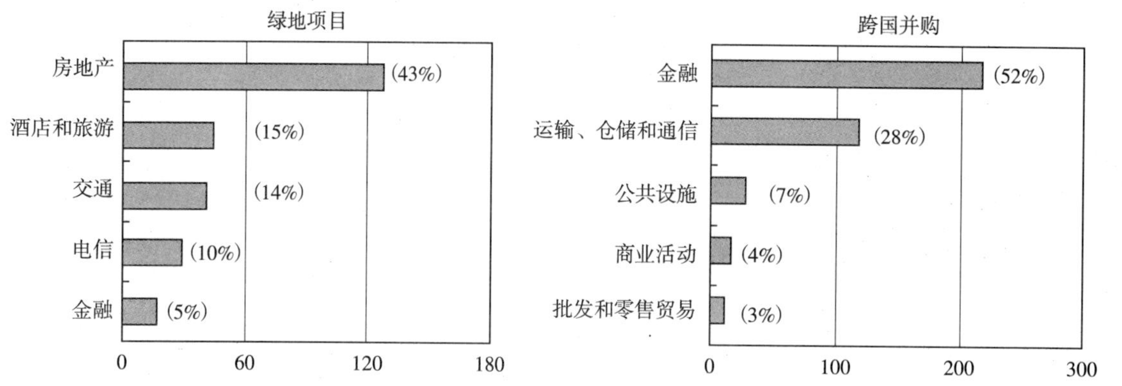

图 2.3　南亚、东亚和东南亚在服务业的对外 FDI 前 5 名的行业，2003~2010 年累计数（10 亿美元，%）

注：括号中的数字是该行业在地区总投资额中所占的比例。

资料来源：UNCTAD，依据 UNCTAD 跨国并购数据和来自于金融时报公司（Financial Times LTD）fDi Markets （www.fDImarkets.com）的信息。

（三）西亚

1. 最近趋势

表 A　2010 年各经济体 FDI 流量的区间分布①

规模大小	流入	流出
高于 100 亿美元	沙特阿拉伯	
50 亿~99 亿美元	土耳其、卡塔尔	
10 亿~49 亿美元	黎巴嫩、阿拉伯联合酋长国、阿曼、约旦、伊拉克、叙利亚	沙特阿拉伯、科威特、阿拉伯联合酋长国、卡塔尔、土耳其
低于 10 亿美元	巴林、巴勒斯坦、科威特、也门	黎巴嫩、巴林、阿曼、也门、伊拉克、约旦、叙利亚、巴勒斯坦

注：①经济体按 FDI 流量的大小进行排列。

表 B　2009~2010 年 FDI 流入量和流出量以及跨国出售额和购买额（10 亿美元）

地区	FDI 流入量		FDI 流出量		跨国并购出售额		跨国并购购买额	
	2009 年	2010 年	2009 年	2010 年	2009 年	2010 年	2009 年	2010 年
西亚	66.0	58.2	26.3	13.0	3.5	4.6	26.8	–15.6
海湾合作委员会	47.1	39.9	23.4	10.5	0.6	2.0	26.6	–15.5
土耳其	8.4	9.1	1.6	1.8	2.8	2.1	—	—
其他西亚国家	10.5	9.3	1.4	0.7	0.1	0.6	0.3	–0.0

表 C　2009~2010 年 FDI 流入存量和 FDI 流出存量以及两者对应的收入（10 亿美元）

地区	FDI 流入存量		FDI 流出存量		FDI 流入的收入		FDI 流出的收入	
	2009 年	2010 年	2009 年	2010 年	2009 年	2010 年	2009 年	2010 年
西亚	487.6	575.2	151.1	161.0	19.8	21.0	6.7	6.9
海湾合作委员会	274.9	314.9	119.2	127.0	14.2	14.6	5.7	5.7
土耳其	143.6	181.9	22.3	23.8	2.9	3.0	0.2	0.2
其他西亚国家	69.1	78.4	9.5	10.2	2.7	3.3	0.9	1.0

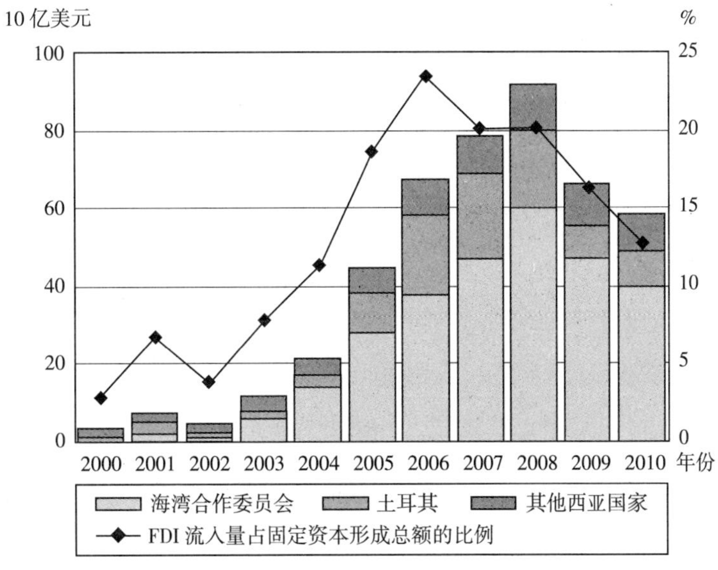

图 A　2000~2010 年 FDI 流入量

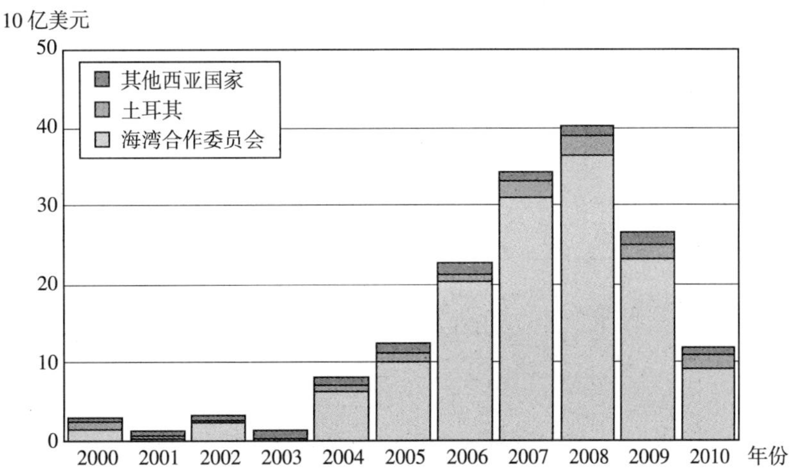

图 B　2000~2010 年 FDI 流出量

表 D　2009~2010 年各行业的跨国并购额（百万美元）

产业/行业	出售额		购买额	
	2009 年	2010 年	2009 年	2010 年
所有产业	3543	4617	26843	-15560
第一产业	8	170	52	1484
采掘业、石油业	8	170	52	1484
制造业	199	2126	142	8
食品、饮料和烟草	91	32	113	—
纺织、服装和皮革	—	32	—	—
焦炭、石油和核燃料	—	1525	—	—
化学和化学制品	-56	19	-4	-19
非金属矿物制品	-44	—	—	20
金属和金属制品	110	410	33	—
电气和电子设备	97	107	—	—
服务业	3336	2321	26648	-17052
电力、天然气和自来水	2361	-59	724	400
建筑	78	14	—	—
贸易	85	74	85	12
酒店和餐馆	—	331	—	-15
运输、仓储和通信	41	100	1645	-10736
金融	550	1637	24510	-1897
商业服务	120	146	297	556
公共管理和国防	—	—	-612	-5372
卫生和社会服务	100	112	—	—
团体、社会和个人服务活动	—	-38	—	—

表 E　2009~2010 年各地区/国家的跨国并购额（百万美元）

地区/国家	出售额		购买额	
	2009 年	2010 年	2009 年	2010 年
全世界	3543	4617	26843	-15560
发达经济体	3174	2357	21451	-2909
欧盟	2457	1472	16387	-1037
美国	349	112	3012	-2333
澳大利亚	—	3	1143	322
日本	—	343	146	—
发展中经济体	358	1673	5362	-12691
非洲	—	965	-164	-10653
北非	—	965	-164	47
撒哈拉以南非洲	—	—	—	-10700
拉丁美洲和加勒比地区	—	—	320	—
亚洲	358	708	5206	-2038
西亚	201	105	201	105
约旦	—	-15	101	—
沙特阿拉伯	114	27	12	66
土耳其	—	—	118	49
南亚、东亚和东南亚	158	602	5005	-2143

续表

地区/国家	出售额		购买额	
	2009 年	2010 年	2009 年	2010 年
韩国	—	122	49	-2234
新加坡	—	2	3923	-92
东南欧和独联体	—	21	30	40
亚美尼亚	—	—	30	—
俄罗斯	—	21	—	40

流入西亚的 FDI 在 2010 年继续受到全球经济危机的影响。尽管由于石油丰富国的政府支出大规模增加，这个地区大多数经济体在 2010 年实现了稳定的经济恢复，但 FDI 流入还是下降了 12%，为 58 亿美元（见表 B 和图 A）。私人投资者仍然保持谨慎。绿地投资项目的估计金额在 2009 年和 2010 年都有所下降（下降幅度分别为 42%和 44%）。而 2010 年跨国并购出售额（传统上主要集中在土耳其）增长了 30%，但仍处于非常低的水平（46 亿美元，因为土耳其私有化进程的结束）。

在 2010 年 FDI 流入的下降在不同国家表现不同。例如，沙特阿拉伯下降了 12%，在石化行业有很多超大规模的项目（涉及国有的 Saudi Aramco 和外国公司成立的合资企业）出现外国合作者撤资（Yanbu 项目的 ConocoPhillips），或是被暂时冻结（如 Dow Chemical 和 Ras Tanura 合作的项目），或是没能吸引到足够的外国投资，或是成了完全由 Saudi Aramco 出资的国内项目（例如 Jazan 炼油厂）。在卡塔尔，四个液化石油天然气 Qatargas 工厂支撑了 2009 年的 FDI，但随着 2010 年最后一个工厂的完工，卡特尔的 FDI 流入下降了 32%。在阿拉伯联合酋长国，2009 年受到经济危机的影响，其 FDI 下降到了 40 亿美元，2010 年维持了和 2009 年相同的水平。土耳其增长了 8%，主要是因为房地产投资增加了 40%。

FDI 流入现在有望触底，由于土耳其的大规模收购[21]，跨国并购在 2011 年前 5 个月上升了 5 倍（与 2010 年同期的低水平相比），而绿地投资在 2011 年前 4 个月也上升了 9%（与 2011 年同期相比）。但对这个地区政治稳定性的担忧仍可能会存在，这会阻碍 FDI 的恢复，因为在政治前景变得明朗化的情况下外国公司才愿意在项目上投入大规模的资金。这种不确定性对 FDI 的流入和流出都会产生影响。如在 2011 年 3 月，AES（美国）收回了对沙特阿拉伯的一个电厂项目的出价。Qatar Electricity Company 开展在叙利亚建立一个工厂的计划之前，需要评估一下那里的形势。此外，电话公司 Etisalat（阿拉伯联合酋长国）近来取消了对 Zain（科威特的竞争对手）的 120 亿美元的出价，不安定的环境就是其列出的原因之一[22]。

不安定因素也迫使政府控制企业把投资更多地投向了自己的经济，或为了应对或提前准备民众的不满而提供更高的社会支出经费，这些会影响到对外投资。但对外投资的长期前景总体上是积极的，因为石油价格的预期表明可供海外投资的资金将继续增加。

2. 西亚跨国公司的对外 FDI 战略

石油丰富国的国有企业自从 2000 年以来一直引领着西亚对外 FDI 的蓬勃发展。它们的战略不但受财务收益的驱动，而且受到了经济和政治目的的驱动。

西亚的 FDI 流出已经连续第二年大规模下降了（见表 B 和图 B）。由于西亚公司的撤资，2010

年下降了 52%。最大的撤资包括 Zain Group（科威特）把非洲业务以 107 亿美元卖给了 Bharti Airtel（印度），International Petroleum Investment Company 把 Hyundai Oilbank（韩国）70%的股份以 22 亿美元卖给了 Hyundai Heavy Industries Co.。同时，西亚海外绿地项目的金额下降了 52%。

西亚的对外投资主要受到政府控制企业的驱动，这些企业把它们的一些投资转向支持受到全球金融危机影响而衰弱的母国经济。此外，私人部门的对外投资也受到了金融危机期间本地银行贷款对私人部门收紧的影响。

西亚对外 FDI 从 2009 年开始下降，但在 2004~2008 年是一个显著增长的时期，这使得对外 FDI 存量从 2003 年的 250 亿美元增加到了 2010 年的 1610 亿美元。海外合作委员会（Gulf Cooperation Council，GCC）占据了总量的 79%，领头的阿拉伯联合酋长国和沙特阿拉伯占到了这个地区对外 FDI 存量总额的 45%（见附表 2.2）。许多因素解释了这些富裕的阿拉伯国家对外 FDI 的剧增，包括大规模盈余的积累、石油价格飙升、低利率、股票市场的高波动性（这使得纯金融投资的部分盈余开始转移）、经济多元化政策的实施（包括投资国外一些被认为对发展和国民经济多元化有战略意义的行业）。

对外 FDI 的快速发展大部分是由国有企业驱动的。2004~2010 年，这些企业占据了西亚企业跨国收购金额的 73%，绿地对外 FDI 项目的 47%。阿拉伯联合酋长国的公司一直是最积极的海外投资者。卡塔尔、沙特阿拉伯、巴林和科威特的对外投资都很大（见表 2.5）。

表 2.5　2004~2010 年西亚跨国并购和对外绿地 FDI 项目的所有权形式和母国（10 亿美元，%）

母国	净跨国并购购买				绿地 FDI 项目[①]			
	国有[②]	私人	总体		国有	私人	总体	
			金额	%			金额	%
巴林	0.3	4.0	4.3	3	41.1	35.9	76.9	13
伊拉克	—	—	—	—	—	0.1	0.1	—
约旦	—	0.3	0.3	—	0.2	4.4	4.6	1
科威特	-6.5	6.6	0.1	—	18.0	38.0	56.0	10
黎巴嫩	—	1.1	1.1	1	—	9.7	9.7	2
阿曼	0.3	0.8	1.1	1	2.4	1.0	3.4	1
巴勒斯坦	—	—	—	—	—	0.3	0.3	-
卡塔尔	21.8	1.5	23.2	18	24.5	5.2	29.7	5
沙特阿拉伯	20.8	9.1	29.9	23	13.2	28.0	41.2	7
叙利亚	—	—	—	—	—	0.4	0.4	—
土耳其	—	2.7	2.7	2	—	21.8	21.8	4
阿拉伯联合酋长国	56.5	8.7	65.2	51	169.6	157.5	327.1	57
也门	—	—	—	—	—	0.1	0.1	—
总体	93.1	34.7	127.8	100	268.9	302.4	571.3	100
总体，%	73	27	100	—	47	53	100	—

注：①这里的金额是指资本投资的估计额。
②政府拥有控股权的企业。
资料来源：UNCTAD，依据 UNCTAD 跨国并购数据和来自于金融时报公司（Financial Times LTD）（www.fDImarkets.com）的信息。

（1）目标地区和产业。在地区分布上，发达国家是西亚公司跨国并购购买所青睐的目的地，2004~2010 年占据了净购买额的 68%（见表 2.6）。与此相反，发展中经济体和转型经济体一直是西亚对外绿地 FDI 的主要目的地，2003~2010 年，占据了 93%，主要目的地是西亚（31%）和北非（29%）（见表 2.7）。

表 2.6 2004~2010 年西亚跨国并购的目标地区/目标行业（百万美元，%）

产业/行业	发达经济体			发展中和转型经济体			全世界	
	总数	北美	欧洲	总数	西亚	南亚、东亚和东南亚	金额	%
第一产业	15253	7932	5616	–991	228	–1922	14261	11
采掘业、石油业	14910	7932	5616	–991	228	–1922	13918	11
第二产业	38343	20517	17040	11136	315	9632	49479	39
化学和化学制品	18005	13826	4178	3887	–44	3128	21892	17
汽车和其他运输设备	14954	1800	13154	2136	82	2054	17090	13
电气和电子设备	3220	3216	3	4070	97	3972	7289	6
第三产业	32929	10731	21914	31229	19420	13795	64158	50
邮电和通信	3947	–13	3900	16735	13380	9736	20683	16
运输	9479	1249	8299	1092	161	–40	10571	8
商业活动	7209	1677	5459	2377	947	1515	9586	7
酒店和餐馆	8928	7349	1550	580	0	352	9508	7
总数	86525	39180	44571	41374	19963	21505	127899	100
总数，%	68	31	35	32	16	17	100	—

资料来源：UNCTAD，跨国并购数据库（www.unctad.org/fdistatistics）。

表 2.7 2004~2010 年西亚对外绿地投资项目的目标地区/目标行业（百万美元，%）

产业/行业	发达经济体			发展中和转型经济体				全世界	
	总数	北美	欧洲	总数	西亚	北非	南亚、东亚和东南亚	金额	%
第一产业	3016	38	2177	59698	11018	11948	23073	62713	10.7
煤、石油和天然气	2478	22	1657	56773	10769	11345	21497	59251	10.1
第二产业	15921	3158	12314	66308	19819	10922	26349	82229	14.0
金属	103	10	93	22112	6603	6563	7551	22216	3.8
化学	1342	5	971	14317	828	292	11711	15658	2.7
非金属矿产	1545	2	1543	10162	4213	505	3434	11707	2.0
食品、饮料和烟草	448	18	430	9206	5026	2054	981	9655	1.6
塑料	6712	88	6621	633	185	37	288	7345	1.3
第三产业	20327	3408	16397	421253	149237	148309	60130	441580	75.3
房地产	6297	2272	4025	33895	11849	132424	40581	344692	58.8
酒店和旅游	6757	—	6687	26219	16071	3487	3582	32976	5.6
通信	1013	105	908	18934	3170	3346	3938	19947	3.4
运输	3964	370	3493	13942	509	2311	7238	17906	3.1
休闲和娱乐	580	324	256	11480	5444	5746	223	12060	2.1
总数	39264	6604	30888	547258	180074	171179	109552	586522	100
总数，%	7	1	5	93	31	29	19	100	—

注：这里的金额指的是资本投资的估计额。
资料来源：UNCTAD，跨国并购数据库（www.unctad.org/fdistatistics）。

（2）最重要的投资者及其战略。来自西亚的投资者传统上扮演着消极的角色，他们更重视流动性和安全性而不是投资回报。但是，随着较高的大宗商品价格所导致的资金增加以及管理水平的提高，它们开始在直接收购和绿地投资上（这些使得它们关注长期的关系并参与管理）变得积极。

西亚的对外投资集中在少数公司，2004~2010年，10个公司占据了跨国并购83%的份额。这其中只有3个公司从事特定的活动（如石油化工、电信和建筑），其他的公司都是控股集团或投资公司。此外，它们中有一半公司的母国是阿拉伯联合酋长国。有8个公司是国有的或和政府关系紧密。它们中的大多数是在21世纪新建立的（见表2.8）。这些国有投资者的FDI战略通常是和它们各自政府的经济和政治目的相关联的。它们的目标不仅仅是收益最大化和多元化，而且还包括了建立国际伙伴关系和战略联盟（这些通常会支持经济和政治的目的）。较普遍的是国有企业利用已存在的外国盟友和伙伴关系，通过对外FDI来吸引FDI，并提高其对东道国经济的影响。21世纪成立的两个国有企业或主权财富基金［Qatar Investment Authority（QIA）和Mubadala］的案例

表 2.8　2004~2010 年跨国并购金额排名前十位的西亚公司

公司名	母国	跨国并购购买金额①	活动领域	建立时间	所有权	公司信息
Dubai World	阿拉伯联合酋长国	18282	控股公司	2006	国有	由迪拜政府所有，为迪拜政府在很多行业管理和监督商业和项目的投资
Qatar Investment Authority（QIA）	卡塔尔	14293	主权财富基金（SWF）	2005	国有	多元化卡塔尔的国民经济
SABIC	沙特阿拉伯	12411	石油化工公司	1976	国有	建立于1976年。70%国有。生产化学品、肥料、塑料和金属
International Petroleum Investment Company（IPIC）	阿拉伯联合酋长国	12255	能源投资基金	1984	国有	由阿布扎比政府所有，投资全球范围内的能源部门
Dubai Holding	阿拉伯联合酋长国	10754	控股公司	2004	国有	99.67%被迪拜的统治者所有。巩固迪拜在过去五年中新建的多种的大规模基础设施和投资项目，以及确定和执行未来的主要项目
Arcapita	巴林	10163	伊斯兰投资银行	2005	私人	它收购国外公司的控制股权，必要时给投资提供战略性和金融支持，在合适的时间和价格再退出
TAQA	阿拉伯联合酋长国	9848	能源投资公司	2005	国有	51%被阿布扎比水电部（ADWEA）所有，100%被阿布扎比政府所有。拥有、投资和/或经营石油和天然气、发电、水、能源和基础设施部门的公司，还进行其他被认为有利于实现它的目标的投资
Mubadala	阿拉伯联合酋长国	7808	投资公司	2002	国有	阿布扎比政府所有。促进阿布扎比经济的多样化
STC	沙特阿拉伯	5900	电信公司	1998	国有	70%国有。是沙特阿拉伯最大的电信服务提供商和唯一的综合服务提供商
Saudi Oger	沙特阿拉伯	4215	建筑和基础设施	1978	私人	成立时是一个建筑公司。现在覆盖了几个领域，包括电信、房地产发展、印刷、公共设施和IT服务

注：①估计额，只包括了至少收购10%股权的交易。
资料来源：UNCTAD，跨国并购数据库（www.unctad.org/fdistatistics）。

就说明了这种趋势。

Qatar Investment Authority（QIA）在金融服务、汽车、航空航天、建筑、房地产行业进行了很多备受瞩目的直接投资[23]。包括收购Volkswagen 17%的控制权（还附有寻求在多哈建立R&D合作及测试和培训设施的谅解备忘录）、2010年收购德国建筑公司Hochtief（目的是给先进技术和专门知识转移给卡特尔提供便利）[24]、2009年收购法国公共工程公司Vinci的8%股份（成了除雇员外的最大股东，这次收购强化了和这个公司的合作关系，也扩大了Vinci在卡塔尔的活动范围）[25]。

Mubadala的目标是具有重要战略意义的产业发展在世界领先的专业知识集群，因此建立了9个商业单位。其中，Mubadala Aerospace目标是使得阿布扎比（Abu Dhabi）成为全球航空航天中心。Mubadala Industry正在寻找资本、能源和知识产权密集部门的投资和发展机会，Mubadala Information & Communications Technology正在建立一个全球ICT资产的投资组合以在母国和本地区发展行业领先的设施。其他项目包括了能源、医疗保健、房地产、基础设施和服务等行业。例如，近年来，Mubadala收购了飞机制造公司Piaggio Aero（意大利）的股份、半导体公司Advanced Micro Devices（美国）、给航空公司提供技术解决方案的SR Technics（美国）、石油和天然气公司Pearl Energy（新加坡）、汽车制造商Ferrari（意大利）、全球投资企业Carlyle Group（美国）。它还和一些著名的投资者和行业领先者（如Credit Suisse和General Electric）建立了合资企业和基金[26]。

GCC国家有着高额的外汇储备，经济规模又相对较小，所以它们在海外投资上能付得起大额的外汇，但它们评估利用对外投资作为经济发展工具的绩效和效率也很重要。

GCC国家的经济多元化政策采取了两个战略。在建筑、房地产、金融、电信、交通等部门，海湾国家国内具备了一定水平的专业知识，允许它们从事这些领域的对外直接投资。这种对外直接投资主要是在西亚和北非的其他阿拉伯国家建立业务，以补偿国内较小的经济规模。由于缺少强有力的专有资产，西亚公司向邻国进行了扩张，以利用它们的金融能力和文化相似性，这有利于增加它们的专门知识并提高竞争力。

这个地区在投资发达国家和亚洲新兴经济体时，主要采用并购的方式，有着另一个不同的战略以提高母国已存在行业（如金融、酒店和石油化工）的能力并不断发展目前母国还没有的产业（如汽车、航空航天、新能源和电子）的能力。这种方式不同于其他一些国家，其他一些国家在从事对外直接投资前一般先在母国把能力发展到某一水平。

通常利用母公司和外国子公司的交易为媒介（如技术知识的转移、雇员的流动、公司内贸易），对外FDI能够成为母国更强竞争力的一个来源。在母国没有开展相关活动的母公司的情况下，对媒介（通过该媒介，企业的跨国购买会有助于地区经济的发展和多样化）的作用就会产生疑问了。

（四）拉丁美洲和加勒比地区

1. 最近趋势

表 A　2010 年各经济体 FDI 流量的区间分布[①]

规模大小	流入	流出
高于 100 亿美元	巴西、英属维尔京群岛、墨西哥、智利、开曼群岛	英属维尔京群岛、墨西哥、巴西
50 亿~99 亿美元	秘鲁、哥伦比亚、阿根廷	智利、开曼群岛、哥伦比亚
10 亿~49 亿美元	巴拿马、乌拉圭、多米尼加、哥斯达黎加	委内瑞拉、巴拿马
1 亿~9 亿美元	巴哈马、洪都拉斯、危地马拉、玻利维亚、特立尼达和多巴哥、尼加拉瓜、巴拉圭、牙买加、圭亚那、苏里南、厄瓜多尔、阿鲁巴、海地、圣基茨和尼维斯、荷属安的列斯群岛、安提瓜和巴布达	阿根廷、秘鲁
低于 1 亿美元	圣卢西亚、伯利兹、特克斯和凯科斯群岛、圣文森特和格林纳丁斯、格林纳达、古巴、巴巴多斯、萨尔瓦多、多米尼加、安圭拉岛、蒙特塞拉特、委内瑞拉	牙买加、危地马拉、荷属安的列斯群岛、尼加拉瓜、厄瓜多尔、哥斯达黎加、乌拉圭、特克斯和凯科斯群岛、阿鲁巴、巴巴多斯、伯利兹、洪都拉斯、巴拉圭、多米尼加、玻利维亚

注：①经济体按 FDI 流量的大小进行排列。

表 B　2009~2010 年 FDI 流入量和流出量以及跨国并购出售额和购买额（10 亿美元）

地区	FDI 流入量		FDI 流出量		跨国并购出售额		跨国并购购买额	
	2009 年	2010 年	2009 年	2010 年	2009 年	2010 年	2009 年	2010 年
拉丁美洲和加勒比地区	141.0	159.2	45.5	76.3	–4.4	29.5	3.7	15.7
南美洲	55.3	86.5	4.1	30.3	–5.3	18.0	3.1	11.7
中美洲	20.5	24.6	9.4	16.8	0.2	8.9	3.4	3.3
加勒比地区	65.2	48.1	32.1	29.2	0.8	2.6	–2.8	0.7

表 C　2009~2010 年 FDI 流入存量和 FDI 流出存量以及两者对应的收入（10 亿美元）

地区	FDI 流入存量		FDI 流出存量		FDI 流入的收入		FDI 流出的收入	
	2009 年	2010 年	2009 年	2010 年	2009 年	2010 年	2009 年	2010 年
拉丁美洲和加勒比地区	1507.7	1722.3	664.4	732.8	77.7	91.4	7.7	1507.7
南美洲	787.8	899.5	272.4	307.5	63.0	77.7	7.2	787.8
中美洲	352.6	407.7	94.5	98.6	12.1	10.9	0.1	352.6
加勒比地区	367.3	415.1	297.5	326.7	2.6	2.8	0.5	367.3

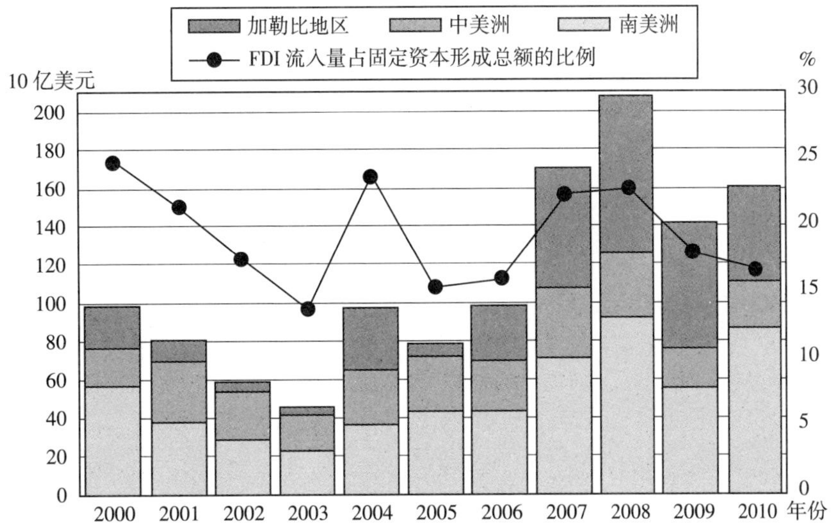

图 A　2000~2010 年 FDI 流入量

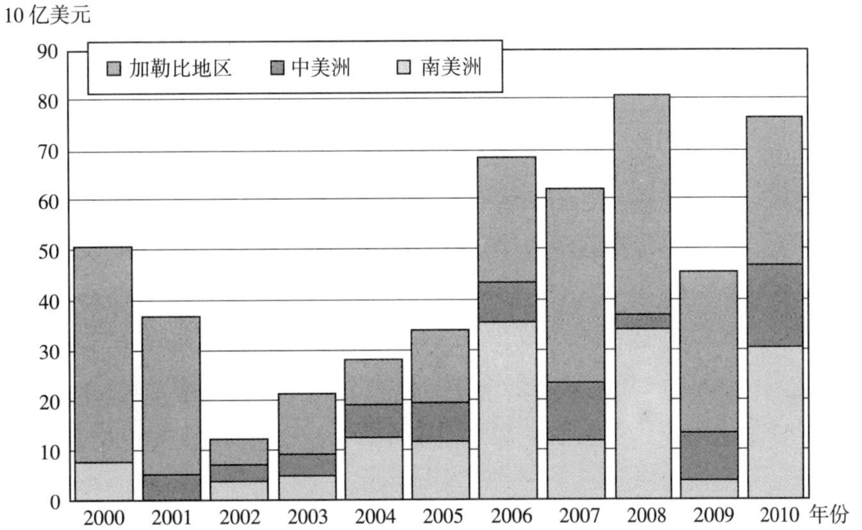

图 B　2000~2010 年 FDI 流出量

表 D　2009~2010 年各行业的跨国并购额（百万美元）

产业/行业	出售额		购买额	
	2009 年	2010 年	2009 年	2010 年
所有产业	–4358	29481	3740	15710
第一产业	–2327	11692	4689	2112
农业、牧业、林业和渔业	43	423	–1	96
采掘业、石油业	–2370	11269	4690	2016
制造业	–2768	8092	859	4962
食品、饮料和烟草	404	6771	3224	2834
木材和木材制品	61	–115	—	–130
焦炭、石油和核燃料	—	57	–947	—
化学和化学制品	61	–1221	63	373
非金属矿物制品	125	695	–1337	990
金属和金属制品	–3219	82	5	672

续表

产业/行业	出售额		购买额	
	2009 年	2010 年	2009 年	2010 年
电气和电子设备	-90	1742	-188	—
车和其他运输工具	-134	72	—	150
服务业	737	9697	-1808	8637
电力、天然气和自来水	-2642	409	-103	1227
建筑	-12	18	-12	49
贸易	1575	1410	-14	762
运输、仓储和通信	3421	2962	120	164
金融	-2353	1565	-2113	4105
商业服务	735	2437	379	1070
教育	18	503	—	—
团体、社会和个人服务活动	1	217	—	1200

表 E 2009~2010 年各地区/国家的跨国并购额（百万美元）

地区/国家	出售额		购买额	
	2009 年	2010 年	2009 年	2010 年
全世界	-4358	29481	3740	15710
发达经济体	-6815	3581	3475	11544
欧盟	-3023	946	-1233	2534
美国	-797	-512	5603	5225
日本	-89	4508	561	125
发展中经济体	1850	24970	420	4313
非洲	395	-75	-70	-84
拉丁美洲和加勒比地区	116	5015	116	5015
南美洲	2288	4086	-62	2062
巴西	1659	386	-90	257
哥伦比亚	211	3116	796	182
中美洲	16	747	177	2839
墨西哥	16	761	10	193
加勒比地区	-2188	182	2	115
亚洲	1338	19935	374	-618
西亚	320	—	—	—
南亚、东亚和东南亚	1018	19935	374	-618
中国	133	12915	374	281
韩国	893	720	161	—
印度	—	5460	64	-735
东南欧和独联体	—	-3	-156	-147
俄罗斯	—	-3	-159	-156

拉丁美洲和加勒比地区的 FDI 流入在 2009 年下降了 32%后，2010 年上升了 13%，达到了 1590 亿美元，但仍低于 2008 年的水平（见表 A）。最强劲的增长是在南美洲，FDI 上升了 56%，达到 860 亿美元，巴西占了其中的 56%。中美洲的 FDI 流入则上升了 20%，达到了 250 亿美元，墨西哥占了其中的 190 亿美元。加勒比地区的 FDI 流入减少了 26%，降至 480 亿美元，离岸金

融中心占了其中的95%。

2010年FDI恢复的主要原因是跨国并购的强劲增长。跨国并购从2009年的负值（因为撤资）上升到了2010年的290亿美元（见表D和表E），是2000年以来的最高水平。这表明经历了10年在这个地区疲软的跨国并购活动后，外国公司恢复了对拉丁美洲公司收购的兴趣。另外，2010年绿地项目的估计金额上升了8%（2009年下降了13%），这也支撑了全球金融危机影响下FDI流入的恢复。

在空前的投资剧增后，2010年发展中亚洲国家（主要是中国和印度）已成为拉丁美洲和加勒比地区企业的主要收购者。它们的收购总额达到200亿美元，占总量的68%。而发达国家只占12%，拉丁美洲和加勒比地区占17%。但在绿地投资上，发达国家占项目总金额的79%，拉丁美洲和加勒比地区占10%，发展中亚洲占了9%。

2010年在进入模式上产业分布也有所不同。跨国并购主要在第一产业（40%），而绿地项目主要在制造业（占总估计金额的58%），尤其是金属行业。

2010年所有主要接受国（除了哥伦比亚）的FDI流入都出现了显著增长。巴西的增长速度最快（87%），原因是权益资本的翻了一番（主要是在第一产业，但制造业也有16%的增长）。墨西哥和智利的增长（分别为22%和17%）主要是因为跨国并购出售额的增长，而阿根廷的增长（58%）是因为公司内部贷款的增加。哥伦比亚的减少（5%）主要是因为金属采矿业FDI流入减少了32%。

因为巴西（主要的接受国，2010年吸引了这个地区FDI总量的30%）FDI流入的剧增，这个地区2011年的FDI流入有望增长。数据表明，2011年前4个月巴西的FDI达到了230亿美元，比2010年同期增长了3倍。原因是权益资本（增长了147%，达到了180亿美元）和公司内贷款（增长了15倍，达到了50亿美元）的增长。在2011年前4个月这个地区的绿地FDI项目也出现了显著增长，初步估计金额比去年同期增长了97%。

在经历了2009年的剧跌之后，2010年拉丁美洲和加勒比地区的FDI流出增加了67%，达到了760亿美元（见表B）。这个地区两个主要的对外投资国——墨西哥和巴西都出现了大幅增长。巴西的流出从2009年的-10亿美元上升到2010年的115亿美元，而墨西哥则增长了104%。

FDI流出的增长（是世界各经济地区中最强劲的）主要归功于跨国并购购买额的剧增，跨国并购购买额的增长超过了4倍，达到了157亿美元（见表D和表E）。在经历了2009年下降后（19%），2010年海外绿地项目也上升了（23%）。

这个地区的跨国公司受益于母国经济的快速增长，扩大了对外投资，尤其是在发达国家的投资（见表E），因为发达国家受到危机的影响而出现了更多的投资机会。巴西公司如Vale、Gerdau、Camargo Correa、Votorantim、Petrobras和Braskem在发达国家铁矿石、钢铁、食品、水泥、化学和石油提炼行业进行了收购。墨西哥公司如Grupo Televisa、Sigma Alimentos、Metalsa and Inmobiliaria Carso购买了美国的很多行业（如媒体、食品、汽车和服务）的企业。还有很多重要的地区内收购（见表E），最值得注意的是Grupo Aval（哥伦比亚）（Colombia）用19亿美元购买BAC Credomatic（General Electric的一家巴拿马子公司）。

虽然在2010年这个地区73%的跨国并购购买额集中在发达国家（见表E），但估计有75%的对外绿地项目是在发展中国家，这其中有78%的目标国在拉丁美洲和加勒比地区，13%的目标国在东南亚，5%的目标国在非洲。

2011年来源于这个地区的FDI预计会下降，

因为2011年前4个月的初步数据表明巴西的FDI流出出现了较高的负增长（-90亿美元），这是由于子公司偿还给巴西母公司的贷款（公司内贷款）增加了7倍（达到了140亿美元）所造成的。2011年墨西哥的FDI流出也减少了，2011年第一季度的金额只相当于2010年同期的1/5。

2. 发展中国家跨国公司进军拉丁美洲

在21世纪地区内FDI恢复了活力，2010年来自发展中亚洲的资源寻求型活动的投资大幅增加。

发达国家跨国公司作为拉丁美洲最有活力的FDI来源的时间长达几十年，但进入21世纪后，这个地区来自发展中国家跨国公司的直接投资在不断增长。这个趋势在该地区的跨国并购市场上很明显，来自发展中经济体的跨国公司的年购买额从1991~2000年的13亿美元增加到了2001~2010年的56亿美元，使得它们在总金额中的份额从8%上升到了43%。发展中地区的投资者主要是拉丁美洲和亚洲的跨国公司[27]。

地区内的跨国并购和绿地FDI项目在进入21世纪后也有了上升的趋势，这反映了拉丁美洲公司在地区强有力的经济恢复的支持下实力不断增强。绿地投资项目在2010年估计金额为116亿美元（2003年为45亿美元），在总量中的份额也由2003年的5%上升到了2010年的10%。

地区内跨国并购交易在总量中所占的份额进入21世纪以来上升了很多：1995~2002年，这个地区跨国并购销售总额中只有5%来自于拉丁美洲公司，而2003~2010年，这个比例已经上升到了36%（见表2.9）。这种上升也是由于来自发达国家的跨国公司的相对紧缩所造成的（见图2.4）。发达国家的跨国公司的相对紧缩有很多原因：1998~2003年这个地区的经济停滞，发达国家跨国公司投资的被私有化的公司的规制问题增多，进入21世纪时的网络危机对发达国家跨国公司的金融能力产生了重大影响。最近的全球金融危机对这个地区的跨国并购市场有着巨大的影响，如地区内收购金额在2008年和2009年都跌为零，直到2010年才重新开始增长（见图2.4）。

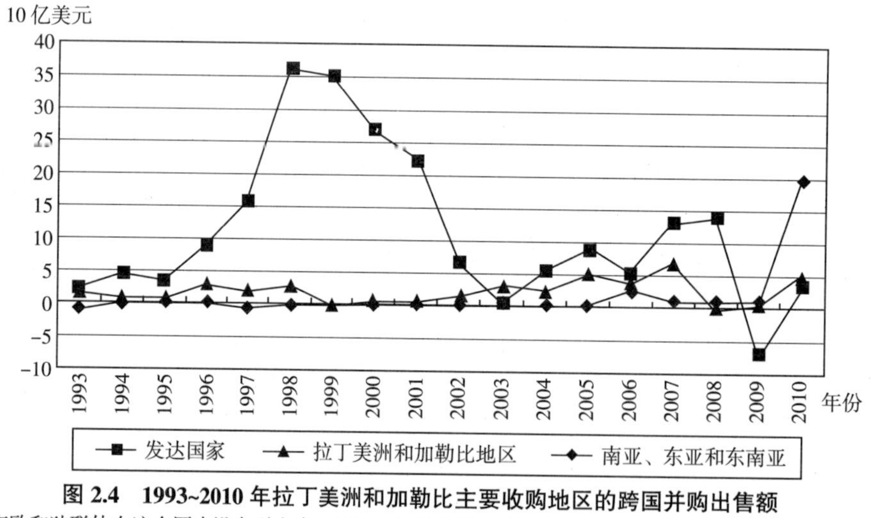

图2.4 1993~2010年拉丁美洲和加勒比主要收购地区的跨国并购出售额

注：非洲、东南欧和独联体在这个图中没有列出来，因为它们的金额太小了。

资料来源：UNCTAD，跨国并购数据库（www.unctad.org/fdistatistics）。

2010年发展中亚洲的跨国公司在拉丁美洲和加勒比地区的跨国并购市场上剧增。发展中亚洲的公司在2010年还只是这个地区跨国并购市场的边缘投资者，它们的FDI活动主要是通过绿地投资进行的，2003~2010 年它们的绿地投资在这个地区总量中所占的份额为 10%[28]。

但在 2010 年，在这个地区的跨国并购市场上，发展中亚洲跨国公司的投资出现了史无前例的大幅度增加，而 2009 年它们的活动几乎是停止的。2010 年这些公司的收购总额跃升至 200 亿美元，占总量的 68%，是它们在这个地区前 20 年累计收购总额的 3 倍还多。

这些收购中的很大部分是由中国公司进行的（44%），主要发生在南美的石油和天然气以及能源领域。2010 年和 2011 年中国的两个石油和天然气公司（中石化和中海油）在阿根廷和巴西进行了大规模的上游收购，金额总计达到 126 美元（见附表 2.7）。此外，中国国家电网公司（China's State Grid Corporation）用 17 亿美元收购了 17 个巴西输电公司。印度也是这个地区大规模资源寻求型收购的来源国，尤其是在委内瑞拉的石油和天然气行业以及巴西的甘蔗行业[29]。

2003~2010 年这个地区来自发展中亚洲的 29 个跨国公司占了绿地 FDI 项目总估计金额的 1/10，而来自中国内地和中国香港的公司就占了发展中亚洲国家绿地 FDI 项目的 47%。和它们的兼并活动一样，资源是主要的标的物，多数项目背后的原因都是金属、石油和天然气（见表 2.10）。

2010~2011 年发展中亚洲对南美洲的资源寻求型 FDI 的快速增长引起了这个地区的一些国家对贸易模式的担忧，南美洲主要出口的是大宗商品，而进口的是制成品[30]。

表 2.9　2003~2010 年拉丁美洲和加勒比地区：跨国并购的主要收购地区和国家以及主要的目标产业（%）

部门/行业—投资国	世界	发达经济体	发展中经济体	拉丁美洲和加勒比地区			发展中亚洲		
				总体	墨西哥	巴西	总体	中国内地和中国香港	印度
所有产业	100	100	100	100	100	100	100	100	100
第一产业	18.7	-11.4	44.4	11.1	—	33.1	81.0	81.3	95.1
铁矿石采矿	15.4	29.0	4.7	4.7	—	10.4	6.6	5.9	—
石油	1.3	-43.3	37.6	3.7	—	16.0	72.5	74.6	89.3
制造业	24.3	32.6	18.0	24.7	13.4	48.3	9.2	12.4	3.8
食品、饮料和烟草	14.3	26.8	4.6	7.5	7.0	10.8	1.4	0.8	3.6
金属和金属制品	3.0	3.4	2.8	5.5	-0.3	15.3	0.1	0.1	—
服务业	57.0	79.8	37.6	64.1	86.6	18.6	9.9	6.3	1.0
金融	20.0	37.5	6.3	9.1	—	12.8	2.9	5.1	—
邮政和通信	13.4	10.1	16.1	30.8	80.1	—	1.8	—	—
商业活动	10.5	22.0	1.2	0.7	0.1	—	0.5	0.7	0.3
所有产业（10 亿美元）	99.6	43.9	54.0	26.8	10.1	7.6	26.6	15.9	6.8
在全球中的份额	100	44	54	27	10	8	27	16	7

注：非洲、东南欧和独联体在这个图中没有列出来，因为它们的金额太小了。
资料来源：UNCTAD，跨国并购数据库（www.unctad.org/fdistatistics）。

表 2.10　2003~2010 年绿地投资项目的主要投资区域和国家以及主要投资行业（%）

部门/行业—投资国	世界	发达经济体	发展中经济体	拉丁美洲和加勒比地区				发展中亚洲			
				总体	巴西	智利	墨西哥	总体	中国内地和中国香港	印度	韩国
所有产业	100	100	100	100	100	100	100	100	100	100	100
第一产业	25	24	28	24	29	12	4	26	23	41	6
煤、石油和天然气	19	17	24	19	18	10	4	25	23	35	6
制造业	58	58	56	54	68	63	29	60	65	53	91
金属	27	27	27	14	25	—	10	36	50	33	37

续表

部门/行业—投资国	世界	发达经济体	发展中经济体	拉丁美洲和加勒比地区				发展中亚洲			
				总体	巴西	智利	墨西哥	总体	中国内地和中国香港	印度	韩国
汽车和其他运输设备	9	10	8	1	1	—	—	12	11	14	18
汽车 OEM	7	7	7	1	—	—	—	11	11	14	17
食品、饮料和烟草	5	6	3	6	1	23	6	1	2	—	—
化学和化学制品	4	4	3	4	—	17	3	2	—	5	2
服务业	18	18	16	22	4	25	67	14	12	7	3
通信	5	6	4	10	—	1	56	1	1	—	1
商业活动	4	4	3	4	—	17	3	2	—	5	2
交通	3	3	4	1	2	—	—	7	8	—	—
所有产业的金额（十亿美元）	708	566	142	55	25	8	6	74	35	13	12
在全球中的份额	100	80	20	8	4	1	1	10	5	2	2

注：这里的金额指的是资本投资的估计额。

资料来源：UNCTAD，依据来自于金融时报公司（Financial Times LTD）（www.fDImarkets.com）的信息。

（五）东南欧和独联体

1. 最近趋势

表 A 2010 年各经济体 FDI 流量的区间分布①

规模大小	流入	流出
高于 50 亿美元	俄罗斯、哈萨克斯坦、乌克兰	俄罗斯、哈萨克斯坦
10 亿~49 亿美元	土库曼斯坦、白俄罗斯、塞尔维亚、阿尔巴尼亚	—
5 亿~9 亿美元	乌兹别克斯坦、黑山、克罗地亚、亚美尼亚、阿塞拜疆、格鲁吉亚	乌克兰
低于 5 亿美元	马其顿、吉尔吉斯斯坦、摩尔多瓦、波黑、塔吉克斯坦	阿塞拜疆、塞尔维亚、波黑、白俄罗斯、黑山、亚美尼亚、格鲁吉亚、摩尔多瓦、马其顿、阿尔巴尼亚、克罗地亚

注：①经济体按 FDI 流量的大小进行排列。

表 B 2009~2010 年 FDI 流入量和流出量，以及跨国出售额和购买额（10 亿美元）

地区	FDI 流入量		FDI 流出量		跨国并购出售额		跨国并购购买额	
	2009 年	2010 年	2009 年	2010 年	2009 年	2010 年	2009 年	2010 年
东南欧和独联体	71.6	68.2	48.8	60.6	7.1	4.3	7.4	9.7
东南欧	7.8	4.1	1.4	0.1	0.5	0.3	–0.2	0.3
独联体	63.8	64.1	47.4	60.5	6.6	4.1	7.6	9.4

表 C 2009~2010 年 FDI 流入存量和 FDI 流出存量以及两者对应的收入（10 亿美元）

地区	FDI 流入存量		FDI 流出存量		FDI 流入的收入		FDI 流出的收入	
	2009 年	2010 年	2009 年	2010 年	2009 年	2010 年	2009 年	2010 年
东南欧和独联体	626.6	687.8	337.7	472.9	58.7	72.3	10.8	17.4
东南欧	77.3	76.4	11.2	8.8	2.6	2.8	0.1	0.3
独联体	549.4	611.4	326.5	464.1	56.1	69.5	10.7	17.2

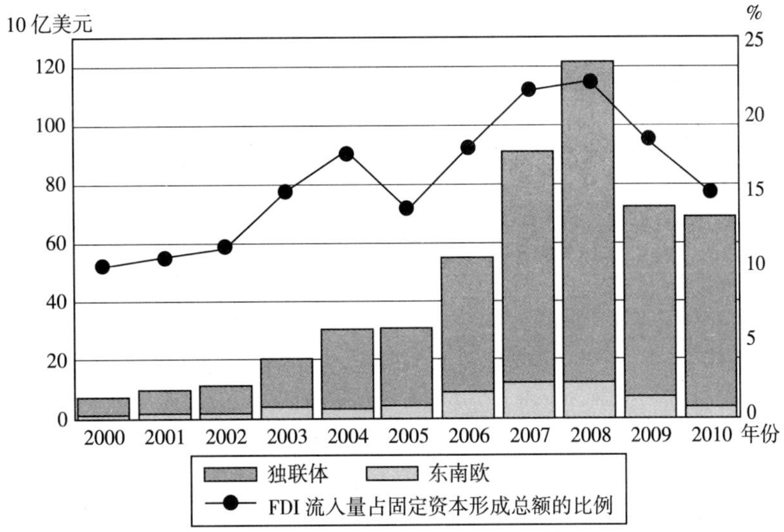

图 A　2000~2010 年 FDI 流入量

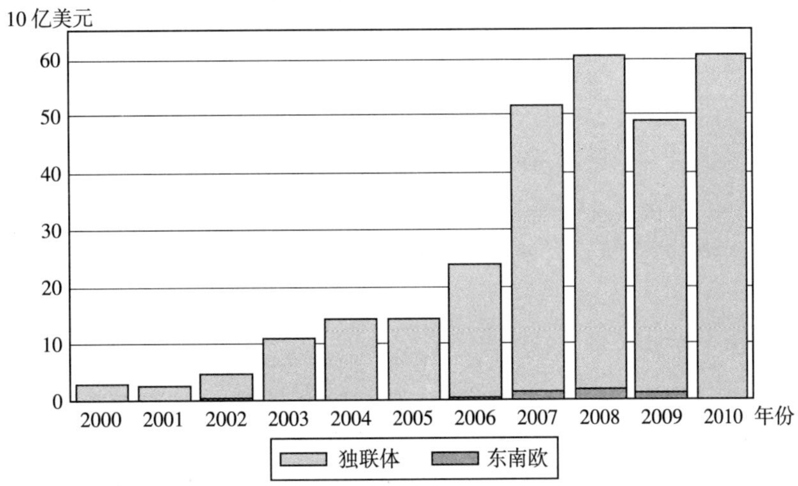

图 B　2000~2010 年 FDI 流出量

表 D　2009~2010 年各行业的跨国并购额（百万美元）

产业/行业	出售额		购买额	
	2009 年	2010 年	2009 年	2010 年
所有产业	7125	4321	7432	9698
第一产业	5037	–85	7897	1965
采掘业、石油业	5033	–85	7897	1965
制造业	522	1857	1032	270
食品、饮料和烟草	175	1366	—	325
木材和木材制品	—	51	—	126
出版和印刷	12	20	—	—
化学和化学制品	52	–7	—	–7
非金属矿物制品	—	50	—	—
金属和金属制品	7	12	1015	–174
机械设备	7	—	17	—
电气和电子设备	—	350	—	—

续表

产业/行业	出售额		购买额	
	2009 年	2010 年	2009 年	2010 年
精密仪器	—	14	—	—
服务业	1565	2549	-1497	7463
电力、天然气和自来水	259	625	4	—
建筑	3	6	—	519
贸易	716	330	—	13
酒店和餐馆	—	15	8	—
运输、仓储和通信	111	1020	—	5077
金融	356	543	590	1248
商业服务	120	185	2	7
公共管理和国防	—	—	-2101	599

表 E 2009~2010 年各地区/国家的跨国并购额（百万美元）

地区/国家	出售额		购买额	
	2009 年	2010 年	2009 年	2010 年
全世界	7125	4321	7432	9698
发达经济体	5336	-3076	7616	3464
欧盟	4320	2202	6536	1888
美国	265	119	1072	205
日本	174	—	—	—
发展中经济体	1779	325	13	69
非洲	200	388	—	51
拉丁美洲和加勒比地区	-156	-147	—	-3
南美洲	-78	—	—	-3
加勒比地区	-82	-156	—	—
亚洲	1736	84	13	21
西亚	30	40	—	21
南亚、东亚和东南亚	1706	44	13	—
中国	3843	—	5	—
韩国	426	20	—	—
印度	—	24	8	—
印度尼西亚	-2604	—	—	—
东南欧和独联体	-197	6166	-197	6166
东南欧	-167	—	-157	4
独联体	-30	6166	-40	6163
俄罗斯	-30	6152	—	—
乌克兰	—	15	158	5519

2010 年东南欧和独联体[31]的 FDI 流入下降了 5%，为 68 亿美元，2009 年则下降了超过 40%（见图 A 和表 B）。

独联体的 FDI 流入有少量的增长，还不到 1%，这要归功于有利的大宗商品价格、经济恢复和股票市场向好。俄罗斯的 FDI 流入增长了 13%，达到了 410 亿美元（见表 A）。外国投资者继续被快速增长的当地消费市场所吸引。Pepsico 以 38 亿美元收购了俄罗斯软饮料商标 Wimm-Bill-Dann，这显示了投资者对这个国家的信心。但一些外国银行（如 Morgan Stanley 和西班牙的 Santander）则放弃或减少了它们在俄罗斯的业务[32]。

乌克兰的 FDI 流入上升了 25%，这要归功于宏观环境的改善和俄罗斯公司跨国收购的恢复。哈萨克斯坦的 FDI 流入下降了，但它仍是这个亚区域第二大的接受国。

和独联体的情况相反，东南欧的 FDI 流入有所下降，这已是连续第三年下降了（2010 年下降了 47%），部分原因是欧洲国家（这个亚区域 FDI 传统上最主要的来源）投资的低迷。尤其是希腊（过去是外国投资者进入东南欧的通道）随着国内经济危机的恶化而不再是投资的通道了。FDI 低迷的另一个原因是结构性的：投资者很少在这个亚区域建立出口导向型项目，这个区域已被国际生产网络排除在外，而国际生产网络恰恰是 2010 年恢复的引擎。2010 年克罗地亚和塞尔维亚的 FDI 急剧下降，而阿尔巴尼亚的 FDI 首次突破了 10 亿美元，也成为了这亚区域的 FDI 第二大接受国（仅次于塞尔维亚，见表 A）。

2010 年这个地区的跨国并购出售额下降了 39%（见表 D 和表 E），而绿地项目的金额下降了 4%。地区内并购购买额的增加（主要是来自俄罗斯）并不能补偿发达国家并购活动的下降，发达国家净金额（新并购减去撤回项目）甚至首次出现了负值，这是因为 Telenor（挪威）把 ZAO Kyivstar GSM（乌克兰）的投资转让给了俄罗斯的公司 VimpelCom（55 亿美元，见附表 1.7）。尽管发展中国家的比例在继续上升，但发达国家仍然是转型经济体最大的绿地项目来源（超过了 2/3）。

2010 年在绿地和并购项目上，制造业所占的比例继续上升（这是以第一产业和服务业为代价的），尤其是对一些外国投资者开放“非战略性”行业（如食品和饮料、汽车、化学）。

2010 年 FDI 的流出上升了 24%，达到了创纪录的 61 亿美元（见表 B），原因是这个地区跨国公司的现金流改善、大宗商品的价格上升、经济的复苏和政府的大力支持[33]。和以往一样，大多数对外 FDI 项目是由俄罗斯的跨国公司进行的，然后是哈萨克斯坦的跨国公司。2010 年，跨国并购购买额和绿地项目都增加了。2010 年转型经济体的公司在地区内和发展中国家的购买额上升了。转型经济体公司超过 60%（创纪录的份额）的绿地投资项目发生在发展中国家。

FDI 流入的前景是积极的。投资环境更为友好，俄罗斯预计会加入 WTO，这个地区主要东道国——俄罗斯和乌克兰出现了新一轮私有化[34]，在这些背景下，2011 年 FDI 流入有望增加。因为大宗商品价格的走势以及有着丰富自然资源国家的经济复苏，FDI 流出有望在 2011~2013 年好转。在 2011 年的前 5 个月，这个地区的跨国并购购买额比 2010 年同期增加了 7 倍以上。

2. 东—南地区内 FDI：趋势和前景

转型和发展中经济体的双边 FDI 发展加快，这反映了政府的优先次序和战略。

近年来随着发展中和转型经济体 FDI 的扩张，国际投资的蓝图增加了新的范围。快速的经济发展、较高的大宗商品价格和自由化推动了这些经济体对外投资的急速发展。2010 年达到了创纪录的 3880 亿美元，占了全世界 FDI 流出量的近 30%（见第一章）。十年前，这个比例仅仅为 11%。虽然南—南 FDI（包括了转型经济体 FDI 流出和流入）大部分是地区内的，但发展中和转型经济体的跨国公司越来越多地在对方的市场进行投资。

趋势

发展中和转型经济体双边的 FDI 还相对较少。但在过去十年中发展很快，这个势头预计还将持续下去。转型经济体的跨国公司正越来越多地寻找机会进入非洲、亚洲以及拉丁美洲和加勒比地区。例如，2010 年，来自转型经济体的绿地投资项目中，发展中国家的份额上升到了 60%，而 2004 年仅仅为 30%（见图 2.5）。同样地，南方至东方的 FDI 也在上升，来自发展中国家的绿地投资项目中，转型经济体的份额从 2004 年的 9%上升到了 2010 年的 21%。越来越多的中国跨国公司把目标放在了邻近的中亚国家（见专栏 2.2）。

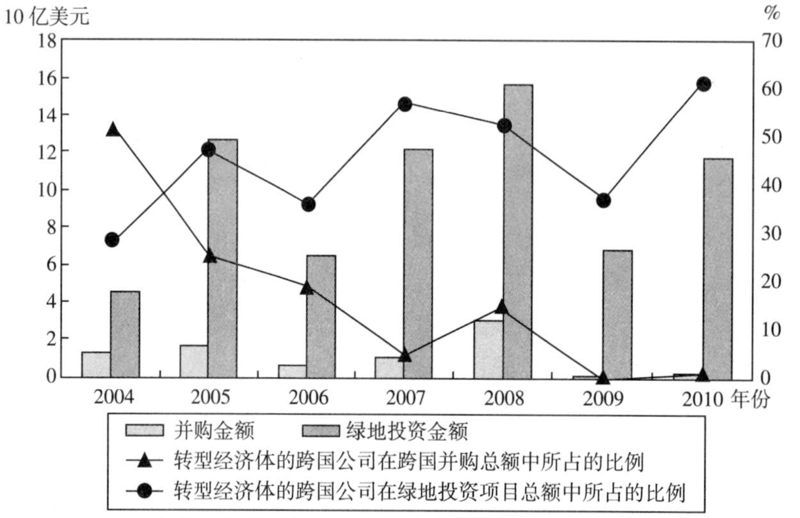

图 2.5　2004~2010 年转型经济体的跨国公司在发展中国家进行的跨国并购和绿地 FDI 项目

注：绿地 FDI 项目金额的数据是资本投资的估计额。

资料来源：UNCTAD。

专栏 2.2　中国在中亚越来越多的投资

在 1996 年 4 月和中亚经济体哈萨克斯坦、吉尔吉斯斯坦和塔吉克斯坦签订了一般性经济和安全协定后，中国开始了对中亚的投资。从那时起，中国在这个亚区域的投资增长很快。中国公司分别从哈萨克斯坦和塔吉克斯坦建了一个石油和天然气管道（分别于 2006 年和 2009 年开通），为大规模开采以及油田发展奠定了基础。在塔吉克斯坦，中石油是唯一拥有油气开采陆上合同的外国公司。在哈萨克斯坦，中国投资公司购买了 KazMunaiGas 的 14.5%的股份，中石油用 26 亿美元购买了 Mangistaumunaigaz 的 49%的股份，这都发生在 2009 年。在电力行业，中国的特变电工公司（Tebian Electric Apparatus）正在吉尔吉斯斯坦和塔吉克斯坦建设输电线和变电站。作为补偿交易，这个公司得到了在塔吉克斯坦帕米尔山区开采金、银、铜和钨的权利。另一个公司，西电集团正在进行着现代化乌兹别克首都塔尔干电力系统的工作①。在核能方面，中石油和哈萨克斯坦国有的 Kazatomprom 成立了一个合资公司，在哈萨克斯坦投资铀的生产；中国广东核电集团的一个子公司在乌兹别克斯坦的 Navoi 省成立了一个合资公司，开发黑色页岩铀。

资料来源：UNCTAD。

注：① "Chinese-Central Asian Relationship Requires Delicate Balancing Act", *Radio Free Europe*, 4 April 2010.

发展中国家（尤其是中国和印度）对能源需求的增长促使这些国家的跨国公司积极在资源丰

富的转型经济体寻求建立合资企业和其他形式的合作。例如，中石油（中国）和 Rosneft（俄罗斯）成立了一个合资企业，以在俄罗斯进行原油开采项目并在中国开展下游业务。另一个大的项目是，印度国有的 ONGC Videsh 参与了 Sakhalin I 石油和天然气开采项目。

和发展中国家的跨国公司不同，转型经济体跨国公司的主要目标并不是简单地确保母国的原材料供应，而是要扩展对于自然资源价值链的控制，建立相对于其他企业来说的可持续竞争优势，并在主要的发展中国家加强它们的市场地位。

东—南投资联系集中在少数几个国家。哈萨克斯坦和俄罗斯是发展中国家投资者最重要的目标，中国和土耳其是转型经济体国家 FDI 最青睐的投资地（见图 2.6）。非洲也吸引了很多来自于俄罗斯的重要投资（见专栏 2.3）。

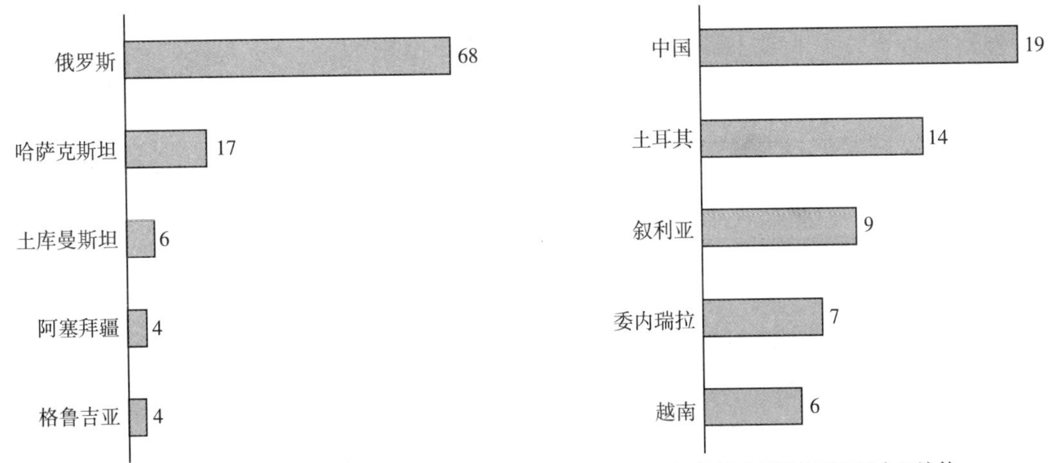

a）从发展中经济体到转型经济体　　b）从转型经济体到发展中经济体

图 2.6　2003~2010 年 FDI 项目的 5 大目的地①

注：①包括跨国并购和绿地 FDI 项目。

资料来源：UNCTAD 跨国并购数据库和来自于金融时报公司（Financial Times Ltd.）（www.fDImarkets.com）的信息。

专栏 2.3　俄罗斯跨国公司在非洲的扩张

俄罗斯的跨国公司最近才开始在非洲扩张。这些跨国公司主要是为了扩大原材料的供应、进入战略性大宗商品新的部分以及进入当地市场。例如，RusAl（世界最大的铝生产商）在安哥拉、几内亚、尼日利亚和非洲开展业务。

俄罗斯的跨国公司直接收购了某些资产，如南非的 Highveld Steel and Vanadium（Evraz 集团进行的收购）、布基纳法索的 High River Gold（Severstal 进行的收购）；在其他一些案例中，俄罗斯的跨国公司收购了非洲资产在发达国家的母公司。其他形式的投资包括合资企业，如Severstal 在利比里亚的 25 亿美元的铁矿石开采项目，是和 African Aura Mining（英国）进行合作的。

俄罗斯的银行业进入了非洲。例如，Vneshtorgbank 在安哥拉开设了第一家由外资占多数股权的银行，然后进入了纳米比亚和科特迪瓦，而 Renaissance Capital 拥有了 Ecobank（最大的尼日利亚银行之一，在 11 个其他的非洲国家有分支机构）25%的股份。

在南部非洲，俄罗斯采矿公司在喀拉哈里沙漠参与了开发锰矿（Renova Group，一家优秀的俄罗斯资产管理公司，已经投资了超过 10 亿美元）。最大的俄罗斯钻石生产商 Alrosa 正在纳米比亚建立一个发电厂，在安哥拉建立一个水电站坝。在安哥拉的该项目还外加了一个勘探石油和天然气的许可。

在北非，Gazprom 和利比亚的国家石油公司（National Oil Corporation，NOC）签订了三个勘探和产量分成的协议。在埃及，俄罗斯政府签订了一个民用核能发展协议，允许俄罗斯公司对核电厂建设协议进行投标。

资料来源：UNCTAD。

和东道国的模式类似，在东—南的双边投资中母国的数量也很有限。俄罗斯是发展中国家的主要转型经济体投资者，土耳其、中国、印度和韩国是转型经济体的主要投资者。2009 年，土耳其对外 FDI 存量中超过 1/3 是在转型经济体，而在中国和韩国，这个比例只有 2%~3%（见图 2.7）。

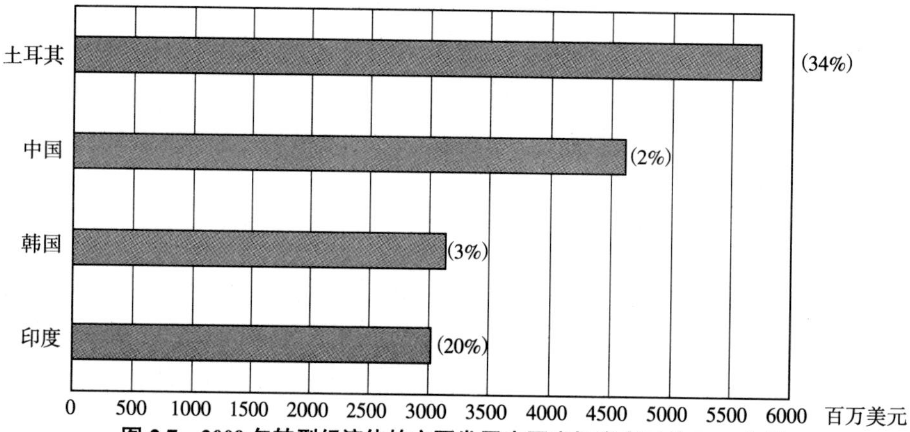

图 2.7 2009 年转型经济体的主要发展中国家投资者对外 FDI 存量

注：括号中的数字是 2009 年转型经济体在所有对外 FDI 存量中的份额。印度是 2005 年的数据，暂用一下。
资料来源：UNCTAD，FDI/TNC 数据库（www.unctad.org/fdistatistics）。

南方到东方的 FDI 得益于对 FDI 的支持（如中国和印度政府的支持）和地理邻近、文化相似以及历史联系。跨国公司经常在有着共同的文化、种族联系和传统的国家进行投资（如土耳其在东南欧和中亚的投资、中国在中亚的投资），还经常在有着历史联系的国家进行投资（如俄罗斯和越南在采煤、电力和天然气方面的合作）。

因为发展中国家投资者对大的转型经济体（如哈萨克斯坦和俄罗斯）快速增长的消费市场感兴趣，所以很多的收购发生在服务业（见图 2.8）。市场寻求型项目的案例有中国公司和西亚公司在俄罗斯的房地产建设项目，以及土耳其零售业集团 Migros（Koc Group 的一部分）在俄罗斯和哈萨克斯坦的扩张。韩国公司的投资也是这种类型的（如 Ssangyong Motor 4.8 亿美元的生产协议、Hyundai 的 4 亿美元的新车组装厂都在俄罗斯）。FDI 项目中第一产业占了大约 1/3，最大的收购就在这个产业[35]。转型经济体的跨国公司的收购较大比例是在第一产业，然后是制造业和服务业（主要是在电信业）。

政策反应。由于国家的战略目的，发展中国家和转型经济体之间的 FDI 经常牵涉国有企业。因此，一体化方案和地区合作就很重要（如上海合作组织，the Shanghai Cooperation Organisation，SCO[36]）。另一个重要的措施是双边伙伴关系（这能加强有益于东—南投资联系的合作）[37]。

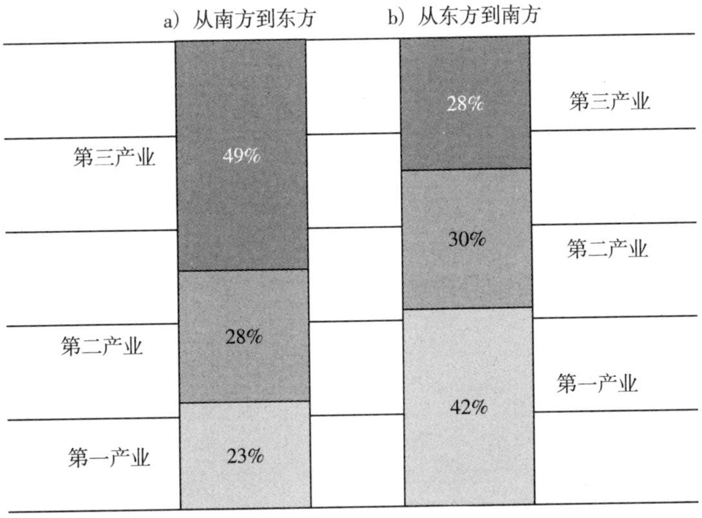

图 2.8　2004~2010 年 FDI 项目的产业分布① 占总金额百分比

注：①包括跨国并购和绿地 FDI 项目。
资料来源：UNCTAD 跨国并购数据库和来自于金融时报公司（Financial Times Ltd.）fDi Markets（www.fDImarkets.com）的信息。

“丝绸之路倡议”（Silk Road Initiative）寻求加深中国、哈萨克斯坦、吉尔吉斯斯坦、塔吉克斯坦和乌兹别克斯坦之间的合作。对这些国家之间在投资领域的合作来说，倡议在创建网络、鼓励对话、弥合文化差异以及加强合作潜力的认知方面是重要的一步。

在发展中国家和转型经济体之间签订了越来越多的双边协定（如双边投资协定和避免双重征税协定）。在 2010 年末，签订了 233 个双边投资协定。转型经济体和亚洲签订的双边投资协定最多，然后是非洲和拉丁美洲。俄罗斯是转型国家中和发展中国家签订双边投资协定最多的国家（31 个），中国是发展中国家中和转型经济体签订双边投资协定最多的国家（17 个）。到 2010 年底，东—南避免双重征税协定的数量增加到了 175 个。

前景。尽管最近的金融危机、俄罗斯和其他转型经济体中更严格的管制和政府对自然资源项目更严格的管理带来了负面影响，但发展中国家跨国公司仍在继续寻求这些经济体的自然资源。此外，转型经济体快速增长的消费市场以及大宗商品价格的上涨会吸引更多的发展中国家跨国公司在东方的投资。政府也可以考虑通过以下方法培育长期的关系：把重点放在以比较优势为基础的商业上，提供特殊的措施促进投资[38]。对于前者，基于技术或其他企业专有资产的 FDI 对于发展中国家和转型经济体扩大其投资联系来说是非常重要的。对于后者，俄罗斯成立了一个 100 亿美元的 FDI 基金来吸引外国投资者，这预计会进一步增加 FDI（包括来自发展中国家的 FDI）。

转型经济体（主要是俄罗斯）的对外 FDI 有望在不久的将来快速增长。一些大的资源为基础的公司正在寻求成为地区性和全球性的公司，而一些银行业也正在向这个地区的其他国家扩张。国有跨国公司如 Gazprom 在扩张中起了重要的作用。

（六）发达国家

1. 最近趋势

表 A　2010 年各经济体 FDI 流量的区间分布①

规模大小	流入	流出
高于 1000 亿美元	美国	美国、德国
500 亿~990 亿美元	比利时	法国、瑞士、日本
100 亿~490 亿美元	德国、英国、法国、澳大利亚、爱尔兰、西班牙、加拿大、卢森堡、挪威	加拿大、比利时、荷兰、瑞典、澳大利亚、西班牙、意大利、卢森堡、爱尔兰、挪威、英国、奥地利
10 亿~90 亿美元	波兰、意大利、捷克、奥地利、瑞典、以色列、塞浦路斯、芬兰、罗马尼亚、冰岛、匈牙利、希腊、保加利亚、爱沙尼亚、葡萄牙、马耳他	芬兰、以色列、波兰、塞浦路斯、丹麦、捷克、匈牙利、希腊
低于 10 亿美元	斯洛文尼亚、立陶宛、新西兰、斯洛伐克、拉脱维亚、百慕大、直布罗陀、日本、丹麦、瑞士、荷兰	百慕大、新西兰、斯洛伐克、保加利亚、罗马尼亚、斯洛文尼亚、爱沙尼亚、立陶宛、马耳他、拉脱维亚、冰岛、葡萄牙

注：①经济体按 FDI 流量的大小进行排列。

表 B　2009~2010 年 FDI 流入量和流出量以及跨国出售额和购买额（10 亿美元）

地区	FDI 流入量		FDI 流出量		跨国并购出售额		跨国并购购买额	
	2009 年	2010 年	2009 年	2010 年	2009 年	2010 年	2009 年	2010 年
发达经济体	602.8	601.9	851.0	935.2	203.5	251.7	160.8	215.7
欧盟	346.5	304.7	370.0	407.3	116.2	113.5	89.7	17.3
其他发达国家	40.7	37.1	92.5	91.9	18.2	33.6	17.6	63.2
欧洲其他发达国家	41.3	8.4	64.2	68.5	17.6	9.8	13.0	16.5
北美	174.3	251.7	324.4	367.5	51.5	94.7	40.5	118.7

表 C　2009~2010 年 FDI 流入存量和 FDI 流出存量以及两者对应的收入（10 亿美元）

地区	FDI 流入存量		FDI 流出存量		FDI 流入的收入		FDI 流出的收入	
	2009 年	2010 年	2009 年	2010 年	2009 年	2010 年	2009 年	2010 年
发达经济体	12263.7	12501.6	16171.4	16803.5	558.5	669.2	910.5	1098.2
欧盟	7296.1	6890.4	9080.9	8933.5	353.8	387.1	439.4	524.9
其他发达国家	762.6	874.2	1153.1	1320.2	41.6	55.2	59.6	57.3
欧洲其他发达国家	655.1	724.5	1012.9	1090.4	47.9	44.9	61.5	73.4
北美	3550.0	4012.5	4924.4	5459.5	115.3	182.0	350.0	442.6

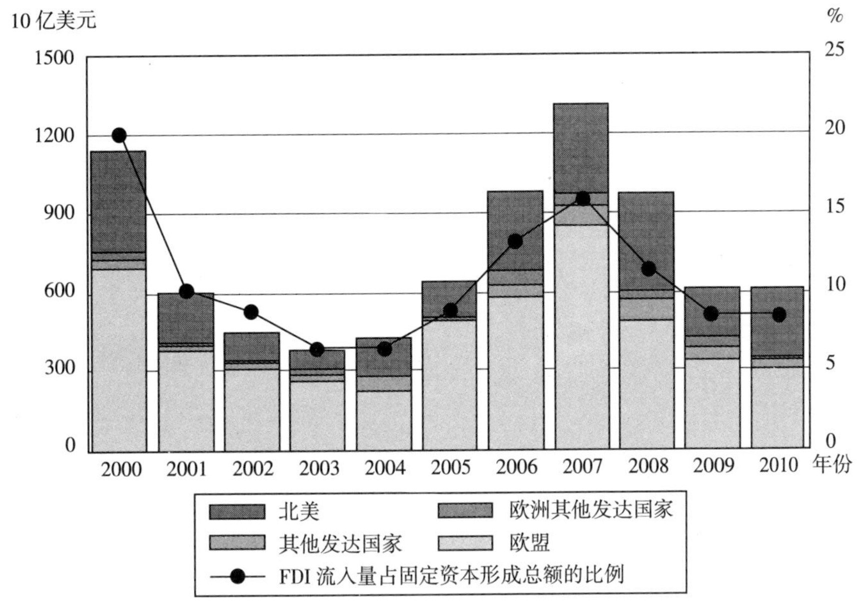

图 A　2000~2010 年 FDI 流入量

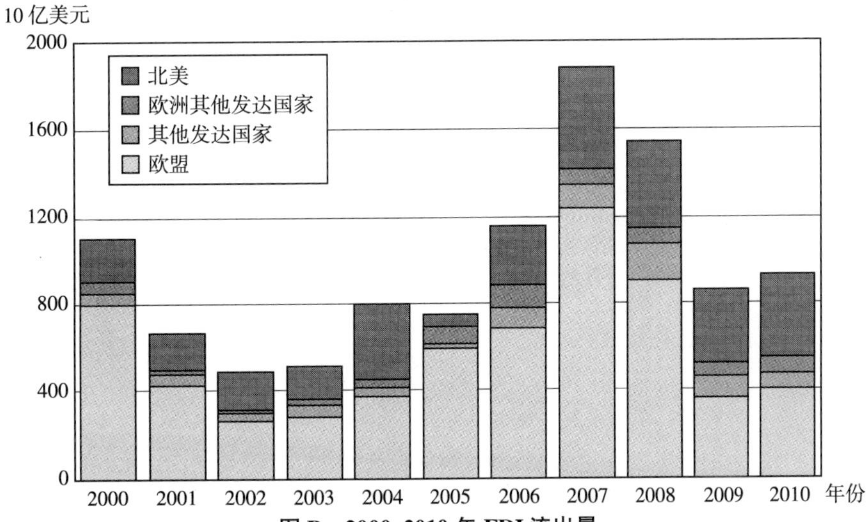

图 B　2000~2010 年 FDI 流出量

表 D　2009~2010 年各行业的跨国并购额（百万美元）

产业/行业	出售额		购买额	
	2009 年	2010 年	2009 年	2010 年
所有产业	203530	251705	160785	215654
第一产业	41198	50945	2875	23548
采掘业、石油业	40216	46107	1344	23041
制造业	61153	98998	32663	105333
食品、饮料和烟草	5669	27797	–4038	27603
化学和化学制品	32084	27496	28648	41409
非金属矿物制品	–139	2436	728	3050
金属和金属制品	252	–155	–680	2832
机械设备	1305	7619	2086	5870

续表

产业/行业	出售额		购买额	
	2009 年	2010 年	2009 年	2010 年
电气和电子设备	8315	10129	1281	6902
汽车与其他运输工具	3841	9303	4798	7331
服务业	8546	3210	-686	4488
电力、天然气和自来水	101179	101762	125247	86773
建筑	59408	-3265	39015	-21331
贸易	10254	6301	-1641	-2700
酒店和餐馆	-1327	12331	1017	7001
运输、仓储和通信	1535	4712	400	-43
金融	3523	7603	14062	7112
商业服务	8434	26496	60286	63832
卫生和社会服务	13638	35025	15995	24914
团体、社会和个人服务活动	1254	5613	-1	698
其他服务	3175	4080	-291	5195

表 E 2009~2010 年各地区/国家的跨国并购额（百万美元）

地区/国家	出售额		购买额	
	2009 年	2010 年	2009 年	2010 年
全世界	203530	251705	160785	251705
发达经济体	143163	182657	143163	182657
欧盟	81751	9804	88575	84910
法国	38372	2451	-342	3496
德国	20372	6293	1561	9665
英国	-6307	-7516	21678	42782
美国	18834	79091	26640	66819
日本	11882	18126	-6945	3051
发展中经济体	46272	52629	12286	36073
非洲	1378	1336	4328	6355
拉丁美洲和加勒比地区	3475	11544	-6815	3581
南美洲	959	7561	-6681	-4129
中美洲	3169	2559	16	5787
亚洲	41417	39752	14494	17294
西亚	21451	-2909	3174	2357
南亚、东亚和东南亚	19966	42661	11320	14936
中国	12994	9047	1418	2976
印度	40	7949	5573	7465
大洋洲	2	-4	280	8843
东南欧和独联体	7616	3464	5336	-3076
俄罗斯	7616	2896	4487	1719
乌克兰	—	-12	-14	-5206

2010 年，发达国家的 FDI 流入稍有下降，为 6020 亿美元，只有 2007 年峰值的 46%（见图 A）。

从全球的角度来看，2010 年发达国家在世界 FDI 流入总额中所占的份额首次低于 50%。由政府紧缩政策所引起的暗淡的经济前景、浮现的外债危机以及对监管问题的担忧都阻碍了发达国家FDI流入的恢复。但总数掩盖了发达国家巨大的亚区域变动。在北美，FDI流入迅速好转，比前一年上升了44%，达到了252亿美元（见表A）。与此相反，欧洲FDI流入下降了19%，曾是欧洲最大接受国的英国下降了36%。这个亚区域的两个小的开放经济体——荷兰和瑞士经历了大规模的撤资，这些都拖累了总体表现。因为增长前景不被看好（尤其是和新兴经济体相比时），日本也出现了大规模的撤资。

FDI流入的差异也在一定程度上反映了经济恢复上的不同。发达国家中两个引领FDI复苏的大经济体——德国和美国，经济恢复也更为强劲，导致了再投资收益的大幅增长（和2009年相比，两国再投资收益的增长都超过了3倍）。

和流入下降相反，发达国家FDI流出扭转了下降的趋势，比起前一年上升了10%。发达国家FDI流出额为9350亿美元，仍占据世界总额的71%（见图B）。发达国家的跨国公司在资产负债表上累积了空前数量的现金，债务融资的利息是历史上的最低水平，这些便利了它们向国外的扩张。此外，并购仍是寻求发展的公司和寻求通过协同效应降低成本的公司最具吸引力的方法。虽然发达国家对外FDI已出现了大规模的复苏，但对外FDI总额还只是2007年峰值的一半。

从亚区域看，和FDI流入相似，发达国家FDI流出的恢复是由北美驱动的。美国公司的跨国并购交易是上一年的3倍多，使得美国FDI流出总额上升了16%。此外，再投资收益的金额上升了35%。在利润实现增长的同时，有更多的利润被用做再投资而不是汇回国内[39]。

在欧洲，尽管欧洲跨国公司跨国兼并交易下降了67%，但FDI流出总量增加了10%，很大一部分的原因是公司内贷款的提高。例如，2009年来自德国跨国公司的公司内贷款还是-250亿美元，而2010年增加至近180亿美元。与此相似，来自瑞士跨国公司的公司内贷款从2009年的-70亿美元增加到了2010年的110亿美元。

日本公司的跨国并购交易额几乎翻了一番，但这仍不能补偿日本海外子公司内贷款和再投资收益的下降。日本跨国公司继续把子公司的很多利润汇回国内，以利用2009年实施的对红利的减税优惠（WIR10）。

在行业层次，自然资源相关行业的并购活动吸引了很多注意力，主要是因为与此相关的政治敏感性。例如，2010年Korea National Oil Corporation对Dana Petroleum（英国）收购被认为是新兴经济体的国有公司对发达国家公司的第一次敌意收购[40]。有人认为正是因为没有处理好监管上的担忧，这个产业的超大规模交易才没有实现（如BHP和Sinochem分别对加拿大PotashCorp的出价，以及BHP Billiton和Rio Tinto把澳大利亚铁矿石业务进行合并的计划）。

另一个并购活跃的行业是制药业。很多发达国家的人口正在老龄化，因此，医疗保健相关行业的长期前景被认为是良好的。此外，很多畅销药品的专利很快要期满，促进了大的国际制药公司对具有产品和技术的制药和生物技术小公司的收购。2010年最大的收购交易是Millipore（美国）被药品和化学集团Merck（德国）所收购（见附表2.7）。其他的交易还有Talecris Biotherapeutics（美国）被Grifols（西班牙）收购，OSI Pharmaceuticals（美国）被Astellas Pharma（日本）收购。这个趋势在2011年仍在持续。

至于前景，2011年的前几个月和2010年同期相比，在2011年FDI流动的恢复会更稳健。绿地项目的金额表明流出以一个更快的速度继续恢复。来自所有亚区域的绿地项目的金额在2011年前4个月比2010年同期增加了20%~25%。尽管经受了一次严重的自然灾难，2011 年日本的对外 FDI 仍有所增长，尤其是在跨国并购上。至于 FDI 流入，情况要更为复杂。这个地区绿地项目的数据总体上有轻微的下降。相比而言，并购数据显示和 2010 年的情况相似：北美增长强劲但欧洲和日本下降。这个地区主要经济体（包括美国）的增长前景是不确定的，相比上次 FDI 下降后的情况，信心的恢复和 FDI 流入可能需要更长的时间。

2. 银行业的救援和 FDI

欧洲和美国政府救援后银行业进行的重组导致了外国资产的撤资和新 FDI 的产生。

金融危机和银行业。2008 年 9 月雷曼兄弟（Lehman Brothers）破产后发生的金融骚乱中，一些世界性的大银行向主权财富基金、竞争对手银行以及政府寻求注资，以充实资产负债表。在一些案例中，外国银行和主权财富基金的救援的规模已足够被认定为 FDI 了[41]。紧随着国民政府救援的是那些银行的重组进程，在一些案例中导致了外国资产的撤资，但在有些案例中产生了新的 FDI（见表 2.11）。

表 2.11　2008~2010 年政府对国际银行的救援案例

银　行	政　府	救援（2008~2010 年）	对 FDI 流动的影响
Hypo Group Alpe Adria	奥地利	4.5 亿欧元	2009 年国有化时，Bayerische Landesbank（德国）价值 30 亿欧元的 67%的股权被注销
Dexia	比利时 法国 卢森堡	30 亿欧元 30 亿欧元 3.76 亿欧元	2009 年 Credit du Nord（法国）以 6.45 亿欧元出售其拥有的 Dexia 20%的股份。Dexia 拥有的 Dexia Crediop（意大利）70%的股份以及 Dexia Banka Slovensko（斯洛文尼亚）85.5%的股份将在 2012 年 10 月前撤出；拥有的 Dexia Sabadell（西班牙）60%的股份将在 2013 年 12 月前撤出
Fortis	比利时/卢森堡 荷兰	94 亿欧元/25 亿欧元 168 亿欧元	2009 年卖给了 BNP Paribas（法国）； 2009 年 Amlin（英国）从荷兰政府手中以 3.5 亿欧元收购了 Fortis Corporate Insurance
KBC Group	比利时	70 亿欧元	投资银行、KBC Peel Hunt（英国）、全球可转换债券、亚洲股票衍生品业务及在美国的反向抵押活动都撤出了
Commerzbank	德国	182 亿欧元	其瑞士子公司 Dresdner Bank（瑞士）和 Commerzbank（瑞士）于 2009 年撤回。2010 年撤回了以下资产：Privatinvest Bank（奥地利）、Dresdner VPV（荷兰）、Dresdner Van Moer Courtens（荷兰）、Commerzbank International（卢森堡）的比利时子公司、Commerzbank International Trust Singapore、英国的子公司、Channel Islands Holdings、Kleinwort Benson Private Bank、Allianz Dresdner Bauspar AG（ADB）（奥地利）、Dresdner Bank Monaco。德国的子公司 Montrada GmbH —— 一家银行卡支付处理公司，也在 2010 年卖给了一家荷兰公司
IKB Deutsche Industriebank	德国	31 亿美元	国有发展银行 KFW 对其开展的救援。2008 年它的 90.8%的股份被以 1.5 亿美元卖给了美国私募股权基金 Lone Star
Allied Irish Bank	爱尔兰	92 亿欧元	持有的 M&T Bank（美国）的 22.4%的股份通过公开发行方式卖掉（2010 年 10 月达成的协议）。Bank Zachodni WBK（(波兰）以 40 亿欧元卖给 Banco Santander（波兰），该交易已于 2011 年 3 月完成
Bank of Ireland	爱尔兰	55 亿欧元	2011 年已将持有的 Paul Capital Investments（美国，是一家私募股权基金）50%股份以及在美国的外汇业务出售
ING	荷兰	100 亿欧元	2010 年，瑞士的私人银行业务被以 5.05 亿美元卖给了 Julius Baer（瑞士），ING Australia 51%的股权和 ING New Zealand 以 11 亿欧元卖给了 ANZ Bank（澳大利亚），Asian Private Banking 的业务被以 10 亿美元卖掉。2011 年把全球的大部分房地产投资管理业务以 11 亿美元卖掉

续表

银　行	政　府	救援（2008~2010 年）	对 FDI 流动的影响
Lloyds TSB/HBOS	英国	170 亿英镑	根据和欧洲委员会的协议，2011 年把 632 家分支结构拿出来出售。2008 年 Bank of Western Australia 被以 14 亿美元出售
RBS	英国	200 亿英镑	2010 年 318 家分支结构卖给了 Santander（西班牙），以 20 亿英镑卖掉了 RBS WorldPay
Bank of America	美国	450 亿美元	2009 年减少了中国子公司的股权，2010 年处理了墨西哥子公司的股权
Citigroup	美国	250 亿美元	2009 年 Nikko Cordial Securities（日本）被以 58 亿美元出售，Nikko Asset Management（日本）被以 12 亿美元出售，Citi Cards Canada 被以 10 亿美元出售

资料来源：UNCTAD，根据媒体报道、公司新闻稿及年报。

在 2008 年 9 月到 2010 年 12 月，被救援的银行中外国资产的撤资导致了 FDI 净减少（也就是卖给东道国本国银行的国外资产）大约 450 亿美元。同期，国有化银行及其资产的出售产生了大约 350 亿美元的 FDI [42]。

银行的重组（2011 年这个进程仍在进行）受以下因素的驱动：对银行业竞争的担忧以及金融系统改革的努力。将来对这些问题的政策主张有可能对金融行业未来多年的 FDI 流动产生影响。

重组和撤资。对银行的救援使得政府在被救援的银行持有大量的股份。随着 2009 年和 2010 年全球金融市场逐渐稳定，政府开始寻求不再作为银行业的主要股权持有者。在有些案例中，政府简单地把持有的股份公开出售 [43]。在其他一些案例中，在政府控制下，银行被要求重组并把资产卖出。这个过程会产生 FDI，会进一步导致银行业的跨国化（尤其是在欧洲，欧洲委员会的竞争政策是重组背后的主要驱动力）。

欧洲委员会有两个方面的考虑。首先，公共基金的注资不应该带给接受银行不公平的竞争优势。其次，收购较弱的银行对行业的整合不应该减少行业内的竞争。

例如，在英国，2008 年政府注资 370 亿英镑给最大的两家银行——Lloyds Banking Group 和 the Royal Bank of Scotland，在随后的一年实施了额外的措施 [44]。作为政府救援的代价，欧洲委员会要求 Lloyds 卖掉至少 600 家分支机构并通过出卖一些业务使其市场份额缩减一个约定的比例 [45]。与此相类似，the Royal Bank of Scotland 被要求卖掉 318 家分支机构，这些分支机构随后被 Santander（西班牙）以 16.5 亿英镑购买。Santander 宣布它将给英国的子公司注资 44.6 亿英镑的权益资本，但这个交易直到 2012 年才有望完成 [46]。此外，2010 年 the Royal Bank of Scotland 公布了一个协议，其 80%的支付处理业务以 20 亿英镑被美国的两家私募股权基金（Advent International 和 Bain Capital）联合收购 [47]。

在英国银行的案例中，有些出售采用了把国内资产卖给国外投资者的形式，也就产生了 FDI 流入。对于其他一些欧洲银行，往往会导致外国资产的撤资，也就是负的对外 FDI。例如，作为在 2008~2010 年接受政府 182 亿欧元救援的交换条件，Commerzbank 被欧洲委员会要求缩减 45%的资产，包括在比利时、德国、荷兰和英国的私人银行业务。外国资产的出售并不局限于欧洲银行。为了应对监管上的担忧，2009 年 Bank of America 把所持的部分中国建设银行（China Construction Bank）的股份以 73 亿美元出售，并在 2010 年把所持有 Grupo Financiero Santander（墨西哥）的全部 24.9%的股份以 25 亿美元出售。一个尤为复杂的重组过程发生在对 Fortis（比利时）的救援之后。2008 年 9 月，比利时、荷兰和卢森堡的政府决定购买 Fortis 在各国分支机构49%的股份，共同出资 112 亿欧元。随后，荷兰政府重新协商了一个救援计划，购买了 Fortis 在荷兰的所有业务以及 ABN Amro（以前也是 Fortis 所有的）在荷兰的业务，一共为 168 亿欧元。

Fortis 在比利时的部分是 Fortis Bank，其在 2008 年 10 月被完全国有化。之后的一年，比利时政府和 BNP Paribas（法国）达成了一个协议，这家法国最大的银行通过换股方式收购了 Fortis Bank 75%的股份。这个协议使得比利时政府成了 BNP Paribas 最大的股权持有者，拥有了大约 11.7%的股份，而这个银行在存款方面已成为了欧洲最大的银行。Fortis 的在荷兰的那部分资产，据报道在 2009 年 6 月 Lloyds of London 保险公司的 Amlin 同意以 3.5 亿欧元购买 Fortis Corporate Insurance。

冰岛的银行国有化。金融危机中最惊人的银行倒闭事件之一是冰岛银行的崩溃。2008 年 10 月，冰岛三个最大的银行——Kaupthing，Landsbanki 和 Glitnir 不得不被国有化，第四大银行 Straumur 在 2008 年 10 月也紧随其后。在随后的重组进程中，无担保的债权人（主要是外国的）同意了包含债转股的交易，因此外国债权人控制了其中三个银行的剩余资产。冰岛政府在 2008 年 11 月达成了一个协议，把 Glitnir（更名为 Islandsbanki）的 95%移交给债权人（债权人中有 RBS 和 Mitsui-Sumitomo Bank）。与此相类似，2009 年 12 月，Kaupthing 的债权人同意接受 Arion Bank（Kaupthing 的继承者，接管了健康资产）87%的股份作为补偿，同时再注资 5 亿多美元。最后于 2010 年 9 月达成了一项协议，Straumur 所发行的无担保债务的持有人（包括对冲基金 Davison Kempner 和 Varde Partners）接受 Straumur 剩余业务的 100%所有权。这些交易中外国债权人接受的确切的资产份额还不清楚，但有一些很可能超过了 10%，实际上把它们的间接投资变成了 FDI。

与此同时，冰岛的银行重组还导致了外国资产的撤资（如来自英国的零售商），也就导致了冰岛负的对外 FDI，但这又反过来催生了来自第三国（主要是美国）私募股权集团的 FDI。

前景。重组的过程仍在继续。在发达国家，银行的国有化只是一个暂时性的措施，政府持有的股份将被出售。因此，未来几年银行业的 FDI 流动有可能会被竞争管理机构的政策以及政府的退出战略所影响。长期来看，全球在金融体系改革上的努力可能会有重要的影响。例如，第三版巴塞尔协议（Basel III）对国际银行资本和流动性框架进行了修订，实施了更严格的银行资本要求规则。虽然这些规则的履行是渐进的，自 2013 年开始，到 2019 年结束，但已有证据表明，一些银行已经重新配置它们的资产（包括撤回它们的外国资产），以充实它们的资本金。

二、结构不健全、脆弱的小经济体的趋势

（一）最不发达国家

1. 最近趋势

表 A　2010 年各经济体 FDI 流量的区间分布[①]

规模大小	流入	流出
高于 100 亿美元		
20 亿~99 亿美元	安哥拉、刚果（金）	
10 亿~19 亿美元	苏丹、赞比亚	安哥拉
5 亿~9 亿美元	尼日尔、孟加拉国、马达加斯加、乌干达、莫桑比克、柬埔寨、乍得、缅甸、坦桑尼亚、赤道几内亚	
2 亿~4 亿美元	老挝、几内亚、东帝汶、利比里亚、所罗门群岛、塞内加尔、埃塞俄比亚、海地、马里、马拉维、索马里、贝宁	赞比亚、塞内加尔
低于 1 亿美元	阿富汗、中非共和国、厄立特里亚、莱索托、卢旺达、多哥、尼泊尔、瓦努阿图、冈比亚、布基纳法索、塞拉利昂、吉布提、布隆迪、毛里塔尼亚、不丹、科摩罗、几内亚比绍、基里巴斯、圣多美和普林西比、萨摩亚、图瓦卢、也门	也门、苏丹、利比里亚、柬埔寨、孟加拉国、尼日尔、刚果（金）、贝宁、老挝、塞拉利昂、圣多美和普林西比、马里、毛里塔尼亚、所罗门群岛、马拉维、瓦努阿图、莫桑比克、布基纳法索、基里巴斯、几内亚比绍、萨摩亚、多哥

注：①经济体按 FDI 流量的大小进行排列。

表 B　2009~2010 年 FDI 流入量和流出量以及跨国出售额和购买额（10 亿美元）

地区	FDI 流入量		FDI 流出量		跨国并购出售额		跨国并购购买额	
	2009 年	2010 年	2009 年	2010 年	2009 年	2010 年	2009 年	2010 年
最不发达国家	26.5	26.4	0.4	1.8	−0.8	2.2	—	0.4
非洲最不发达国家	23.8	23.1	0.3	1.7	−0.5	2.0	—	0.3
拉丁美洲和加勒比地区最不发达国家	—	0.2	—	—	—	0.1	—	—
亚洲最不发达国家	2.6	2.9	0.1	0.1	−0.3	0.1	—	—
大洋洲最不发达国家	0.2	0.3	0.0	0	0	0	—	0.1

表 C　2009~2010 年 FDI 流入存量和 FDI 流出存量以及两者对应的收入（10 亿美元）

地区	FDI 流入存量		FDI 流出存量		FDI 流入的收入		FDI 流出的收入	
	2009 年	2010 年	2009 年	2010 年	2009 年	2010 年	2009 年	2010 年
最不发达国家	127.8	151.7	7.4	10.9	16.3	19.6	0.3	0.4
非洲最不发达国家	100.2	121.0	6.5	9.9	10.7	13.0	0.3	0.4
拉丁美洲和加勒比地区最不发达国家	0.5	0.6	—	—	—	—	—	—
亚洲最不发达国家	26.2	28.9	0.9	1.0	5.4	6.4	—	—
大洋洲最不发达国家	0.9	1.2	—	0.1	0.2	0.2	—	—

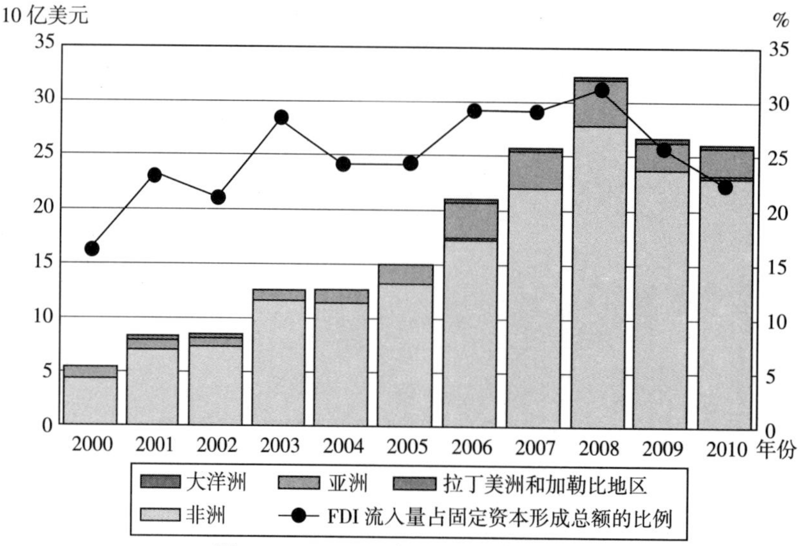

图 A 2000~2010 年 FDI 流入量

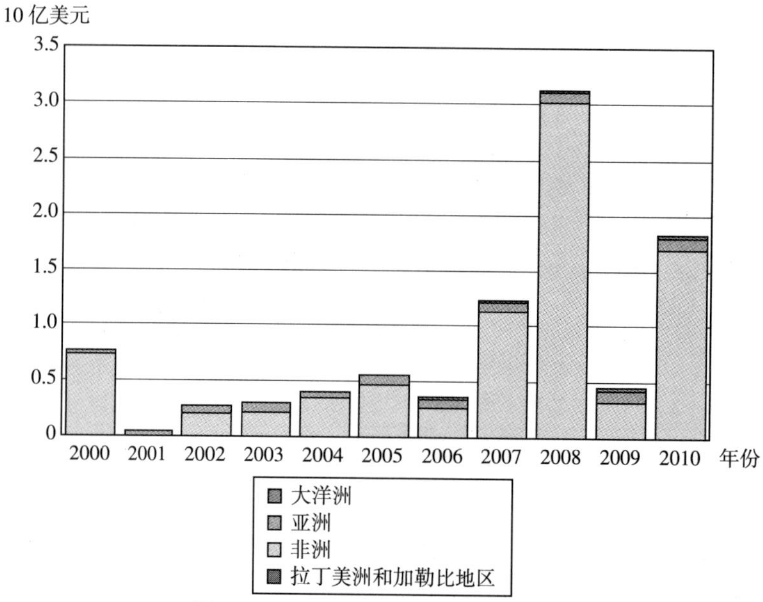

图 B 2000~2009 年 FDI 流出量

表 D 2009~2010 年各行业的跨国并购额（百万美元）

产业/行业	出售额		购买额	
	2009 年	2010 年	2009 年	2010 年
所有产业	-774	2201	16	354
第一产业	8	1094	16	2
采掘业、石油业	8	1094	16	2
制造业	11	94	—	96
食品、饮料和烟草	—	65	—	95
纺织、服装和皮革	—	10	—	—
木材和木材制品	11	—	—	—

续表

产业/行业	出售额		购买额	
	2009 年	2010 年	2009 年	2010 年
化学和化学制品	—	20	—	—
金属和金属制品	—	—	—	1
机械设备	—	—	—	—
电气与电子设备	—	—	—	—
精密仪器	—	—	—	—
服务业	-793	1013	—	257
电力、天然气和自来水	—	110	—	—
贸易	—	—	—	—
运输、仓储和通信	-346	903	—	—
金融	-354	—	—	257
商业服务	-94	—	—	—

表 E　2009~2010 年各地区/国家的跨国并购额（百万美元）

地区/国家	出售额		购买额	
	2009 年	2010 年	2009 年	2010 年
全世界	-774	2201	16	354
发达经济体	-1156	1655	—	2
欧盟	-1160	786	—	1
美国	-15	1300	—	—
澳大利亚	—	-427	—	—
发展中经济体	372	511	16	352
非洲	354	252	—	257
北非	324	—	—	—
撒哈拉以南非洲	30	252	—	257
乌干达	—	257	—	—
赞比亚	—	—	—	257
拉丁美洲和加勒比地区	-5	—	16	95
巴拿马	—	—	—	95
亚洲	23	259	—	—
西亚	—	-280	—	—
南亚、东亚和东南亚	23	539	—	—
东南欧和独联体	—	35	—	—
乌克兰	—	35	—	—

2009 年，48 个最不发达国家的 FDI 流入下降了 20%，中断了前十年的上升趋势。2010 年又下降了 0.6%，为 26 亿美元（见表 B 和图 A）。几乎 2/3 的最不发达国家（尤其是也门、毛里塔尼亚、布基纳法索、吉布提、卢旺达、赤道几内亚和苏丹）的 FDI 流入减少了。由于国际上大宗商品价格上涨、全球 FDI 流动温和恢复以及发展中和转型经济体 FDI 流入实现 10%的增长，最不发达国家 FDI 流入连续两年出现了下降。

最不发达国家的 FDI 流入复苏的推迟正引起人们的密切关注，因为 FDI 是其资本形成的主要贡献者（见图 A）。尤其是对非洲最不发达国家来说，在过去十年的大多数年份里，FDI 流入都相当于总资本形成的 25%左右。此外，FDI 还是技术和管理知识的主要来源，而这对于最不发达国家来说尤为重要。

2010 年的大多数投资是以绿地项目的形式，绿地项目的合计资本支出（包括外国的和国内的）总额为 371 亿美元（见附表 2.8）。有大约 228 个大规模的绿地项目（见附表 2.9），产生了总计 67400 个工作（UNCTAD，2011b）。项目集中在第一产业和制造业，分别占总数的 44%和 39%，而服务业才占 17%。

很多大的 FDI 项目是在普通金属和石油的勘探与开采。在非洲，开采活动占了 FDI 流入的较大份额，而在西亚最不发达国家，服务业（如电信和电力）吸引了更多的外国投资。

从交易的数量来看，服务业（如金融服务、交通和通信）占据了投资较大的份额，比例为 48%，然后是制造业的 36%，第一产业只占 11%。非洲最不发达国家电信业的 FDI 在上升，而亚洲最不发达国家的 FDI 主要在制造业或服务业（如电力）。56%的交易源自发展中或转型经济体，而非发达经济体。

虽然在最不发达国家通过并购的 FDI 仍然有限，但过去十年的数量也翻了将近一番。尤其是一些大规模的投资（如在电信业的投资）是通过并购进行的。2010 年跨国并购的出售额转变为正值，为 22 亿美元（见表 D 和表 E），而在 2008 年和 2009 年都是负值。

FDI 流入在最不发达国家的分布仍然高度不均衡。最不发达国家 FDI 流入的累计总存量达到了 1520 亿美元。但 2010 年有 10 个国家（按顺序排列分别为：安哥拉、苏丹、赞比亚、缅甸、坦桑尼亚、赤道几内亚、孟加拉国、柬埔寨、乌干达和莫桑比克）的 FDI 存量超过了 50 亿美元，十个国家就占了总存量的 2/3。四个主要的自然资源出口国（安哥拉、赤道几内亚、苏丹和赞比亚）占据了最不发达国家 FDI 总流入的一半还多。FDI 在少数资源丰富国家的集中还在增强。

最不发达国家的 FDI 的模式也可以从大型跨国公司的扩张上看出。在过去的十年中，大型跨国公司在最不发达国家的存在已经翻了一番。在莫桑比克、马拉维、孟加拉国和乌干达进行投资的全球性跨国公司的扩张尤其引人注目。但是，在过去的十年也有大约 75 家跨国公司从最不发达国家中撤出（UNCTAD，2011b）。

2010 年，通过 FDI 项目数据（跨国并购而非绿地投资项目）可以得出，欧洲公司在从发达国家流入最不发达国家的 FDI 中占据的份额最大，占了世界总量的 36%（UNCTAD，2011b）。

由于来自发展中国家的 FDI 的兴起（其已成为最不发达国家国际投资、出口和技术的主要来源），世界 FDI 模式在发生着巨大的转变。从目前来看，发展中和转型经济体在最不发达国家的 FDI 存量中所占比例的范围从马拉维的 30%到柬埔寨的超过 70%，并且这个比例近年来在很多国家都有大幅上升。虽然是从低水平开始的，但来自巴西、中国、印度和南非的 FDI 在很多非洲最不发达国家中的规模已经相当大了。

虽然这些投资起初主要关注的是采掘业，但近年来在很多东道国已经变得更为多样化了，从制造业、商业、金融业到农业都有涉及。此外，在非洲最不发达国家的一些行业，如电信、旅游、金融、金属设施、采矿、石油和天然气、农业等，海湾合作委员会（GCC）国家近年来的投资都有所增加。南—南 FDI 可能在最不发达国家的作用越来越大，其具有提高生产力的潜力，并且会显著影响最不发达国家的发展模式。南—南 FDI 的波动性比发达国家要小，在最近的全球经济危机中显得更有韧性（部分原因是南—南 FDI 对债务融资的依赖性要小）。

最不发达国家的 FDI 前景仍具挑战性。2011 年前 4 个月绿地投资（是最不发达国家投资的主要形式，而不是跨国并购）的数据显示又下降了25%（见附表2.8）。

很多最不发达国家已建立的监管环境和其他一些发展中国家是一样的，最近的监管改革使得几个最不发达经济体对FDI的吸引力更强。很多最不发达国家把越来越多的注意力放在了双边的、地区性的和多边的政策举措上，以提高FDI相关的国际性的合作和/或一体化。到2010年年底，最不发达国家已经缔结了455个双边投资协定和188个避免双重征税协定。

最不发达国家平均每个国家缔结39个双边投资协定和4个避免双重征税协定，而所有发展中国家的相应平均数是14个和12个。从签约对象看，德国是和最不发达国家签订最多双边投资协定的国家（33个），然后是瑞士（26个）和中国（19个）。如果最不发达国家想让FDI有效地促进可持续发展，就需要继续在国内和国际层面的政策努力，这是非常大的挑战（参见后面的内容）。

2. 利用FDI提高生产能力

一个利用最不发达国家的FDI去提高生产能力的野心勃勃的新行动计划在目前是迫切需要的。

为了准备2011年5月在土耳其伊斯坦布尔举行的第四次联合国最不发达国家会议，UNCTAD对过去十年（自从布鲁塞尔宣言和最不发达国家行动计划后）最不发达国家的FDI趋势进行了全面回顾，调查了FDI对经济体的影响以便提出一个能够提高效率的行动计划（UNCTAD，2011b）。报告重点关注了最不发达国家在吸引和利用FDI上所面临的挑战，并依据UNCTAD在最不发达国家FDI上所做的长期工作，看看如何改善情况。

研究发现尽管最近有退步，但最不发达国家的FDI流动在上个十年仍实现了15%的年增长率，也使得其在全球FDI流动中所占的份额从不到1%增加到了2010年的超过2%。虽然一些最不发达国家已成功地多样化了所吸引投资的类型，但FDI总量中超过80%流向了非洲资源富裕的经济体，对就业创造的影响很小，而且有些国家的FDI流入已经停滞甚至下降了。此外，最不发达国家作为一个整体仍处于全球价值链的边缘，只占了工业产品全球贸易流动的1%（出口加进口）。此外，在自然资源开采上的FDI的盛行也使得最不发达国家对大宗商品的依赖程度加深，加大了其经济结构的不平衡和面对外界冲击时的脆弱性。

FDI的地区集中度在过去十年增加了，导致最不发达国家经济表现的差异扩大，而且FDI在国家内部的地区分布不均衡仍然很严重。大多数最不发达国家仍具有二元经济的特征，相对较小的正规的私营部门和大的不正规的部门（包括自给自足的农业）同时存在。FDI和国内经济的联系很难建立，技能和专门知识的转移有限[48]。

全球经济中和跨国公司内的技术进步和组织变化正从根本上改变着商品和服务生产的方式。高度专业化的全球价值链已经非常普遍。跨国公司越来越多地把价值链中的一些部分外包出去，以提高效率和竞争力并选择全球最低的成本。这反过来要求最不发达国家采用新的做法并提出新的发展政策。而相关的新范式意味着对发展生产能力要有更积极的做法，在市场和国家之间要更好地平衡，新范式把生产和就业放在政策的核心部分。

UNCTAD给最不发达国家出具的行动计划建立在最近这些国家已经进行的改革和努力之上，但考虑到过去十年的环境变化和经验教训，为了解决老问题，UNCTAD也尽力提出一些新方法，重点是在投资、能力建设和企业发展上要有综合政策。行动计划要求相关的所有主要利益相关者（最不发达国家政府、发展伙伴和跨国公司母国）采取举措，并给了私营部门一个明确的角色。这里有五个主要的领域：

(1) 在基础设施上的公私合作。落后的硬件基础设施不仅仅会限制 FDI，通常情况下更会限制生产能力的发展和最不发达国家获取经济全球化益处的能力。成功处理这个问题需要在基础设施发展方面加强公私合作，也需要私人投资发挥重要作用。

(2) 对生产能力的帮助。技能和人力资本的缺乏对最不发达国家发展上的限制至少和落后的硬件基础设施一样大。因此，需要一个关注教育、培训和技能转移的生产能力帮助计划。

(3) 依靠投资机会。要加倍努力使得所有规模的企业去抓住最不发达国家的机会。大型跨国公司经常忽视在最不发达国家的投资机会，因为这里的市场通常较小，并且经营环境更差。但是，对于灵活又具创新能力的规模适中的投资者来说，最不发达国家有很多未开发的商业机会，也有着潜在的高投资回报。

(4) 本地商业发展和资金的获取。有效的和有活力的本地商业的存在对于效率寻求型外国投资者来说尤为重要，而如果最不发达国家想要融入全球价值链，就需要在可持续的基础上大规模吸引效率寻求型外国投资。因此，支持中小企业发展以及和跨国公司联系的新倡议就非常重要。

(5) 监管和制度的改革。最不发达国家需要开展下一轮监管和制度的改革，以进一步强化相关国家机关的执行能力。虽然过去十年中在这个领域最不发达国家已经进行了重大改革，但仍有很多需要完善的地方。

在上述五个行动领域，每个利益相关者都有需要实施的特定措施。请见表 2.12。

表 2.12　最不发达国家投资的行动计划

行动	各自选定的措施	
	最不发达国家的政府	发展伙伴
加强在基础设施发展上的公私合作	• 寻求基础设施部门的私有化，建立稳定的监管框架，以保证竞争性并保护国家利益 • 公私合作的法律和监管框架，项目和地区合作的通道	• 把重点放在基础设施的公私合作上的 LDC 基础设施发展基金：风险覆盖、直接参与以及优惠贷款 • 为基础设施公司合作的规范和实行提供技术帮助
在生产能力上提供帮助	• 在技术和职业培训上增加公共投资 • 移民和工作许可程序的改革	• 帮助生产能力的基金，还包括对技术和职业培训以及企业家才能提供支持
让各种规模的公司抓住最不发达国家的机会	• 积极锁定中小型企业的 FDI 并“影响投资者” • 积极提升第一产业，给快速的技术追赶(如在电信服务、可再生能源方面) 提供机会	• 在国家层次的对服务业中小企业 FDI 的风险覆盖制度 • 帮助企业挖掘投资机会的母国措施：I-PA-EPA 合作机制，“影响投资者”的监管框架
培养本地商业并让获取资金变得容易	• 针对微型企业、中小企业的信用担保计划，以及强化了的发展银行 • 规章改革，使得中小企业可以获得银行投资，并可以强化金融基础设施 • 正式商业发展的程序的简化	• 为金融基础设施和规章及体制环境的发展提供技术支持 • 为中小企业的增加贷款和信用担保计划提供支持
开始下一轮监管和制度的改革	• 越来越重视监管的各方面的新改革 (监管能影响 FDI 并强化国家机构)，包括税收和竞争 • 建立在相互促进的基础上：避免命令性和控制性监管倾向，和投资者在法律草案基础上建立系统性磋商机制 • 建立顾客为导向的投资制度 • 用彻底的零容忍政策来加强反腐败的努力	• 在主要的监管问题上 (包括税收和竞争)，增强技术支持 • 复制系统性制度 • 采用母国措施支持最不发达国家：避税、监督跨国公司的商业活动

资料来源：UNCTAD，2011b。

（二）内陆发展中国家

1. 最近趋势

表 A　2010 年各经济体 FDI 流量的区间分布[①]

规模大小	流入	流出
高于 10 亿美元	哈萨克斯坦、土库曼斯坦、蒙古、赞比亚	哈萨克斯坦
5 亿~9.99 亿美元	尼日尔、乌干达、乌兹别克斯坦、乍得、玻利维亚、亚美尼亚、阿塞拜疆、博茨瓦纳	—
1 亿~4.9 亿美元	巴拉圭、老挝、马其顿、吉尔吉斯斯坦、马尔代夫、埃塞俄比亚、马里、马拉维、津巴布韦	赞比亚、阿塞拜疆
1000 万~9900 万美元	斯威士兰、阿富汗、中非共和国、莱索托、塔吉克斯坦、卢旺达、尼泊尔、布基纳法索、布隆迪、不丹	蒙古、津巴布韦、尼日尔
低于 1000 万美元		亚美尼亚、斯威士兰、老挝、马里、马尔代夫、马其顿、马拉维、布基纳法索、吉尔吉斯斯坦、巴拉圭、博茨瓦纳、玻利维亚

注：①经济体按 FDI 流量的大小进行排列。

表 B　2009~2010 年 FDI 流入量和流出量以及跨国出售额和购买额（10 亿美元）

地区	FDI 流入量		FDI 流出量		跨国并购出售额		跨国并购购买额	
	2009 年	2010 年	2009 年	2010 年	2009 年	2010 年	2009 年	2010 年
内陆发展中国家	26.2	23.0	3.8	8.4	1.7	0.6	—	0.5
非洲	4.2	5.0	0.2	0.3	0.1	0.3	—	0.3
拉丁美洲和加勒比地区	0.6	1.0	—	-0.1	-0.1	—	—	—
亚洲和大洋洲	1.2	2.2	0.1	0.1	0.3	0.2	—	—
转型经济体	20.1	14.8	3.5	8.1	1.4	0.2	—	0.3

表 C　2009~2010 年 FDI 流入存量和 FDI 流出存量以及两者对应的收入（10 亿美元）

地区	FDI 流入存量		FDI 流出存量		FDI 流入的收入		FDI 流出的收入	
	2009 年	2010 年	2009 年	2010 年	2009 年	2010 年	2009 年	2010 年
内陆发展中国家	149.1	169.6	15.6	27.1	19.6	25.2	-0.2	-0.1
非洲	29.6	34.0	2.4	4.5	2.9	3.4	0.2	0.2
拉丁美洲和加勒比地区	9.1	10.0	0.3	0.3	1.3	1.5	—	—
亚洲和大洋洲	6.4	8.6	0.1	0.2	0.2	0.7	—	—
转型经济体	104.0	117.0	12.8	22.2	15.1	19.6	-0.5	-0.4

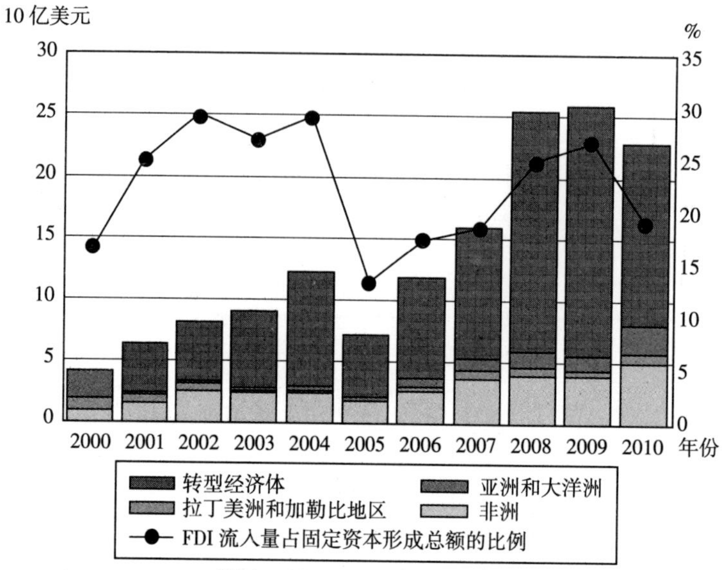

图 A　2000~2010 年 FDI 流入量

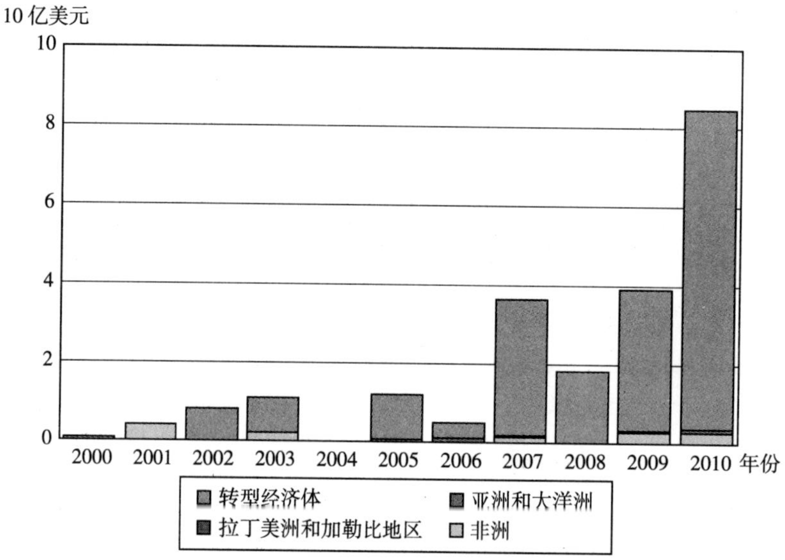

图 B　2000~2010 年 FDI 流出量

表 D　2009~2010 年各行业的跨国并购额（百万美元）

产业/行业	出售额		购买额	
	2009 年	2010 年	2009 年	2010 年
所有产业	1708	639	−8	518
第一产业	1614	45	1216	123
采掘业、石油业	1614	45	1216	123
制造业	25	44	—	—
食品、饮料和烟草	—	0	—	—
木材和木材制品	11	—	—	—
化学和化学制品	10	42	—	—
非金属矿物制品	—	—	—	—
金属和金属制品	—	—	—	—

续表

产业/行业	出售额		购买额	
	2009 年	2010 年	2009 年	2010 年
机械设备	4	—	—	—
电气和电子设备	—	1	—	—
服务业	70	551	-1224	395
电力、天然气和自来水	-247	110	—	—
贸易	335	0	—	—
运输、仓储和通信	0	371	—	—
金融	-24	69	—	396
公共管理和国防	—	—	-1224	-1
其他服务	5	—	—	—

表 E 2009~2010 年各地区/国家的跨国并购额（百万美元）

地区/国家	出售额		购买额	
	2009 年	2010 年	2009 年	2010 年
全世界	1708	639	-8	518
发达经济体	75	88	—	261
欧盟	-418	89	—	260
美国	-53	-17	—	—
日本	52	-3	—	—
发展中经济体	1831	550	-8	257
非洲	74	303	—	257
拉丁美洲和加勒比地区	—	—	16	—
英属维尔京群岛	—	—	16	—
亚洲	1757	246	-24	—
西亚	30	0	—	—
南亚、东亚和东南亚	1727	246	-24	—
中国	3558	46	-24	—
印度	—	80	—	—
印度尼西亚	-2604	—	—	—
泰国	—	110	—	—
东南欧和独联体	-198	—	—	—
俄罗斯	-198	—	—	—

2010 年，31 个内陆发展中国家（LLDCs）[49] 的 FDI 流入下降了 12%，为 230 亿美元（见表 B 和图 A）。内陆发展中国家占所有发展中和转型经济体 FDI 流入的 3.6%，而 2009 年这个值是 4.5%。本身地理上的劣势和宏观经济结构上的弱点阻碍了这些国家的总体经济绩效。它们在吸引 FDI 流入上也面临着严峻的约束，包括经济体的规模较小、落后的基础设施和较高的运输成本。但是，由于经济改革、投资自由化和有利的外部经济条件等原因，有一些内陆发展中国家过去十年中在吸引 FDI 流入上取得了重大的进步（WIR10）。

内陆发展中国家中五个最大的 FDI 接受国分别是哈萨克斯坦、土库曼斯坦（两国都在独联体内）、蒙古（东亚）、赞比亚（南部非洲）和尼日尔（西非），金额分别为 100 亿美元、21 亿美元、

17 亿美元、10 亿美元和 9.5 亿美元。内陆发展中国家的大规模跨国并购交易在一些服务业增长很快，在赞比亚、哈萨克斯坦和吉尔吉斯斯坦，电信业的私有化带来了通过并购方式进行的大规模外国投资（包括来自其他发展中国家的投资）。大规模的跨国并购还发生在金融服务业。

在内陆发展中国家，绿地投资要比跨国并购重要得多，覆盖的行业和商务功能的范围也要更广。最大规模的项目主要集中在采掘业（见表 2.14），在制造业也有大规模的投资，包括了汽车业、化学业、电子业、食品和饮料业以及纺织业。一些大的绿地投资成为很多内陆发展中国家成功吸引 FDI 上的亮点，提高了这些国家的生产能力并创造了就业岗位。例如，新乡黑田公司（Xinxiang Kuroda，中国）在埃塞俄比亚纺织业的一个项目中投资了 6700 万美元，创造了大约 1100 个职位[50]。与此类似，埃塞俄比亚食品业的一个由印度提供资金的项目有望能创造 340 个职位。虽然并没有在 FDI 统计上反映出来，但是 2010 年公布的一些项目在未来几年会开始实施，因此会使得一些国家 FDI 流入上升（如卢旺达）。

表 2.13　2010 年内陆发展中国家最大的 10 宗跨国并购

目标公司	国家	进行收购的企业	母国	行业	金额（百万美元）	股权（%）
Zambia Telecommunications Co Ltd.	赞比亚	Libya Africa Investment Portfolio	利比亚	电信	257	75
Nam Theun 2 Power Co Ltd	老挝	Investor Group	泰国	能源	110	15
TOO Mobile Telecom Service	哈萨克斯坦	Tele2 AB	瑞典	电信	77	51
Zimbabwe Alloys Chrome（Pvt）Ltd.	津巴布韦	Metmar Ltd.	南非	电冶金制品	51	40
Stopanska Banka AD	马其顿	National Bank of Greece SA	希腊	银行	46	22
OAO Kyrgyztelekom	吉尔吉斯斯坦	Investor Group	塞浦路斯	电信	40	78
Rwenzori Tea Investments Ltd.	乌干达	McLeod Russel India Ltd.	印度	食品准备	30	100
Maamba Collieries Ltd.	赞比亚	Nava Bharat Ventures Ltd.	印度	采掘	26	65
AO Danabank	哈萨克斯坦	Punjab National Bank	印度	银行	24	64
Ovoot Coking Coal Project	蒙古	Windy Knob Resources Ltd.	澳大利亚	煤炭采掘	8	100

资料来源：UNCTAD，跨国并购数据库（www.unctad.org/fdistatistics）。

表 2.14　2010 年内陆发展中国家最大的 10 宗绿地项目

投资者或项目	行业	东道国	母国	投资额（百万美元）
Rio Tinto Group	金属	巴拉圭	英国	6000
Tullow Oil	煤炭、石油和天然气	乌干达	英国	5000
Kenol-Kobil Group（KenolKobil）	煤炭、石油和天然气	乌干达	肯尼亚	1701
International Petroleum Investment Company	化学	乌兹别克斯坦	阿拉伯联合酋长国	1340
Albatros Energy	煤炭、石油和天然气	乌干达	毛里求斯	749
Lukoil	煤炭、石油和天然气	哈萨克斯坦	俄罗斯	500
Move One	运输	阿富汗	阿拉伯联合酋长国	497
Globalstar	电信	博茨瓦纳	美国	470
Dimension Data Holdings（DiData）	电信	乌干达	南非	468
Vale（Companhia Vale do Rio Doce）	金属	赞比亚	巴西	400

资料来源：UNCTAD，依据来自于金融时报公司（Financial Times LTD）fDi Markets（www.fDImarkets.com）的信息。

在吸引 FDI 流入的表现上，内陆发展中国家差异很大（见表 A）。例如，蒙古在吸引 FDI 上表现很好（2010 年增加了 170%，达到了 17 亿美元），但蒙古的 FDI 流入主要集中在采矿业。与此不同的是，在很多国家，如埃塞俄比亚（非洲）、巴拉圭（拉丁美洲）和乌兹别克斯坦（中亚），FDI 流入要更为多样化。例如，2010 年乌兹别克斯坦在很多制造行业都吸引了绿地 FDI 项目，包括了汽车业、建筑材料业、化学业和家用电子业（见专栏 2.4）。

专栏 2.4 克服内陆的劣势：乌兹别克斯坦在制造业吸引 FDI 的经验

乌兹别克斯坦是一个内陆发展中国家，2010年 GDP 为 390 亿美元，人均 GDP 为 1400 美元。因为私有化计划①，FDI 流入从 2005 年左右开始一直增长。近年来，该国在制造业吸引了一些大规模的绿地项目，其中一些于 2010 年公布或实施（见专栏表 2.1）。

专栏表 2.1 2010 年乌兹别克斯坦制造业选定的 FDI 项目

投资者或项目	行 业	母 国	投资额（百万美元）
International Petroleum Investment Company	化学	阿拉伯联合酋长国	1340
Omnivest	制药	匈牙利	100
Knauf	建筑材料	德国	50
EMG	陶瓷和玻璃	伊朗	24
CLAAS	工业机械	德国	20
Erae Cs Ltd.	汽车零件	韩国	13
LG	家用电子	韩国	9

资料来源：UNCTAD，依据来自于金融时报公司（Financial Times LTD）fDi Markets（www.fDImarkets.com）的信息。

在汽车零件业，Erae Cs Ltd.（韩国）和 Uztosanoat（一家本地公司）成立了总投资额为1300 万美元的国际合资企业，每年将给 General Motors 在乌兹别克斯坦的新工厂提供 150000 公里的汽车电缆，将于 2011 年的下半年开始生产②。在石化业，阿拉伯联合酋长国出资了一个 13.4 亿美元的项目，一家来自新加坡的公司签订了建立一家生产聚乙烯的合资企业的交易。

这些大规模的项目说明了吸引 FDI 进入乌兹别克斯坦制造业的政府政策的成功。有利的投资环境和 FDI 立法的合理框架（包括了对外国投资者的保障和一些优惠）都有助于成功。似乎制度优势可以帮助内陆发展中国家克服地理上的劣势，乌兹别克斯坦在这个方面提供了一个例子。

注：①例如，政府在 2006 年和 2007 年每年对超过 600 家企业进行了私有化，仅在 2007 年外国投资者就购买了 28 家企业，金额为 1.15 亿美元。

②目前，GM Uzbekistan 在乌兹别克斯坦生产七种车型。这家新工厂投资总额为 1.36 亿美元，将在 2011 年生产一种紧凑型轿车。

资料来源：UNCTAD。

随着南—南经济合作的密切和新兴市场资本流动越来越多，2011 年及以后内陆发展中国家 FDI 流入的前景还是有希望的。实际上，2011 年前四个月已记录的绿地项目的投资总额比起去年同期增长超过了 40%。

2. 让跨国公司参与基础设施发展

在合适的管制框架和积极的政策下，跨国公司（包括通过各种不同形式的公私合作）可以有助于发展内陆发展中国家急需的基础设施。

对于内陆发展中国家降低较高的交易成本

(通信和交通成本)、克服地理上的劣势、走上可持续发展的道路以及减少贫困来说，基础设施的发展非常重要。为了实现快速的基础设施建设，政府需要引入明确的基础设施发展战略，利用私营部门并让跨国公司做出潜在的贡献。在很多内陆发展中国家，绿地投资和其他形式的跨国公司参与已经对基础设施发展做出了贡献，尤其是在电力、交通和通信方面。

2005~2010 年，12 个跨国公司参与的每个至少是 1 亿美元的大规模的基础设施发展项目在七个内陆发展中国家被实施了，这些国家是乌干达(三个项目)、老挝（两个项目)、马其顿（两个项目)、阿富汗（两个项目)、阿塞拜疆（一个项目)、不丹（一个项目）和卢旺达（一个项目)(见表 2.15)。

跨国公司通过不同的形式参与了这些基础设施项目，包括不同形式的公私合作［如建设—经营—移交（BOT)、建设—拥有—运营（BOO)、特许经营］(见表 2.15)。跨国公司经常被以下的因素所吸引：东道国和地区的发展潜力，以及新的自由化和管制措施所带来的商业机会。此外，公私合作措施帮助了基础设施业跨国公司在国外经营中降低风险和克服困难。在一些案例中，来自不同母国的跨国公司为一个项目成立了合营企业。在其他一些案例中，跨国公司和当地伙伴成立合营企业，如马其顿的 TE-TO Skopje 发电项目、哈萨克斯坦的阿克套（Aktau）航站楼项目。

跨国公司的参与为内陆发展中国家基础设施的发展调动了大量的资本。表 2.15 中所列项目相关的总投资达到了 53 亿美元，在有些时候，还有来自多边的支持，如分别在老挝和乌干达进行的两个大型电力项目 [51]。

少数内陆发展中国家在利用跨国公司参与提升基础设施上做得尤为成功，它们要走上快速和可持续发展的道路急需基础设施。例如，老挝和乌干达成功地实施了很多大型发电和输电项目，这些项目中就有来自发达国家和发展中国家的跨国公司的参与。

融投资在不同行业的影响是不同的。表 2.15 显示了在发电业和移动通信业跨国公司的贡献较高。在水和卫生设施上，有记录的项目几乎没有，这也和跨国公司在发展中国家基础设施业参与的现状相一致（WIR08)，但内陆发展中国家在扩展运输网络和建设交通设施上的很多项目已带来了大量的资金。

表 2.15　2005~2010 年跨国公司参与的投资额超过 1 亿美元的内陆发展中国家基础设施发展项目

项目	国家	行业	细分领域	投资额（百万美元）	参与的跨国公司	形式	年份
Nam Theun II Hydropower Project	老挝	能源	发电	1250	Italian -Thai Development Public Company（泰国），Electricite de France（法国）	BOT	2005
Bujagali Hydro Project	乌干达	能源	发电	799	Sithe Global Power（美国），Aga Khan Fund（瑞士）	BOT	2007
Nam Ngum 2 Hydro Power Plant	老挝	能源	发电	760	Ch Karnchang Company Limited（泰国），Ratchaburi Electricity Generating Holding Plc（泰国）	BOT	2006
Warid Telecom Uganda Limited	乌干达	电信	多种服务	481	Abu Dhabi Group（阿拉伯联合酋长国），Essar Group（印度）	绿地	2007
Kenya-Uganda Railways	乌干达	运输	铁路	404	Sheltam Rail Company（Pty）Ltd.（南非），Trans Century Ltd.（肯尼亚）	许可	2006

续表

项目	国家	行业	细分领域	投资额（百万美元）	参与的跨国公司	形式	年份
Etisalat Afghanistan	阿富汗	电信	移动接入	340	Emirates Telecommunications Corporation（Etisalat）(阿拉伯联合酋长国)	绿地	2006
Azerfon	阿塞拜疆	电信	移动接入	300	Extel（英国），Siemens AG（德国），Celex Communications（英国）	绿地	2006
Skopje and Ohrid Airports Concession	马其顿	运输	机场	295	TAV Airports Holding Co.（土耳其）	许可	2008
TE-TO Skopje	马其顿	能源	发电	233	Itera Holding Ltd.（俄罗斯）(Russian Federation)，Toplifikacija（马其顿），Sintez Group（俄罗斯）	BOO	2007
Dagachhu Hydro Power Project	不丹	能源	发电	201	Tata Enterprises（印度）	BOO	2009
Areeba Afghanistan	阿富汗	电信	移动接入	133	MTN Group（南非）	绿地	2005
Millicom Rwanda	卢旺达	电信	移动接入	117	Millicom International（卢森堡）	绿地	2009

资料来源：UNCTAD，根据世界银行 PPI 数据库得出。

例如，2005 年，Rift Valley Railways——一家 Sheltam（南非）率领的财团赢得了肯尼亚—乌干达铁路系统 25 年的经营许可。虽然财团进行了几次重组，但已在升级百年历史的交通系统和提高运输量上进行了大规模的投资。实施了系统性转变战略来提升服务，铁路相关事故的大规模减少也增加了消费者的信心。

目前通过 Northern Corridor [52] 货物由铁路系统进行处理的少于 6%，肯尼亚和乌干达的政府计划从 Mombasa 港修建一条新铁路 [53]。Maputo Corridor 的例子（在其中跨国公司参与了有利于贸易与地区一体化的交通网络的发展）提供了有用的经验 [54]。

在亚洲，积极的国家政策和地区一体化的努力已经给内陆发展中国家的基础设施改进以及相关的社会经济发展带来了好处。例如，老挝在进行地区和亚区域基础设施发展计划的同时，在东盟和大湄公河区域经济合作（Greater Mekong Subregion）[55] 的框架下，实行了“陆地连接”(land-linked) 战略。东盟公路网项目（the ASEAN Highway Network Project）已改进了老挝的道路运输 [56]，经过老挝、泰国和马来西亚连接中国和新加坡的高速铁路系统将在 2011 年开始建设。这个项目会给相关的国家带来大规模的投资和先进技术，并在老挝的基础设施发展中起到非常重要的作用。

以上案例表明，在良好的体制环境下（包括高质量的监管框架、有效的风险减轻系统以及适当的投资促进活动），跨国公司可以进行多种基础设施发展项目，它们的参与会有助于在内陆发展中国家基础建设业中动员财力并提高投资水平。更特别的是，地区范围的交通基础设施的发展对于这些国家获得进入地区市场和港口的通道来说是非常重要的，跨国公司（尤其是来自南方的跨国公司）能够在这方面发挥重要的作用。

在评估提供不同形式基础设施（无论是政府的形式、私营的形式还是众多公私合营的形式）的可行性和适用性上，确定跨国公司的潜在作用，以及特定项目的框架设计上，内陆发展中国家的政府还需要进行能力的培养。就此而言，除了能力培养有待加强外，还应该鼓励发展中国家的地区合作。

（三）小岛屿发展中国家

1. 最近趋势

表 A　2010 年各经济体 FDI 流量的区间分布[①]

规模大小	流入	流出
高于 10 亿美元		
5 亿~9.99 亿美元	巴哈马、特立尼达和多巴哥	
1 亿~4.99 亿美元	毛里求斯、塞舌尔、东帝汶、所罗门群岛、牙买加、马尔代夫、圣基茨和尼维斯、斐济、佛得角、安提瓜和巴布达	毛里求斯
0.5 亿~0.99 亿美元	圣卢西亚、圣文森特和格林纳丁斯、格拉纳达、巴巴多斯	牙买加
0.1 亿~0.49 亿美元	瓦努阿图、多米尼加、巴布亚新几内亚、汤加、密克罗尼西亚联邦、科摩罗、马绍尔群岛、基里巴斯、圣多美和普林西比、帕劳、萨摩亚、图瓦卢	塞舌尔、圣多美和普林西比、斐济、所罗门群岛、巴巴多斯、瓦努阿图
低于 0.1 亿美元	—	基里巴斯、巴布亚新几内亚、佛得角、萨摩亚

注：①经济体按 FDI 流量的大小进行排列。

表 B　2009~2010 年 FDI 流入量和流出量以及跨国出售额和购买额（10 亿美元）

地区	FDI 流入存量		FDI 流出存量		跨国并购出售额		跨国并购购买额	
	2009 年	2010 年	2009 年	2010 年	2009 年	2010 年	2009 年	2010 年
小岛屿发展中国家	4.3	4.2	—	0.2	—	9.7	0.4	0.2
非洲	0.7	0.9	—	0.1	—	0.2	0.2	—
拉丁美洲和加勒比地区	2.7	2.4	—	0.1	—	0.5	—	0.1
亚洲	0.2	0.4	—	—	—	—	—	—
大洋洲	0.7	0.5	—	—	—	9.0	0.2	0.1

表 C　2009~2010 年 FDI 流入存量和 FDI 流出存量以及两者对应的收入（10 亿美元）

地区	FDI 流入存量		FDI 流出存量		FDI 流入的收入		FDI 流出的收入	
	2009 年	2010 年	2009 年	2010 年	2009 年	2010 年	2009 年	2010 年
小岛屿发展中国家	56.6	60.6	3.4	3.6	2.0	2.0	0.5	0.5
非洲	4.8	5.7	0.6	0.8	0.3	0.2	—	—
拉丁美洲和加勒比地区	46.2	48.3	2.4	2.5	0.9	0.9	0.4	0.5
亚洲	0.8	1.2	—	—	—	—	—	—
大洋洲	4.8	5.5	0.3	0.3	0.8	0.9	—	—

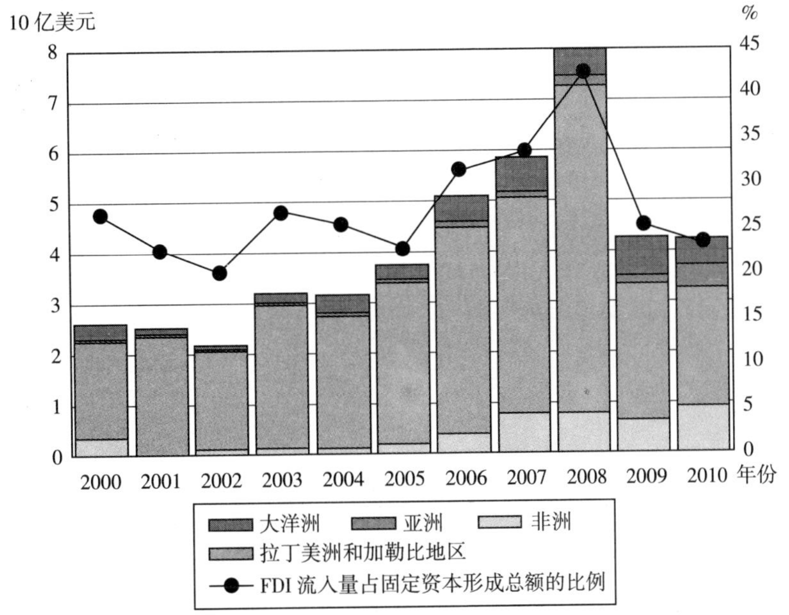

图 A　2000~2010 年 FDI 流入量

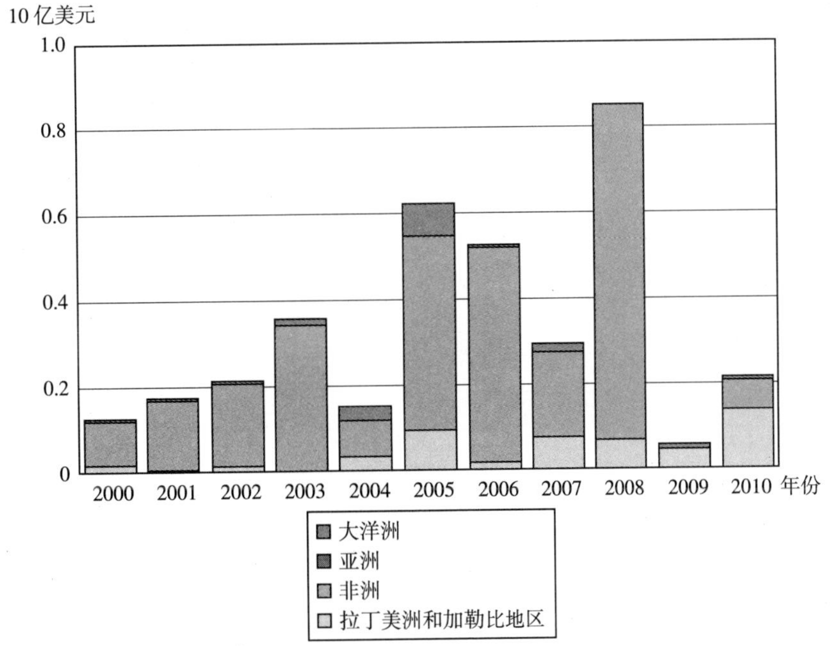

图 B　2000~2010 年 FDI 流出量

表 D　2009~2010 年各行业的跨国并购额（百万美元）

产业/行业	出售额		购买额	
	2009 年	2010 年	2009 年	2010 年
所有产业	31	9735	393	161
第一产业	—	9037	—	-11
采掘业、石油业	—	9037	—	-11
制造业	—	—	—	95
食品、饮料和烟草	—	—	—	95

续表

产业/行业	出售额		购买额	
	2009 年	2010 年	2009 年	2010 年
化学和化学制品	—	—	—	—
金属和金属制品	—	—	—	—
机械设备	—	—	—	—
服务业	31	699	393	77
电力、天然气和自来水	—	82	6	—
贸易	—	—	—	—
酒店和餐馆	—	136	—	—
运输、仓储和通信	—	—	—	-3
金融	25	480	385	-23
商业服务	—	1	2	3
卫生和社会服务	5	—	—	—
其他服务	—	—	—	100

表 E 2009~2010 年各地区/国家的跨国并购额（百万美元）

地区/国家	出售额		购买额	
	2009 年	2010 年	2009 年	2010 年
全世界	31	9735	393	161
发达经济体	-207	9038	31	113
欧盟	22	28	-10	18
美国	-188	-175	—	100
澳大利亚	220	8987	—	-4
日本	-320	—	28	1
发展中经济体	237	698	361	48
非洲	-300	—	6	-88
拉丁美洲和加勒比地区	—	94	—	90
亚洲	537	603	355	47
西亚	320	—	—	—
南亚、东亚和东南亚	217	603	355	47
中国	—	328	—	10
中国香港	—	-63	172	—
印度	5	163	181	38
马来西亚	192	176	—	-1
东南欧和独联体	—	—	—	—

2010 年小岛屿发展中国家（SIDS）的 FDI 流入稍微下降了，幅度小于 1%，为 42 亿美元（见表 B 和图 A），而 2009 年下降的幅度是 47%。SIDS 的 5 个最大的 FDI 接受国是巴哈马、特立尼达和多巴哥（两个都在加勒比地区）、毛里求斯、塞舌尔（都在东非）和东帝汶（东南亚），规模在 2.8 亿~9.77 亿美元（见表 A）。

虽然地理和文化上存在差异，但 29 个 SIDS [57] 都面临着相似的发展挑战：规模小但增长迅速的人口、资源贫乏、偏远、对自然灾害敏感以及规模经济的缺乏。在吸引 FDI 上也面临着很多问题，如经济体的规模较小、缺少人力资源以及较高的交通和通信成本。因此，这些经济体的 FDI 流入处于非常低的水平，近年来占发展中经济体 FDI

总流入的比例小于1%。

尽管在一些行业（如采掘和酒店）有一些大规模的跨国并购，但2010年SIDS的FDI流入是停滞的。2010年，Newcrest Mining（澳大利亚）以90亿美元收购Lihir Gold并不能算作巴布亚新几内亚的FDI流入，因为这是个在外国投资者之间的交易，只涉及外国所有权的变化。但2011年发展中国家公司开展的交易可能会使得巴布亚新几内亚的FDI流入创造新高。

表2.16 2010年SIDS选定的大规模跨国并购

目标公司	国家	进行收购的公司	母国	行业	金额（百万美元）	股权（%）
Lihir Gold Ltd	巴布亚新几内亚	Newcrest Mining Ltd	澳大利亚	金矿	9018	100
Garden Plaza Capital SRL	巴巴多斯	Fosun Intl Hldgs Ltd	中国	控股公司	328	100
CTP（PNG）Ltd	巴布亚新几内亚	Kulim（Malaysia）Bhd	马来西亚	植物榨油	175	80
Darius Holdings Ltd	毛里求斯	Asian Hotels（North）Ltd	印度	酒店	136	53
Digicel Pacific Ltd	斐济	Digicel Group Ltd	牙买加	电信	132	100
Light & Power Holdings Ltd	巴巴多斯	Emera Inc	加拿大	投资者	85	38

资料来源：UNCTAD，跨国并购数据库（www.unctad.org/fdistatistics）。

表2.17 2010年SIDS最大的10个绿地项目

投资者或项目	行业	东道国	母国	投资金额（百万美元）
Eni SpA（Eni）	煤炭、石油和天然气	东帝汶	意大利	1000
nterOil	煤炭、石油和天然气	巴布亚新几内亚	澳大利亚	550
Daewoo Shipbuilding & Marine Engineering	煤炭、石油和天然气	巴布亚新几内亚	韩国	406
Pruksa Real Estate	房地产	马尔代夫	泰国	373
Allied Gold	金属	所罗门群岛	澳大利亚	217
Mubadala Development	酒店和旅游	马尔代夫	阿拉伯联合酋长国	170
Fairmont Raffles Hotels International	酒店和旅游	马尔代夫	加拿大	170
Shangri-La Hotels and Resorts	酒店和旅游	马尔代夫	中国香港	165
Dubai Holding	酒店和旅游	马尔代夫	阿拉伯联合酋长国	160
Fairmont Raffles Hotels International	酒店和旅游	塞舌尔	加拿大	128

资料来源：UNCTAD，依据来自于金融时报公司（Financial Times Ltd.）fDi Markets（www.fDImarkets.com）的信息。

SIDS的FDI流入传统上集中于采掘业和服务业（包括酒店和旅游、金融服务、房地产）。2010年，在这些行业出现了很多的绿地投资（见表2.17）。酒店和旅游业以及其他服务业的大项目中的大部分是在马尔代夫，而大的采掘业项目主要是在巴布亚新几内亚。值得注意的是，毛里求斯制造业的两个投资中，一个是Pick n Pay（南非）在食品业开展的，另一个是Mango（西班牙）在纺织业开展的。FDI流入仍然偏向于相对大的经济体和避税天堂。2010年，SIDS的FDI流入总量中的62%投向了上述最大的五个接受国（见表A），38%投向了避税天堂[58]。

但是将来随着跨国公司转往避税天堂的资金减少，避税天堂的份额可能会下降。从相对量角度来看，有些SIDS在吸引FDI流入上表现不错，资源丰富的巴布亚新几内亚作为其中的一个佼佼者（因为其采掘业投资的激增）就很引人注目（见专栏2.5）。

专栏 2.5 巴布亚新几内亚的自然资源寻求型FDI：老的和新的投资者

巴布亚新几内亚是一个有着丰富矿藏的SIDS，矿藏有金、铜、镍以及石油和天然气。以前这些自然资源吸引了来自澳大利亚、英国和美国大公司的大量投资，但在最近几年，新兴经济体的投资者也加入了进来。

发达国家的公司仍是巴布亚新几内亚采掘业的主要投资者，并一直在试图加强它们的地位。例如，在石油和天然气行业，从 2010 年初开始，ExxonMobil 和它的合营伙伴已经在液化天然气项目投资了 140 亿美元①。在该国的金属采掘业，来自发达国家的主要投资者（如 BHP Billiton，Rio Tinto 和 Xstrata）仍是主要的参与者。在巴布亚新几内亚的 Sandaun 省和 East Sepik 省的一个铜矿 Frieda River 上，Xstrata（世界上最大的铜生产商）近年来投资了超过 20 亿美元。

现在发展中国家（主要是大的新兴经济体，如中国和印度）的采矿公司投资的规模也很大。例如，2005 年和巴布亚新几内亚政府签署了一个合同后，冶金建设集团公司（Metallurgical Construction Group，中国）在该国进行了大规模的投资，包括对 Ramu nickel-cobalt 项目的投资，这个项目中该公司持有 85%的股份。2009 年该公司在这个项目上的投资为 14 亿美元②。

注：①Elizabeth Fry，"Exxon LNG project arranges $14bn in financing"，Financial Times，16 December 2009.
②E&MJ's Annual Survey of Global Mining Investment，project survey 2010.
资料来源：UNCTAD。

2011 年，绿地投资和跨国并购的增加会使得 SIDS 的 FDI 流入上升。与去年同期相比，2011 年的前四个月已记录的绿地项目的总投资激增了 90%。而同一时期的跨国并购购买额也有上升，超过了 2 亿美元。考虑到来自新兴经济体的资本流动的巨大潜力，SIDS 的 FDI 流入在今后几年有可能还将增长。

2. 跨国公司在气候变化适应上的作用

由于在气候变化的影响面前高度脆弱，SIDS 正在寻求吸引有利于适应努力的跨国公司和 FDI 项目。

在受气候变化影响方面，SIDS 可能是最脆弱的，这些岛国周围海洋表面的气温升高和海平面的上升都已发生了，据预测这个趋势还将继续（UNFCCC，2007）。与此相关联的不利影响给 SIDS 经济发展的很多方面带来了严重的威胁[59]。例如，旅游业（SIDS 的经济尤为依赖的行业）将受到很大的影响，旅游向更高海拔和更高纬度转移，预计会导致像马尔代夫这样的 SIDS 的旅游业大幅下降（Morin，2006）。

为了避免气候变化带来的重大威胁，主要温室气体（GHG）排放者进行积极的减缓行动是非常重要的，而 SIDS 自身也有开展适应活动的急切需要[60]。对于 SIDS 来说，无所作为的成本将是非常巨大的[61]。SIDS 的政府正在采取各种方案，以把适应行动加入到经济计划和投资活动中。在这个过程中被确定的主要行业有：农业、旅游业、公共健康和水的基础设施，而参与者的范围包括从个人、政府、当地社区和国际组织到私营部门和民间团体（AOSIS and UNF，2008）。SIDS 已把自己的资源投向了这个关键领域，并需要国际社会的行动。

私营部门在 SIDS 应对全球变暖所带来的负面

影响上的作用是决定性的，尤其是跨国公司能起到重要的作用。

首先，跨国公司资源的参与和合理利用在弥补 SIDS 的资金和技术缺口上是很有用的。在开展气候变化适应活动和提高国家适应能力（包括改进教育、信息和基础设施）等方面需要大量的资金。现在有很多的多边和双边的资金来源[62]，但相对于需要的规模来说还不够（AOSIS and UNF, 2008）。有证据表明，跨国公司可以通过调动资源和开展必要的投资来做出重要的贡献，但数据的缺乏阻碍了对跨国公司金融和技术贡献程度的系统性评价。

其次，外国子公司作为私营部门参与者开展自己的适应活动，同时通过示范效应的间接影响，促进了东道国的适应工作。在重要的部门（如旅游业，其在很多 SIDS 占据了很大的份额[63]），跨国公司在应对气候变化的经济挑战上的贡献非常大（见专栏 2.6）。

专栏 2.6　跨国公司与 SIDS 旅游业的气候变化适应

从收入、就业和出口来看，旅游业都是 SIDS 的主要经济部门（见专栏图 2.6.1），也是这些国家 FDI 流入的主要目标。气候变化会导致基础设施的破坏①、额外的应急要求、更高的运营成本（如保险、备用水和电力系统、疏散）以及商业中断等，因此会对产业有深远的影响。消费者意识到了对气候变化减缓措施的需要后，对旅游业的看法也有所改变，所有这些对消费模式和服务种类（这是最被需要或最被看重的）都会产生重大的影响。如何应对这些影响已经成了 SIDS（如加勒比地区的巴巴多斯和多米尼加、大洋洲的斐济和瓦努阿图）的一个主要关心点。

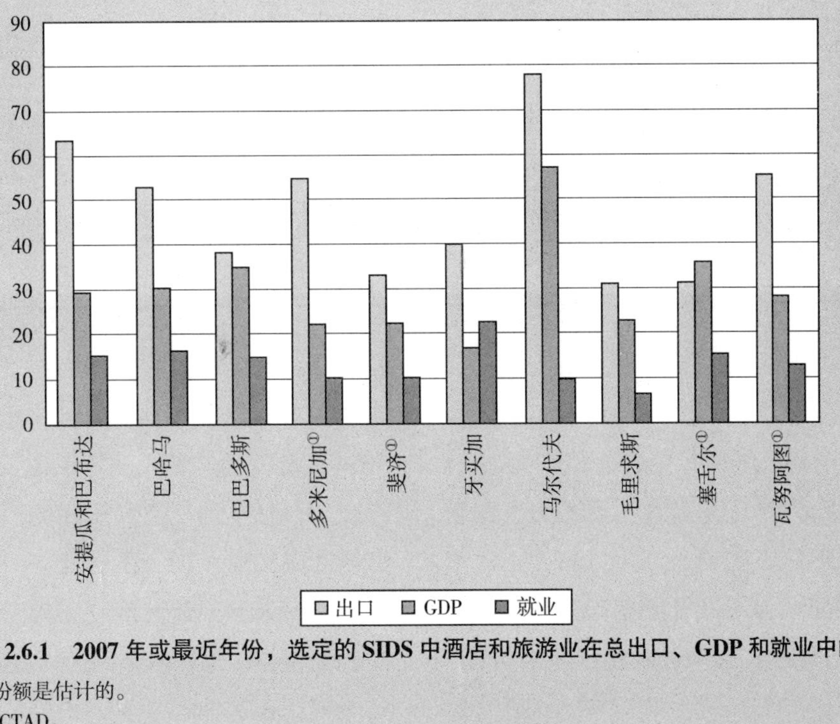

专栏图 2.6.1　2007 年或最近年份，选定的 SIDS 中酒店和旅游业在总出口、GDP 和就业中的份额

注：①就业的份额是估计的。
资料来源：UNCTAD。

在一些 SIDS，外国和国内的服务提供者（包括连锁酒店、旅行社等）积极参与旅游业的特定部门适应计划。例如，Caribbean Tourism Organization、几个加勒比岛的政府以及旅馆业的公司开展了一个适应“极端气温和热带风暴的风险”的项目。斐济的一些住宿供应商和旅行社开展了一个名为“水影响和适应”的项目（Becken，2005）。斐济是大洋洲旅游人数最多的国家，其主要酒店都是由全球性跨国公司（如 Accor、Intercontinental、Radisson、Sheraton、Warwick 等）进行管理的②。在这些案例中，为了应对气候变化的影响，外国子公司采取了一系列技术的、管理的和行为的适应措施。

外国子公司也可以发挥直接的作用。UNCTAD 在很多发展中国家进行的研究发现，比起本地的酒店，外国酒店通常相对较早地采用了“绿色”的技术和方法，其似乎也能较快地从自然灾害中恢复（UNCTAD，2007）。例如，Accor 在斐济的四个酒店都达到了能获得绿色环球（Green Global）认证的标准③。虽然有很多的方法论和决策工具可以指导适应措施④，但是没有一个是特别针对旅游业的（UNWTO、UNEP and WMO，2008）。因此，外国子公司开展的适应活动除了提高国内旅行社对适应的认知外，还成了可能的“最佳实践”的重要来源，供当地企业去学习和模仿。

注：①例如，在巴巴多斯，70%的旅馆位于高水位的 250 米内，受到大的结构性破坏的风险较高。

②Lengefeld，Klaus，“Sustainable tourism and climate change in the Pacific island region”，GTZ Sector Project，2011.

③绿色环球是一个旅游经营者的国际环境鉴定组织。

④这包括联合国气候变化框架公约（UNFCCC）的气候变化适应的评估策略的决定工具纲要（Compendium of Decision Tools to Evaluate Strategies for Adaptation to Climate Change），以及那些由如联合国开发计划署适应政策框架（UNDP Adaptation Policy Framework）、美国国家研究计划（United States Country Studies Program）和英国气候影响计划（United Kingdom Climate Impacts Programme）等组织所提供的。

资料来源：UNCTAD。

最后，跨国公司的参与可以通过改进基础设施来提高东道国的适应能力。为了成功应对经济崩溃的风险，SIDS 需要现代化和对于气候变化有韧性的基础设施系统。基础设施行业之间有很强的相互依赖性，因此所有的基础设施行业对于适应能力来说都是重要的（Royal Academy of Engineering，2011）[64]，但对于大多数 SIDS 来说，一个有韧性的水行业（包括储水设备、饮用水及污水处理厂、传输线、当地配水系统等）是要优先考虑的。

跨国公司参与的很多项目促进了 SIDS 基础设施的发展，有助于降低 SIDS 在面对自然灾害和预期的海平面上升时的脆弱性。例如，2008 年 Berlinwasser（德国）在毛里求斯投资了一个水和污水处理项目，提升了毛里求斯水行业的标准，也提高了该行业的效率和韧性[65]。在马尔代夫，2010 年 Hitachi Plant Technologies Group（日本）收购了一个主要的水和污水处理公司 20%的股权，利用公司的力量和专门知识，合理化并升级了各项业务[66]。参与基础设施行业的一些跨国公司有的来自于发展中国家，有时它们和国际组织进行合作，这些国际组织给 SIDS 的气候变化适应以及相关的基础设施发展提供多边支持[67]。

SIDS 有效的气候变化适应超过了任何单个组织的范围和能力，因此其应该让所有相关单位和利益相关者参与进来，以达到所需的规模（AOSIS and UNF，2008）。在适当的制度框架下，跨国公司能够参与进来并发挥重要的作用。但是，对于 SIDS 适应行动的私人融资来说，很多的壁垒仍然存在，包括本地能力和资源的缺乏、落后的国内市场和机构以及国际投资者兴趣的缺乏。为了克服这些壁垒并创造性地利用外国私人资源，就需要公私合作，而东道国政府的能力建设是关键的第一步。在这种背景下，我们不能夸大数据收集的重要性，虽然其对于在这个领域的任何进一步的研究来说都是最基本的。

注释

[1] 尼日利亚的新石油工业法案（Petroleum Industry Bill，PIB）的目的是对管理石油业的法律和财政安排进行改革，目前还没有通过。正运营的企业对能否维持税收免除表示担忧。提议的法案中还要求现有的合营企业和重组后的国有石油公司合并，对石油和天然气实施不同的许可，对天然气的优惠的税收方案，把不活跃油田的许可让渡给本土经营者，把边际油田再分配给本土经营者，加强环境报告，提高当地含量要求（尤其是对专业人员和管理人员）等。"Nigeria: Petroleum Industry Bill –of Senate warning and public agitation"，AllAfrica.com，14 March 2011；Revenue Watch Institute（no date），"The Nigerian Petroleum Industry Bill: key upstream questions for the National Assembly"，www.revenuewatch.org.

[2] "Bharti sets USD1bn African budget in 2011"，TeleGeography，25 May 2011. www.telegeography. com.

[3] 2011 年 Hasan International（中国香港）在加纳的金属业投资了大约 40 亿美元。

[4] "Is Zambia Africa's next breadbasket?"，Mail and Guardian Online，1 October 2010（www.mg.co.za）；"The great trek north"，BNet，July 2004（www.findarticles. com）.

[5] Coleus Crowns: past, present and future，Madhvani Group Magazine，18（1）：25，June 2010.

[6] 成员国有：博茨瓦纳、刚果（金）、莱索托、马拉维、毛里求斯、莫桑比克、纳米比亚、塞舌尔、南非、斯威士兰、坦桑尼亚、赞比亚、津巴布韦。

[7] 成员国有：布隆迪、肯尼亚、卢旺达、乌干达、坦桑尼亚。

[8] The Daily News Egypt，"Member States push for infrastructure investment at COMESA"，13 April 2010（www. trademarksa.org）.

[9] 例如，在 2010 年越南超过了中国成为耐克（Nike，美国）最大的工作场地。2011 年，由于劳动力成本的上升，Coach（美国）计划把一半的生产活动从中国转移到邻近的亚洲国家。

[10] Harsh Joshi，"Foreign capital shuns India"，Wall Street Journal，7 February 2011.

[11] 印度 FDI 流出额的下降原因是印度公司的股权投资受到抑制。分类来看，在印度 FDI 流出中：收益再投资仍维持着 2009 年的相同水平（11 亿美元）；其他资本流动（主要是公司内部贷款）在 2010 年增加了 99%，而股权投资下降了40%。

[12] 因为缺乏国家层面的数据，所以估计采掘业在地区 FDI 总存量中的份额是比较困难的，但该份额可能在 15%左右，这个比例大大超过了全球平均水平，全球平均水平低于 10%［参见网上（www.unctad.org/wir）的表 24］。

[13] 资料来源：国际能源署（International Energy Agency）。

[14] Sylvia Pfeifer，"Chinese demand for energy pumps up M&A share"，Financial Times，7 November 2010.

[15] 可参见"The Chinese are coming ... to Africa"，The Economist，22 April 2011。

[16] 例如各国有吸引力的矿藏——铜（智利和秘鲁）、铁矿石（巴西）、石油和天然气（厄瓜多尔和委内瑞拉）。

[17] 资料来源：公司网站 www.foxconn.com.cn。

[18] Adam Goldberg and Joshua Galper，"Where Huawei went wrong in America"，Wall Street Journal，3 March 2011.

[19] 资料来源：International Business Times（www. ibtimes.com）。

[20] 目标公司在 25 个国家经营着 400 个旅馆，主要在欧洲，因此这次交易有助于海航实现其扩展欧洲市场的计划。

[21] 2011 年 3 月 Spanish Bank BBVA 以 38亿美元收购了 urkiye Garanti Bankasi。

[22] "Arab unrest takes toll on foreign investment"，Financial Times，30 March 2011.

[23] QIA 对以下单位进行了跨国投资：伦敦证券交易所（London Stock Exchange）、Credit Suisse、Barclays Bank、Volkswagen、法国电气工程集团 Cegelec、法国媒体和航空航天集团 Lagardère、新加坡的 Raffles Medical Group、食品杂货店 Sainsbury（英国）、中国工商银行、德国建筑公司 Hochtief、Banco Santander 的巴西子公司。

[24] "Qatar Holding acquires 9.1 per cent stake in

German industrial giant Hochtief", Gulfnews.com, 7 December 2010, http://gulfnews.com.

[25] 收购是通过股权互换的方式，法国电气工程集团 Cegelec（QIA 全资拥有）用 100%的股权交换 Vinci 的 8%的股权（Vinci Press 于 2009年 8 月 31 日发布，www.vinci.com）。

[26] Mubadala, Annual Report 2009, Abu Dhabi, Mubadala, http://mubadala.ae。

[27] 拉丁美洲和亚洲的跨国公司占了2001~2010 年发展中国家在这个地区跨国并购金额的 99%，以及 2003~2010 年发展中国家在这个地区的绿地 FDI 项目的 99%。资料来源：UNCTAD，依据来自于金融时报公司（Financial Times Ltd.）fDi Markets（www.fDImarkets.com）的信息。

[28] 资料来源：UNCTAD，依据来自于金融时报公司（Financial Times Ltd.）fDi Markets（www.fDImarkets.com）的信息。

[29] Shree Renuka Sugars（印度）购买了巴西两家糖和乙醇生产公司的股份，分别为 Equipav AA 的 50.34%的股份和 Vale Do Ivai 的 100%的股份，共计用了 4.92 亿美元。

[30] 例如，在 2010 年，三种大宗商品（铁矿石、大豆和原油）占了巴西对中国出口的84%，而其从中国的进口几乎全是制成品（98%）。资料来源：Latin American Economy and Business, April 2011。还可参见 the Economist Intelligence Unit, "Brazil/China economy: rebalancing the relationship", Viewswire, 13 April 2011, and "Chinese investment in Brazil soars", Financial Times, 31 January 2011。

[31] 虽然格鲁吉亚已于 2009 年正式退出独联体，但这里我们仍把其列为独联体的一员。

[32] "Foreign banks are fleeing Russia", Bloomberg Business Week, 3 March 2011.

[33] 关于政府的支持可参见第一章注释 [1]。

[34] 俄罗斯将建立一个政府基金以吸引外国投资并帮助实现经济的现代化，这个基金在一些有助于俄罗斯实现现代化的项目上和外国投资者共担风险。"Russia plans $10 billion investment in fund", Wall Street Journal, 22 March 2011.

[35] 如 OAO Udmurneft（俄罗斯）和 OAO Mangistau-MunaiGaz（哈萨克斯坦）分别被两家中国跨国公司以 36 亿美元和 26 亿美元收购。

[36] 成员国有：中国、哈萨克斯坦、吉尔吉斯斯坦、俄罗斯、塔吉克斯坦和乌兹别克斯坦；观察员国家有：印度、伊朗、蒙古和巴基斯坦；对话伙伴国有：白俄罗斯和斯里兰卡。

[37] 例如,《中俄北京宣言》，确立了两国的战略性伙伴关系；与《俄印战略性伙伴关系宣言》都签署于 2000 年。

[38] 例如，腾讯——中国最大的社交网络和即时通讯服务的提供商，正寻求把它的商业模式扩展到海外，其已持有了一家俄罗斯领先网络公司 Digital Sky Technologies 的 10%的股份。(Yin 等，2011)

[39] 美国跨国公司的汇回收益从 2009 年的990 亿美元增加到了 2010 年的 1040 亿美元，而再投资收益从 2190 亿美元增加到了 2960 亿美元。

[40] 这次敌意收购受到了媒体的广泛关注，如"Smooth sailing in rough seas for merger arbitrageurs", FT.com, 6 December 2010。

[41] 被竞争对手银行救援的例子有：Mitsubishi UFJ Financial 对 Morgan Stanley 的 90 亿美元的投资，占有 21%的股权。有一个救援案例最为著名，虽然其并不在本次研究的期间内，2007 年 12 月对 Merrill Lynch 的救援，2008 年又增加了额外的投资，救援总额大约为 60 亿美元。

[42] 计算基于 Thomson Reuters 并购数据库和媒体报道。

[43] 例如，2009 年瑞士政府出售 UBS 的股份，2010 年美国政府出售 Citigroup 的股份。

[44] 国家救援使得政府拥有了 the Royal Bank of Scotland Group 的 84%的股份和 the Lloyds Banking Group 的 43%的股份。

[45] "Too late for an 'unbundling' of Lloyds-HBSO", Financial Times, 7 April 2011.

[46] "Santander buys RBS branches, UK spin-off seen", Reuters, 4 August 2010.

[47] "RBS agrees to sell 80.01 percent interest in Global Merchant Services to a consortium of Advent International and Bain Capital", Press Release of the Royal

Bank of Scotland Group，6 August 2010.

[48] 有些努力，如 UNCTAD 的商业联系计划 (Business Linkages programme)，已被证明是有用的，四个发展中国家（莫桑比克、乌干达、坦桑尼亚和赞比亚）在 2008~2010 年进行的项目提供了例证。

[49] 内陆发展中国家包括：阿富汗、亚美尼亚、阿塞拜疆、不丹、玻利维亚、博茨瓦纳、布基纳法索、布隆迪、中非共和国、乍得、埃塞俄比亚、哈萨克斯坦、吉尔吉斯斯坦、老挝、莱索托、马其顿、马拉维、马里、摩尔多瓦、蒙古、尼泊尔、尼日尔、巴拉圭、卢旺达、斯威士兰、塔吉克斯坦、土库曼斯坦、乌干达、乌兹别克斯坦、赞比亚和津巴布韦。31 个内陆发展中国家有16 个被归类为最不发达国家，9 个被归类为转型国家。

[50] 2010 年 11 月 24 日中国的新乡黑田明亮制革公司在埃塞俄比亚开了一个 6700 万美元的皮具厂。该公司给项目提供了 55%的资金，其他的资金来自于中非发展基金（China –Africa Development Fund）（资料来源：Bloomberg）。

[51] 在老挝的 Nam Theun II Hydropower Project 中，多边的支持来自于 IDA（担保/4200 万美元/2005 年）、IDA（贷款/2000 万美元/2005年）、MIGA（担保/9100 亿美元/2005 年）、ADB（担保/5000 万美元/2005 年）、EIB（担保/5500 万美元/2005 年）、ADB（贷款/7000 万美元/2005 年）以及其他（贷款/13100 万美元/2005 年）。在乌干达的 Bujagali Hydro Project 中，多边的支持来自于 IFC（贷款/13000 万美元/2007 年）、IDA（担保/11500 万美元/2007 年）、ADB（贷款/11000 万美元/2007 年）、EIB（贷款/13000 万美元/2007年）以及 MIGA（担保/11500 万美元/2007 年）。[资料来源：世界银行（World Bank）]

[52] Northern Corridor 连接着布隆迪、刚果（金）、埃塞俄比亚、肯尼亚、卢旺达、苏丹、乌干达和坦桑尼亚。

[53] 资料来源：Reuters。

[54] 通过大规模的公共的和私人的（包括外国的）投资，南非、莫桑比克和南部非洲的其他一些国家促进了 Maputo Corridor 的建设。建设这个走廊的目的是促进这个地区可持续增长和发展。

[55] 大湄公河区域经济合作包括了柬埔寨、老挝、缅甸、泰国、越南和中国云南省。

[56] 开始于 1999 年，东盟公路网项目的目的是到 2020 年把所有指定的国家公路提升到 I 级（Class I）标准。该公路网包括了 23 条指定的公路，总长度为 38400 公里。

[57] SIDS 包括安提瓜和巴布达、巴哈马、巴巴多斯、佛得角、科摩罗、多米尼加、斐济、格林纳达、牙买加、基里巴斯、马尔代夫、马绍尔群岛、毛里求斯、密克罗尼西亚、瑙鲁、帕劳、巴布亚新几内亚、圣基茨和尼维斯、圣卢西亚、圣文森特和格林纳丁斯、萨摩亚、圣多美与普林希比、塞舌尔、所罗门群岛、东帝汶、汤加、特立尼达和多巴哥、图瓦卢、瓦努阿图。

[58] 根据 OECD 分类，以下 SIDS 是避税天堂：安提瓜和巴布达、巴哈马、多米尼加、格林纳达、马绍尔群岛、瑙鲁、圣基茨和尼维斯、圣卢西亚、圣文森特和格林纳丁斯、萨摩亚、瓦努阿图。

[59] 全球变暖对 SIDS 的负面影响包括：极端天气事件的增加、海平面的上升、水资源的减少、海洋资源的减少、本地物种被替代、人类健康所受危险的增加 [Alliance of Small Island States（AOSIS）and United Nations Foundation（UNF），2008；Kelman and West，2009]。

[60] 在气候变化的语境中，减缓指的是人类进行干涉以减少温室气体的排放或增加温室气体的吸收。如在工业生产和发电过程中更有效地使用矿物燃料、转向使用太阳能和风力、提高建筑的绝热、增加森林和其他“吸收体”以从大气中吸收更多的二氧化碳。而适应指的是自然或人类系统针对已有的和预期的气候刺激或其影响所做的调整，适应可以减轻伤害或利用有利的机会（资料来源：UNFCCC）。

[61] 如果不进行适应努力，气候变化对发展中国家总体尤其是 SIDS 的影响所导致的每年的成本预计在 GDP 的 7 个~10 个百分点（World Bank，2006）。

[62] SIDS 在适应上可用的资金来源包括：GEF 信托基金（the GEF Trust Fund），特殊气候变化信托基金（the Special Climate Change Trust Fund）和最不发达国家信托基金（the Least Developed Countries Trust Fund）（由联合国全球环境基金管理），适应基金（the Adaptation Fund）（在 CMP 的监督和指导下由 AF Board 进行管理），以及生物多样性公约（the Convention on Biological Diversity）。

[63] 在加勒比海地区，旅游业占了 GDP 的15%、就

业的 13%、总出口的 15%；在大洋洲的份额分别为 12%、12%和 17%（Nurse，2009）。

［64］在很多情况下，相互依赖性是非常直接的：能源直接影响所有需要动力才能运转的行业；所有行业的工人都要通过交通设施去上班，并在水供应得以保障的情况下才能工作；所有其他行业都依赖于电力来提供能源，依赖 ICT 来进行沟通（Royal Academy of Engineering，2011）。

［65］资料来源：世界银行 PPI 数据库。

［66］马尔代夫 40%的人口使用该公司提供的服务（资料来源：hitachipt.com）。

［67］例如，Digicel（在百慕大群岛注册的公司）一直积极在马尔代夫（和 IFC 一起）和巴布亚新几内亚（和亚洲发展银行一起）的电信业进行投资。亚洲发展银行参与的一个能源和水的项目对马尔代夫的基础设施有所贡献，提高了该国的适应能力。

新近政策发展

第三章

投资开放和促进仍然是近期投资政策的主导内容。然而，由于近年来限制性投资措施和监管审批程序的累积，投资保护主义的风险增加了。

国际投资制度正处于十字路口。近 6100 个投资协定，以及许多正在进行的协定谈判和多重争端解决机制，使得国际投资协定体系对政府和投资者而言，已到了太大、太复杂而难以操作的地步，但即使这样却仍不足以涵盖所有的双边投资关系（这还需要 14100 个双边协定）。关于国际投资协定未来定位和发展影响的政策讨论日益激烈。

在国家和国际两个层面，外国直接投资政策与产业政策之间的相互作用不断增强。所带来的挑战是如何处理好这一相互作用，以使得两种政策形成合力促进发展。关键是要在加强国内生产能力建设和避免投资与贸易保护主义之间保持平衡，同时要增强国际协调与合作。

各类自愿性企业社会责任标准对投资政策格局的影响越来越大。通过采取适当政策，如统一企业报告规范、提供能力建设方案、将企业社会责任标准纳入国际投资制度，政府可以使这些标准带来最大化的发展效益。

一、国家政策发展

投资开放和优化已经持续显著地出现在许多国家的政策议程中。同时，近年来投资管制增加的趋势也在继续。

2010 年，全球至少 74 个国家采取了超过 149 项影响外国投资的政策措施（表 3.1）。这些措施中有 101 项与投资开放、促进和便利化相关，另外有 48 项引进了和 FDI 相关的新的限制和管制措施。和 2009 年相比，限制性更强的政策措施所占比重略微上升，从大约 30%升至 32%。

表 3.1　2000~2010 年各国监管变化

项目＼年份	2000	2001	2002	2003	2004	2005	2006	2007	2008	2009	2010
引入变化的国家数	70	71	72	82	103	92	91	58	54	50	74
监管变化的数量	150	207	246	242	270	203	177	98	106	102	149
开放/促进	147	193	234	218	234	162	142	74	83	71	101
监管/限制	3	14	12	24	36	41	35	24	23	31	48

资料来源：UNCTAD 各国法律和监管数据库。

投资开放和优化维持了投资政策越来越具限制性而不是更加开放的长期趋势（图 3.1）。总体上来说，投资开放和促进措施所占百分比在发展中国家和转型经济体中要比发达国家略高。

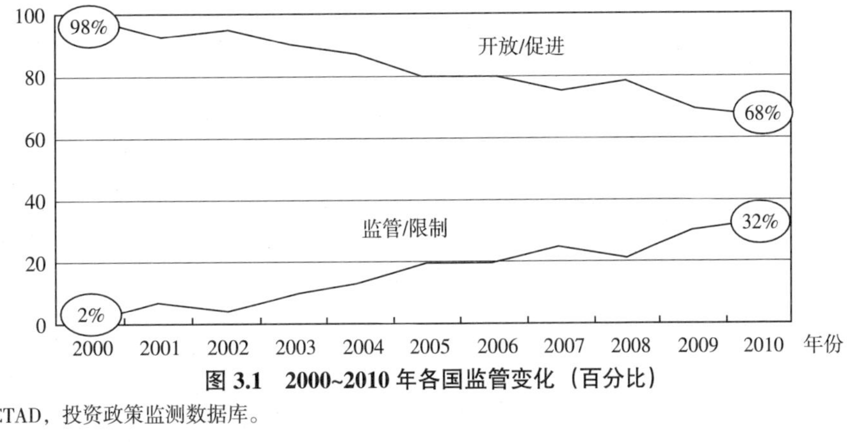

图 3.1　2000~2010 年各国监管变化（百分比）

资料来源：UNCTAD，投资政策监测数据库。

对国家所采取的政策措施的进一步观察发现，大部分政策和跨国公司的经营环境有关，其次是影响其进入和建立的措施，以及投资促进和便利化措施（表 3.2）。总体上，旨在改善投资环境的措施仍然要比限制或监管的措施多，但是两者间的差距在缩小。但在进入和建立的措施方面，两者的数值差异特别大。

在地区分布上（表 3.2），发展中国家在修订投资政策方面尤为积极。亚洲国家（包括西亚）是最积极的（56 项措施），其次是非洲（29 项）

和拉丁美洲（25项）。亚洲因为56项措施中有46项是对FDI更加有利的而引人注目。例如，西亚的措施主要是进入条件的放宽，而在南亚、东亚和东南亚，投资促进和便利化措施则起着很大作用。在非洲，政府尤其注重采取新的投资促进和便利化措施以营造一个更加有利的投资环境。拉丁美洲地区则因不利于FDI的政策措施数量较多而引人注目，这主要是源于少数拉丁美洲国家的政策变化。这些措施包括加强国家对自然资源型产业包括农业综合产业和采掘业的控制（包括国有化）。在发达国家有利于和不利于FDI进入的措施数量是相等的，而转型经济体则主要采取了与新的私有化计划有关的政策措施。

表3.2 2010年按措施类型和地区分类的国家监管变化①（措施数量）

	进入和建立②		经营③		促进和便利化④
	更有利于FDI	不利于FDI	更有利于FDI	不利于FDI	
全部	40	16	34	33	35
发达国家	6	6	10	6	4
发展中经济体	30	10	19	24	27
非洲	4	2	8	4	11
南亚、东亚和东南亚	12	5	5	5	12
西亚	10	0	4	0	3
拉丁美洲和加勒比地区	4	3	2	15	1
东南欧和独联体	4	0	5	3	4

注：①由于一些措施能被归类在不止一种类型中，整体上总数和表3.1不同。

②进入和建立措施：与所有权以及对（内向和外向）外国直接投资的控制或其审批和准入条件有关的措施以及其他影响跨国公司进入或建立的措施。

③经营：与非歧视、国有化或征收、资本转移、争端处理、性能要求、公司税率有关的措施以及其他影响跨国公司经营状况的措施。

④促进和便利化：与财政和金融激励有关的措施，与审批和进入程序有关的措施，或投资便利化和其他机构支持。

资料来源：UNCTAD，投资政策监测数据库。

表3.3 2010年按行业分类的国家监管变化（百分比）

母国	开放/促进	监管/限制
总数	67	33
非特定产业	84	16
农业综合产业	38	62
采掘业	7	93
制造业	50	50
水、电、气供应	75	25
金融服务业	59	41
其他服务业	61	39

资料来源：UNCTAD，投资政策监测数据库。

2010年，大约有一半的投资政策措施涉及一个或多个特定产业。许多不同的产业都受到影响，只是一些产业（特别是采掘业和金融服务业）受到的影响要比其他产业更大一些。在大多数产业中，旨在开放和促进FDI的措施要比那些出于限制目的的措施多（表3.3）。主要的例外是采掘业和程度较低的农业综合产业。这些产业囊括了2010年大部分的限制性措施，例如引入业绩要求和新的税收制度，以及合同的重新谈判。

（一）投资开放和促进

至少有56个国家在不同的行业采取了新的投资开放和促进措施。这些措施的数量从2009年的71项上升到2010年的101项。

专栏3.1　2010/2011年投资开放措施案例

● 根据所有不包含在“限制清单”中的活动都应该对外国直接投资开放这一原则，不丹发布了“2010年外国直接投资政策”。它允许外国投资在服务业中的教育、专业医疗卫生服务、豪华酒店及度假村、基础设施部门拥有100%的控股权①。

● 加拿大取消了外国在国际海底电缆、通过卫星提供通信服务的地面接收站以及卫星方面的所有权限制②。

● 危地马拉通过了一项新的保险法律允许外国保险公司设立分支机构③。

● 印度颁布了一项新的联合外国直接投资政策，以利于已有外国企业的扩张，并允许非现金项目向股权转换（在政府的准许下）以及FDI进入某些农业活动④。

● 印度尼西亚部分地开放了建筑服务业、电影业和卫生服务业以及发电部门的一部分⑤。

● 叙利亚阿拉伯共和国发布了一项新的立法，允许私有部门（包括国外的和国内的）在发电和电力配送部门进行投资⑥。

● 中国台湾部分开放了一些与农业、制造业、服务业、基础设施有关的对中国大陆的外向投资活动。⑦它还宣布了对中国大陆的投资者大范围开放包括半导体制造在内的核心高科技部门⑧。

● 土耳其通过了一项法律允许外国投资者在两个广播公司最多能持有50%的股份⑨。

注：①经济事务部，2010年5月21日。
②加拿大电信修改法案，2010年7月12日，
③第25法令，2010年8月13日在官方公报上发表。
④2020年4月1日联合外国投资政策第一通告。
⑤2010年第36号总统条例。
⑥2010年11月14日第32号法案。
⑦经济建设委员会，“投资中国的限制放松”，2010年4月9日。
⑧投资审议委员会，“开放大陆在台湾产业投资项目的第二阶段”，2011年3月2日。
⑨2011年3月3日第6112号法案。
资料来源：UNCTAD。

在2010年新实施的40项投资开放政策中，25项特别用于开放外国投资，15项则旨在在一个更普遍的水平上改善FDI的整体政策框架。这些措施大部分在亚洲发布并且涉及很多行业（表3.3和专栏3.1）。在改善跨国公司经营环境的34项措施中，大部分和降低公司税率有关。大部分投资促进或便利化措施都是由非洲和亚洲国家实施的（表3.2）。一些便利化和促进措施由于经常使用而比较突出，包括简化准入程序、开放新的经济特区，或者扩大现有的经济特区（专栏3.2）。

专栏 3.2 2010/2011 年投资促进措施案例

- 波斯尼亚和黑塞哥维那修改了关于外国直接投资政策的法案，简化了外国投资的注册程序①。
- 斐济采取了"一站式"服务政策以加速与外国和本地投资申请有关的进程②。
- 在大韩民国，政府提供了"一揽子"改进的刺激措施以在经济特区吸引外国投资③。
- 缅甸通过了一项"经济特区法案"，为银行和保险业的外国投资者提供激励④。
- 菲律宾为方便公私合营计划和项目的合作与监管启动了公司合营中心⑤。
- 俄罗斯联邦为了吸引汽车制造业和相关产业的投资者特地在萨马岛建立了一个新的经济特区⑥。同时还采用简化规则来聘请国外的高水平专家⑦。

注：①关于外国直接投资政策的法案，第 48/10 官方公报。
②斐济政府官方网站门户，"内阁批准'一站式'服务"，2011 年 1 月 18 日。
③韩国知识经济部，"自由经济区促进计划"，2010 年 9 月 1 日；韩国知识经济部，"外国直接投资法案实施法令的修改"，2010 年 10 月 5 日。
④2011 年第 8 号经济特区法案，缅甸政府官方公报，2011 年 1 月 27 日。
⑤官方公报，"点对点中心启动 5 项点对点项目"，2011 年 3 月 4 日。
⑥第 621 政府决议，2010 年 8 月 12 日。
⑦自由贸易区第 86 号联邦法案，2010 年 5 月 19 日。
资料来源：UNCTAD。

从实用的角度看，对投资者来说便利化措施往往比投资限制形式上的放宽更为重要。非正式的壁垒往往被认为是发展中国家最主要的投资壁垒。消除这些"瓶颈"在政治上不如投资开放敏感。此外，各个国家在对 FDI 的正式开放度上的差别越小，像友善的、胜任的、高效的管理这样的投资软环境的重要性就越大。

投资促进措施也被应用于产业政策领域（D 部分）。几个国家已经采取措施鼓励外国直接投资在特定经济领域如高科技产业或汽车制造业中进行投资。促进措施包括财政和金融激励以及建立经济特区。

（二）投资监管和限制

投资者权利和义务的再平衡仍然在继续，尤其是在金融部门。一些国家提高了国家在自然资源型产业中的地位，如农业和采掘业。

尽管投资开放和促进继续占优势，许多国家还是加强了对国内和外国投资的监管，监管或限制 FDI 的措施数量从 2009 年的 31 项上升到 2010 年的 48 项。金融部门尤其如此，几个国家为了阻止未来的金融危机收紧了现有条例。G20 国家和其他巴塞尔协议的成员国大都采取了这些措施。一般来说，这些新的金融法规集中于增加银行资本和流动性要求，降低和"大到不能倒"的金融机构有关的现存风险，以及加强监督。[1] 关于新的法规对金融部门 FDI 的影响存在不同的观点。有人担心新的法规对现有投资会产生潜在负面影响，但是管理者认为这些措施对宏观经济的有利影响会远远抵消过渡期的调整成本。[2]

自然资源型产业中也出现了更多的国家干预。许多国家，特别是拉丁美洲国家，在实施国有化政策时把外国投资者作为目标之一。在其他一些行业包括金融服务业中同样也发生了一些国有化行为。同样地，在对外国投资者新的经营条件方面趋于严格的法规也表明了这一点，比如当地成分要求。在这方面采掘业再次受到了特别的影响（专栏 3.3）。

同国有化数量和新的投资经营条件相比，FDI 进入和建立的方面新的限制措施则没那么普遍（表 3.2）。这些措施大部分都是审查核准法规方面的（专栏 3.4）没有明确的模式表明某些特定行业特别容易受到新的进入限制措施的影响。各国因有着各自的政治敏感性而情况不同。某些国家出于国家利益考虑拒绝了一些外国投资。

已公布的国有化和特定行业的进入限制是更广泛的产业政策发展的一部分，其特征是对民族产业和战略产业的保护性措施的扩展，以及国家安全概念对产业政策的影响。两方面的因素引发了重要的问题，即这些国家如何在为实施他们认为必要的 FDI 限制措施留出足够的政策空间的同时，又避免政策退化为投资保护主义（D 部分）。

尽管仍是少数，但几年来限制措施的持续累积和它们不断增加的趋势，以及更加严格的外国直接投资进入审查程序，都增加了投资保护主义的风险。

（三）经济刺激和国家援助

从援助方案和因实施紧急措施而产生的负债中的退出已经开始。迄今为止，这一过程还没有明显地歧视外国投资者。

在金融危机爆发了两年半以后，一些国家在救市操作后继续持有可观的资产，拥有大量的未偿还企业贷款，或者继续对金融和非金融部门实施紧急援助计划。[3] 然而，在金融部门，许多国家已经停止接受金融公司对政府援助计划的申请。这些计划的逐步退出从 2009 年末就已开始，并在 2010 年持续。部分退出进程源于包括欧盟委员会制定的“日落条款”在内的欧盟援助计划的终止。援助计划的终止也反映出企业对这些援助不均衡但通常比较低的需求，这一需求又因政府逐步收紧国家援助条件而被进一步削弱（EC，2011）。

专栏 3.3 2010/2011 年影响已投资的外国投资者的新的监管措施的例子

• 在玻利维亚，政府对国家养老金制度进行了国有化①。

• 厄瓜多尔通过了一项新的碳氢化合物法案。它要求私有石油公司从产量分成到服务安排对合约进行重新谈判②。在许可证的重新谈判失败后政府开始接手了巴西的石油公司巴西石油的油田③。

• 哈萨克斯坦采用了一项新的关于国有资产的法案，它规定了如果对国家安全产生威胁可以将私有财产国有化④。

• 吉尔吉斯斯坦共和国国有化了该国最大的银行之一，亚洲环球银行⑤。

• 俄罗斯联邦收紧了对在俄国有装配工厂的外国汽车制造商的控制。这些厂商为了继续享受组件的免税进口，将不得不大幅度提升在俄罗斯的总体产量，并使本地零部件生产达到一个更高的水平⑥。

• 在委内瑞拉玻利瓦尔共和国，国有化影响了不同的产业，包括农业和发电行业⑦。

• 津巴布韦规定本土化和经济授权法案及其辅助条例的实施也适用于采矿业。这项 2007 年的法案规定所有在津巴布韦经营外资企业必须将至少 51%的股权本土化⑧。

注：①第 65 号法案，2010 年 12 月 10 日。

②Ley Reformatoria a la Ley de Hidrocarburos y a la Ley de Regimen TributarioInterno，24 June 2010.

③政府新闻稿，2010 年 11 月 23 日。

④国有资产法案，第 413 号第Ⅳ条款，2011 年 3 月 1 日。
⑤第 56 号法令，2010 年 6 月 7 日。
⑥工商部，经济发展部和财政部，第 678/1289/184H 联合公报，2010 年 12 月 24 日。
⑦第 7394 法令，2010 年 4 月 27 日；第 7700 法令，2010 年 10 月 4 日；第 7713 法令，2010 年 10 月 10 日；第 7751 法令，2010 年 10 月 26 日。
⑧114 常规通告，2011 年 3 月 25 日。
资料来源：UNCTAD。

随着援助计划的终止，主要未解决的问题就是从因采取紧急措施而遗留在政府账目上的资产和负债中的退出。迄今为止，这一进程相当缓慢，只有不到 1/5 接受了危机援助的金融企业完全偿还了贷款，回购了股权或放弃了政府担保。

非金融部门的遗留资产和负债要少得多，但是接受政府危机援助的企业数量则要多得多。对非金融部门紧急援助的退出也已开始。例如，汽车制造业是最大的援助目标产业之一，在该产业，加拿大、法国和美国的汽车公司偿还了部分贷款，政府持有的一些公司股权已被私人投资者收购。

截至 2011 年 4 月，政府持有的金融和非金融公司的遗留资产和负债估计超过了 2 万亿美元。迄今为止，最大的部分涉及金融部门的几百家公司。所有的这些都预示着未来几年可能会出现一波私有化浪潮。

自 2009 年以来，应 G20 领导的要求，联合国贸发会议、世界贸易组织、经济合作与发展组织已开始监督应对金融危机的贸易和投资相关政策。这种做法的主要目标之一是审查一个国家在应对经济危机时，是否或者在多大程度上采取了贸易和投资保护主义。迄今为止，三个国际组织发表的五份报告认为，绝大部分紧急措施和资产负债的处置并没有明显地歧视外国投资者（WIR10；OECD -UNCTAD，2010a、2010b & 2011；WTO-OECD-UNCTAD，2009 & 2010）。例如，美国通过私营银行的拍卖出售了它在金融机构和一家汽车制造公司的股权，而且部分资产被卖给了外国竞争者。[4] 此外，欧洲委员会的一项研究表明，包括德国、法国和英国在内的几个欧盟成员国认为其他国家对非金融部门的紧急援助措施并没有损害到他们国家公司的利益。[5]

专栏 3.4 2010/2011 年外国投资者进入限制的例子

• 澳大利亚拒绝了新加坡股票交易所以 83 亿美元接管澳大利亚证交所的提议，这说明它不符合澳大利亚的国家利益①。

• 巴西通过修改一项可以追溯到 1971 年的法律的解释方式恢复了对外国人拥有农村土地所有权的限制。重新解释的法律确立了在农村土地所有权上，多数股权由外国人拥有的巴西公司受到适用于外国公司的法律制度的约束②。

• 加拿大工业部宣布否决了澳大利亚矿业公司必和必拓以 390 亿美元收购加拿大 Potash 公司（一个加拿大肥料和矿业公司）的收购方案③。

注：①澳大利亚财政部，外国投资决议，2011 年 4 月 8 日。
②第 5709/71 新法律解释，CGU/AGU 意见，2010 年 8 月 23 日。
③工业部新闻稿，2010 年 11 月 3 日。
资料来源：UNCTAD。

二、国际投资制度

（一）2010年的发展

由于国际投资协定持续扩张，在国家和国际层面关于如何在提高国际投资协定对可持续发展的贡献的政策讨论日趋激烈。

2010年共缔结了178个新的国际投资协定[54个双边投资协定（BITs）、[6] 113个避免双重征税协定（DTTs）[7] 和11个除了双边投资协定和避免双重征税协定以外的其他国际投资协定（“其他国际投资协定”）]。[8] 结果，2010年末国际投资协定总数达到6092个，包括2807个双边投资协定、2976个避免双重征税协定和309个“其他国际投资协定”（图3.2）。2010年平均每周缔结超过三个协定的这种快速发展趋势有望在2011年继续下去，前五个月就缔结了48个新的国际投资协定（23个双边投资协定、20个避免双重征税协定和5个“其他国际投资协定”），还有超过100个自由贸易协定（FTAs）以及其他带有投资条款的经济协定目前正在谈判之中。同时，外国直接投资管辖权由欧盟成员国向欧盟转移，将会对整个国际投资协定制度产生怎样的影响尚不明朗（目前欧盟成员国同非欧盟国家签订了1300多项双边投资协定）（专栏3.5）。

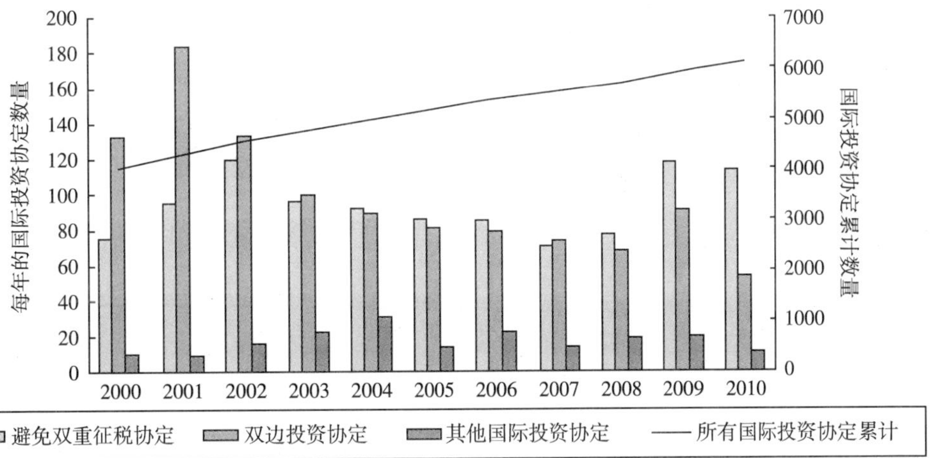

图3.2　2000~1010年双边投资协定，避免双重征税协定和其他国际投资协定的趋势

资料来源：UNCTAD，基于国际投资协定数据库。

专栏3.5　欧盟的外国直接投资政策制定

2009年12月里斯本条约的生效将外国直接投资领域的职责由成员国转移到了欧盟（WIR10）。虽然欧洲的成员国继续缔结双边投资协定①，职责的转移仍引起了许多国际层面上关于未来欧盟投资政策制定的实质性和程序性的问题。在这种背景下，相关的欧洲机构和非政府投资利益相关者都表达了他们的观点。

虽然欧盟机构关于未来欧盟国际投资协定的大体方向似乎达成了一致意见（如他们应该为可持续和包容性增长作出贡献，应该受到联邦外部行为原则和目标的指导，特别是人权和可持续发展），但关于细节还是有一些不同意见［如关于范围和定义的规定，主要实质性和程序性保护条款的内容和规划，以及国际投资协定应该在多大程度上涉及企业社会责任（CSR）］。

非政府投资利益相关者的意见也有分歧。许多民间社会团体认为国际投资协定是对公共利益的一个威胁，并认为是时候提出一个彻底全新的方法了。与此相反，一些欧洲产业集团则强调双边投资协定在增强欧洲产业竞争力方面的积极作用。

这些意见分歧由于对欧盟国际投资协定制度的未来发展的疑问而变得更复杂，这些问题包括怎样选择未来的洽谈伙伴，如何处理正在进行的谈判以及现存的欧盟双边投资协定（包括欧盟内部和外部的双边投资协定）。这一争论的结果很可能对全球国际投资协定制度产生重大影响。欧盟成员国是签订双边投资协定最多的国家（附表 3.1）。此外，在过去的三年中，欧洲整体外国直接投资流量占到全球的约 30%。

只要能够吸取国际投资协定设计和主旨及对可持续发展的影响方面的经验教训并付诸行动，欧盟的争论就为国际投资协定的发展提供了很大的发展空间。然而，未决问题、附带的不确定性、缺乏可预测性和稳定性都将使欧盟谈判伙伴和国际投资协定制度变得更复杂。

注：①2010 年缔结的 54 个双边投资协定中有 30 个涉及欧盟成员国，这 30 个欧洲的双边投资协定中又有 17 个是重新谈判的。
资料来源：UNCTAD。

在国际投资协定的数量方面，截至 2011 年 5 月，英国缔结了 320 个国际投资协定，之后是德国（304 个）和法国（297）。在发展中国家中，中国是缔结协定最多的国家，有 249 个，其次是韩国（190 个）和土耳其（183 个）。俄罗斯联邦（141）和克罗地亚（118）排在转型期经济体前两位。

2010 年签订的 54 个双边投资协定中有 20 个是在发展中国家和/或转型期经济体间缔结的，11 个其他外国投资协定中的 4 个也是如此。这一趋势很可能和发展中国家作为外向投资者的地位不断上升有关。在“其他国际投资协定”方面，2010 年缔结的协定仍然分为三种类型：包含双边投资协定中常见的义务的国际投资协定（2010 年有 3 个协定）；[9] 由有限的投资相关条款组成的协定（5 个协定）；[10] 以及关注投资合作的国际投资协定（3 个协定）。[11]

随着各国继续缔结国际投资协议，有时还增加新条款以重新平衡国家和企业之间的权利和义务及确保国际投资协定和其他公共政策之间的一致性。同时，国家和国际层面关于国际投资协定制度的未来走向及如何令国际投资协定更好地促进可持续发展的政策讨论日趋激烈。在国家层面上，不同的投资利益相关者，包括民间团体、企业和国会议员，已经开始表达他们对国际投资协定的成本、收益和未来取向的担忧。虽然传统上国际投资协定是由相关政府部门谈判的，但现在的新兴趋势是部门间和机构间的合作。这一过程在欧盟层面尤其明显（专栏 3.5），在欧盟成员国和全球其他国家也很明显。只要各国重新审查他们的双边投资协定范本（WIR10），或者说国际投资协定也需要经过国内的审批过程，增加在国际投资协定相关决策透明度和包容性的要求也就有了额外的动力。

在国际层面，一些论坛对这些问题进行了讨论，例如联合国贸发会议投资委员会、经济合作与发展组织投资委员会、经济合作与发展组织和贸发会议联合会议、贸发会议为改善投资者与东道国争端解决体系而协办的地区性对话，尤其是2010年联合国贸发会议举办的世界投资论坛，有广泛的投资利益相关者参与了这一论坛的部长级圆桌会议和2010年国际投资协定会议。

在投资者与东道国争端解决方面，2010年至少有25起新案件被提交仲裁，是自2001年开始记录以来的最低数量。这使得已知的备案案件达390起（图3.3）。[12] 这些案件主要提交给了国际投资争端解决中心（ICSID）（包括其附属机构），国际投资争端解决中心一直是最常用的国际仲裁机构（有18个新的案件）。这和长期趋势是一致的，大部分案件都提交到了国际投资争端解决中心（共有245个案件）。

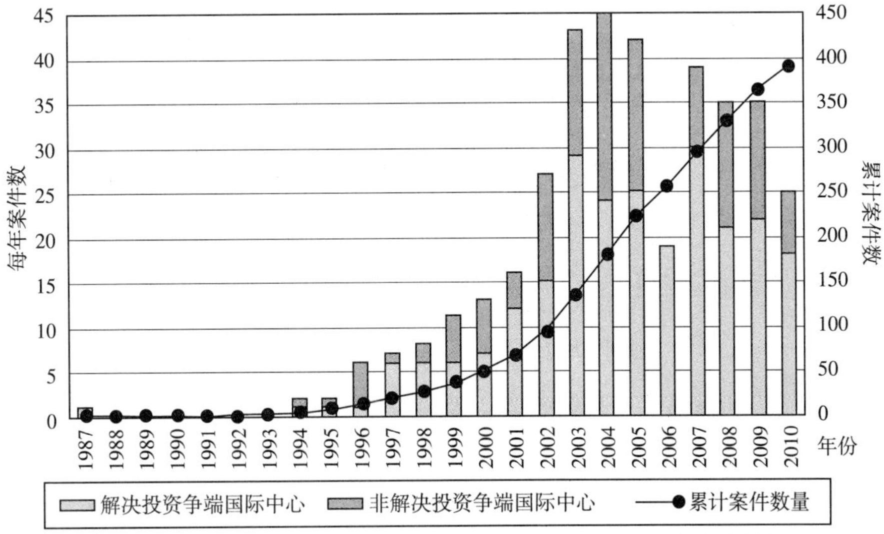

图3.3　1987~2010年已披露的投资协定仲裁（累计和新提起案件）

资料来源：UNCTAD，ISDS数据库。

2010年，涉及投资协定仲裁的国家总数增加到了83个，其中乌拉圭和格林纳达都首次受到指控。有51个发展中国家、17个发达国家和15个转型期经济体都曾在投资者与东道国争端解决案件中作为应诉方。绝大多数案件都由发达国家的投资者发起。2010年有47项案件做出裁定，从而使结案案件达到197起（UNCTAD，2011c）。[13] 这些决定中的20项是裁决，其中14个有利于东道国，5个有利于投资者，1个裁决上呈了当事方的和解协议。这使得裁决结果整体上进一步向有利于东道国的方向倾斜（78起案件胜诉，59起败诉）。

（二）国际投资协定涵盖的投资范围

现今的国际投资协定制度为全球2/3以上的FDI存量提供了保护，但却只涵盖了1/5的双边投资关系。

国际投资协定的预期目的是保护和促进外国投资。如今，约2/3的全球外国直接投资存量受益于由双边投资协定或“其他国际投资协定”提供的涵盖广泛产业的设立后保护。[14] 然而，这只包括了 1/5 的双边关系。要涵盖所有的双边投资关系，还需要有 14100 个双边投资协定才能完成（见图 3.4）。

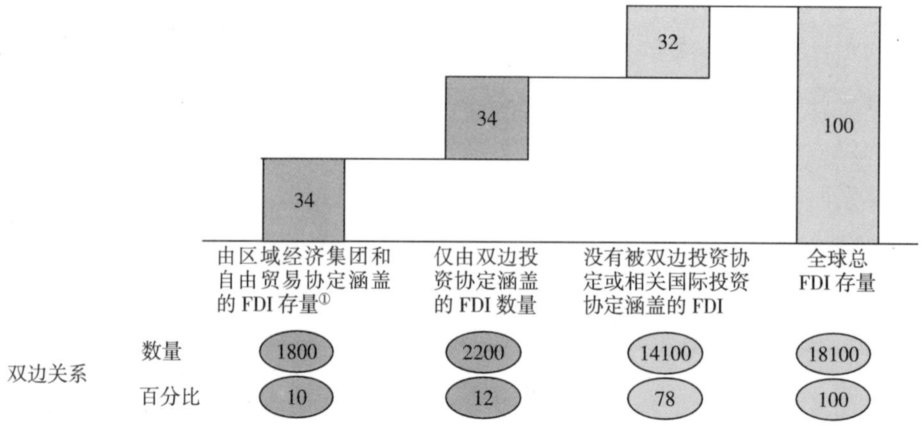

图 3.4 国际投资协定对双边关系和 FDI 存量的涵盖范围（百分比和数量）

注：①包括欧盟、伊斯兰国家会议组织、UCIAC、阿拉伯国家联盟、东非和南部非洲共同市场、南非发展共同体、东南亚国家联盟、中欧自由贸易协定、美洲自由贸易区、亚太贸易协定、UMA、俄罗斯及欧亚经济共同体、南方共同市场、TEP、北美自由贸易协定、欧洲自由贸易区、海湾合作委员会和欧洲自由贸易联盟之间的自由贸易协定以及加勒比共同体、东盟、欧洲自由贸易联盟以及海湾合作委员会和第三国建立的自由贸易区。

②FDI 存量是依据协定双方在全球 FDI 流入量和流出量中所占份额来估计的，仅包括 192 个联合国成员国。

资料来源：UNCTAD、FDI/TNC 数据库（www. unctad.org/fdistatistics）. UNCTAD 国际投资协定数据库。

这 14100 个协定一方面应该包括许多具有较小投资倾向（例如 FDI 流量微不足道的地区）或较弱保护倾向（例如 OECD 成员国之间）的双边关系。另一方面，他们还应该包括一些拥有大量 FDI 存量但却没有被任何现有的投资协定所涵盖的双边关系（例如中国和美国、巴西和中国）。

这些发现引发了国际投资协定在产生投资流量和促进发展收益的有效性方面想当然的结论（UNCTAD，2009b）。例如，因为相当大的 FDI 存量并未被现存的投资协定涵盖进去，因此就认为一些投资关系和国际投资协定并不是投资的决定因素。

此外，一些 FDI 存量受到两个或更多个国际投资协定的保护。事实上，至少 570 个双边投资协定部分地复制了其他协定提供的设立后保护。协定的重叠程度和条款相互矛盾的风险取决于双边投资协定和/或“其他投资协定”在提供保护和赋予灵活性方面表述的准确性（WIR10）。这提出了国际投资协定制度有效性的问题，这个问题在探讨欧盟成员国国际投资协定的未来发展时已经被讨论过（见专栏 3.5）。

另外，有 630 个双边投资协定和仅包括投资开放条款的“其他国际投资协定”内容有重叠（例如欧盟伙伴关系、联盟和合作协定），这样设立后保护（由双边投资协定提供）和设立前保护/开放（由其他投资协定提供）形成互补。这种全面覆盖是一个重要问题，这一问题的答案与背景高度相关且要依具体情况而定，并需要对能否确保国际投资协定为可持续发展促进投资这一总目标进行评估。此外，必须从动态的角度来看投资关系，因为投资倾向在变，因而国际投资协定提供的保护也会随时间而改变（一些新兴的外向投资国对国际投资协定的兴趣日益增长就是见证）。

三、其他投资相关政策的发展

受G20发展议程的支持，国际社会已采取多种新措施以促进私人投资对发展的积极影响。

（一）农业投资

自2010年世界投资报告出版以来，完善农业投资原则（PRAI）的工作一直在继续，这一原则是由联合国贸发会议（UNCTAD）、联合国粮农组织（FAO）、农业发展国际基金会（IFAD）和世界银行共同制定的（WIR10）。低收入国家的农业部门几十年来一直面临着严重的投资不足问题。私人投资有助于从长期解决食品安全和发展问题，但前提是这类投资是对社会负责的和环境可持续发展的（WIR09）。七个原则一旦实施，将有助于增加农业生产领域外国投资的积极影响并减少其潜在的负面影响。

G20关于发展的多年行动计划涵盖了粮食安全和农业领域负责任的投资，这反映出政策制定者对食品获取和食品价格、商品和土地投机行为的潜在不利影响以及农业领域的国际投资对社会和环境的影响的担忧不断增强。在2010年11月11~12日举行的首尔峰会上，G20领导人鼓励国家和企业支持负责任的农业投资原则并请联合国贸发会议、世界银行、农业发展国际基金会、联合国粮农组织和其他合适的国际组织为促进负责任的农业投资拟定备选方案。

（二）G20发展议程

在首尔峰会上，G20领导人考虑了金融危机对最贫困国家最脆弱群体不成比例的影响，以及实现千年发展目标（MDGs）进程缓慢的问题。[15] G20领导人承诺和其他发展中国家，尤其是与低收入国家（LICs）合作，帮助建设产能以使他们实现和保持符合G20多伦多峰会规划的潜在经济增长。[16]

"首尔共识"由一套为达到千年发展目标而制定的原则和指导方针组成。六个核心原则关注的是经济增长、全球发展合作关系、全球或区域系统性难题、私人部门参与、补充以及成果导向。另外，G20领导人确定了九个领域或者说"重要支柱"，要解决发展中国家实现包容性、可持续和稳健增长所面临的最重要的"瓶颈"，必须在这些领域采取行动。这些领域是：基础设施、私人投资和创造就业机会、人力资源开发、贸易、金融包容性、稳健的增长、粮食安全、国内资源调动和知识共享。

G20领导人发表了关于发展的多年行动计划，其期限是从2012年到2014年末。这项计划包括16项与"首尔共识"确定的九项重要支柱相关的特定详细行动。关于发展的多年行动计划中有三个支柱与投资密切相关。在"私人投资和创造就业"这一支柱下，G20领导人强调了国内和外国私人投资作为就业、财富创造和创新的一个主要来源的重要性，这些因素又有助于发展中国家的可持续发展和减少贫困。G20领导人承诺会对投资者、发展中国家以及重要发展伙伴提供支持和援助，以使私人投资经济增值最大化。应G20领导人的要求，联合国贸发会议、联合国开发计划署、国际劳工组织、经济合作与发展组织和世界银行审查和发展了可量化的经济和金融关键指标，以衡量和最大化价值链中来自于私人部门投资的经济增加值和就业创造，并为推动价值链中负责任的投资标准提出了政策途径。预计 G20 领导人会在 2011 年和 2012 年的峰会中在这些工作的基础上采取进一步行动。

在“基础设施”这一支柱下，G20 领导人看到了基础设施的差距，特别是在能源、交通、通信、水务和区域性基础设施方面的差距，这些差距是许多发展中国家加速和保持增长的主要“瓶颈”。他们承诺会克服基础设施投资中的障碍、开发项目渠道、提高产能以及便利化发展中国家尤其是低收入国家基础设施投资增长的融资需求。他们要求地区发展银行和世界银行集团合作准备行动计划以在发展中国家提高公共、半公共和私人融资，改善能源、交通、通信和供水等基础设施项目的实施情况。

在食品安全这一支柱下，G20 领导人强调了农业发展对不断增长的投资和资金支持的需求，并鼓励私人部门、G20 国家和其他国家为支持国家主导的计划和保证可预见的融资作出额外的努力。

（三）政治风险保险

过去几年，投资界主要关心的是金融危机及其对 FDI 和全球经济的影响。然而，不管是在发达国家还是在发展中国家，政治风险因素预计会再次成为投资者首要的担忧因素。根据 2010 年 MIGA-EIU 政治风险调查，政治风险被认为是中期内对发展中国家投资唯一最重要的限制因素。这个结果反映了许多方面的发展，包括加强对 FDI 监管的趋势（A 部分）和近期世界上某些地区的政治动荡。然而，迄今为止，这些担忧还没有导致对政治风险保险的更大依赖。受全球经济危机的影响，2009 年伯尔尼联盟（BU）投资保险公司承保的投资保险量较 2008 年下降了 6%，降至 1371 亿美元。截至 2010 年 6 月，投资保险量总计超过了 1420 亿美元，12 个月内增长了 7.7%（MIGA，2011），这反映了新企业的复苏。2010 年轻微的回升源于这一年 FDI 的温和复苏。

政治风险保险在 2010 年有了发展。例如，为避免已受益于 2006 年的多边债务减免倡议的低收入国家外部债务重新积累，非优惠借贷政策（NCBP）得到更新。自 2010 年 4 月以来，非优惠借贷政策已成功吸引了越来越多的债权人通过遵循这一政策来促进低收入国家的融资（MIGA，2011）。

最后，政治风险保险和投资政策制定的其他领域也有联系。例如，一些实体在考察时以对所考虑的东道国现存的国际投资协定能够提供政治风险保险为前提条件。

四、FDI 政策和产业政策间的相互作用

在国家和国际两个层面，外国直接投资政策与产业政策之间的相互作用不断增强。所带来的挑战是如何使两种政策形成合力促进发展，避免投资保护主义并增强国际合作。

许多政府近几年已选择了更积极的产业政策。其原因是多方面的，包括结构转变和经济多元化、国际竞争压力、对自由主义政策的失望、希望“引导”发展，强化和保护国家龙头企业，以及为

应对各种危机实施的国家干预。巴西、中国、印度和韩国等国家产业政策的成功进一步推动了这一趋势的发展。

FDI政策和产业发展战略作用紧密。一般而言，国家选择促进还是限制外国投资，取决于所涉及的产业以及对FDI在国内发展中所起作用的定位。投资促进政策是发展中国家建设生产能力的重要手段，因为跨国公司能够为东道国带来资本、技术和专业技能，而这些对个别行业的发展至关重要。相反，当一些国家认为需要对某些国内产业特别是幼稚产业或战略产业提供保护，以避免外资收购或竞争时，会选择对FDI进行限制。在国家和国际两个层面，外国直接投资政策与产业政策都有着相互作用。

（一）国家层面的相互作用

FDI政策和产业政策间的相互作用在具体的国内投资准则中体现得最为明显，这些投资准则界定了FDI在国内产业发展战略中的作用，并确定了适用的政策工具。许多国家已经颁布了此类文件，详细规定了禁止、限制、允许或鼓励FDI的投资范围，以及相关适用的FDI政策工具（例如，中国的“外商投资产业指导目录”和“中国东西部地区外商投资优势产业目录”，印度的“合并版外国直接投资方针”）。[17] 一些指导方针特别强调投资促进政策工具的使用（如韩国的“2011年FDI投资促进政策”、马来西亚工业发展局的“马来西亚投资”政策和泰国投资促进委员会的“可持续发展投资促进政策”）。[18] 这些指导方针也涉及对国家法律和地方各级政府政策的解释。

许多国家针对单个目标企业或特定类型的被认为能对产业发展做出突出贡献的外国投资者制定了政策，例如高科技投资、环境友好型投资项目或使用劳动密集型技术的投资项目。通过项目对接和后期服务，投资促进机构（IPAs）可以在这方面起到重要的支持作用。这些“钉住”政策的作用通过产业关联、促进产业集群和项目孵化得到加强，从而使溢出效应和其他收益达到最大。

产业政策战略经常表现为更普遍的财政或金融激励措施。实施投资激励措施是为了满足特定产业、区域的发展和特定的发展目标的需要，例如出口促进、就业创造、技术转移和升级。投资激励措施还被用于发展至今市场仍不够大的产业（如可再生能源产业）。

产业政策可以获得符合特定产业发展战略的FDI投资促进和便利化措施的进一步支撑。旨在改善东道国的“硬”或“软”基础设施的经济特区和培育中心例如“高新区”（如印度班加罗尔的“电子城”）、[19] “IT走廊”（如中国台北科技走廊）[20] 或“可再生能源区”（如阿布扎比的马斯达城）[21] 的建立都是代表性的案例。[22]

产业政策也可以通过选择性的FDI限制措施来实施。过去，FDI限制措施一直被用于促进幼稚产业发展或出于社会文化的原因而被使用（例如，土地所有权限制）。如今，这一相对较窄的政策范围变得更为广泛，许多国家强化了他们的FDI政策工具，特别是审批和审查程序方面以及为国家龙头企业、战略性企业和关键基础设施提供政府保护方面的政策工具。此外，政府认为有必要保护金融危机期间境况不佳的国内产业和企业，或者为了维持国内就业而禁止或限制对外直接投资。支持FDI限制措施的产业政策考虑越来越多地与其他保护国家安全的政策混淆在一起，从而进一步扩大了国家针对外国投资者的干预范围。

这些政策的经济价值是巨大的。例如，保护国家龙头或战略企业的政策通常涵盖了诸如自然资源、能源、电信、金融服务和运输等核心产业（OECD，2009）。图3.5说明了哪些产业最常受到外资所有权方面的限制。限制措施主要用于运输和媒体部门，一半以上的国家都在这些行业对外国投资进行了限制，通常只允许外资拥有少数的所有权。[23]

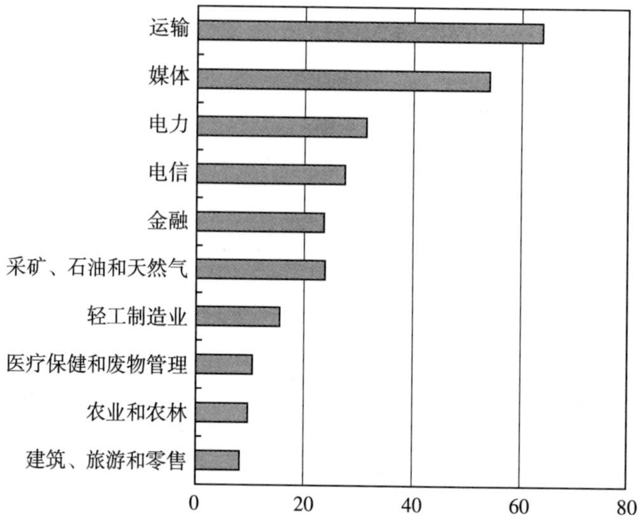

图 3.5 2010 年按行业分类的对该行业外国所有权进行限制的国家所占份额（百分比）

资料来源：UNCTAD，基于世界银行，2010。

（二）国际层面的相互作用

国际层面投资政策和产业政策间的相互作用以国际投资协定的二元性为特征，即可能支持也可能限制产业政策。

在支持产业政策方面，国际投资协定预期会通过以下作用鼓励外国投资：①保护和开放投资（例如放宽进入条件或提供国民待遇）；②改善整体投资政策框架；和/或③扩大投资市场（UNCTAD，2009c）。另外，一些国际投资协定包含明确的投资促进导向的条款（UNCTAD，2008b）。[24] 然而，由于大部分国际投资协定都是全面适用的，因此其外国投资增加效应会在所有行业产生。

另外，国际投资协定也有可能限制与投资相关的产业政策。在这方面最值得关注的是国际投资协定下列规则方面的条款：①外国投资者的进入（如防止国家在进入层面对外国投资进行限制）；②国民待遇（如防止国家排他性地给予国有企业补贴）；[25] 和/或③业绩要求（如限制旨在产生本地关联或确保外国投资的正向溢出效应的政策）。国际贸易协定中的投资相关规定也可能产生这样的限制影响，例如 WTO《与贸易有关的投资措施协定》[26] 和《补贴与反补贴措施协定》（专栏 3.6）。[27] 很难从理论上对国际投资协定造成的实际限制程度进行预测，这取决于行业、政策以及国际投资协定所涉及的条款。

为了避免造成过度的政策限制，一些国际投资协定制定了一些灵活机制（WI10），例如协定中的免责条款/例外条款或特定国家的保留条款。这些和产业政策相关的灵活机制包括：

（1）将某些产业排除在外，例如航空，渔业，海运事宜，金融服务业或文化产业。

（2）将某些政策排除在外，例如税收，补贴，政府采购或农业政策。[28]

（3）包含普遍安全或国家安全例外条款，这些条款与产业政策的联系越来越紧密（UNCTAD，2009b）。

政策制定者在保留产业政策空间时给予了一

些部门和产业特殊的关注。例如，正如联合国贸发会议对投资保留条款的案例研究所揭示的那样（见图 3.6），各个国家通常都不愿意接受服务业广泛的国际承诺，这一趋势在过去几十年一直未变。[29] 除了特定的产业政策考虑外，出现这种现象也可能有许多其他方面的考虑，比较显著的是：①普遍更高水平的监管（例如因网络服务中市场失灵范围扩大引起的监管）；②更高的政治敏感性（例如在教育、医疗和环境服务，包括水的配送等这类基本服务业中私人和外国服务提供商的地位）；③国家安全考虑（如对于战略性的服务行业）；④高水平的国家所有权（第一章）或政府审查（例如在垄断或寡头垄断行业）（UNCTAD，2005，2006）。

在服务业内，政策制定者倾向于在交通运输、金融（例如银行和保险）、商业/专业服务和通信（例如邮政、通信、电信和视听服务）部门保留政策空间。[30] 虽然每个行业这样做的理由不尽相同（例如：①在运输部门是沿海贸易权问题；②金融服务业考虑的是部门完整性和稳定性的问题；③在电信部门这样做是为了保证公共服务的供给），但是对国家所有权的要求却是相关的。

专栏 3.6 WTO《与贸易有关的投资措施协定》

WTO《与贸易有关的投资措施协定》（TIRMs 协定）禁止 WTO 成员采取某些与商品相关的业绩要求，例如当地含量要求①。TIRMs 协定因此直接触及到了传统产业政策领域的一些措施。此外，TRIMs 协定同时适用于国外和国内商品生产商，包括农产品，并且它的禁止措施是指示性的而并非详尽无遗的，这些事实说明该协议的实际应用范围也许是相当大的。

然而，必须指出的是，TRIMs 协定承认 1994 年关贸总协定的所有免责条款应酌情适用于它的规定②。该协定也为发展中国家维持关税结构的灵活性提供了一个暂时的例外，从而使他们能够为某个特定行业的建立给予需要的关税保护③。而且，TRIMs 协定仅适用于商品相关的政策，因此不适用于 WTO 成员有关服务的政策（例如地方服务要求）。

TRIMs 协定确立了透明度要求④和机构设置，即与贸易有关的投资措施委员会，以便于讨论和磋商。TIRMs 协定的几个讨论都触及产业政策，包括中国在汽车和钢铁部门⑤的政策或印度尼西亚在电信，煤矿和采矿业的政策⑥。

国际投资协定中也包含业绩要求的禁止条款。这些国际投资协定和 TRIMs 协定的一个重要区别就在于适用范围不同：国际投资协定不限制政府对国内投资者的监管，因此一般要比 TRIMs 协定适用范围窄；就国际投资协定有时会添加附加要求（“TRIMs+”）（如对服务业的业绩要求或知识产权保护）或没有 TRIMs 协定式的例外条款而言，他们又可能比 TRIMs 协定的适用范围广。

注：①TRIMs 禁止与贸易有关的投资措施在国民待遇（1944 年 GATT 第Ⅲ条款）和数量限制（1994 年 GATT 第Ⅺ条款）方面和关贸总协定的条款不一致。

②TRIMs 协定第 3 条款，一般例外包含在 1994 年关贸总协定的第ⅩⅩ条款中。

③TRIMs 协定第 4 条款，以及 1994 年关贸总协定的第ⅩⅧ条款。

④TRIMs 协定第 6.2 条款要求每个成员公布可能涉及 TRIMs 协定的出版物，包括那些被区域和地方政府应用在他们的领域的出版物。

⑤例如所谓的“2+2”规则规定在乘用车和商用车的生产领域外国投资者均只能设立不超过两个的中外合资企业。见 G/TRIMS/M/27，29 和 G/TRIMS/W/55。

⑥例如在矿产和煤矿行业要求优先利用当地劳动力和国内商品和服务，并在国内加工和精炼矿产品。见 G/TRIMS/W/70，G/TRIMS/W/71 和 G/TRIMS/W/74。

资料来源：UNCTAD。

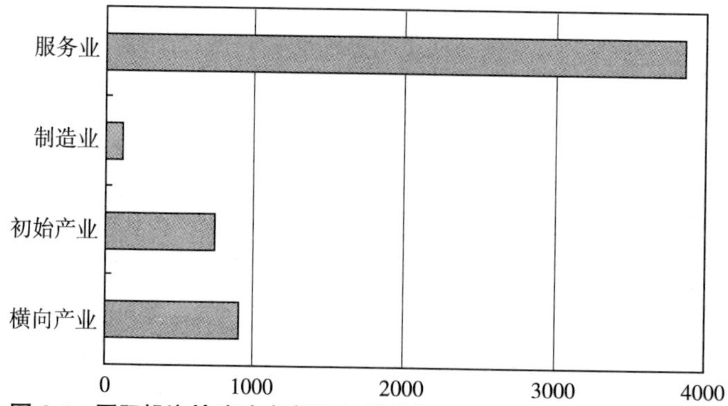

图 3.6 国际投资协定中各部门的投资相关保留条款（保留条款数）

资料来源：UNCTAD。基于国际投资协定数据库和 UNCTAD（2005，2006）和对 16 个国际投资协定的调查。

有时，政策空间是为和产业政策密切相关的投资政策的特定问题而保留的，如补贴、船舶国籍、公用事业、国有企业或土地所有权等。

FDI 政策和产业政策在国际层面相互作用的显著特征和国家层面上所观察到的是一致的。和制造业或初级部门（例如农业和林业）相比，在两种层面上服务业都更多地受到外国所有权限制的影响。此外，正如图 3.5（国家政策）和图 3.7（国际政策）所显示的，不管是在国家层面还是国际层面，国家更倾向于为服务业保留监管空间。总而言之，这都说明各国都在有意识地管理投资政策和产业政策间的相互作用，以确保二者在国家和国际层面上的一致性。

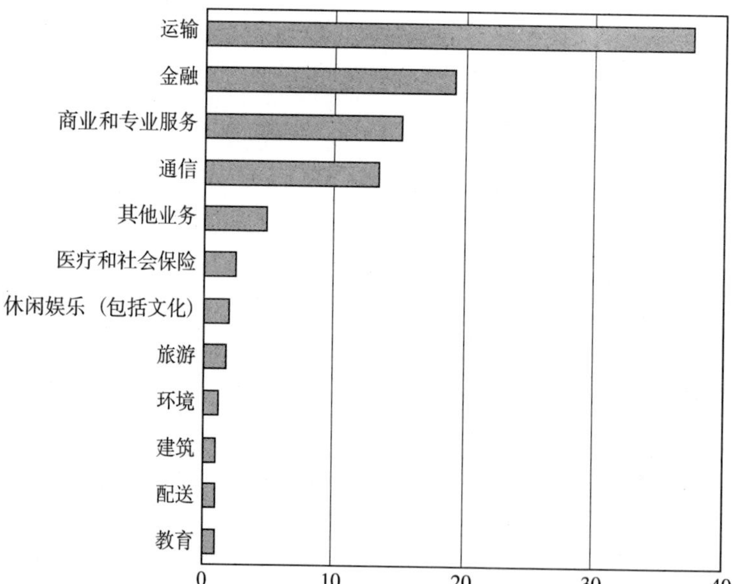

图 3.7 国际投资协定中服务业投资方面的保留条款（保留条款份额）

资料来源：UNCTAD。基于国际投资协定数据库和 UNCTAD（2005，2006）和对 16 个投资协定的调查。

（三）政策制定者面临的挑战

FDI 政策和产业政策间的这些不同类型的相互作用使政策制定者对两种政策共同促进经济发展提出了许多重要挑战。

1. “挑选赢家”

对产业政策的最大批评之一在于很难识别应该促进的“正确”产业（“挑选赢家”）。这一困境不仅仅是关于选择“成功的行业”，也在于选择“成功的企业”；如果支持了“失败者”则会面临浪费有价值的和稀缺的资源、因扭曲市场机制而使经济长期受损，以及屈从于游说压力的风险。

如果政府能够鉴别那些具有现存或潜在比较优势的产业，这些产业因而能从多极增长世界中的新机遇中获益，那么产业政策就能成功（Lin，2011）。出口产业并不总是对就业和增加值有最大的影响；即使是在发展的经济体中，国内行业，包括服务业，也经常占到增加值的一半以上。需要政策工具（一套评估国内产业和企业发展潜力的评价指标清单）和制度机制来共同降低政府做出“错误”选择的风险。已经有人提出了这方面的初步建议（Rodrik，2004；Lin 和 Monga，2010；Lin，2011）。“挑选赢家”的成功策略还包括准备好让“失败者”离开。有时候即使是最明显的产业优先选择，也就是选择了那些看起来绝对是“赢家”的产业，在当今不确定的经济环境下也将不会成功。

2. 培育选定的行业

FDI 政策和产业政策间的相互作用使得各国有必要设计“正确的”投资促进工具，旨在改善东道国软硬基础设施的水平政策是基础。实际需要则取决于将要发展的商业活动的类型、需要的技术和技能，以及跨国公司的参与形式（FDI 还是非股权形式）。[31] 在一些基础设施和商业环境较差、被认为不利于投资的国家，就需要采取特殊的投资激励措施以帮助克服进入障碍。一些还没有市场的新兴产业（例如可再生能源产业）或者需要先行者的尝试性产业，都需要这一类型的激励措施，因为创新是一个有风险的过程（Lin，2011）。

产业政策可以通过提高行业生产力来增强国际竞争力。这就需要强化产业政策、FDI 政策和技术相关政策之间的紧密配合，以使他们能够保持一致并且相互促进。行业发展的动态特性要求对现有政策工具进行定期审查和调整。跨国公司国际生产网络的近期变化导致其更加看重国际生产的非股权形式就是一个恰当例子（第四章）。

3. 保护政策空间

管理国际投资政策和产业政策间的相互作用意味着在保持产业政策动态变化空间的同时，还要在开放和保护 FDI 之间达到平衡。在确定行业和现有及未来可能的国内政策时会面临着这样的挑战，这是最需要灵活性的；在确定很可能对产业政策产生影响的《国际投资协定》条款，以及认识到产业政策可能随时间而变化方面，都会面临着这样的挑战。

由于所谓的锁定效应，上面提及的最后一点非常重要，它意味着一旦承诺对外国投资开放一个行业，只要《国际投资协定》仍然有效，东道国就会受到它的约束。[32] 如果准入前的协定包含“逐步减少”剩余的 FDI 限制措施的承诺，或所谓的“棘轮条款”，那么问题会更加严重。根据“棘轮条款”，一国如果在监管方面采取更开放的措施，则这些措施会自动地列入该国在《国际投资协定》中的承诺（UNCTAD，2006）。为此，一些国际投资协定为协定签署方设立了一个变更或撤销承诺的程序。[33] 总而言之，谨慎地制定《国际投资协定》义务条款以及免责条款和保留条款对缔结有益于东道国产业政策目标的《国际投资协定》大有帮助。

4. 避免投资保护主义

产业政策包含投资限制方面的内容已经引起了对投资保护主义的担忧。因为最近的金融危机，这方面的担忧不断增加，因为一些国家可能会试图保护他们国内的产业，而损害国外竞争者。[34]

在管理产业的主权权利和避免投资保护主义之间达到平衡仍然是一个主要的政策挑战。而国际上并没有一个“投资保护主义”的公认定义，这使得这一挑战变得更为复杂。阐明这一术语需要辨别对 FDI 进行限制的原因是否合理。限制 FDI 的动机是多样的，包括主权或国家安全的考虑、战略性的考虑、社会文化方面的原因、金融行业谨慎的政策、竞争政策、幼稚产业保护或互惠政策等。在每种情况下，对于限制 FDI 的理由是否合理以及在什么情况下这类理由是合理的，各国的看法都很不相同。

G20 已经实施了一项监控投资保护主义的行动。自 2009 年 9 月起，应 G20 伦敦和匹兹堡峰会的要求，联合国贸发会议和 OECD 已定期出版关于 G20 投资措施的联合报告。[35] 建立一套标准以评估国家安全方面的投资限制措施是否合理的工作已开始进行（OECD，2009）。

5. 增强国际合作

随着越来越多的国家采取了各种形式的产业政策，竞争和冲突必定会日趋激烈且更为复杂。为了避免出现监管标准方面全球竞争到底线或投资激励方面竞争到上限的局面，并且避免保护主义倾向的抬头，需要进行更好的国际合作（Zhan，2011）。在全球层面上，这类“合作”目前主要局限于在 WTO《关于补贴与反补贴措施的协定》框架下对某些形式的补贴进行控制。

通过规模经济，产业政策层面更好的国际合作能产生重要的协同效应，从而避免“以邻为壑”政策，并提高参与国的地位。当一个国家单独实施一个产业项目面临项目规模、成本和风险过大问题时，跨国产业合作也能提出解决方法。在区域层面特别是欧盟，这方面的努力已变为现实，20 世纪 70 年代欧盟建立空中客车航空产业就是例证。其他区域，如东盟、[36] 西非国家经济共同体[37] 和海湾合作委员会，[38] 也已经提出了产业联合发展战略。当参与者之间有共同的 FDI 制度时区域性产业政策会得到进一步加强。

* * *

总之，在国家和国际两个层面，外国直接投资政策与产业政策之间的相互作用不断增强。各国发展阶段和相关战略都不一样，因此在处理这一相互作用时没有“一刀切”的解决办法。政策挑战有很多，其中一些仅涉及国内层面，而其他的则需要国际层面的关注。

五、企业社会责任

投资政策格局包括了越来越多的自愿性和规制措施的结合，以提升企业的社会责任标准。

近年来投资政策的重要发展莫过于企业社会责任（CSR）标准的出现。[39] 这类标准包含约束性的“硬法律”工具，例如国家法律法规或自愿性的非约束性的“软法律”工具之中。目前，国际性企业社会责任标准性质上几乎都是自愿性的，已经成为一种独特的“软法律”。随着重新平衡国家和投资者之间权利和义务的努力不断加强，后危机时代企业社会责任标准得到了进一步强化(WIR10)。尽管企业社会责任标准适用于所有类型的企业，但它们对国际投资的影响日益加深，因为它们通常聚焦于跨国公司的经营，而跨国公司可以通过其对外投资和全球价值链影响全球工商业的社会和环境做法。政府可以考虑采取一些有效措施来把这些标准应用到他们的投资和企业治理机制中，从而使这些企业活动带来最大化的发展收益。

(一) 审视现有的企业社会责任标准

1. 政府间组织标准

近些年，企业社会责任标准不管是在数量还是形式上都有所扩张。[40] 虽然很难提供关于这类标准和倡议的详尽数目，但企业社会责任标准体系可以根据标准的创设机构来分类：①政府间组织标准，来源于国际声明和协定中公认的普遍性原则（存在三套主要的标准）；②多方利益相关者倡议（MSI）标准（数十项）；③行业协会倡议（数百项）；④独立公司准则（数千份）。这形成了一个复杂的、多层次、多方面且相互关联的企业社会责任标准格局。

企业社会责任标准最突出、最权威的来源是国际声明和协定中公认的普遍性原则。这些国际文件的三个主要来源是联合国、国际劳工组织和经济合作与发展组织。这一类别下的三个主要标准是：

(1) 联合国声明和文件：《联合国全球契约》是一个最显著的例子。该契约于2000年发布，是联合国秘书长办公室将最相关的联合国声明转换成对企业的10项指导原则的倡议（专栏3.7）。

(2) 国际劳工组织的协定和宣言：[41] 有188项《国际劳工组织协定》，和跨国公司经营最相关的是关于跨国公司和社会政策的《三方原则宣言》(《跨国公司宣言》)(在1977年提出，最近一次修订是在2006年）以及关于工作中基本原则和权利的宣言（1998)(也被称为“基本劳工标准”)。

专栏3.7 联合国全球契约10项原则

人权

原则1：企业应该支持并尊重国际公认的人权；

原则2：绝不参与任何漠视与践踏人权的行为。

劳工标准

原则3：企业应该支持结社自由和有效承认集体谈判权；

原则4：彻底消除各种形式的强迫和强制劳动；

原则5：有效消除童工；

原则6：消除就业和职业歧视。

环境

原则7：企业应对环境挑战应未雨绸缪；

原则8：主动增强环保责任；

原则9：鼓励环境保护技术的研发与推广。

反腐败

原则 10：企业应反对各种形式的腐败，包括敲诈勒索和行贿受贿。

资料来源：www.unglobalcompact.org。

（3）经济合作与发展组织的跨国公司行为准则（《OECD 行为准则》）（1976 年第一版，最新修订是在 2011 年）。参与该准则的 42 个国家政府在数量上要比联合国和《国际劳工组织协定》的签署国少，但它们包括了一些大的发达国家，这些国家的企业在 2010 年 FDI 中占据了 70%的份额（第一章）。

联合国及其包含国际劳工组织在内的专门机构的标准，与《经合组织行为准则》一起涵盖了企业社会责任的基本问题。在下面对每种类型标准的考察中，很容易找到对这些主要政府间组织标准的参考。除了上面提到的三种最普遍的标准，还有很多出自联合国（及其专门机构，包括国际劳工组织）和经合组织的相关政府间组织标准。

2. 多方利益相关者倡议标准

多方利益相关者倡议（MSIs）是“出于制定规则的目的建立的跨部门伙伴关系，以设计和管理市场和非市场参与者的监管标准”（Litovsky et al.，2007）。这些伙伴关系包含一系列的民间团体、企业、劳工、消费者和其他利益相关者。多方利益相关者倡议标准最常强调的是非产品相关的工序和生产方式（PPM），例如关于怎样生产产品的问题以及某些生产方法的环境和社会影响。尽管多方利益相关者倡议标准主要是由民间团体和企业参与者提出的，但他们仍经常参考国际“软法律”文件的标准框架（见附表 3.2）。

一项独特的多方利益相关者倡议是国际标准化组织（ISO），它是一个成员为国家标准设立主体的非政府组织。ISO 标准得到了国际机构（例如 WTO）和国家政府的广泛认可。2010 年，国际标准化组织发布了 ISO26000“社会责任指南”标准，这一标准为界定“社会责任”提供了重要参考。[42]

3. 行业协会和独立公司准则

特定行业准则一般都采用行业内领先企业联合提出的准则，并强调供应链和国际经营的社会和/或环境影响（见附表 3.3）。现有的独立公司准则有数千个，并且在大型跨国公司中尤其普遍：发达国家和发展中国家超过 3/4 的大型跨国公司都有关于社会和环境问题的政策（UNCTAD，2011e；2008c）。约一半适用于价值链的跨国公司准则参考了一个或多个政府间机构标准。

* * *

自愿性的企业社会责任标准由众多来源、功能、参与者和相互关系都不同的标准组成，并且这些标准对发展产生影响的方式也不尽相同。这些标准的不断增多也对标准的设立和实施带来了许多系统性的挑战。

（二）现有标准的挑战：主要问题

1. 差异、重复和矛盾

在涵盖的主题和行业焦点方面这些标准存在差异。“OECD 行为准则”涵盖了从人权到税收的广泛的负责任的商业做法，然而，和联合国与国际劳工组织的文件相比，只有较少的成员国参与了这一行为准则的制定。对《跨国公司宣言》的考察发现，国际劳工组织的跨国公司宣言关注更多的是就业和人权，但其适用于更多直接参与制定的成员国、雇主、工人和跨国公司（OECD-ILO，2008）。由于许多标准关注的是环境或社会问题，但对二者的关注度经常不同，因此多方利益相关者倡议在主题方面存在差异。

多方利益相关者倡议的一个新兴趋势是在环境标准内包含社会问题。[43] 主题差异也包括了关注特定结果的标准（例如最低工资承诺）与关注“正当程序权利”的标准（例如劳工权利）之间的对抗。行业焦点也存在差异，因为并不是所有的行业（或价值链的一部分）都是某个标准的主题。尽管标准的缺失可能反映了有待补足的差距，[44] 但它也可能意味着某个领域未必需要一个标准，或者在该领域标准并不是处理现存问题的最好方式。

差异还存在于公司对标准的理解上，因为公司的理解是由消费者、媒体和投资者的关注点驱动的，所以企业社会责任标准最先会被那些接触这些关注点最多的公司采用（Utting，2002）。大型跨国公司对标准的采用能够创造联级效应从而推动整个价值链上的可持续性，但这并不必然会对所有成员产生相同的影响。事实上有一些标准倾向于支持不同级别上的集中度以挤出小型企业和生产者（Reed，Utting 和 Mukherjee-Reed，2011）。尽管如此，随着领先企业采取和完善企业社会责任标准，为评价其他公司的最佳实践设立了一个基准。

在独立公司标准中，既存在所涉及问题（例如劳工条例、环境、人权、行贿受贿）的高度重复，又存在详细操作准则的高度不一致。由于大部分公司在关键问题上都会参考主要的政府间组织的标准，这就减少了所涉及的一般问题上的不一致性，但是许多政府间组织标准缺乏详细的微观层次上的操作准则，公司不得不自己完善这些细节。由此导致的不一致意味着标准提供者可能面对不同的要求、增长的复杂性以及更高的遵约成本。特定产业标准的出现能帮助缓解这一问题。

一些行业存在不止一个多边利益相关者倡议或行业协会标准。这可能会在公司间引起混淆，也经常使他们选择多个认证以确保所有相关问题都得到处理。多方利益相关者倡议越来越倾向于共同合作，以促进处理相同问题的标准或同一行业内的标准结盟。[45]

2. 标准制定中的包容性

标准的可信性是和标准制定过程中包含的足够大范围内的利益相关者联系在一起的。公司准则和行业协会准则由于涉及的外部利益相关者有限，往往因可信度较低而受到挑战。政府间组织被认为是权威的标准制定者，因为他们反映了国际共识。多方利益相关者倡议标准的普及则主要源于他们包含的跨部门程序。强调关于包容性的挑战还意味着对发展中国家在企业社会责任标准的制定过程中往往参与不足的重视，这是资源约束引申出来的问题。

3. 自愿性企业社会责任标准和国家立法之间的关系

自愿性的企业社会责任标准能够补充政府在监管方面的努力；然而，它们被作为劳动、社会和环境保护立法方面的替代，或者当企业社会责任标准不是基于国家或国际规则时，这些自愿性标准可能削弱、代替或分散政府在管制方面的努力。例如，自愿性标准的批评家指出，对比美国法律规定的阿拉斯加输油管道的安全检查和公司保证支线管道安全的自愿性承诺，他们注意到，在发生了 25 万桶的石油泄漏后，当美国政府要求其进行检查后，英国石油公司才发现了关于支线管道的严重问题（Reich，2007）。

4. 报告和透明度

尽管近年来发达国家和发展中国家的跨国公司对企业社会责任的报告呈现了巨大增长，但这些报告仍然缺乏一致性、标准化和可比性。许多倡议提议建立一个标准化的企业社会责任报告框架，包括联合国贸发会议的国际会计和报告准则、政府间专家工作组和几个多方利益相关者倡议［例如全球报告倡议（GRI）、碳排放披露准则委员会以及国际综合报告委员会］。尽管公司对这些框架的采纳在快速增长，但占比仍然极低[47]，甚至在采取自愿性企业社会责任报告框架的公司中，对框架的采用也是有选择性的和不完全的。

多方利益相关者倡议标准和行业协会标准的报告也引发了透明度问题，使得利益相关者很难评估和比较不同倡议的业绩。不过，一些倡议已经开始实施报告计划：公平劳动协会出版了一份年报并披露了采取其标准的公司的进展。一些多方利益相关者倡议（例如公平服装协会）已经为采用其标准的企业建立起了一个报告框架。

5. 遵约和市场影响

一个重要的挑战是保证自愿采取标准的企业能够遵守这些标准。若不能证明遵循了标准则会降低标准的可信性和市场影响。[48] 现有企业社会责任标准中的遵约促进机制表现为从无到有的报告要求和赔偿机制，再到审计、出厂检验等主动机制（见表 3.4）。主要的政府间组织标准都包含了遵约机制，包括《联合国全球契约》（“诚信措施”和“进展交流”）、《国际劳工组织跨国公司宣言》（“解释程序”）以及《经济合作与发展组织行为准则》（“具体事例程序”和“国家联络点”系统）。多方利益相关者倡议标准和行业协会标准一般都有包括检查/审计、纠正计划、报告和消费者标签计划在内的认证或鉴定程序。为了提高可信度，许多多方利益相关者倡议将他们的标准制定过程同认证过程分离开来，监控和审计程序也越来越多地依赖专业化的第三方。[49] 企业社会责任标准领域的动态性还包括了随时间不断升级遵约机制的重要实践，例如添加新的标准、严格检验程序以及增加投诉程序。

尽管遵约促进机制是标准不可或缺的一部分，它们也可以通过第三方和标准建立联系。正如上面所提到的，许多政府间组织标准是多方利益相关者倡议认证标准的主要参考。这样，企业对政府间组织标准这一“软法律”的遵循就能被其他带有主动遵约机制的企业社会责任标准所推动。

与认证计划和审计相联系的一个挑战就是它们可能会给公司带来更大的负担，并因此导致标准的采用率降低和市场影响减小。相反，遵约机制的缺乏能导致较高的标准自愿采用率，但完成率就会比较低、不清晰和/或不可度量。不管怎样，许多多方利益相关者倡议和行业协会准则都采用了主动的遵约机制。尽管如此，由于一些倡议能够影响所涉及产业一半以上的全球市场，他们还是能带来重大影响（见表 3.5）。

一些准则［如海洋管理委员会（MSC）和森林管理委员会（FSC）］的全球市场份额从 5%到 10%不等，从而通过了“概念证明”阶段；现在的挑战是怎样实现这些准则的广泛采用。零散型产业尤其如此，在这些产业中要达到很大的市场份额需要大量公司的参与。在零散化程度较低的行业，即使是独立公司准则也会产生重大的影响（见表 3.5）。

6. 对可能的贸易和投资壁垒的担忧

关于社会和环境标准特别是非产品相关的工序和生产方式标准是否可能成为贸易和投资壁垒还有一些未决问题。在 WTO 规则下非产品相关的工序和生产方式标准是否被 WTO 的技术性贸易壁

表 3.4　一些国际企业社会责任标准中的遵约机制

标准来源	主动机制（审计，检查）	报告要求/赔偿机制	没有正式的遵约机制
政府间组织		• 联合国全球契约 • 经合组织行为准则 • 国际劳工组织三方宣言	
多方利益相关者/非政府机构	• ISO14000 • 海洋管理委员会 • 森林管理委员会 • FLA RSPO • SA8000 • 4C 协会		• ISO26000 • 全球报告倡议组织
公司/行业协会	• C.A.F.E.规范 • 皮革工作组 • 倡议商界遵守社会责任组织 • 国际玩具行业理事会		• 电子行业行为准则 • 制药业负责任的供应链管理原则

资料来源：UNCTAD。

表 3.5　部分多方利益相关者倡议和行业协会企业社会责任标准及独立公司准则的影响

标准	遵约机制		市场影响
	认证/审计	公共报告	
多方利益相关者倡议标准			
森林管理委员会（1993）	是	年报，审计结果	覆盖了全球用于生产活动的森林的 11%
ISO14001（1996）	是	年报	自 2009 年 12 月起，159 个国家的 149 个机构通过了 ISO14000 认证
社会道德责任标准（SA8000）（1997）	是	年报	超过 140 万名工人受雇于 65 个国家的超过 2400 个经 SA8000 认证的工厂，这些工厂涉及 66 个产业部门
海洋管理委员会（1997）	是	年报，审计结果	覆盖了全球 6%的捕鱼量
公平劳动协会（1998）	是	年报，审计结果	其 2009 年的成员来源于 1153 家工厂，估计共有 300000 名工人（最近 3 年的增长率为 60%）
公平服装基金会（1999）	是	年报，审计结果	覆盖了全球运动鞋行业的 75%
优质咖啡认证（1999）	是	年报	覆盖了全球 5%的咖啡生产
4C 协会（2004）	是	年报，并包含成员公司工作数据	覆盖了全球 30%的咖啡生产
可持续棕榈油圆桌会议（2004）	是	审计结果	覆盖了全球 8%的棕榈油生产
产业协会准则			
倡议商界遵守社会责任组织（BSCI）行为准则（2002）	是	年报	11200 个供应商根据 BSCI 行为准则进行了审查，9 个不同国家的 4000 个供应商接受了培训
国际玩具行业理事会（ICTI）行为准则（2004）	是	两年报告一次	全球 75%的玩具业务承诺将来只从经 ICTI 认证的供应商进货
皮革工作组原则（2005）	是	否	该工作组覆盖了全球 10%的皮革生产
独立公司准则			
耐克供应商行为准则	是	是	全球 31%的运动鞋市场，通过这一供应商行为准则耐克影响了 45 个国家的 700 个工厂的超过 800000 名员工
阿迪达斯供应商行为准则	是	是	全球 22%的运动鞋市场，通过这一供应商行为准则阿迪达斯影响了 65 个国家的 1200 个工厂的超过 775000 名员工

资料来源：UNCTAD，基于多方利益相关者倡议、行业协会、公司和联合国粮农组织的数据。

垒协定（TBT）或其他 WTO 协定（例如《卫生和植物检疫措施》；《政府采购协定》）涵盖仍不清晰。在技术性贸易壁垒之外，还存在着 20 世纪 90 年代末的“虾龟案”。在这一案件中，美国的环保规定对那些没有采用保护海龟安全的虾捕捞做法（美国渔业基于消费者要求而引入）的虾出口国设置了进口禁令。[50]

同样，企业社会责任标准也可能为不符合标准要求的企业带来（内向和外向）投资壁垒。例如，在危地马拉，没有森林管理委员会（FSC）认证的林业公司被禁止在玛雅生物圈保护区经营（FSC，2009）。而在丹麦，只有符合政府企业社会责任标准的企业才具有获得外向投资援助的资格。在两种情况下，如何区分标准的使用是合法应用还是贸易保护主义的滥用是一个挑战。例如，企业社会责任标准如果在不同国籍的公司间有差别地使用，那它就会成为贸易保护主义的一种。因此，监控企业社会责任标准的应用并鉴别歧视性的做法很重要。

自愿性企业社会责任标准不易受到 WTO 贸易协定带来的挑战的影响，而且也不易受到贸易保护主义的质疑，因为这些标准没有规定要求公司必须遵守它。例如，一个关于有机食品的自愿性标准给予了公司使用标准中方法的选择权，并不把公司使用这一标准作为市场准入的条件。这样，自愿性企业社会责任标准在实现公共政策目标方面要比强制性要求的问题少（Webb 和 Morrison，2004）。这说明若只有自愿性标准，会引起公司方面忽略和不重视的风险。强制性标准和自愿性标准间的平衡是微妙的，但基于必要性和均衡性客观标准的合法限制在贸易和投资协定中是允许的。[51] 同样地，为了公共政策和经济发展，国家可能会对投资者和他们的投资行为进行的合法限制。[52] 因此在强制性和自愿性的标准间维持一个适当的平衡是一个挑战。

（三）政策选择

政府可以发挥重要作用，创造一致的政策和体制框架，以应对企业社会责任标准体系带来的挑战和机遇。在这方面，一些政府已开始将企业社会责任标准应用于公司治理及国际贸易与投资制度的构建中。这一举措旨在推广企业遵循国内法规与国际协定的最佳实践，以最大化跨国公司对可持续发展的影响。以下是一些政策选择。

1. 支持企业社会责任标准发展

政府可以鼓励并支持企业社会责任标准的发展，包括物质支持、技术指导和动员利益相关者参与等（Vermeulen 等，2010）。例如，4C 协会标准是由德国政府提出并由德国发展署实施的咖啡行业可持续性发展的标准。由于有瑞士政府及其他公共和私人部门代表的支持，4C 协会标准已经成为极具影响力的行业标准。

政府可以支持国家认证管理体系标准（MSSs）的发展。这一举措将为企业提供在企业社会责任领域凸显自身的认证标准。近年来诞生了一系列国家企业社会责任管理体系标准，包括 2004 年巴西政府和墨西哥政府设立的标准、2008 年葡萄牙政府设立的标准、2009 年西班牙政府设立的标准以及 2010 年荷兰政府和丹麦政府设立的标准。在某些情况下，这些国家性的管理体系标准都是基于或符合 ISO 标准的。随着国家性企业社会责任管理体系标准的激增，国际性企业社会责任管理体系标准将会引起更多的关注。[53]

2. 在公共采购政策中实施企业社会责任标准

政府可以考虑在采购政策中实施企业社会责任标准，以促进环境友好型产品的商业实践，同时有效避免可能形成贸易保护主义的歧视性做法。例如，中国政府提供了一个环境友好型产品“绿色清单”，在公共采购中给予清单所列商品的优惠待遇。[54] 德国政府承诺只购买被证实来源于合法的和可持续性渠道的木材及木制品，并接受森林管理委员会（FSC）证书作为认证标准。另外，荷兰政府也制定了可持续性方面的采购政策；而瑞典政府正在制定类似方案；英国政府也出台一个战略（“政府可持续性采购行动计划”），并承诺其公共机构（比如学校）只从拥有鱼产品环保认证（MSC）的供应商那儿采购鱼类产品。虽然在采购政策中运用企业社会责任标准能够促进企业对这些标准的采用，但同时也可能对那些能力有限而不能采用这些标准的企业，尤其是贫困国家的企业的竞争地位及经营带来负面影响。

3. 能力建设

造成标准执行低效的一个因素是价值链不同阶段中相关知识、技能及能力的不足。因此，标准的执行往往需要一个能力建设过程。这是创建价值链（包括为供应商提供援助的跨国公司）“责任共担”的一个重要部分，这正好与批评者口中的“推卸责任”（即遵守标准的责任仅仅落在发展中国家供应商肩上，他们往往难以达到企业社会责任标准）相反。

发展中国家希望通过在国家内部推广该标准和援助国家建立伙伴关系，以向本国产业及监管部门实施能力建设措施和技术援助。例如，玻利维亚政府与美国国际开发署之间的一个项目就推动了森林管理委员会认证标准（FSC）在玻利维亚林业的实施。这一项目包括了愿意接受认证的企业的能力建设，以及帮助合格企业与出口市场之间建立联系。得益于这一项目，玻利维亚如今拥有世界上最大面积的经森林管理委员会认证的热带雨林（FSC，2009）。在冈比亚，渔业部同美国国际开发署合作以使该国渔业通过鱼产品环保认证（MSC）(美国国际开发署，2010)。政府可以通过参与联合国贸发会议等国际论坛交流的最佳做法来进一步加强企业社会责任能力的建设。

4. 促进企业社会责任披露及负责任的投资

为提高企业社会责任实践的透明度及可比性，许多证券交易所，尤其是新兴证券交易所都通过证券交易所上市规则，来推动企业社会责任报告，为负责任的投资实践提供便利（负责任的研究，2010）。例如，通过与国家政策制定者的紧密合作，马来西亚证券交易所强制所有上市公司进行企业社会责任报告。在中国，上海证券交易所也出台了《上海证券交易所上市公司环境信息披露指引》，并要求上市公司都要遵照执行。[55]

采用国际倡议构建的现有框架是发展国内企业社会责任报告框架的一个替代方案。例如，南非约翰内斯堡证券交易所就要求企业在准备可持续发展报告时采用全球报告倡议组织提供的报告框架。运用这样一种通用框架能够促进报告间的国际可比性。对推广国际协调的企业社会责任报告方法，以及鼓励包括“影响力投资”领域在内的负责任的投资（专栏 3.8）感兴趣的政策制定者，能够通过联合国贸发会议的联合国国际会计和报告标准政府间专家工作组（ISAR）[56] 和/或可持续性证券交易所倡议组织 [57] 等论坛进行合作。

专栏 3.8 影响力投资：在对社会和环境影响达到最大化的同时实现有竞争力的财务回报

影响力投资已经成为一个拥有数万亿美元的产业，它拥有不同的主题。它可能会关注竞争对制造或推销某些产品和服务的公司的投资的负面筛选。它也可能关注股东拥护及对正确的环境，社会和公司治理（ESG）的筛选，并在特定公司进行定向投资。影响力投资在这方面更进一步，它将社会、环境和发展目标直接融入商业组织和金融模型。它基于这样一个基本信念：投资者实现有竞争力的财务汇报与社会改变是可以同时实现的。

潜在的影响力投资机会很大一部分还是未知的。分析师估计，影响力投资在接下来的 10 年能达到 5000 亿美元至数万亿美元的规模。为了说明影响力投资的巨大机会，下面给出了几个例子：

为了应对气候变化，国际能源署估计，到 2050 年将国际能源部门的温室气体排放量减半需要 1.3 万亿美元的投资。到 2030 年使基础设施系统实现现代化另外需要 41 万亿美元。其中，用水方面的基础设施是这一投资中的最大部分，需要 23 万亿美元。McGraw Hill 建筑公司估计，全球绿色建筑市场到 2013 年将会增加一倍以上，达到 960 亿~1400 亿美元。另外，根据世界资源研究所的资料，40 亿人均年收入低于 3000 美元的人群构成了 5 万亿美元的全球消费市场。此外，14 亿人均年收入在 3000 美元和 20000 美元之间的人群则代表了全球 12.5 万亿美元的市场。

尽管影响力投资有着巨大的潜力，但要取得成功，在对市场情况的必要理解方面仍存在很大差距，并且政策和监管框架都不充足，关于将环境、社会和发展因素充分融入估值和阿尔法预测的金融模型方面的知识也很有限。

通过“2011—影响力投资”计划，美国国务院将与联合国贸发会议、经合组织及其他机构合作，一起应对这些差距，并刺激私人投资，优先处理社会和环境方面的挑战。

资料来源：由美国国务院及哈佛大学对负责任的投资的倡议共同提供。

5. 从“软法律”向“硬法律”转变

政府可以考虑在监管措施中采纳一些现有的企业社会责任标准，从而将自愿性标准（软法律）转换为强制性要求（硬法律）。例如，在许多国家，有机食品标准起初是作为民间团体或行业协会的自愿性标准，而如今基本都由国内立法规定。[58] 这一模式使政府可以运用自愿标准的动态空间作为未来政府政策规定的实验室。

另一种措施则是“公私结合的管理体制”，这一体制下监管措施能确保对民间团体及私有部门设立的标准的遵循。例如，瑞典政府要求国有企业在披露报告时使用全球报告倡议组织的标准。危地马拉政府强制在玛雅生物圈保护区经营的林业公司必须通过森林管理委员会的认证。这一举措在通过监管措施增加标准执行一致性的同时，将有助于保持多方利益相关者标准设立过程中的活力与责任感。

6. 强化政府间组织标准的遵约促进机制

政府可以考虑进一步加强现有政府间组织标准的遵约促进机制。正如前面提到的，许多政府间组织标准已有一些现成的遵约促进机制。这些机构定期审查这些制度的有效性，包括他们的纠正机制。例如，在联合国全球契约方面，联合国联合检查组近期建议联合国“强化十项原则实施过程中的诚信措施及问责条款的实施”（UN JIU，2010）。

7. 在投资与贸易促进和企业发展中实施企业社会责任标准

在避免可能成为保护主义的歧视性做法的同时，政府在促进社会和环境方面可持续的内向和外向投资中可以发挥重要作用。政府可以考虑对可持续性产业（例如可再生能源）中的投资或遵守企业社会责任标准的企业提供激励。例如，巴西国民经济发展银行根据政府间组织标准制定了一套道德规范，并要求它的客户必须遵守。同样，丹麦政府要求接受丹麦发展中国家工业化基金会（IFU）资金支持的企业必须遵守该基金会的企业社会责任政策。一些国家政府也会通过特惠贸易协定提供激励。例如，欧盟通过“附加普惠制”计划实施了普惠制（GSP），为那些批准并实施了企业社会责任方面 27 项主要国际协定（例如国际劳工组织的核心协定）的发展中国家提供额外的关税减免。[59] 不过，必须确保那些并不满足先验标准的国家为了达到要求而接受必要的技术援助，这些国家因而能得益于这些倡议并与他们的整体发展重点和发展战略保持一致。

8. 将企业社会责任引入国际投资制度

政府还可以考虑将企业社会责任标准引入国际投资制度。尽管特定的企业社会责任条款目前在国际投资协定中并不突出，但是一些协定特别是近来的自由贸易协定包括了这类规定，虽然其数量很少，但在逐渐增多。这一过程起源于 20 世纪 90 年代中期，[60] 但最近对企业社会责任的涉及开始多起来。目前，加拿大有 3 个包括投资条款的[61] 自由贸易协定在前言中提到了企业社会责任并包含了实质性的规定。例如，最早涉及这方面的加拿大—哥伦比亚自由贸易协定第 816 条款规定：

“各方应该鼓励在该国经营或受其管辖的企业在其内部政策中主动包含国际公认的企业社会责任标准，例如已经批准的或受到双方支持的原则声明。这些原则应对劳动力、环境、人权、社区关系和反腐败等方面的问题。双方应提醒企业注意在其内部政策中包含企业社会责任标准的重要性。”

另外，欧洲自由贸易协会 2009 年与阿尔巴尼亚签署的《自由贸易协定》及 2010 年与秘鲁签订的《自由贸易协定》的前言中都提到了企业社会责任相关问题。[62] 尽管欧盟成员国的《双边投资协定》没有包含 CSR 条款，欧洲议会已经呼吁在欧盟未来缔结的《自由贸易协定》的投资章节中必须包括企业社会责任条款。[63]

最后，少数国家已经在他们的协议范本中设立了企业特定贡献方面创新性的企业社会责任规定，例如人力资本形成、当地产能建设、就业创造、培训和技术转移。[64] 不过，在“真实”的《国际投资协定》中实施这些企业社会责任标准仍拭目以待。

尽管很难评估这些条款对实际情况的影响，它们仍能够说明企业社会责任对投资者—东道国关系的重要性，同时企业社会责任也会影响法庭在投资者—东道国争端解决中对《国际投资协定》条款的解释，并在《国际投资协定》和国际性企业社会责任标准间建立起联系。要再次强调的是，必须确保越来越多的对企业社会责任的考虑不会给出于滥用保护主义目的的政策干预以机会。

* * *

在推动企业社会责任方面，政府有一系列的政策选择。发展中国家和发达国家的一些开创性例子表明，是时候将主流的企业社会责任纳入国家政策及国际贸易和投资制度之中，并为应对意外结果和防止可能的贸易保护主义设计一些机制。尽管有很多的政策选择，但现已使用的各种方法越来越多地将监管措施和自愿规定结合起来，以促进负责任的商业实践。这种结合的两个重要组成部分是公司完善的企业社会责任的报告（更好地表明未来政策发展）以及强化能力建设计划（帮助发展中国家的企业了解国际上这一领域的最佳实践）。

注释

[1] 2010 年 12 月 16 日，巴塞尔委员会发布了第三版《巴塞尔协议》。2013 年 1 月 1 日开始实施新监管标准，2019 年 1 月 1 日前全面达标。2010年 11 月召开的 G20 集团领导人首尔峰会批准了这一协议以及其他一些旨在加强金融稳定性的建议。

[2] 国际清算银行，2010 年，“巴塞尔协议文本内容及巴塞尔委员会的定量影响研究结果”，www.bis.org。

[3] 更进一步的信息参见联合国贸发会议关于 G20 国家投资政策措施的第五份报告。

[4] 例如，英国 Bradford & Bingley 银行出售给了西班牙的一家银行；美国政府拥有多数股权的汽车制造公司通用公司将其瑞典的子公司萨博公司出售给了一家奥地利公司；美国政府共同拥有的克莱斯勒公司将部分股权出售给了意大利的汽车制造商菲亚特公司。

[5] 2010 年 3 月 18 日至 2010 年 4 月 26 日，欧盟委员会就应对金融危机的临时政策框架的应用进行了问卷调查。

[6] 2010 年签订的《双边投资协定》中有 7 项协定是经谈判重新签订的，包括捷克共和国的 7 项协定，目的是为了使《双边国际投资协定》的规定与欧盟的法律相一致。

[7] 包括针对“收入”和“收入与资本”的避免双重征税协定。

[8] 这方面的协定包括《自由贸易协定》（FTAs）、《经济伙伴协定》（EPAs）和《框架协定》等。

[9] 第一类《其他国际投资协定》指的是包含实质性投资条款的协定，如国民待遇、最惠国待遇、公平与公正待遇、征收保护、资金转移与投资者与东道国争端解决条款。

[10] 第二类《其他国际投资协定》更关注投资的市场准入而不是对已进行的投资的保护。

[11] 第三类《国际投资协定》指的是处理投资合作问题的协定。

[12] 因为大部分仲裁机构没有提供仲裁案件的公开登记情况，因此实际的争端仲裁案件数量会更多，UNCTAD，2011 年和 UNCTAD 投资者与东道国争端解决案例数据库（www.unctad.org/iia）。

[13] 包括 20 项裁决、5 项义务方面的决定、11 项管辖权决定和 11 项其他决定。

[14] 涵盖所有的设立后的国际投资协定，包括已签署但还未生效的协定。有些协定仅提供准入后的国民待遇，而不包含其他常见的保护规定，如对征收和投资者与东道国争端解决的保护，这样的协定不包含在内。如果考虑到单个协定的例外和保留条款，则会出现更细致入微的画面。与多边投资保护相关的协定如与贸易有关的投资措施协定（TRIMs）以及特定产业的协定如《能源宪章条约》都不包含在内。

[15] 参见《G20 首尔峰会宣言》及附录。2010 年 11 月 11~12 日。

[16] 在 2010 年 6 月 26~27 日召开的多伦多峰会上，G20 集团领导人同意：为了实现强劲、可持续和平衡增长以及保证全球经济更为强劲和稳健，必须缩小发展差距和消除贫困。

[17] 中国方面的情况参见 http：//works.bepress.com 和 www.chinalawinsight.com；印度方面的情况参见 http：//mapsofindia.com、http：//business.mapsofindia.com、http：//www.indianground.com。

[18] 韩国方面的情况参见外商投资委员会于 2011 年 1 月 31 日公布并批准的《2011 年外国直接投资促进政策》；马来西亚情况参见 www.mida.gov.my；泰国情况参见 www.boi.go.th。

[19] 如菲律宾大学科技园——该大学与私营部门合资成立的一个高科技项目孵化中心；马来西亚科技园——知识型产业研发中心以及深圳经济特区。

[20] 如安大略科技走廊和伊利诺斯研发走廊。

[21] 如菲律宾 Aurora 省太平洋经济特区利用风力和太阳能作为能源，使用新鲜的泉水作为饮用水以及韩国 Saemangeum Gunsan 自由经济区。

[22] “硬”基础设施包括能源、交通、通信系统、医疗设施和研发试验平台；“软”基础设施包括金融体系、监管、教育系统、法律框架、社会网络、价值观以及其他一些经济体系中的无形设施。

[23] 世界银行 2010 年跨国投资报告对 87个国家对外国投资者设有进入限制的产业进行了调查，包括 14 个发达国家、57 个发展中国家和16 个转型经济体。各产业提供数据的国家数量情况是：医疗保健行业 86 个、电信行业 84 个、电力行业 83 个、交通运输行业 80 个，还有 85 个国家提供了除此以外其他所有行业的相关数据。世界银行最初的报告将银行和保险业统归于金融行业，数据显示，这些国家至少在一个上述行业中不允许外资拥有全部股权。

[24] 例如制度机制、金融和财政激励措施。

[25] 国民待遇条款的实际影响取决于该条款具体的表述，如是否包含仅适用于“在相当情形下”的投资/投资者这方面的限制规定。

[26] 如需要使用当地服务或强制进行技术转移。

[27] 如《补贴与反补贴协定》规范了某些补贴措施的使用（如有些补贴要求被补贴者达到特定的出口目标或者使用国内商品替代进口，这类补贴是被协定禁止的）。

[28] 一些规定明确提到涉及补贴目标方面的产业政策，如培训或雇用工人、提供服务、生产定址、建造或扩展特定设施、在特定领域进行研发。

[29] 针对 16 个国际投资协定进行了案例研究，包括经合组织国民待遇文件（1991）、北美自由贸易协定（1992）、三国集团（G3）自由贸易协定（1994）、南方共同市场协定（1994）、加拿大—智利自由贸易协定（1996）、经合组织多边投资协定草案（1998，未缔结）、安第斯共同体（2001）、智利—美国自由贸易协定（2003）、中美洲自由贸易协定（2004）、巴拿马—新加坡自由贸易协定（2005）、美国—乌拉圭双边投资协定（2005）、加拿大—秘鲁双边投资协定（2006）、卢旺达—美国双边投资协定（2007）、日本—秘鲁双边投资协定（2009）、日本—乌兹别克斯坦双边投资协定（2009）、日本—印度自由贸易协定（2011）。更早期的 8 个国际投资协定详见《2006 年世界投资报告》。

[30] 焦点也是社会服务行业，该行业中的政策保留随时间的推移变得越来越频繁。人们对将服务行业纳入国际协定涵盖范围利弊共存这一点认识的逐渐提高，以及涉及基本服务业和社会思考领域的投资争端解决方面的经验积累可能会有助于这方面的发展。

[31] 同时参见第四章。

[32] 采取“由上而下负面列表”的方式做出开放承诺时，锁定效应的风险最为突出。

[33] 如 WTO 服务贸易总协定（GATs）与挪威双边投资协定范本（2007）。

[34] 参见 WTO-OECD-UNCTAD 关于 G20国家投资措施的报告（WTO-OECD-UNCTAD，2009、2010；OECD-UNCTAD 2010a、2010b 、2011）。

[35] 同上。

[36] 东盟秘书处（2003），“What is AlCo?”，www.asean.org/6402.htm。

[37] 西非国家经济共同体（2010），《西非共同产业政策》（WACIP）。

[38] 海湾合作委员会（2000），《海湾阿拉伯国家合作委员会产业发展统一战略》。

[39] 本节内容部分基于 UNCTAD 为近期 G20 峰会文件“提升价值链中负责任投资的标准”所做的工作，同时也感谢联合国开发计划署、国际劳工组织、经合组织、世界银行、德国政府和沙特阿拉伯政府的评论。参见《G20 高水平发展工作组报告》。

[40] 除此以外，G8 国家和 G20 国家近年来都对企业社会责任标准有着浓厚的兴趣，关注集中在推动标准的宣传、采用和遵循方面。参见《G8领导人宣言：为可持续未来的负责任领导》，2009（53 段）；以及《G20 关于发展的多年行动计划》，2010（第 5 页）。

[41] 国际劳工组织是联合国的一个专门机构。它有别于联合国其他机构的特别之处在于它有着包含三部分代表的管理结构，包括政府、雇主和雇员的代表。

[42] 参见 www.iso.org/iso/social_responsibility。

[43] 例如森林管理委员会（FSC）。

[44] 在新领域不断涌现一些新的标准，如可持续肉

类生产和冲突矿产。

[45] 例如 4C 协会和雨林联盟创造了一个各自标准之间的转换机制，假设雨林联盟证书持有者想申请 4C 认证，就不需要再通过 4C 协会完整的审查程序。

[46] 更多信息参见 www.unctad.org/isar。

[47] 最受欢迎、运用最广泛的企业社会责任报告框架是全球报告倡议组织提供的报告框架，2010 年有约 1800 个企业采用了 GRI 的报告框架。

[48] 社会责任标准的影响评估非常重要，虽然这方面已开展了许多工作（如可持续评估委员会），但至今为止还没有一个公认的方法。UNCTAD 目前通过产业层面的分析，对使用企业社会责任标准的企业所占市场份额以及受企业社会责任标准影响的企业和员工数量等问题进行了研究。

[49] 除此以外，像国际标准化组织（ISO）、海洋管理委员会（MSC）、森林管理委员会（FSC）、UTZ 认证机构都采用了第三方认证。

[50] 第 58 号和第 61 号 WTO 案例。

[51] 参见 1994 年《关贸总协定》；1994 年《服务贸易总协定》第 14 条；《加拿大双边投资协定范本》第 10 条。

[52] 参见《2003 年世界投资报告》。

[53] 请注意 ISO2600 社会责任指南标准只是一个管理体系标准（MSS），不需要进行认证。

[54] 参见财政部和国家环保局：《关于环境标志产品政府采购实施的意见》，www.ccgp.gov.cn（中文）。

[55] 参见 www.world-exchanges.org。

[56] 更多信息参见 www.unctad.org/isar。

[57] 更多信息参见 www.unpri.org。

[58] 欧盟关于有机农业的政策，参见 http：//ec.europa.eu/agriculture。

[59] 参见 www.europa-eu-un.org。

[60] 参见劳动保障和环保方面的指引（如《北美自由贸易协定》序言）和一种认识，即认为通过放宽国内卫生、安全和环保标准来鼓励投资的做法是不恰当的（如《北美自由贸易协定》的《投资章节》）。

[61] 它们是《加拿大—哥伦比亚自由贸易协定》（2008）、《加拿大—秘鲁自由贸易协定》（2009）和《加拿大—巴拿马自由贸易协定》（2010）。

[62] 前者涉及负责任的企业行为和国际劳工组织的相关公约，后者涉及良好公司治理、联合国全球公约中的公司治理标准以及国际劳工组织的相关公约。

[63] 2011 年 4 月 6 日，欧洲议会通过了《欧洲国际投资政策未来发展的决议》。INI/2010/2203。

[64] 例如《加纳双边投资协定范本》（2008）第 12 条规定，外国投资者“应该尽可能地通过与当地社会的紧密联系来促进人力资源形成、建设当地产能、创造就业机会、提供员工培训机会和转移技术。”同时参见博茨瓦纳《双边投资协定范本》（2008）第 11 条。

第四章 国际生产与发展的非股权形式

在当今的世界中，致力于推动发展中经济体向全球价值链整合的政策必须突破 FDI 与贸易的视野。诸如合同制造、服务外包、订单农业、特许经营以及许可与管理合同等国际生产中的非股权形式（Non-Equity Mode，NEMs）成为政策制定者们需要加以考虑的问题。

对于发展中经济体而言，全球范围内的跨境 NEMs 不仅意义重大，而且显得尤为重要。据估计，这种非股权活动在 2010 年创造了超过 2 万亿美元的销售额。在这其中，合同制造与服务外包贡献了其中的 1.1 万亿~1.3 万亿美元，特许经营额为 3300 亿~3500 亿美元，许可经营总额 3400 亿~3600 亿美元，管理合同总额则达到了约 1000亿美元。在绝大多数情况下，NEMs 都比其所在的行业表现出了更快的增长速度。

NEMs 能够带来显著的发展效益。它们在发展中国家雇用了 1400 万~1600 万的工人。在一些国家当中，其创造的增加值超过了当地 GDP的 15%。在一些产业中，其出口额则占到了该行业全球出口总额的 70%~80%。总体而言，NEMs 可以促进发展中经济体向全球价值链的整合，并借此增强这些经济体的生产能力。

NEMs 也为这些发展中国家带来了一定的风险。合同制造所创造的就业岗位具有高度的轮换性并且能够被轻易地取代。而一旦脱离了全球价值链体系，NEMs 所贡献的增加值也会变得更低。此外，还有一些人担心 NEMs 可能会被跨国公司用作规避社会与环境标准的工具。发展中国家需要注意规避被锁定在低附加值的生产活动上的风险。

政策方面。要从 NEMs 中获得最大限度的发展效益需要以下四个方面的努力：首先，NEMs政策必须被置于国家总体发展战略当中。其次，政府需要采取措施对国内自身生产能力的建设提供支持。再次，NEMs 的提升与发展需要一个强有力的法律与制度框架，以及吸引跨国公司合作伙伴的投资促进机构的广泛参与。最后，相关政策还需要通过强化本土 NEMs 参与者的谈判能力，确保公平竞争，保护环境与劳动者权益等措施来规避和消除 NEMs 所带来的不良后果与风险。

一、日益复杂的全球价值链与跨国公司管理

在以往的经营活动中，跨国公司主要是通过FDI（股权控制）的方式在东道国创建一个由母公司拥有并掌管的内部分支机构系统，以此来构建其国际化的生产网络。

随着时间的发展，跨国公司也开始通过他们的全球价值链将其经营活动外部化。他们已经在母国与东道国建起了一套包括其分支机构与合作伙伴在内的相互依存的经营网络。根据总体目标与发展战略，其所在的行业以及每个市场特有的环境特征，跨国公司不断地通过各种机制对独立或者存在松散依赖关系的伙伴公司进行控制与协调。这些用于控制的机制或工具涵盖了从参股或合资到各种形式的契约，再到跨国公司源于技术、市场渠道以及标准等战略资产而形成的谈判能力以及由此形成的控制力在内的广泛层面。这些机制与FDI之间不仅不相互排斥，反而可以称为FDI的有效替代与补充。在本章当中，我们将这些跨国经营网络称为全球价值链（Global Value Chains，GVCs）。

《世界投资报告2011》关注的是跨国公司国际生产的“非股权形式”这样一种跨国公司控制下的全球价值链的管理模式。NEMs包含了合同制造、服务外包、订单农业、特许与许可以及其他各种契约关系，通过这些契约，跨国公司可以调整并控制东道国合作企业的经营活动。

从政策的视角来看，要探寻发展中经济体向全球价值链整合的过程，仅仅关注FDI以及跨国公司分支机构的引进以及内部贸易这两方面显然是不够的。政策制定者们必须考虑跨国公司经营网络的各种可能形式，每一种形式都会给发展带来不同的影响，并且具有不同的政策含义。

（一）跨国公司价值链与管理模式选择

跨国公司通过内部化（股权控制）与外部化（包括非股权形式）两种方式对全球价值链进行管理。NEMs与FDI既可以相互替代又可以相互补充，而两者之间的选择主要基于相对的成本、收益以及相关的风险。

跨国公司最首要的核心能力就是其在全球价值链内部调节和控制其生产活动的能力。与所有其他企业一样，跨国公司可以决定自己从事这些生产活动（内部化），也可以将它们委托给其他的企业来进行（外部化）。简而言之，这就类似于一个“自己做还是从外面买”的决定。在内部化的情况下，一旦其中加入了跨国因素，就导致了FDI的产生，此种模式下的商品、服务、信息以及其他资产的国际流动都集中在企业内部，并且被置于跨国公司的完全控制之下。外部化同样会引发贸易，但在这种贸易中，跨国公司并不能控制所有的企业；同时，外部化也可以引发企业之间的非股权安排，在这种安排当中，企业间通过合同约定了东道国合作伙伴的经营与行为。

内部化与外部化之间的选择主要是基于两者的成本与收益对比，相关的风险以及各自的可行性（Buckley and Casson，1976；2001）。[1] 对于跨国的内部化经营而言，由于企业要面临更为复杂的运营、多元化的生产、多种货币间的经营，以及不同地区之间在社会、文化以及政策方面的巨

大差异，因此往往会带来更高的经营成本。同时，内部化经营也意味着企业内部化了全部与经营活动相关的风险，包括资本曝光以及商业上的不确定性等。最后，这种内部化的模式还需要企业具有或者可以以较低的成本或时间获取到所有经营所必需的技术能力、技能与诀窍等。

与内部化的成本相对应的则是保持对价值链活动的完全控制所产生的各种利益。首先，跨国公司总是试图“捕捉”到最大化的价值——外部性的方式显然意味着要放弃一部分价值链所创造出的利润。其次，内部化的方式避免了为搜寻合适的第三方而产生的交易成本，并且保证了契约安排不会因为失去对价值链、资产以及有价值的知识产权等的掌控而变得更加复杂。最后，内部化的模式还可以消除与 NEMs 合作伙伴有关的各种管理成本，包括知识、产品与服务的流动；通信与信息的交流以及为保证合作者的行为符合契约的规定而进行的监督与控制等。

外部化同样有很多方面的内在优势，其中包括将特定的成本与风险转移到第三方，以及快速获取由第三方的合作伙伴关系所带来的资产及资源等。这些资源可以是“硬”资产，比如工厂、设备、低成本获得某种资源的渠道、技术能力以及诀窍等，同时在很多情况下，其也往往表现为同样重要的“软”性资产，如东道国的网络关系等。外部性允许跨国公司建立更有效的内部分工，解放更多的稀缺资源并将其用于价值链的其他环节。换言之，它使得跨国公司得以专注于“核心业务”。如果指导相关活动的知识以及知识产权可以进行转移，即可以被表述并在某种程度上可以被标准化或被编撰整理，那么外部化显然要具有更大的可行性。

从跨国公司的视角来看，支撑非股权关系的契约条款主要关注于最小化外部化的成本，并为交易的资产、技术以及知识产权提供保护。用于实施控制的非契约性安排同样可以在跨国公司追求成本与风险最小化的过程中发挥作用——较强的议价能力可以使跨国公司减少由于放弃对部分价值链的掌控而产生的担忧。跨国公司所放弃的控制程度、外部化所带来的成本与相关风险，以及契约与非契约安排的类型会随着具体的经营模式、环境条件以及跨国公司与非股权合作伙伴之间谈判能力的变化而发生改变。

在构建其国际生产网络的过程中，跨国公司不仅要决定其区位选择，同时还要决定其在国际化经营中实施控制与协调的模式。在描述该决策过程的“所有权优势—区位优势—内部化优势”（OLI）这一经典经济学模型（Dunning，1980）[2] 当中，在东道国模式选择体现为所有权（FDI）、内部交易与许可权之间的选择。而国际生产的非股权形式则代表了这一模型的新的演化：它允许跨国公司在其全球价值链（GVC）管理中通过外部性的活动进入一个“中间地带，但仍然维持一定的控制力（见图 4.1），也即改善了外部化的成本与优势之间的权衡（Hennart，2009）。此时跨国公司的选择将不再局限于通过股权进行控制（FDI）与非控制（贸易）这两种形式，而是涵盖了两者之间一系列具体的模式。在这些模式中，控制的结构与程度有着不同的表现。因此，在跨国公司完全拥有东道国子公司的情形下，控制力被纯粹地定义为所有权；在 NEMs 的情形下，控制力则通过契约与议价能力而得到体现（见表 4.1）。合资经营企业则是另一种特殊的形式，在这种形式下，跨国公司的控制主要来自于其控股权以及非股权的治理。

因此，全球价值链的最终所有权与控制结构是跨国公司一系列战略选择的结果。全球价值链中可获得或适合的非股权形式的类型也会因所处价值链的环节不同而有所改变。图 4.2 显示了非股权形式并不针对于价值链上的任何一个特定的环节或某种特定的活动——只要外部化带来的相关风险是有限的或可以承受的，则跨国公司将会对任何不符合其所在市场或行业的比较优势的活动，以及那些可以通过第三方的参与实现更低的成本与更高效率的活动进行外部化，即便是知识密集型或高附加值的生产活动也不例外。但是，在不同的产业链当中，NEMs 活动的模式却有着不同的具体表现，对于价值链上的任何既定环节，其外部化的倾向会随着其所在行业以及具体跨国公司的不同而呈现特殊的表现。

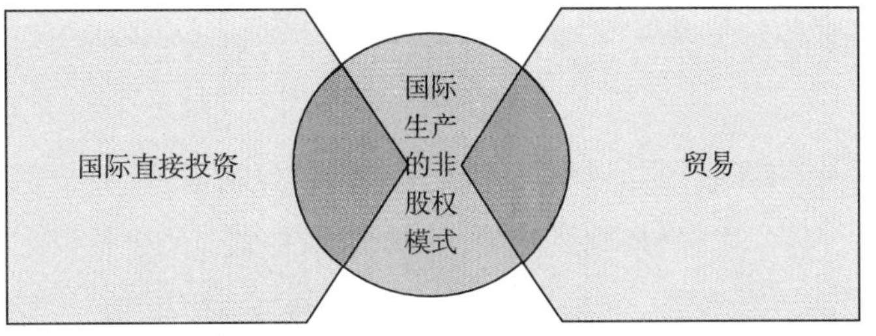

图 4.1 非股权形式：介于 FDI 与贸易之间的中间地带

资料来源：联合国贸发会议（UNCTAD）。

表 4.1 跨国公司全球价值链管理的不同模式

管理类型	对应的国际经营模式	OLI 模型		
		所有权优势	区位优势	内部化优势
通过所有权控制	FDI，直接参股东道国企业	√	√	√
契约工具控制	通过契约化的协议约束东道国企业的行为	√	√	—
基于议价能力的控制	通过东道国企业对跨国公司的战略资产以及网络的依赖约束其行为	√	√	—
无控制	内部市场交易，贸易	√	—	—

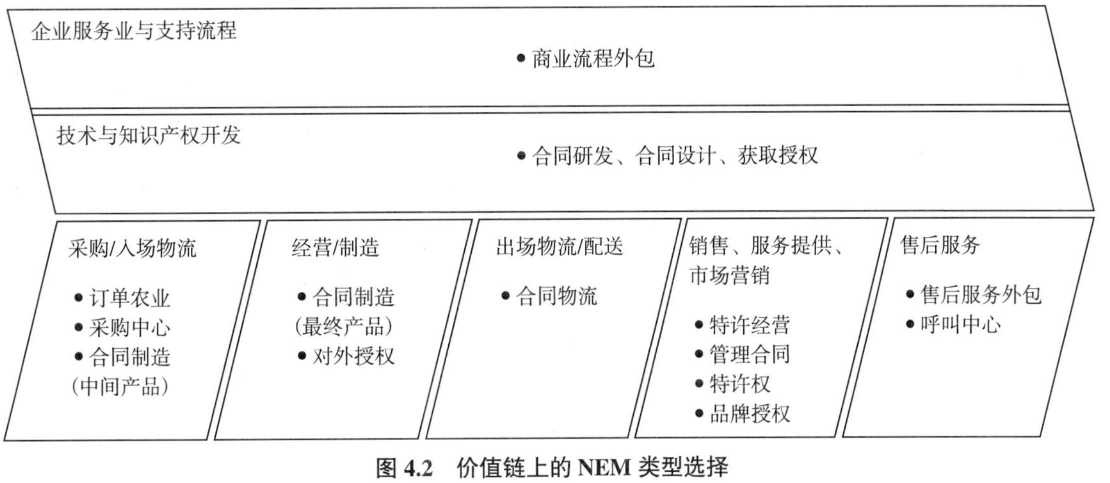

图 4.2 价值链上的 NEM 类型选择

资料来源：联合国贸发会议（UNCTAD），源自 Porter 对价值链的经典表述（Porter，1985）。

在价值链的某些环节中，NEM 与 FDI 可以存在一定的替代性，而在其他一些环节中，两者之间则可能是互补的。当跨国公司可以在不同的模式之间进行选择，并且可以进行成本与收益的权衡时，NEM 与 FDI 之间是相互替代的。比如，一家公司可以选择是通过建立工厂来进行生产并将产品供应海外市场还是将生产需要的技术与知识产权许可给一家当地的制造企业。同时，当产业结构预先确定了权衡的结果时，NEM 与 FDI 之间也会呈现出类似的特点关系，比如在电子行业中，在存在大型且经验丰富的全球合同制造企业的情况下，由设计或商标拥有者自己建立议价全新的分支机构或生产线在很多情况下将失去其经济意义。

互补性体现了跨国公司协调其国际生产体系的特征。这种生产体系既包含了其自身拥有的分支机构，也包括第三方 NEM 关系伙伴，而这两种经营模式都是全球价值创造链条的重要组成部分。尤为重要的是，互补性可以存在于价值链的同一阶段。比如，在这一阶段中，直属的零售网点可以与特许经营店同时共存，或者国外的分支机构被设立用来管理 NEM 合作伙伴并为双方的合作提供便利等（比如，一个为同一海外市场的多个合同制造伙伴提供支持而建立的商业、采购或物流实体）。

跨国公司管理的全球价值链的构成、所有权以及控制结构都是动态变化的。NEM 伙伴关系的成员也会随着时间的推移而发生着演变。在一些行业中，NEM 伙伴企业会成长为跨国公司，并通过 FDI 将其 NEM 经营扩展到新的生产基地或新的市场。这方面的例子包括富士康（中国台湾）（合同制造）以及阿克斯·多拉多斯（Arcos Dorados）（阿根廷）（特许经营）。FDI 与 NEM 在全球价值链内部的混合也会随着技术与标准的改变而升级。在转型经济体向国际投资者敞开国门之后，跨国公司在这些地区中的发展战略广泛地从 FDI 向特许经营转变就是其中一个显著的例证（见专栏 4.1）。

专栏 4.1 零售业特许经营在转型经济体中的发展

对于转轨经济国家而言，其在转轨初期所面临的一个经济方面的主要挑战就是服务行业的重建。由于中央计划体制下的分销网络已经难以适应经济发展的要求，因此其零售服务业尤其需要得到现代化。而在物流、网络开发以及市场营销方面，转轨经济国家严重依赖外国投资者提供的资本、技术以及诀窍。

绝大多数的国际零售商仅仅通过股权投资（FDI）的方式进入这些市场。在 20 世纪 90 年代后期，零售业投资占据了转轨经济国家 FDI 流入量的 5%~7%，其中包括对私有化企业的并购。这无疑是进入这些地区最为快捷的方式。尤为重要的是，欠发达的商业环境以及适合的合作伙伴的匮乏将非股权经营方式（特许经营）挡在了门外。

随着转轨经济国家的发展，外国经营者们逐渐开始选择通过特许经营的方式来构建其零售网络。他们所建立的采购与营销组织、物流网络以及仓库等海外分支机构成为其实施特许经营的基础。此外，通过他们的本土化经营，以及雇用外籍员工以及培训本地雇员积累起了相当的本土化能力与技能。

随着本地市场的不断发展，尽管仍有很多跨国公司继续维持着 FDI，但其经营方式正在逐渐从 FDI 向特许经营转变。比如，在 2011 年，俄罗斯联邦的 595 家特许经营系统中有 305 家来自国外，而在 1996 年，其国外特许经营系统仅有 33 家。同时，其与外国特许经营者有关的特许经营网点数量也从 1996 年的 440 家上升到了 2011 年的 3446 家。

资料来源：联合国贸发会议，源自东欧特许经营协会提供的数据。

（二）NEMs的特征界定

NEM是跨国公司与其伙伴企业之间在不存在股权参与情况下建立起来的一种契约关系。谈判能力代表了跨国公司影响其合作伙伴的一种手段，而这种能力的来源则随着NEM模式的不同而发生着变化。

当跨国公司将其经营活动的一部分[3]外部化给基于东道国的合作企业时，跨国公司经营的跨国非股权形式便由此出现了。在东道国的伙伴企业中，跨国公司并不拥有其股份的所有权，但是却通过合同指定的方式来维持其对经营活动的控制力。合同的具体形式可能取决于多方面的因素，比如交付产品或服务的设计和质量，生产的过程及其标准，或者合作伙伴公司必须遵循的商业模式。与纯粹意义上的企业内部交易不同的是，它们会对东道国的伙伴公司的业务活动施加实质性的影响，比如要求其增加投资，改变生产流程、采用新的生产工艺、改善工作条件、采用专业化的供应商等。

因此，尽管每种NEM的具体形式都有其独特的特点[4]，我们仍可以将NEMs这种跨国公司对全球价值链的管理模式定义为：通过持有股权以外的方式来控制东道国经营实体的行为。与之形成对应的则是FDI。为了将其与其他的投资方式区别开来，我们将FDI的特征定义为：对东道国业务实体的一种显著水平（至少持有其10%以上的股份）的控制，并在东道国的经营活动中获得长期的利益。这种长期利益在NEM情形中也同样有所体现，即东道国伙伴公司会借由NEM活动变为跨国公司全球价值链中不可分割的一部分，其经营绩效也由此成为跨国公司综合竞争力的重要组成部分。

我们也可以从动机的角度对表4.2所列举的各种NEM方式与FDI进行比较。以合约养殖为代表的一些NEM活动属于资源寻求型；以合同制造、外包为代表的NEM活动则属于效率寻求型；而以品牌授权及特许经营为代型的另外一类NEM活动则属于市场寻求性。进一步而言，诸如合同制造、外包、特许经营以及特许权等一些NEM活动与FDI非常类似，它们同样将资产、资源技术以及诀窍等进行打包并将其注入东道国企业当中。而以许可、管理合同以及特许经营的一些亚类（如分销与代理等）为代表的另一类NEM活动则蕴涵了一种更为“狭义”的资产转移。本报告关注的主要是那些跨国公司与伙伴企业之间的关系相对简单的NEM活动，即以表4.2中头五类NEM活动为主。这些活动涵盖了从合同制造到管理合同在内的诸多NEM模式，同时也使得我们基于全球价值链的分析变得相对简化，有助于我们对其影响进行评价并做出相关的政策建议。战略联盟、特许权以及合作经营企业等更为复杂的NEM形式，鉴于其范围更加不明确，我们会在其他章节中对其进行具体阐述（有关采掘业与基础设施领域中特许经营权详见《世界投资报告2007》与《世界投资报告2008》。

要界定NEM活动的特征，主要是看其是否通过契约及非契约的手段对独立企业的经营导向施加实质性的影响并对其进行协调与控制，这在某种程度上模糊了FDI、NEM以及贸易之间原本明晰的界限。在电子行业为代表的一些产业中，很多合同制造商本身就是该领域的经营巨头和跨国公司，如中国台湾的英业达公司一直为苹果（美国）、富士通—西门子（日本）以及联想（中国）等一批该行业中的领导企业提供电子产品的设计、制造与销售服务，而其生产活动主要是通过其在马来西亚、捷克以及各国的分支机构来进行的。

表 4.2　6 种跨国 NEM 的定义

NEM 类型	定　义
合同制造服务外包①	由一家国际企业将其全球价值链中的生产、服务或者工艺流程（甚至包括产品开发的某些方面）以合同的方式包给东道国企业而形成的一种契约关系，通常称之为"外包"。服务外包通常体现了支持流程的外部化，包括 IT、商务以及知识功能。
订单农业	国际采购商与东道国农民（及其协会）之间的契约关系（包括通过中介机构），该契约规定了养殖以及农产品市场的条件，参见《世界投资报告 2009》。
许可经营	一家国际企业（授权人）赋予一家东道国企业（被授权人）以相应的权利来使用一种知识产权（即版权、商标、专利、工业设计、商业秘密等），并以此收取一定费用（特许权使用费）而形成的一种契约关系。许可经营可以采取多种形式，其中包括商标授权、产品授权以及流程授权。"被授权"是指一家公司从另一家企业获得相应的授权，而"授权"则是指一家公司将相关的知识产权出让给其他的企业。参见《世界投资报告 2005》。
特许经营	由一家国际企业（特许人）允许一家东道国企业（加盟商）按照特许人建立起的系统模式进行经营，以此换取一定费用或在特许人所提供的商品或服务上打上其标记的一种契约关系。特许经营包括主特许经营与单店特许经营，在主特许经营情况下，由某一权益所有者拥有市场上的全部网点；而在单店特许经营情况下，每个单独的经营者都可以拥有一家以上的网点。
管理合同	在这种契约关系下，东道国某种资产的经营控制权归属于一家国际企业，即承包商，它管理该项资产并获得管理费用作为回报。
特许权	特许权关系是指东道国某项资产的经营控制权掌握在一家国际企业，即特许权获得者手中。该企业管理此资产并取得该资产收益的一部分作为回报。特许权条款通常很复杂，比如"建设—经营—移交（BOT）"安排，其中可能包含了跨国公司投资或者对该资产在一定时期内的所有权等元素。就法律层面而言，其结构可以有多种不同的方式，包括公司伙伴关系（PPPs），参见《世界投资报告 2007》及《世界投资报告 2008》。
战略联盟合作经营企业	两家或两家以上的企业为了达成一个共同的商业目标而形成的契约关系。参与者可以向该联盟提供产品、分销渠道、生产能力、资本装备、知识、专业技能及知识产权。战略联盟包含了知识产权的转移、专业化、风险与支出公担。该契约规定了条件、义务以及成员的赔偿责任，但是并不会涉及新建一个法人实体。

注：①鉴于"分包"以及"贴牌"（OEM）等常用的词语在很多文献与商务活动中以不同的方式被使用，本报告将避免使用此类术语。
资料来源：联合国贸发会议（UNCTAD）。

因此，NEM 活动与国际贸易以及 FDI 之间存在着密不可分的联系，并在许多行业中塑造着全球贸易的格局。在诸如汽车零配件、消费电子、服装、酒店、IT 与业务流程服务等工业环节中，合同制造与服务外包在总贸易额中占据了相当大的份额。因此，对于那些致力于出口导向型增长的国家而言，NEM 活动无疑是一条通往市场的"康庄大道"，以及通往跨国公司全球价值链的一个主要节点。

跨国公司通过 NEM 活动对东道国经营的管理、控制与调节可以通过间接的方式来进行。在订单农业这种模式中，个体供货商的数量是如此的巨大，以至于其与跨国公司之间的安排主要通过中介机构来进行。比如在 2008 年，奥兰国际有限公司（新加坡）从来自 60 个国家（绝大多数为发展中国家）的近 20 万个供应者那里采购了 17 种农产品；无独有偶，在 2008 年食品制造企业雀巢公司（瑞士）拥有着超过 60 万的签约农户，遍及 80 多个发展中国家与转轨经济体，他们为雀巢直接提供各种农产品（《世界投资报告 2009》）。跨国公司与东道国农户之间的契约关系可以借由农业协会、合作社以及其他中介机构来引导，并由这些中介机构来构建农产品的生产条件。在服装行业中，诸如利丰集团（香港）这样的大型中介机构可以凭借其与独立承包人之间的长期关系在很多国家之间为品牌服装公司（比如美国的 GAP 公司）安排相关产品的生产。与之类似的是，在特许经营方面，经营网络的拓展也常常是通过一家通过合约获得整个市场经营权的（一个国家或地区）主加盟商来进行管理的，在这个市场中，主加盟商管理着与其他个体加盟商之间的关系。

在 NEM 活动中，控制的方式以及议价能力的来源会随着 NEM 的类型不同而有所变动。合作伙伴之间的关系很少是对等的，其实力关系往往取决于一系列的因素，而这些因素会随着 NEM 活动的类型、所在产业，甚至跨国公司与伙伴公司所拥有的生产能力及其他资产的不同而发生变化。在每一种 NEM 类型中，用于控制的契约化手段都是以软性的议价能力作为补充的，这种能力强化了跨国公司对全球价值链的管理与控制（见表 4.3）。

表 4.3 跨国公司的契约化工具与议价能力来源

模式	跨国公司控制东道国企业的契约化工具①	跨国公司议价能力的来源
合同制造 服务外包 订单农业	• 设计、流程、产品或服务以及质量的相关规范 • 商业条款以及资本支出义务/保证 • 供应保证与单边销售限制 • 购买特定投入品的义务（如种子、化肥） • 实践跨国公司企业社会责任的义务。	• 进入跨国公司内部市场，保证销售 • 获得跨国公司的诀窍，投入供应、物流网络 • 其他潜在合同供货方的存在
许可经营	• 被许可人受限制或有条件地使用某项知识产权的义务	• 相关诀窍、知识产权的获取 • 进入跨国公司内部市场并获得部分的分包安排 • 众多竞争性的被许可人的存在
特许经营	• 被特许人有条件的使用知识产权并开展业务（即供应网络的应用、选择供应商、服务标准、资本支出、企业社会责任）	• 获取跨国公司供货以及商业支持网络 • 已有品牌的市场份额 • 可选择的其他被特许人的存在
管理合同	• 关于国家以及维持资产与未来投资的义务（资本支出义务/保证）	• 获得跨国公司的管理能力以及诀窍，供应网络以及知识产权

注：①契约化安排中也同样包括跨国公司的部分义务。
资料来源：联合国贸发会议（UNCTAD）。

与此同时，东道国的伙伴公司也可以拥有或发展出一种“抵抗力”，而这种力量的出现往往离不开政府的支持。NEM 伙伴成员所拥有的抵抗力包括了专业化的知识（包括专利以及其他知识产权）、高级生产能力（也即快速实现规模化经营的能力）、获得关键资产或资源（包括人力资源）的途径以及与 NEM 伙伴本土市场相关的诀窍。这种抵抗力可以在诸多方面得到运用，比如为确定合同条款而进行的谈判等。

从根本上来看，价值链的最终协调者是跨国公司，因此，跨国公司在全球价值链中所扮演的协调者的角色是议价能力最重要的来源，这种议价能力将超过东道国 NEM 活动所衍生出的任何抵抗力。无论对于伙伴企业还是对于发展中国家而言，这一点都具有重要的内在含义。跨国公司对其一体化的国际生产网络以及依存于其本身的松散实体网络的控制使其能够对通向该网络的通道进行管制，并设置相应的条件。因此，将价值链进行更为琐碎的切割或“细分”可以为来自不同地区的伙伴企业从事相关经营活动创造条件，同时也保证了这些活动仍然受控于跨国公司的股掌之间。同时，对于那些只专注于刺激特定地区特定经济活动的发展，却不在乎这种发展的推动力是 FDI 还是国内企业投资的政策制定者而言，这种细分也使得跨国公司成为其重要的谈判对象。

二、跨国 NEM 活动的规模与范围

NEM 是跨国公司管理下的全球价值链的重要组成部分，并且在近年来得到了快速的发展。尽管不同类型的 NEM 活动在模式与行业分布方面存在显著的差异，但在总体上，NEM 在地理分布方面正变得越来越广泛。

要准确地评估跨国公司对全球价值链的管理，仅仅考虑股权投资（FDI）这一种控制机制是不够的。然而，要对非股权形式进行分析是一件相当复杂的事情，因为在跨国公司的国际经营活动中，直接所有、部分所有、契约关系以及内部贸易等各种模式的网络往往相互纠结，而且不同模式之间的界限有时也十分模糊。更为重要的是，在很多的全球价值链当中，FDI、NEM 以及贸易之间的关系也会交织在一起。

例如，在电子行业的合同制造中，绝大多数的顶级经营者，特别是那些来自于发展中经济体的经营者自身都已经成为跨国公司。从发展中东道国的角度来看，这些企业的活动就等同于 FDI，即便他们的生产能力主要被用来为其他跨国公司提供服务。然而，对于政策制定者而言，这些企业自身的 NEM 身份却是一个至关重要的信息——这样的经营会衍生出大量的贸易。在测度国际化的非股权形式的过程中，一旦将这一类的合同制造活动包括在内，就容易引发 FDI 与 NEM 之间"重复计算"的危险。即便如此，我们仍然有必要将其纳入本节的讨论当中，以此来理解跨国公司管理下的价值链的性质和程度。

对跨国 NEM 活动的规模和范围进行测度对于我们从整体上理解世界贸易与投资的发展是十分重要的。考虑到 NEM 活动自身的复杂性以及他们与跨国公司其他经营方式之间的内在联系，我们在此处的目标主要是建立一个基准，从各个不同的维度对 NEM 活动进行评估（专栏 4.2 描述了分析与计算中所使用的方法）。该方法从总体上估算出 NEM 活动的最小规模，而其实际水平则可能要比估算的结果更高。

专栏 4.2 方法说明

由于涵盖 NEM 相关交易的国内及国际统计资料的匮乏，要对 NEM 活动进行测度是非常困难的。为了展现世界范围内，尤其是跨国 NEM 活动的规模与范围，联合国贸发会议采用了一套三阶段的方法来建立《世界投资报告 2011》的相关评估。

首先，将不同类型的 NEM 活动的流行程度投射到各个产业当中。例如，合同制造在诸如电子、汽车零部件、服装鞋帽等产业中最为流行。在这些行业中，以出口规模测度的整体 NEM 活动数据可以按照行业/模式的组合得以搜集整理。

（1）某些领域（电子行业、汽车零部件以及医药产品的合同制造，服务外包，特许经营以及宾馆行业的管理合同）全球活动的评估结果可以从获得认可的行业分析师、行业协会以及咨询公司等处获得。以此为基础，通过对每个市场的主要经营者进行分析并以适当的国际化比例对总体的 NEM 销售额进行调整得到跨国 NEM 销售量，从而得到更为精确的评估数据。

（2）而在那些不存在任何形式的 NEM 评估结果的领域（如服装鞋帽以及玩具的合同制造），我们利用扣减掉转口贸易后的相关产品全球出口额以及与特定的模式/行业组合相关的出口比例数据对跨国销售额进行估算，有关数据源自行业调查与行业报告。

其次，在绝大多数情况下，我们可以通过每个行业代表性公司的增加值（以税前收入、人工成本以及资产的摊销与折扣之和计算）占销售额的比例获得该行业的增加值率，并以此估算出绝大多数行业与跨国 NEM 销售有关的增加值数据。而对于特许经营，相关数据则取自各国的特许经营协会。

最后，对于从业人数指标，无论是总体数据还是发展中与转型经济体的数据都得自各个模式/行业组合。

（1）在特定的行业/模式组合中的经营者高度集中的情况下（电子、汽车零部件与医药产品的合同制造，酒店的合同管理），可以在得到该领域的总体从业人数的基础上利用其在全球 NEM 市场上的份额以及国际化比例进行调整，以此得到跨国从业人数的估计结果。而对于发展中与转型经济体的从业人数，主要是通过这些经济体中最大的经营者的资产或从业人数占总体从业人数的比例来估算。

（2）在经营者集中度较低的情况下（服装鞋帽以及玩具的合同制造），主要利用 UNIDO 提供的行业数据来测定既定行业（2007 年或者可获得的最新年度数据）全世界的从业人口，并利用行业出口产品所占比例以及既定的模式/行业出口比例得到相关的从业人口数据。对于发展中与转型经济国家从业人口的估算则得自这些经济体的从业人口占世界总从业人口的比例。

（3）特许经营、IT 服务以及业务流程外包数据来自各国行业协会以及相关的行业报告。对于特许经营，主要采用国际化比例（从事特许经营活动的外国人的份额）来估算跨国 NEM 活动的从业人口。对于 IT 服务以及业务流程外包，相关的行业报告提供了相关的跨国从业人口数据。发展中与转型经济体从业人口的估算也采用上述数据来源来进行。

估计过程中使用的主要经营者数据包含在附件表 1–7 中。

资料来源：联合国贸发会议（UNCTAD）。

我们的讨论所囊括的各种契约化形式，即合同制造、服务外包、订单农业、许可经营、特许经营以及管理合同也同样见于一国内部的各企业之间，而本节讨论的焦点仅仅是那些跨国的 NEM 活动。在一般情况下，此处所列举的数据也不包括外国子公司与当地企业之间以 NEM 合同的方式所形成的关联 [5]。

在很多产业以及全球价值链的各个环节中，NEM 方式在企业国际化过程中的应用都是非常常见的。在相关统计数据普遍缺失的情况下，这种广泛的存在性使得我们对该现象的分析变得愈加困难。出于以上原因，本报告的分析主要限于那些 NEM 活动特别重要的行业，以及全球价值链中的特定环节 [6]。最后，企业有时会模仿内部市场，让其子公司与其他子公司以及外部供应商之间进行竞争来争取合同。有鉴于此，诸如许可经营、合同制造以及管理合同等契约方式在跨国公司内部，即同一家母公司下属的不同法人实体之间也经常被广泛使用。然而从定义的角度来看，这些契约行为并不属于“非股权”的范畴，同时，将此类活动纳入分析当中也同样会产生与 FDI 重复计算的结果。因此在本报告中，这种企业内部的契约化安排也被剔除在跨国 NEM 活动的范围之外。

（一）跨国 NEM 活动的总体规模与增长

跨国 NEM 活动在全球创造了至少 2 万亿美元的销售额，其中绝大部分来自发展中国家。在绝大多数情况下，NEM 活动都表现出了比其所在的行业更高的成长速度。

2010 年，本部分所涉及的各类跨国 NEM 活动在全球的销售额达到了约 2 万亿美元。其中，合同制造与服务外包占据了约 1 万亿美元，特许经营占 3300 亿~3500 亿美元，许可经营占 3400 亿~3600 亿美元，管理合同占了 1000 亿美元（见图 4.3）。这些估计并不完全，其中仅包括了各种 NEM 类型最为流行的若干重要行业，同时由于数据不可获得，该估计结果也排除了其他一些种类的 NEM 活动，其中主要是订单农业。此外，还有一些非股权安排，比如战略联盟与特许权也没有包含在报告范围内，具体原因参见后面的内容 [7]。

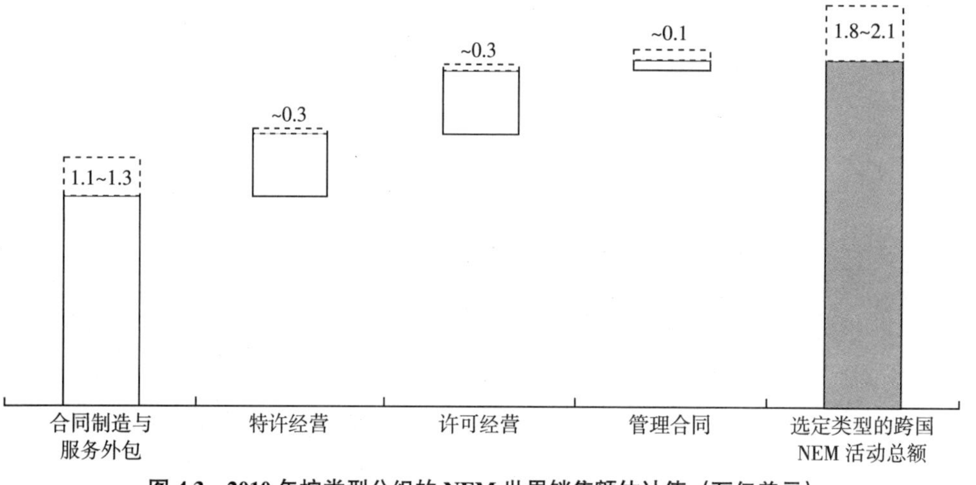

图 4.3 2010 年按类型分组的 NEM 世界销售额估计值（万亿美元）

注：参见专栏 4.2 的方法说明。虚线部分描述了每一条目的范围估计值。图形包含了表 4.4 以外的一些 NEM 活动，如合同制造（运动产品、大型家电产品、纺织品以及电子元件）以及管理合同（基础设施服务）。

资料来源：UNCTAD 估计。

作为一个整体，合同制造与服务外包在所选择行业的全部主要指标方面都名列前茅，包括销售总额、增加值、出口、世界从业人口以及发展中国家从业人口（见表 4.4）。然而，其他类型的 NEM 活动在某些个别的定量指标方面（比如特许经营在发展中国家的就业方面）以及定性影响方面也有着抢眼的表现。各类 NEM 活动的指标在行业方面有着显著的差异。在一些技术密集型的产业，比如电子、汽车零部件制造以及医药等行业中，合同制造往往集中于一些大型的国际化经营者手中，而这些行业的销售额、增加值以及就业等指标与服装、鞋帽、玩具等劳动密集型产业相比存在明显的不同。在这些劳动密集型产业中往往存在大量的小型生产者，充其量只是在专业从事全球价值链整合的国际化运营商旗下被整合在了一起。同样，聚集于特许经营这杆大旗下的各种不同类型的企业，比如零售、快餐以及商业服务在增加值与就业方面也同样存在着巨大的差别。

表 4.4 2010 年所选行业的跨国 NEM 活动关键指标①（10 亿美元，百万从业人口）

	全世界与 NEM 相关的指标			
	销售额	增加值	从业人员	发展中经济体
合同制造——所选技术/资本密集型行业				
电子	230~240	20~25	1.4~1.7	1.3~1.5
汽车零配件	200~220	60~70	1.1~1.4	0.3~0.4
医药	20~30	5~10	0.1~0.2	0.05~0.1
合同制造——所选择的劳动密集型产业				
服装	200~205	40~45	6.5~7	6.0~6.5
鞋帽	50~55	10~15	1.7~2.0	1.6~1.8
玩具	10~15	2~3	0.4~0.5	0.4~0.5
服务外包				
IT 服务与业务流程外包②	90~100	50~60	3.0~3.5	2.0~2.5
特许经营				
零售、餐饮、商务与其他服务	330~350	130~150	3.8~4.2	2.3~2.5
管理合同——选定行业				
酒店	15~20	5~10	0.3~0.4	0.1~0.15
		全世界与 NEM 相关的指标		
		费用	相关销售	相关增加值
特许经营				
跨行业		17~18	340~360	90~110

注：①2010 年数据或者可获得的最新年度数据。
②由于数据获得方面的原因，本结果只反映纯跨国销售，因此会低估相关产业的 NEM 活动规模。
③参见专栏 4.2 对于估计方法的说明，所有数据均只包含企业间 NEM 跨国数据。
资料来源：联合国贸发会议（UNCTAD）估算。

各种模式之间在相对规模方面也存在着巨大的差异。在汽车产业中，合同制造占据了全球汽车配件出口总额的 30%以及就业人数的 1/4；相比之下，在电子行业，合同制造在贸易额与就业人数中所占的比重则更大；而在诸如服装鞋帽以及玩具制造等劳动密集型产业中，合同制造表现得更为重要。

从不同国际生产模式之间的相互比较来看，与本节所涉及的各类 NEM 活动相关的跨国经济活动总额在 2010 年达到了 2 万亿美元，相比之下，跨国公司海外分支机构的出口额为 6 万亿美元。然而，NEM 活动在发展中国家却显得更加重要，在这些国家中，相当一部分行业的出口与就业几乎全部与 NEM 活动有关。相对而言，发展中国家在全球 FDI 存量中所占的比重只有 30%，在世界贸易中所占的比重也不足 40%。NEM 活动同样也表现出了较快的增长速度。几乎在所有的产业中，NEM 活动的增长都要领先于其所在行业的总体增长速度（见图 4.4）。

（二）各类 NEM 活动的指标与趋势

1. 合同制造与服务外包

从销售额以及从业人数来看，合同制造、服务外包、特许经营以及许可经营是规模最大的几类 NEM 活动。其他的 NEM 活动，诸如订单农业以及管理合同等则各自在不同方面有着突出的表现。

跨国合同制造与服务外包关系在现实生活中十分普遍。世界上诸多大型跨国公司的很多经济活动背后都可以找到二者的影子。大部分的国际制造业活动都发生在跨国公司全球经营网络的范围之内，并通过显著水平的企业内部贸易得以显现。然而，在过去的十年期间，随着跨国公司向网络化经营方式的迈进，与第三方之间的合同制造关系得到了快速增长。据联合国贸发会议估计，2010 年全球合同制造与服务外包市场合计可达 1.1 万亿~1.3 万亿美元（见图 4.3）。

合同制造的使用在不同行业之间存在一定的差异（见图 4.5）。比如，玩具与体育用品、电子以及汽车产业是合同制造的主要使用者，其外包额占据了产品销售成本的 50%以上。另外，在诸如医药等产业中，合同制造则仍处于新兴阶段，以其在产品销售成本中所占的比例来看仍然比较小。

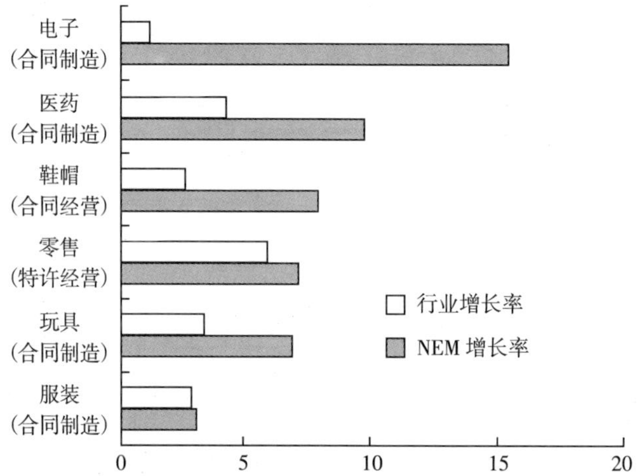

图 4.4 2005~2010 年所选行业的 NEM 销售额增长率比较

注：全球产业增长率数据源自 Ibisworld 行业市场调查（服装与鞋帽）以及 Datamonitor（其他各行业）。除零售业特许经营之外，其余 NEM 增长率数据源自各行业十家最大的合同制造商，零售业特许经营数据源自可得的 24 个国家的数据。

资料来源：UNCTAD 估计。

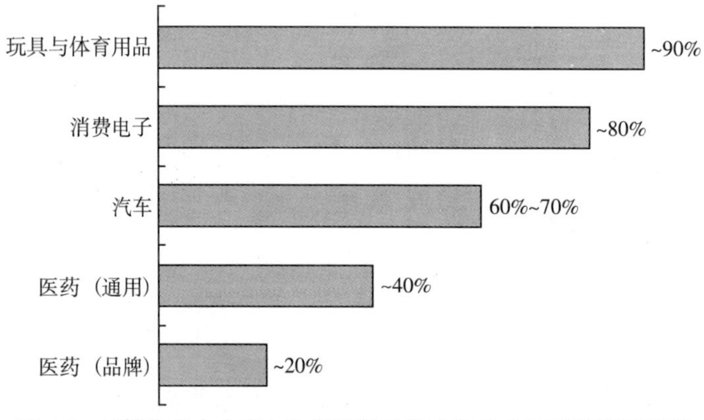

图 4.5 以销售成本中所占比例衡量的选定行业合同制造使用情况

资料来源：Polastro（2009）。

NEM 活动的特性与成员的来源，NEM 经营的地理分布，以及 NEM 的规模和行业集中度都随着行业的不同而存在差异。比如，电子行业以及 IT-BPO 服务业（信息技术与业务流程外包）中的合同制造商本身都是一些经营规模较大的跨国公司，并且都集中在世界上少数几个地区。相反，诸如服装鞋帽等行业中的合同制造商则都是一些集中在低成本地区的小型企业，其地理分布也更加广泛（见表 4.5 与表 4.6）。

表 4.5 2009 年发展中国家的主要合同制造与服务外包企业（十亿美元，千人）

企业名称	销售额	从业人数	企业名称	销售额	从业人数
电子			服装		
富士康/鸿海（中国台湾）	59.3	611	雅戈尔集团（中国）	1.8	47
伟创力（新加坡）	30.9	160	联泰（中国香港）	0.8	20
广达（中国台湾）	25.4	65	聚阳实业（中国台湾）	0.4	21
仁宝（中国台湾）	20.4	58	亚联集团（中国香港）	0.4	15
纬创（中国台湾）	13.9	39	达利国际（中国香港）	0.3	12
汽车零配件			鞋帽		
LG（韩国）	13.1	8	宝成集团（中国台湾）	6.5	333
现代（韩国）	11.2	6	斯特拉国际（中国台湾）	1.0	50
万都（韩国）	2.1	4	丰泰（中国台湾）	0.8	68
尼玛克（墨西哥）	1.9	15	新沣集团（中国香港）	0.2	14
兰顿（巴西）	1.4	10	信星集团（中国香港）	0.2	12
制药			玩具		
皮拉马尔保健（Piramal Healthcar，印度）	0.7	7	开达（中国香港）	0.2	20
朱比兰生命科学（Jubilant Life Sciences 印度）	0.7	6	兴利（中国香港）	0.2	8
迪维实验室（Divi's Laboratories，印度）	0.2	1	隆成集团（中国香港）	0.2	5
迪氏曼制药（Dishman Pharmaceuticals 印度）	0.2	1	梦想国际（中国香港）	0.1	9
希凯（Hikal 印度）	0.1	1	美丽时（中国香港）	0.1	9
半导体			IT-BPO		
台积电（中国台湾）	9.2	26	塔塔咨询服务（印度）	5.2	160
华联电子（中国台湾）	2.9	13	维普罗（Wipro，印度）	4.2	108
卡特半导体（Chartered Semiconductor 新加坡）	1.5	4	中国通信服务（中国）	2.7	127
中芯国际（中国）	1.1	10	桑达（智利）	0.9	9
东部高科（韩国）	0.4	3	HCL（印度）	0.8	54

注：该数据为与跨国 NEM 活动相关的销售与就业数据。
资料来源：联合国贸发会议（UNCTAD）估算。

表 4.6 2009 年选定行业中 10 大合同制造与服务外包企业（十亿美元，千人）

企业名称	销售额	从业人数	企业名称	销售额	从业人数
			电子		
富士康/鸿海（中国台湾）	59.3	611	英业达（中国台湾）	13.5	30
伟创力（新加坡）	30.9	160	捷普科技（美国）	13.4	61
广达（中国台湾）	25.4	65	TPV 科技（中国香港）	8	24
仁宝（中国台湾）	20.4	58	天弘（加拿大）	6.5	35
纬创（中国台湾）	13.9	39	新美亚科技（美国）	5.2	32
			汽车零配件		
电装（日本）	32	120	LG（韩国）	13.1	8

续表

企业名称	销售额	从业人数	企业名称	销售额	从业人数
罗伯特博世（德国）	25.6	271	佛吉亚（法国）	13	58
爱信精机（日本）	22.1	74	约翰逊控制（美国）	12.8	130
大陆集团（德国）	18.7	148	德尔福（美国）	11.8	147
马格纳国际（加拿大）	17.4	96	弗里德里西港 ZF（德国）	11.7	60
制药					
卡特兰制药（Catalent Pharma Solutions 美国）	1.6	9	朱比兰生命科学（Jubilant Life Sciences，印度）	0.7	6
龙沙集团（瑞士）	1.3	4	NIPRO（日本）	0.6	10
Boehringer Ingelheim（德国）	1.1	6	佩顿（Patheon，加拿大）	0.5	4
皇家帝斯曼（荷兰）	1.0	4	法赫维（Fareva，法国）	0.4	5
皮拉马尔保健（Piramal Healthcare，印度）	0.7	7	豪普制药（Haupt Pharma，德国）	0.4	2
半导体					
台积电（中国台湾）	9.2	26	东部高科（韩国）	0.4	3
华联电子（中国台湾）	2.9	13	VIC（中国台湾）	0.4	3
卡特半导体（Chartered Semiconductor，新加坡）	1.5	4	塔沃佳仕（TowerJazz，以色列）	0.3	2
环球铸造（Globalfoundries，美国）	1.1	10	三星电子（韩国）	0.3	—
中芯国际（中国）	1.1	10	IBM 微电子（美国）	0.3	—
IT-BPO					
国际商业机器公司（美国）	38.2	190	NTT 数据（日本）	8.9	35
惠普（美国）	34.9	140	计算机科学公司（美国）	6.5	45
富士通（日本）	27.1	18	凯捷（法国）	6.1	109
施乐（美国）	9.6	46	戴尔（美国）	—	—
埃森哲（爱尔兰）	9.2	204	罗杰克（英国）	5.5	39

注：该数据为与跨国 NEM 活动相关的销售与就业数据。

资料来源：联合国贸发会议基于附表 4.1、附表 4.2、附表 4.3、附表 4.5 及附表 4.7 估算。

在技术与资本密集型产业中，NEM 活动主要由少数几家企业（通常是跨国公司）所主导。在汽车零配件制造、医药制造以及 IT-BPO 行业中，最大的合同制造商都是来自发达国家的公司；而在电子及半导体行业中，情况则变得更加复杂，其中来自发展中国家的公司表现得要更加突出（见表 4.5 与表 4.6）。然而，在服装、鞋帽与玩具制造等劳动密集型产业中，大量来自发展中国家的跨国公司扮演了领导型跨国公司与 NEM 成员之间的中介或代理人的角色，并由此管理着全球价值链中的制造环节。而这些中介公司中的很多，如中国香港的利丰集团，最初都是从 NEM 成员演变发展而来的。

对电子行业、服装以及 IT-BPO 行业中的合同制造活动的考察显示了 NEM 的不同演化模式、经营活动以及地理分布情况，而这些都依赖于其所在行业的特征以及其他条件。

电子行业中的合同制造起步较早。在 20 世纪 80 年代中期，跨国公司处于利用东道国廉价和相对熟练劳动力的动因，在离岸活动中主要采取了制造业 FDI 的形式[8]，以此来对中间产品进行加工组装并将其运回母国销售。而在 20 世纪 80 年代的后期，大批电子公司开始摒弃制造环节而专注于研发、产品设计与品牌管理活动。制造活动由此被天鸿（Celestica）、伟创力（Flextronics）以及富士康（Foxconn）等电子产品制造服务

(EMS) 公司所接手。这些公司中有一些脱胎于已有的供应商，其中主要是来自中国台湾的企业(如富士康)，另一些则衍生自其他大公司[9]，比如源自 IBM 的天鸿公司（Mckendrick，Doner and Haggard，2000；Sturgeon and Kawakami，2010）。

目前的电子行业主要由少数合同制造商所主导。其中销售额最大的 10 家企业占据了 EMS 活动的 2/3，它们为该行业中所有的主要品牌提供生产服务，业务范围不仅包括戴尔和惠普等计算机企业，也包括苹果、索尼以及飞利浦等消费电子企业（附表 4.1）。在 2010 年，电子行业中合同制造总销售额达到了 2300 亿~2400 亿美元。

在这 10 家顶级的电子行业合同制造商中，有 7 家的总部位于东亚发展中国家——事实上该行业中大部分的制造生产都集中在东亚以及东南亚地区，特别是中国。然而，在过去的十年时间里，该行业中的合同制造活动却通过向领导型跨国公司采购制造设备的方式向其他地区加速扩散，这使得这些制造服务企业本身演变成为跨国公司。如今，它们在企业发源地以外的发展中经济体中拥有并经营着数以百计的生产设备，其分布遍及巴西、印度、墨西哥以及土耳其（附表 4.1）。除了这些大型的全球 NEM 企业之外，该行业中还存在为数众多的小型合同制造商。作为地区价值链的重要参与者，其兴起与成长遍及世界各地。这些小型企业没有大型制造服务商那种遍及全球的发展轨迹，也缺乏大型制造服务商与主要的领导型跨国公司之间那种密切的联系，因此，它们在电子行业中更多地充当了大型 NEM 成员的二级乃至三级供应商的角色。

服装与鞋帽行业的合同制造，特别是由发展中国家的企业所提供的合同制造活动有着悠久的历史。尽管也有一些大型的发展中国家企业，如 Gama Tek（土耳其）以及 Alok Industries（印度）在从事着合同制造活动，但一般而言，该行业还是一个高度竞争的产业，其中充斥着为数众多的小型供货商，为阿迪达斯（德国）、克里斯汀·迪奥（法国）、耐克（美国）等少数国际品牌（附表 4.4），以及一些零售企业，如沃尔玛（美国）、玛莎百货（英国）等大型超市以及 GAP（美国）和 H&M（瑞典）等专卖店提供生产服务。

契约关系通常是通过代理或中介公司（主要来自东亚地区）来进行管理。那些在早期主要从事“价值链管理服务”的合同制造商正在承载着越来越多的价值链元素（即设计与外包），有时甚至也会剥离掉其原有基础制造业务。利丰公司就是其中的一个典型代表，该公司在全球拥有 80 家办公室（其中很多位于发达国家，用于同主要品牌的所有者进行合作并获取订单），同时在 40 个发展中经济体中拥有 12000 家给予合同制造安排的供应商。这种安排之下的一些供应商本身就是跨国公司，如中国香港和印度尼西亚的制造商就在柬埔寨、老挝以及莱索托等周边一些具有更低劳动力成本的国家设有分支机构（Gereffi and Frederick，2010；McNamara，2008）。

以销售额来衡量，服装行业的合同制造市场规模有 2000 亿~2050 亿美元（见表 4.4），其生产广泛散布于非洲、亚洲以及拉丁美洲地区。Gap 公司（美国）所使用的工厂的区位分布就是其中一个代表性的反映[10]（见表 4.6）。

除了跨国公司价值链本身的制造元素之外，日趋细分的商业功能，包括协作与支持活动（即后勤功能或者消费者服务）也对服务外包的发展起到了推波助澜的作用。在 20 世纪 90 年代，服务外包最早作为一种“在岸”活动在信息技术领域开始起步，但在此后却迅速地转向离岸市场，特别是发展中和转型经济体。伴随着信息与通信技术（ICT）革命，生产与相关服务得以在区位上实现分离，这极大地拓展了服务外包的发展空间，使其得以涵盖一系列的商业流程和知识流程，如市场调查、商务智能以及 R&D 活动（Gereffi 和 Fernadez-Starck，2010）。

据联合国贸发会议估计，2009 年以 IT-BPO 为主的全球服务外包出口总额大约为 900 亿~1000 亿美元（见表 4.4），而这一数据可能在相当程度上低估了服务外包的整体规模，据其他研究估计，全球服务外包的整体规模可以达到 3800 亿美元甚至更多[11]，尽管这些更高的数字常常包含了跨国公司分支机构所开展的服务外包元素。由于服务外包主要脱胎于 ICT 以及知识活动，因此这一产业主要由一些发达国家的企业，比如爱尔兰的埃森哲公司、法国的凯捷公司、美国的惠普公司和 IBM 公司以及日本的 NTT 公司所主导（见表 4.6）。发展中国家中向海外客户提供契约化服务的企业主要来自印度，包括印度的塔塔咨询服务公司、印孚瑟斯技术有限公司，以及 Wipro 公司。此外还有部分企业分布于中国和智利等国家（见表 4.5）。

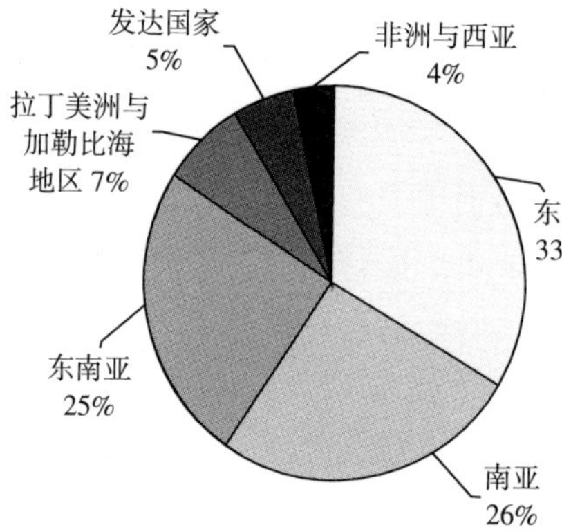

图 4.6 2009 年 Gap 公司使用的工厂区位分布

资料来源：UNCTAD 根据企业报告整理。

发展中国家的顶级服务外包活动（被主要的发达国家企业以及本地企业所管理）也集中在亚洲地区。其分布主要集中在三个国家，即印度、菲律宾和中国。这三个国家的服务外包额占据了 2009 年与 IT-BPO 服务有关的全球出口总额的 65%[12]。之所以会出现这种分布特征，部分原因来自于这些地区的区位优势，比如专业化的语言与 IT 技能、低成本的劳动力以及 ICT 基础设施等。然而，目前这一产业正在向阿根廷、巴西、智利、捷克、埃及、摩洛哥以及南非等国家扩展（AT Kearney，2011；见附表 4.5）。与合同制造不同的是，由于服务外包的开展需要知识工人以及现成的连通能力，因此服务外包的区位更多地与城市存在密切的联系。大量与服务外包有关的新兴城市正在不断涌现（见表 4.7）。

表 4.7 全球服务外包区位分布：2010 年十大现有和新兴城市

十大现有城市	十大新兴城市
班加罗尔（印度）	克拉科夫（波兰）
孟买（印度）	北京（中国）
德里（印度）	布宜诺斯艾利斯（阿根廷）
马尼拉（菲律宾）	开罗（埃及）
钦奈（印度）	圣保罗（巴西）
海德拉巴（印度）	胡志明市（越南）
都柏林（爱尔兰）	大连（中国）

续表

十大现有城市	十大新兴城市
普纳（印度）	深圳（中国）
宿务市（菲律宾）	库里蒂巴（巴西）
上海（中国）	科伦坡（斯里兰卡）

注：城市排名是基于一系列定量与定性因素来进行的，如 IT 工程师以及其他技术工人的数量与质量、商业环境连通能力以及基础设施支持、风险与生活质量等。

资料来源：《全球服务与目的地汇编 2010》，可在网站 www.globalservicesmedia.com 获取。

2. 特许经营

2010 年全世界特许经营企业的销售额达到了约 2.5 万亿美元（见表 4.8），其中跨国特许经营额为 3300 亿~3500 亿美元（见表 4.4）。不同国家国际特许经营服务的份额有着明显的差异。在绝大多数发达国家市场上，国内特许经营可以占到特许经营总额的 80%~90%。在发展中市场上，特许经营的最初发展通常是由国际特许经营商推动的。在除南非之外的绝大多数非洲市场上，国际特许经营商占据了特许经营市场 80%以上的份额，而在墨西哥、俄罗斯以及土耳其等新兴市场中，该比例也达到了 30%~40%。

表 4.8 2010 年世界特许经营系统①

地区/经济体	特许经营系统	网点数（千）	销售额（十亿美元）	从业人员总数（千人）	跨国特许经营比重（%）②
世界	30000	2640	2480	19940	15
发达经济体	12200	1310	2210	12400	10
欧洲	7700	370	340	2830	20
日本	1200	230	250	2500	5
美国	2500	630	1480	6250	5
发展中/转型经济体	17400	1330	270	7540	30
非洲	1600	40	30	550	70
拉丁美洲	3800	190	70	1810	20
亚洲	11200	1070	170	4810	25
东南欧盟与独联体国家	800	30	5	370	50

注：①一个特许经营系统包含了同一品牌与业务模式下的全部被特许单位以及由特许人自己经营管理的单位，如麦当劳特许经营系统。

②指跨境网点占全部网点总数的比例。

资料来源：联合国贸发会议估计，基于联合国贸发会议与世界特许经营理事会对各国特许经营协会的联合调查。

很多行业中都可以寻找到特许经营的踪迹，而在不同的行业中，特许经营也采取了不同的形式。特许经营开展最为兴盛的行业是零售业（包括高街零售与杂货店）、餐饮业（通常为快餐店）、宾馆、商业服务以及教育和个人护理服务等其他各种服务行业。在发达国家中，高附加值的服务所占的比重通常会更高。比如，在美国，商务与个人服务占据了特许服务总额的 37%。相反，在发展中国家中，微特许经营（通常为一人企业）以及低附加值的服务更加普遍。比如在南非，最重要的特许经营行业是快餐业，占据了全部特许经营总额的 25%；其次为零售业（同样是附加值较为有限的部门），占特许经营总额的 22%。与此类似，在印度最发达的特许经营部门是零售部门，占该国特许经营总额的 32%，其次为快餐业，占特许经营总额的 16%。

无论是那些通过特许经营网络拓展空间的国际零售商，还是那些在国际范围内的高街市场、购物广场以及机场等地方进行开拓的奢侈品牌，以及那些将其成功模式移植到新兴市场上，并为消费者开发出新的“国际化口味”的餐馆，几乎所有大型的全球特许经营商（特许人）都来自发达国家。以经营网点的数量来衡量的全球 15 家最大的特许经营商中，除了来自日本、加拿大以及英国的各一家公司之外，其余 12 家全部都是美国企业（见附表 4.6）。所有者 15 家特许经营商都是快餐连锁店，如麦当劳（美国）与必胜客（美国），其余的一些企业则主要是便利店和快捷酒店，如 7-11（日本）以及洲际酒店（英国）。

全球特许经营连锁有着广泛的分布，并且在发展中国家中拥有相当数量的加盟商。比如肯德基（美国）的加盟商遍及全球 110 个国家，其中有 75 个为发展中经济体；而假日酒店则在 100 多个国家拥有加盟商，其中有 80 个为发展中经济体。这种经营区位的选择主要由市场规模所决定，这也可以从顶级特许经营商的区位选择中得到反映。

3. 许可经营

国际许可经营在各类行业以及各种经济活动中都有广泛的分布，在许多产业中甚至触及全球价值链的每一个环节。据 UNCTAD 估计，跨国 NEM 相关的许可经营在 2010 年创造了 3400 亿~3600 亿美元的销售额（见图 4.7）。与 NEM 有关的许可经营活动在 1990 年之后一直稳步增长，按照估计的销售额计算，截至 2008 年以前国际许可经营活动的年均增长率一直稳定在 10%的水平，尽管在 2009 年受到金融与经济危机的冲击，该增长率出现了一定的下滑。

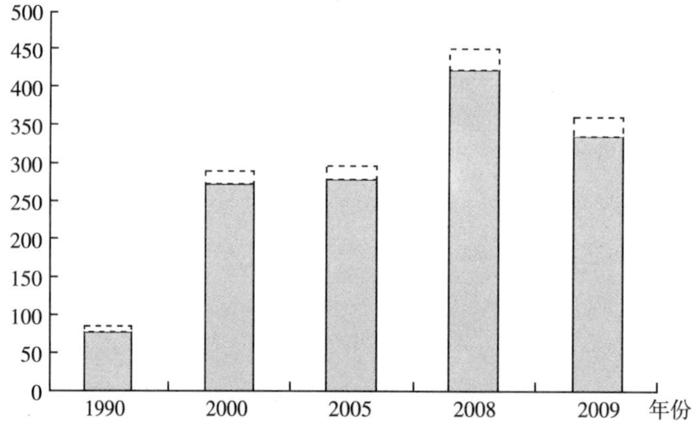

图 4.7 历年跨国企业间相关许可的销售额

注：虚线部分描绘了每年的估计范围。美国数据用于计算与工业流程及商标许可有关的企业间跨国许可数量。该数字高于用美国在世界授权收益中的份额计算的世界许可经营总量。

资料来源：联合国贸发会议（UNCTAD）估计。

根据收支平衡表，在过去的十年期间，来自发展中市场的许可经营活动出现了显著的增长，但发达经济体仍在该领域居于主导地位。全球特许权使用费体现了所获得的许可数量（以及跨国公司 NEM 伙伴的区位），基于这一指标，如今的全球特许权使用费支出中，发展中与转型经济体已经占据了其中的 1/4（见表 4.9）。被授权人的地理分布（基于特许权使用费衡量）也十分广泛，在 2009 年，南亚、东亚以及东南亚国家在发展中与转型经济体许可经营总额中占据了 70%以上的份额，其后则是拉丁美洲、加勒比地区、东南欧与独联体国家、非洲及西亚。而在这些地区中，许可经营活动都高度集中在少数几个国家当中，即非洲的南非与埃及、拉丁美洲的巴西与阿根廷以及西亚的土耳其。与上述地区相比，类似的情况在东亚、南亚以及东南亚地区则要略显轻微，位于该地区的新加坡、中国以及中国台湾都充斥着很多的许可经营合作伙伴。

表 4.9 2005 年、2008 年及 2009 年选定发展中国家与转型经济体的特许权使用费与许可费用（10 亿美元）

地区/经济体	2005 年	2008 年	2009 年
世界总体	143.4	204.2	197.4
发达经济体	113.1	153.5	149.2
发展中与转型经济体	30.3	50.7	48.2
非洲	1.6	2.5	2.5
南非	1.1	1.7	1.6
埃及	0.2	0.3	0.3
尼日利亚	0.1	0.2	0.2
拉丁美洲与加勒比地区	3.3	6.5	6.1
巴西	1.4	2.7	2.5
阿根廷	0.7	1.5	1.5
墨西哥	0.1	0.6	0.5
智利	0.3	0.5	0.5
亚洲与大洋洲	23.1	35.8	34.4
西亚	0.5	1.1	1
土耳其	0.4	0.7	0.6
伊拉克	0.0	0.4	0.3
南亚、东亚及东南亚	22.7	34.7	33.5
新加坡	9.3	12.5	11.6
中国	5.3	10.3	11.1
中国台湾	1.8	3.0	3.4
泰国	1.7	2.6	2.3
印度	0.7	1.5	1.9
东南欧与独联体国家	2.3	5.9	5.2
俄罗斯	1.6	4.6	4.1
乌克兰	0.4	0.8	0.6
克罗地亚	0.2	0.3	0.2

资料来源：联合国贸发会议基于国际货币基金组织（IMF）国际收支平衡统计数据估计。

4. 其他形式

在前面我们已经对合同制造、服务外包、特许经营以及许可经营等主要的 NEM 形式进行了讨论。除了这些形式之外，诸如管理合同以及订单农业等其他很多 NEM 形式则难以在总体规模上对其进行估计（所需数据通常无法获得），但从发展的视角来看，这些形式又是规模巨大且异常重要的。比如，对于跨国管理合同而言，据联合国贸发会议估计，其销售规模可以达到 1000 亿元，且涵盖了从宾馆到电力供水等基础设施服务在内的一系列行业。在基础设施当中，管理合同的元素通常作为一个更为复杂的合约的子元素而存在。

虽然我们无法得到有关跨国订单农业这种对发展具有重要影响的 NEM 形式的总体规模指标，但这种形式的应用却是十分广泛的。跨国公司在超过 110 个发展中与转型经济国家中使用订单农业，其范围涵盖了广泛的农产品种类。订单农业这种 NEM 活动是包括食品、饮料、生物燃料以及零售（超市）在内的很多跨国公司价值链的显著特征，并且在支持农业生产与相关活动中扮演了重要的角色（《世界投资报告 2009》）。

（1）在巴西，有 75%的家禽以及 35%的大豆生产都通过订单农业的方式进行。

（2）在肯尼亚，大约 60%的茶叶和糖，以及几乎全部的出口鲜切花卉是通过订单农业安排方式进行生产的。

（3）在莫桑比克，40 万订单农民中的大部分为小佃农。

（4）在越南，90%的棉花与鲜奶以及 50%的茶叶和 40%的稻米都产自于该模式。

（5）在赞比亚，100%的棉花与辣椒都在订单农业的模式下进行生产。

专栏 4.3 管理合同在酒店行业中的应用

国际酒店业是展现跨国公司如何根据环境的变化来调整其国际化模式的很好例证。从历史上看，酒店连锁经营倾向于通过特许经营的方式在国内与国际范围内进行模式的推广。在更为成熟的市场上，酒店集团更倾向于坚守传统的特许经营模式，而在发展中市场中，它们却更青睐于管理合同以及股权投资（即 FDI）的方式。对于高档奢华的酒店这些在发展中市场上的投资中占有更大比重的经营类型，酒店集团也更倾向于采用管理合同的方式进行经营。

从全球来看，10 家最大的酒店集团中有 8 家都在采用管理合同的方式。管理合同在全球品牌市场上的平均份额（以房间数衡量）达到了 28%（其中前 10 大酒店集团占据了 24%）。在这 10 大集团中，凯悦对这种模式的使用最为频繁（占房间总数的 53%），万豪则在与管理合同有关的销售额方面拔得头筹（89 亿美元）。总体而言，这些连锁店有 41%的经营活动位于国外。十大集团的海外管理合同销售额达到 160 亿美元，而全部品牌酒店的海外管理合同销售额则达到了 190 亿美元。据联合国贸发会议估计，十大集团通过跨国管理合同创造了 233000 个就业岗位，而整个品牌市场的从业人数则达到了 353000 人。由于发展中国家具有更低的劳动力成本，其很多的服务都在企业内部提供（专栏表 4.1；MKG Hospitality 2001），由此导致了发展中国家具有更高的就业强度，因此上述数据可能在一定程度上低估了在发展中国家所产生的就业影响。

专栏表 4.1 2010 年十大酒店集团

集团	经济体	房间数	酒店系统销售额估计值	酒店系统就业人数估计值	国际化程度（%）	特许经营（%）	管理合同（MC）（%）	管理合同销售总额	管理合同国际就业人数
洲际酒店集团	英国	647161	18700	335000	90	74	25	4701	75786
万豪国际酒店	美国	618104	19691	300000	20	53	45	8860	2700
温德姆酒店集团	美国	612735	7169	315970	25	96	1	47	519
希尔顿酒店公司	美国	587813	18757	303118	17	69	26	4885	13082
雅高	法国	507306	10083	261603	75	24	22	2208	42728
选择国际酒店	美国	495145	6538	145000	15	100			
喜达屋酒店与度假村	美国	308736	12260	159206	43	39	52	6323	35353
最佳西方国际	美国	308477	6931	145000	39	100			

续表

集团	经济体	房间数	酒店系统销售额估计值	酒店系统就业人数估计值	国际化程度（%）	特许经营（%）	管理合同（MC）（%）	管理合同销售总额	管理合同国际就业人数
卡尔森全球酒店集团	美国	159756	4844	160000	55	65	21	1017	18541
凯悦酒店	美国	127507	5124	130000	30	16	53	2716	20376
十大酒店集团合计		43372740	110101	2254898	41	68	22	30760	233488

注：销售额为全球酒店系统总销售额，包括特许经营与直接管理的酒店所产生的销售额；管理合同份额为管理合同下的酒店房间数与该酒店总房间数的比例。

资料来源：联合国贸发会议（UNCTAD）基于公司与咨询机构报告估算。

三、NEM 的动因与决定因素

（一）NEM 重要性不断增强的动因

NEM 活动的发展受到很多因素的推动，包括其相对较低的前期资本投入、更低的风险暴露程度以及在应对变化方面所表现出的更大的灵活性，这使得跨国公司可以借此提升其核心能力。

在过去的十年间，跨国公司利用非股权形式进行国际生产得到了快速的发展。NEM 的增长步伐已经超越了 FDI 这种跨国公司海外扩张的传统手段。同时，在那些 NEM 活动更为流行的产业中，NEM 的扩张也要显著地快于平均水平。作为一种国际化的手段，NEM 的快速增长可以从企业的战略选择以及众多可能性因素这两方面得到解释。

一些企业选择通过 NEM 的方式来扩展海外市场主要是基于他们所拥有的一些关键性优势（见表 4.10）。总体来看，在忽略 NEM 类型间的细微差别的情况下，这些优势可以概括为如下几点：①相对较低的前期成本支出以及经营需要的运营资本；②与此相关的风险的降低；③在适应商业周期与市场需求变化方面更高的灵活性；④可以将非核心活动交由具有更低成本和更高效率的运营商进行外部化运营的可能性。

企业所拥有的这些开展 NEM 活动的核心优势表明，作为一种国际化的手段，NEM 具有一定的可持续性。由于 NEM 所需要的资本更少，因此股东们对于企业资本回报率（ROCE）的时刻关注[13]，企业在后危机时代的世界里进行去杠杆化的需求，以及对于风险厌恶程度的增强等因素都增加了 NEM 的相对吸引力。企业愈加认识到预见商业周期冲击的必要，在这种情况下，NEM 为企业的经营提供了更大的灵活性。企业可以通过合同制造商来调节生产水平，或者可以通过许可或特许经营将市场风险转移给合作伙伴。更为重要的是，在酒店等行业中，特许经营与管理合同可以使品牌比实际拥有所有资产的情况下实现更快的扩张。最后，在各行业的经营向核心能力集中的趋势愈加明显的情况下，将价值链中的非核心环节外部化给其他的经营者也为企业实现整体价值链效率的最大化提供动力，使其能够以更低的成本向新兴市场上提供那些以往只能在成熟市场上出现的产品和服务。

表 4.10 NEM：关键优势与增长动力

NEM 对于跨国公司的优势	NEM 持续增长的推动力
较低的前期投资支出与运营资本支出	日益关注于资本回报率以及去杠杆化的需求
	生产扩张以及进入新市场所需要的资本支出的不断增加
有限的风险暴露	对市场与政治风险厌恶程度的提升
	有限的法律责任
灵活性	对预见周期性冲击必要性的认识不断增强
核心能力的杠杆作用	价值链细分程度、知识编撰和行业标准普及程度以及知识产权保护等可行性因素的提高
	新兴市场上富有经验的，能够有效的提供核心（即设计活动）与非核心活动的 NEM 伙伴可得性的不断增加

资料来源：联合国贸发会议（UNCTAD）。

当然，NEM 也有自身的不利因素与相关风险。首先，利用 NEM 的方式将价值链中的任何部分进行外部化都会减少该企业从价值链创造的全部价值中所获取的利益。此外，市场天然和结构性的不完全性以及由此产生的交易成本会导致 NEM 活动丧失吸引力。这可以通过将某些活动外部化而获得的价值链其他环节相对的获利增加以及潜在的成本优势（即低成本的供应商与区位）所抵消。与 NEM 有关的风险植根于对生产过程控制力的降低所引发的对质量与服务水平的潜在影响（即交货的及时性），以及相关技术、技能或者其他形式的知识产权向合作伙伴处的转移。在建立 NEM 伙伴关系的过程中，契约的用途主要是明确这些不利因素与风险，从跨国公司的角度确定价值与利润分享的比例，设置相应的条款来规避双方面临的风险。

除此之外，另一个推动跨国公司向 NEM 方式转变的动力在于大量因素为其增长提供了可能。生产流程在地区之间分割程度的不断提高，知识编撰与行业标准化程度的不断增强，世界范围内知识产权保护程度的改善，以及新型市场上可靠的和富于技术经验的伙伴企业的不断增加，都为推动 NEM 的增长做出了贡献。

由于 NEM 的内在优势以及推动其发展的各种因素，跨国公司开始越来越多地选择 NEM 的方式，以此取代 FDI 作为国际化的手段。然而，跨国公司只在某些情况下才会对这两种方式进行选择。通常情况下，NEM 的应用要么蕴涵着一定的机遇，要么是由企业的商业模式或者企业、国家的特定因素所决定。

当 NEM 的应用成为跨国公司的一种选择时，在所有权与伙伴关系之间进行的选择就类似于“制造还是购买”的决策。例如，议价制药企业可以建立自己的工厂来供应海外市场，或者授权当地的议价制造商进行制造。比如，葛兰素史克公司就将药物“舒利迭”的制造授权给韩国的韩美公司（Avafia，Berger and Hartzenberg，2006；Berger et al.，2010）。NEM 与 FDI 的经营也可以并行发展。许多零售企业在同一个市场上既直接拥有属于自己的店铺，也有许多的加盟店。比如家乐福在发达国家（例如法国和意大利）与新兴市场（例如巴西）上不仅直接拥有所有的高级百货商店与超级市场，而且也通过特许经营的方式拥有许多加盟商。

在很多情况下，跨国公司的商业模式或者计划也会预先决定其所使用的经营模式。在特许经营的情况下，虽然一些跨国公司也保留了 FDI 方式的选择，但建立在知识产权或产品开发的核心能力基础上的商业模式导致很多品牌所有者，如贝纳通专门使用特许经营方式来发展国内与海外市场（Reid，2008）。在制药行业中，将本国药品价值链上的生产环节进行外包的趋势也导致跨国公司中的一些领导者在全球采取同样的经营模式。比如，作为辉瑞公司外包战略的一部分，该公司在全世界管理着大约150家合同制造商。大批来自发展中国家的公司，如拉伯莱托凤凰制药（阿根廷）从这一过程中获益[14]。相反，在另一些产业，如汽车与电子制造行业中，这一模式已经发展成熟，其中的合同制造商本身也成长为拥有较强竞争力与成本优势的大型跨国公司。对于品牌拥有者而言，向自己拥有的中间品制造工厂进行投资几乎是不可想象的。比如，汽车零部件制造行业的电装公司（日本）以及电子产品合同制造商富士康（中国台湾）在很多地区都有庞大的业务量以及相当可观的研发投资（Cattaneo，Gereffi and Staritz，2010）。

行业与东道国因素对于NEM活动也是十分必要的。本地企业所拥有的竞争优势可以保证其进入该市场，而通过FDI的方式则不具有相应的可行性或使企业面临亏损。在更极端的情况下，对FDI这种进入模式的禁止性限制可能会促使更多的跨国公司采用NEM的方式。比如，印度食品零售行业对于零售行业中外国企业持股上限的规定将沃尔玛等主要靠全资所有的店铺进行经营的大型国际零售商挡在了门外[15]，但同样的政策却为思达国际（德国）这样的国际零售特许商扩展其经营网络、开拓印度消费品市场提供了机遇（Ravichandran，Jayakumar and Samad，2008）。外国企业在印度土地所有权方面的限制也在一定程度上导致了跨国公司对于订单农业这种经营方式的青睐，以确保对本地以及全球价值链的供应（Barrett et al.，2010）。

这里同样存在相反的可能：企业、行业以及东道国的特定因素也会排斥NEM的盈利并促使跨国公司采用FDI的方式进入外国市场。跨国公司可能拥有基于内部增加值最大化的商业模式和成本结构，或者依赖于对市场或销售组合（产品与价格）的完全控制，这些无法通过外部化的结构来实现。在产业层面中，在知识密集度较高的部门以及那些知识仍倾向于默许的方式并难以向第三方传播的部门中，发展NEM活动可能并不具有可行性。而在国家层面，当一个国家中缺乏可靠的和有能力的本地合作者，或者本地合作企业无法获得相应资产时，FDI这种进入方式可能是唯一的选择。

企业的偏好、可能性因素以及那些可以预先决定具体的国际化模式的因素可以从不同的方面推动各类非股权形式的增长。表4.11总结了每一种模式增长背后的主要推动力。

表4.11 按所选模式分类的各种国际NEM活动增长动力分析

模　　式	增长动力
合同制造服务外包	生产流程在区域间分割程度的提高
	知识更易于编撰与分享以及商业标准普及性的增强
	知识产权保护程度的改善
	大型与富于经验的潜在合作者的不断增加
许可经营	知识产权保护程度的增强
	新兴市场上富有经验的合作者可得性的增强
特许经营	大型的新兴消费市场从传统经营向现代零售与服务业发展，由此导致：
	• 需求的增长超过了跨国公司通过直接控股的方式拓展经营网络的能力
	• 愿意在快速增长的新兴市场中进行经营的潜在特许经营者“拉动力”的增加
	母国市场的高度竞争与市场饱和
管理合同	被动的所有权投资者数量的增加
	母国市场的高度竞争与市场饱和
订单农业	商品价格不稳定性的增加推动跨国公司寻求更稳定的供货来源与可预见的成本
	许多国家对于外国所有者持有的农业用地关注程度的不断上升

资料来源：联合国贸发会议（UNCTAD）。

（二）国家 NEM 区位吸引力的影响因素

NEM 的区位决定因素包含政策框架，经济条件以及商业便利。这些决定因素彼此关联并且随着经营模式的不同而不同。

与 FDI 经营相同，国家 NEM 活动的区位吸引力因素也表现在许多方面。这些因素，或者区位决定力量常常在一个标准的框架下被用于分析 FDI（《世界投资报告 1998》，《世界投资报告 2010》），其中涵盖了国家政策、商业便利以及一般性的经济环境（见表 4.12）。

表 4.12　FDI 与 NEM 的区位决定因素及其影响

FDI 与 NEM 的共同影响因素	FDI 的影响因素	NEM 的影响因素
	政策框架	
经济、政策与社会稳定性 竞争政策 贸易政策 税收政策	市场准入与经营的相关法规 外国分支机构的待遇标准 国际投资协定 私有化政策	稳定的常规商业与合同法规 管理 NEM 合同形式（即许可经营、特许经营合同）的专门法规 知识产权保护
	商业便利	
降低摩擦成本（即开展业务所需的成本）	投资促进 投资激励 提供投资后的服务 提供社会福利（即生活条件）	各种便利化措施，包括： • 本地企业对技术、质量与生产力标准的升级 • 本地企业的发展，增强本地企业的动力，商业便利 • 起步阶段的补贴、财政激励 • 对本地企业开展与 NEM 机会有关的信息提供与意识培养 • 为本地企业的最低工作条件与企业社会责任提供支持
	经济因素	
基础设施 市场规模与人均收入 市场增长率 进入地区与全球市场的途径 获得原材料的途径 获得低成本劳动力的途径 获得熟练劳动力的途径 资源/资产的相对成本与生产率 其他投入的成本（即运输、通信与能源成本）	获得战略性资产的能力 • 所创造的资产（即技术与知识产权） • 战略性基础设施	可靠的本地企业与商业伙伴的存在 获得本地资产的途径

资料来源：联合国贸发会议（UNCTAD）。

对商业活动具有积极影响的稳定政策环境包括发展良好的竞争政策、贸易政策以及财政法规。这种环境对于 NEM 活动和直接投资活动会产生同样的影响。诸多与 FDI 相关的区位因素，如进入与经营法规、外国分支机构的待遇标准以及与 FDI 有关的国际协定只是在一定程度上解释了那些致力于通过非股权形式进入外国市场的跨国公司可能不得不建立一个“立足点”来为 NEM 业务提供支持。这种立足点不仅包括最小型的商业机构，如为制造外包提供支持的采购与质量控制组织以及为授权的消费业务提供支持的市场与消费者服务机构，也包括那些帮助零售或快餐等特许经营商向特许经营网点供应原料的重要的物流系统。在跨国公司采取混合经营模式的情况下，有关 FDI 的具体政策也会具有一定的影响，比如当像麦当劳在中国的经营那样在建立直属网点的同时发展特许经营店。而在 NEM 与跨国公司有限的持股行为相结合的情况下也是如此，比如约旦制药公司（JPM）将技术授权给位于阿尔及利亚、埃及、厄立特里亚、莫桑比克与突尼斯的5家由其持股的合资企业。考虑到当地合作伙伴的能力相对较差，JPM在这些合资企业中主要扮演了技术监督的角色（UNCTAD，WHO and ICTSD，即将出版）。

除了这些标准的与政策相关的FDI区位决定因素之外，在东道国中也有大量的特殊性因素在推动着NEM的发展。由于NEM主要表现为跨国公司对东道国经济的一种契约化形式的参与，因此稳定的商业与合同法规就成为了影响NEM活动的一个重要因素。专门的法律可以对该国的NEM经营进行管理，比如法律可以认可或者设置NEM合同形式（即特许经营、订单农业）的相关参数以及知识产权保护的程度。

表4.13 各类NEM活动的主要区位决定因素

模式	主要的区位决定因素
合同制造 服务外包	开放的贸易政策，进入（或优先进入）国际市场的途径 获得廉价劳动力（熟练与非熟练）的途径；本地资源有利的相对成本与生产力 强有力的知识产权保护制度 旨在提升本地企业技术能力的便利化措施
许可经营	强有力的知识产权保护制度 本地熟练劳动力的可得性 稳定的商业法规与合同执行制度 旨在提升本地企业技术能力的便利化措施 市场容量与增长率
特许经营	稳定的商业法规与合同执行制度 有能力的本地企业的可得性与获得本地融资的途径 市场容量与增长率 致力于本地企业发展的商业便利与起步阶段的激励措施
管理合同	稳定的商业法律与合同执行制度 表现欠佳的当地资产
订单农业	获得农业与相关资源（即土地、水源）的途径 稳定的政策与经济环境 开放的贸易政策、进入（或优先进入）国际市场的途径 运输与仓储基础设施 （与地区价值链有关的）市场规模与增长率

资料来源：联合国贸发会议（UNCTAD）。

商业便利是第二类决定因素，它在吸引NEM以及FDI的过程中会起到同样重要的作用。除非促进活动与激励措施能够得到更广泛的应用，否则一些针对FDI的商业便利措施对NEM所产生的影响是较为有限的。例如，那些致力于沟通外国特许权人与热衷于该业务的本地加盟商的投资促进机构（IPA）（大约有1/4的IPA在从事此类活动，参见本年度IPA调查）。然而，除了针对FDI的那些标准的商业便利措施之外，还有很多措施对NEM的发展起到了巨大的作用。

本地企业对技术、质量或者生产标准的主动升级，或者提供工作条件以及企业社会责任（CSR）的最低标准都可以提升本地NEM伙伴与跨国公司合作的潜在能力。比如，马来西亚政府实施了一项针对特许经营的立法，并采取了其他相关措施以便于跨国公司进入本地经济。该政府通过各种机构为那些建立了特许经营业务的企业提供金融支持[16]。在服务外包方面，菲律宾政府致力于呼叫中心产业的发展[17]。巴西政府也同样为该产业的发展提供了激励与制度支持[18]。

一国吸引 NEM 或 FDI 活动的第三个方面的因素，即经济因素也同样非常相似。比如市场的容量与增长状况以及进入地区市场的途径对于特许经营或者许可经营等 NEM 形式会产生与直接投资同样重要的影响。基本的基础设施的提供以及运输成本、能源和通信对于所有的商业来说都是十分重要的，尽管与外国投资者相比，不利的基础设施环境对于加入 NEM 关系并开展业务的本地企业所产生的威胁要相对较小。唯一一种与 NEM 活动相关性较差的地区经济因素可能就是获得本地战略性资产的途径，对于这类资产，跨国公司将会力图由自己掌控。

能够对 NEM 活动产生针对性影响的经济因素有很多，包括可靠且有能力的本地企业与商业伙伴的存在，以及获得本地经营所需的资本。与 FDI 不同的是，绝大多数的 NEM 活动常常需要强有力的且经验丰富的本地合作伙伴来承担起转移给他们的风险。比如，在订单农业的情况下，农民协会与农业合作社会向跨国公司提供一定程度的复杂性与确定性，而对于这些内容，跨国公司在与单个农民签订合同的时候通常无法做出约定（《世界投资报告 2009》，Barrett et al.，2010）。获得相应的资产对于本地企业而言是至关重要的，NEM 活动在一定程度上暗含了本地融资业务的发展，即便是 NEM 本地合作伙伴中最纯粹的契约化约定也常常会负担起其从本地银行或其他金融机构那里获得融资支持的任务。

区位决定因素的相对重要性会随着非股权形式的具体形式以及行业的不同而发生变化。尽管所有的决定因素都在整体上增强了一个国家对各种形式的 NEM 活动的吸引力，但对于每种特定模式的发展而言，都会存在一些特定的因素在其中发挥更为基础性的作用。表 4.13 对每一种模式下最重要的区位因素进行了总结。

作为经营方式的一种抉择，FDI 与 NEM 之间的选择自然是由企业做出的。然而，两类国际化方式在区位决定因素方面的差异表明发展中国家能够对这种选择产生一定的影响。东道国为提高对外国投资者的吸引力而做出的努力，如坚持国际投资协定或提供税收优惠等在政策上会具有一定的难度，或者在经济上具有更高的成本。相对而言，改善 NEM 的区位决定因素所需要的成本则要更低一些。

四、NEM 发展的影响

NEM 发展所产生的影响随着 NEM 类型及其所处的部门、行业与价值链环节的不同而有所差异。单独的契约安排在国家的具体条件以及政策影响方面也会产生一定的作用。

NEM 可以为东道国带来一系列有形与无形的资产。对其发展影响的分析框架与评估 FDI 发展所产生的影响类似——主要侧重于关注就业、增加值、出口、技术扩散、社会和环境影响以及其他影响（表 4.14）。在每一个领域中，NEM 都能为发展中东道国带来大量的利益，通过为生产能力建设以及改善进入国际市场的途径提供支持，NEM 可以在总体上为产业的长期发展做出积极贡献（Narula and Dunning，2010）。

表 4.14　NEM 活动对发展的主要影响

影响类别	研究结果综述
就业创造与工作条件	NEM 具有显著的就业创造潜力：特别是合同制造、服务外包、特许经营在 NEM 盛行国家的就业中占据了大量的份额
	在很多监管环境相对较弱的国家中，合同制造主要建立在低廉的劳动力成本基础之上。在这种情况下，工作条件便会引起人们的担忧
	由于基于契约关系的工作更易于受到经济周期的影响，就业的稳定性，特别是在合同制造与外包行业中也会引发人们的关注
地区增加值与关联	NEM 能够直接带来显著的增加值，在那些单体模式可以实现规模经济的发展中国家中，NEM 会对该国的 GDP 做出重要贡献
	有些担忧者认为，在契约化的过程只在全部价值链或最终产品中占据较小部分的情况下，合同制造所能够产生的增加值常常是很有限的
	NEM 也可以通过地区采购，或者“二级”非股权关系的形式来产生额外的增加值
出口创造	NEM 包含着本地 NEM 成员通往跨国公司国际网络的途径；在依赖外国市场的各种模式（比如合同制造、外包、旅游业的管理合同）中，这会带来显著且稳定的出口销售
	在合同制造的情况下，其引发的出口会在一定程度上被生产过程带来的进口产品增加所抵消
	在市场寻求型的 NEM 活动（比如特许经营、品牌授权、管理合同）中，NEM 会导致进口的增加
技术与技能	本质而言，NEM 属于知识产权在受合同保护的情况下向本地 NEM 合作伙伴进行转移的一种形式
	诸如特许经营、许可、管理合同等 NEM 形式都包含有技术、商业模式以及（或者）技能的转移，并经常伴随着对本地员工和管理层的培训
	有证据表明，在合同制造的情况下，特别是在电子行业中，加入 NEM 关系的本地合作伙伴会出现生产率水平的提升
	NEM 的合作伙伴可以演变成为自己持股的重要技术开发者（例如在合同制造与服务外包中）
	它们也可以锁定在低技术的生产活动中
	就其性质而言，NEM 活动可以促进本地的创业活动。特别是在特许经营中，其对创业技能发展的正面影响尤为显著
社会与环境影响	NEM 可以作为一种机制将国际上最先进的社会与环境实践转移到本国
	有担忧者认为，NEM 会被跨国公司用作规避这种实践的工具
	通过上述影响，NEM 能够对发展中国家现代生产能力的建设起到支持和加速作用
行业长期能力的建设	尤为重要的是，NEM 鼓励了国内企业的发展，刺激了国内对生产性资产的投资，并推动了此类国内经济活动向全球价值链的整合
	有一些担忧，特别是如对外国技术资源的长期依赖，对跨国公司管理下的全球下的全球价值链中的低附加值活动的过度依赖以及“自由分布”等问题需要加以解决

资料来源：联合国贸发会议（UNCTAD）。

并非所有由 NEM 带来的利益都会自发产生，其实现的程度将取决于本地企业的能力、其与跨国公司之间的力量对比以及东道国通行的政策框架。此外，NEM 活动也会产生很多相关的风险需要加以规避，包括一些 NEM 机构的工作条件不合要求，就业稳定性的缺乏、对低附加值活动的长期依赖以及对外国企业技术的依赖等。

（一）就业与工作条件

NEM 可以对就业做出显著的贡献，但也有人对其在工作条件以及就业稳定性方面存在的问题产生担忧。

据联合国贸发会议估计，就所选择的行业与价值链环节而言，在世界范围内有 1800 万~2100 万人直接受雇于在 NEM 伙伴关系下开展经营的企业。NEM 创造的就业岗位绝大多数来自合同制造、服务外包以及特许经营活动（图 4.8）。在 NEM 产生的就业当中，有 80%左右位于发展中与转轨经济体，其中合同制造活动最为明显，其次为服务外包活动。除此之外，在其他的 NEM 活动或行业（如订单农业）中也创造了显著的直接就业与可观的间接就业机会。这种就业机会包括熟练与非熟练劳动，具体情况取决于行业性的因素。

合同制造涵盖了两类产业：一是“高技术”或技术密集型产业，比如电子、半导体、汽车零配件以及制药产业；另一类则是“低技术”或劳动密集型产业，比如服装、鞋帽以及玩具制造业。在第一类产业中，相关活动主要由一小部分主要的经营者所主导，其创造的就业也遍及世界各地。在电子与半导体行业中，最大的几家企业主要来自于发展中国家，特别是东亚以及东南亚国家，这些企业在拉丁美洲、东欧以及其他一些新兴经济体中建立了全球性的工厂网络（表 4.6）。作为全球最大的电子制造服务企业之一，富士康这家鸿海集团（中国台湾）旗下的子公司仅在中国一个国家就拥有将近 100 万的员工，这使它成了该国最大的雇主 [19]。

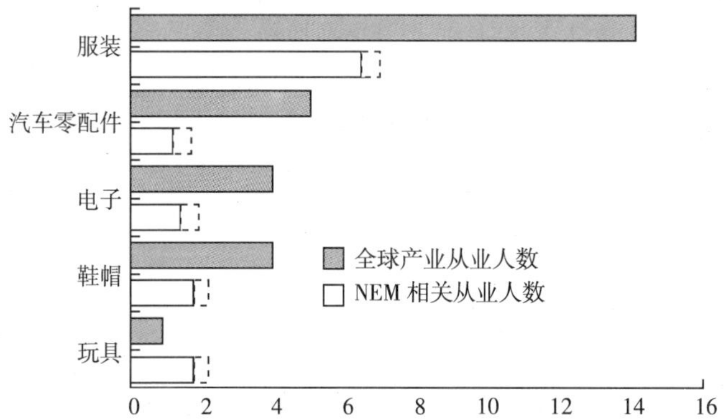

图 4.8 2010 年所选行业中合同制造活动的全球从业人数估算

注：参见专栏 4.2 所使用的方法。虚线区域描述了每一条目的估计范围。

资料来源：UNCTAD 估价。

第二类产业中的合同制造在地理分布上十分广泛。在服装、鞋帽以及玩具制造业中，几乎 90%与 NEM 有关的就业都位于发展中与转型经济国家，包括欠发达国家。对于其中一些国家而言，与 NEM 有关的活动创造了大量的就业机会。特别是为耐克（美国）以及波士（德国）等主要品牌提供的合同制造服务是这些发展中国家重要的就业来源（专栏 4.4）。比如，在柬埔寨的服装行业中有 376000 个工人，而其生产中有相当大的部分是在合同制造安排下来进行的。在斯里兰卡，服装产业雇佣了大约 40 万人，其中有很多也在同样的契约安排下进行工作。

专栏 4.4 服装鞋帽生产中的 NEM 活动对发展中国家就业的影响

低技术密集型行业，如服装与鞋帽产业的合同制造对发展中经济体的就业产生了显著的影响。诸如耐克、阿迪达斯、海恩斯 & 莫里斯（H&M）、盖普（Gap）、彪马、集品（Collective Brands）以及波士等主要品牌公司都在大规模地使用由不同发展中国家的合同制造商所构成的网络来生产其品牌的产品。比如，所有的耐克鞋都是由美国本土以外的合同供应商所制造——这些供应商遍及 33 个国家的 600 家工厂，包括阿根廷、巴西、柬埔寨、中国、萨尔瓦多、印度、印度尼西亚、墨西哥、斯里兰卡、泰国、土耳其和越南，共吸纳了超过 80 万名工人。与此类似，彪马与大约 350 家工厂订立了合同制造关系，其中大多数位于发展中经济体并吸纳了 30 万名工人。因此，与相对集中在东亚地区的电子行业的合同制造不同，服装鞋帽的合同制造在地理分布上要更加广泛，并且有很多位于贫困国家当中。

在一些发展中经济体中，外国合同制造商构成了合同制造活动的主体。至少在发展初期，服装产业在孟加拉国、柬埔寨、中国以及越南等国家的快速增长在很大程度上得益于外国合同制造企业的参与，它们在这些国家国际上的客户从事本地化的生产（UNIDO，2009；McNamara，2008）。在柬埔寨，服装行业95%的出口是由外国企业，特别是来自中国内地、香港、印度尼西亚、马来西亚、韩国、新加坡以及中国台湾等发展中经济体的跨国公司来完成的。这些公司在2009年雇佣了30万名工人，占据了柬埔寨制造业从业人口的将近50%。

资料来源：联合国贸发会议（UNCTAD）。

在印度、菲律宾以及其他一些发展中经济体中，服务外包所产生的就业影响也同样巨大。比如在很多经济体当中，IT-BPO都是该国GDP、出口以及就业的最大贡献者。到2009年，该行业在印度已经创造了大约2200万的直接就业岗位，同时间接影响了大约800万人的就业[20]；在智利，服务外包产业在2008年吸纳了2万人就业[21]；而在菲律宾这一服务外包产业的另一个主要基地，其在2010年的总就业人数已经达到了525000人[22]。

订单农业为小型农户提供了为数众多的就业机会，其在就业与降低贫困方面发挥的积极影响也得到了显著的认同。尽管订单农户的总体数量难以确定，但是每个计划都能够吸引数十万的农民参与其中。比如，由亚洲木业集团（新加坡）与中国乐山市政府合资组建的吉象木业集团吸引了40万名林业工人参与其纤维板的生产（《世界投资报告2009》）。与之类似的是，雀巢公司（瑞士）与全球55万个农户进行合作，为其食品和饮料的生产提供相关的产品[23]。在莫桑比克，有大约40万个农户参与到了全球价值链当中[24]。2008年，可口可乐/南非米勒公司的价值链中包含了3741名来自赞比亚的农民以及4244名来自萨尔瓦多的农民，其中绝大多数都在订单农业的安排下从事生产活动。尽管规模相对较小，但在该国仍然起到了十分显著的影响（南非米勒酿酒，可口可乐与乐施会，2010）。

对于那些广泛使用国际特许经营的东道国而言，这种形式同样为该国的就业做出了显著的贡献。发展中国家的特许经营企业，特别是微型与小型企业数量近年来出现了快速的增长。同时，由于特许经营不仅会创造与企业有关的正式就业，同时也会产生大量基于小型商业网点的依附性就业，因此，在一些国家中，特许经营甚至被当做降低失业的有效工具。比如，在巴西，2010年有大约78万人受雇于特许经营企业中（占劳动力总数不到1%）（Rocha，Borini and Spers，2010；联合国贸发会议——世界粮食理事会联合调查）。而在南非，特许经营企业的雇员总数达到了46万人，约占该国劳动力总数的2.5%[25]。在马来西亚，特许经营企业的雇员总数则超过了20万人，占该国劳动力总数的1.7%。

在一些行业中，管理合同也同样为东道国带来了可观的就业影响。酒店行业所具有的就业创造潜力是许多发展中国家政府致力于发展该行业的原因之一。据估测，全球品牌酒店市场雇员总数超过了350万人，其中有40万个工作岗位位于海外管理合同这种经营方式之下（专栏4.3）。国际酒店通常会提供更高等级的服务（Fontanier and van Wijk，2010）。对六个发展中国家所进行的调查表明，外国拥有的住宿机构在员工—客户比方面达到了8∶1；远远超过国内拥有的住宿机构1∶1或1∶2的比例（UNCTAD，2007）。近年来，国际酒店集团也开始在世界很多地方，特别是亚洲地区扩张其经营范围。比如在中国，洲际酒店集团就制订了一个扩张计划，拟在未来 5 年中将现有的 150 家下属酒店扩张一倍。这一扩张计划将主要采取管理合同的方式来进行，并能够在中国现有 4 万名雇员的基础上新增 9 万个就业岗位 [26]。对于发展中国家而言，国际酒店业通过管理合同或特许经营的方式在东道国进行的连锁经营在拉动洗衣、保洁与安保等低技术工人的补充性就业方面具有强大的力量（作为监理与 IT 服务等高技术领域的补充）(Lamminmaki，2005；UNCTAD，2007；MKG Hospitality，2011)。

在考虑间接就业的情况下，NEM 带来的就业影响甚至会更加显著。这种间接就业可以通过与本地企业之间的联系来实现，如前面讨论的印度 IT-BPO 产业或肯尼亚的订单农业（专栏 4.10）。在后向关联的情况下，间接就业的来源包括后向的各层为 NEM 伙伴企业提供服务或零部件支持的承包商所雇用的劳动者（比如在合同制造情况下）。此外，就业岗位也可以来自于一些配套服务的提供者。比如在零售业的特许经营中，很多的就业来自于为 NEM 经营提供本地服务的企业，如一些物流公司、广告公司、室内设计公司、原材料的本地供应商以及本地的包装公司。与此类似，在制药产业中，东道国的许可经营企业也在药物研发或产品分销等地区产业链的其他部分创造出了大量的就业机会。

在非股权形式中，能够对工作条件产生影响的因素主要是经营模式的类型与所在的行业、龙头企业的采购方式以及政府在界定、沟通与执行劳工标准的过程中所扮演的角色。

诸如特许经营、许可经营与管理合同等 NEM 方式常常可以带来东道国就业条件的改善，这在很大程度上源于国际合作伙伴相对较强的控制与监管活动，尽管特许经营活动并不能完全杜绝恶劣的工作条件 [27]。联合国贸发会议的世界特许经营理事会对代表特许人与被特许人利益的特许经营协会进行过一项调查，结果表明在全世界有 64%的特许经营协会声称在外国连锁机构中工作的员工享受到了与本国连锁店同等的工作条件；同时有 30%的协会宣布外国连锁机构的加盟商及其雇员拥有着比本国竞争者更优越的工作条件。

致力于降低生产成本的 NEM 活动，比如合同制造或服务外包等经常会因为其交叉的就业条件而遭到诟病，其中包括对国内与国际劳动者权益的侵犯。为了保持成本的低位运行，维持对龙头跨国公司的竞争力与吸引力以保住自身作为跨国公司合作伙伴的地位，NEM 企业会采取各种手段来削减工人的权利和自由度，比如更低的工资和福利、过度的加班、不稳定的工作 [28] 以及恶劣的健康与安全措施（Milberg and Amengual，2008）。在一些极端情况下，来自媒体、活动家以及消费者组织的强烈抨击会迫使国际企业进行干预并与其 NEM 伙伴一起来改善相应的工作条件（专栏 4.5）。

专栏 4.5　富士康在中国的劳动条件——担忧与企业的反应

鸿海精密工业股份有限公司（中国台湾）旗下的子公司富士康是世界最大的电子行业合同制造商之一。与其他很多合同制造企业一样，富士康也被卷入了有关工作条件的舆论旋涡当中。有关富士康在中国经营情况的报告对其中一些具体问题进行了披露，包括工资与福利、工作强度、职业健康与安全、工作时长、管理质量、作息时间、申诉机制、实习员工的待遇以及膳食与住宿条件。

富士康的许多客户，包括苹果、戴尔与惠普都对这些担忧做出了反应，并开展了一项针对富士康的独立调查，随后又与富士康的高层管理人员一起对相关活动进行了纠正，向更高的国际劳动标准进行靠拢。该行动计划包含改善工厂工作条件的若干步骤，包括：引入新的工资标准来减轻员工出于个人需要而进行加班的压力；将一些制造活动迁往接近农民工家乡的地区（从而维持社会结构与支持系统）；以及帮助员工更好地融入社会，促进工作与生活之间的良好平衡并建立更广泛的支持网络。除了这些积极的活动之外，一家来自中国香港的非政府组织（SACOM）的报告认为在富士康位于中国的一些工厂中，仍然存在侵犯劳动者权益的现象[①]。

注：①“富士康与苹果没有能够履行承诺：工人在自杀事件后面临的困境”，SACOM Website at http: //sacom.hk。

资料来源：联合国贸发会议（UNCTAD）。

虽然合同制造、订单农业以及类似的经营模式能够创造大量的就业，但这种生产对成本高度敏感的天性仍然会产生一定的问题，因为跨国公司可以随时将生产转移到其他具有更低经营成本的地区。NEM 的这种“自由迁徙”的特性会给东道国的工人、NEM 合作伙伴以及相关产业的发展带来严重的后果。比如在 2000 年，莱索托的服装产业雇佣了超过 45000 名工人，占据了该国出口总额的 77%，其中主要来自于中国台湾的合同制造商在“非洲增长与机遇法案”（AGOA）下所进行的生产活动，该法案赋予了这些企业进入美国市场的特权。然而在 2003 年之后，由于美国移除了施加在中国与印度等低成本地区的服装进口配额，莱索托的服装产业也遭到了毁灭性的打击，很多工厂被迫关门，并造成了数以千计的工人失业（McNamara，2008）。

劳动密集型 NEM 的就业对于全球价值链中的商业周期高度敏感，并且会在经济陷入低迷时快速流出。一个典型的例子就是瓜达拉哈拉的电子产业集群。尽管该集群是价值链升级的一个成功例证，但它也同时显示了这种由 NEM 所创造的就业的高度不稳定性。专栏 4.6 表明，对于 NEM 而言，对消费需求、季节变化以及其他来源的波动进行管理仍然具有可行性，比如对客户群体进行多样化就是一个很好的途径。

专栏 4.6 瓜达拉哈拉合同制造业的周期性就业

墨西哥西南部的哈利斯科州首府瓜达拉哈拉是一个深深融入全球价值链中的电子工业集群所在地。在 2001 年技术泡沫破灭之前，瓜达拉哈拉的工厂一直在手机与笔记本电脑等大批量具有高度价格敏感性的领域面对来自中国企业的竞争。在 1994~2000 年，包括伟创力、捷普科技以及旭电等在内的很多大型合同制造商都纷纷在瓜达拉哈拉建立工厂，哈利斯科周的电子工业出口额也以年均 35%的速度递增。而到了 2000~2005 年，出口额的年均增长率则降到了接近 0 的水平，同时其出口额更是连续两年出现下降（专栏图 4.1）。

受商业周期低迷的影响，2001 年之后的产出与就业开始急剧下降。哈利斯科州全部高技术产业就业人数在巅峰时期的 2000 年曾经超过 76000人，而在 2001 年则下跌了 40%，降至 46000 人；在一些工厂中，就业人数甚至下降了 60%以上。一些在瓜达拉哈拉与其他地区都拥有工厂的合同制造商开始将大批量的业务转向具有更低成本的中国工厂。瓜达拉哈拉电子行业从业人口的这种高度不稳定性

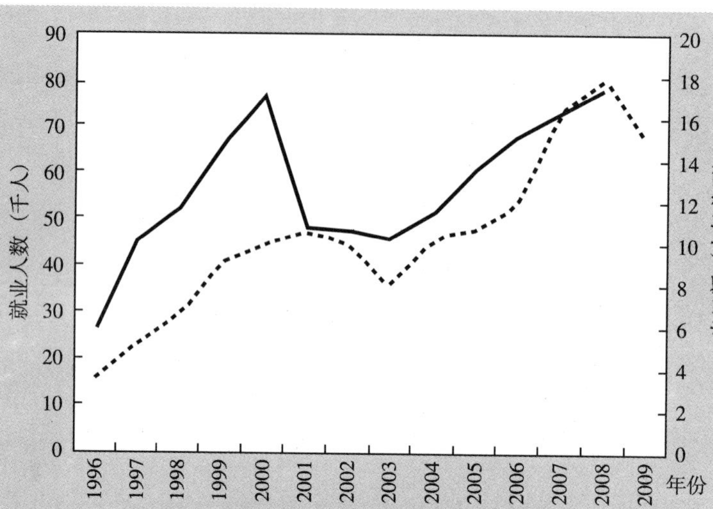

专栏图 4.1　1996~2009 年瓜达拉哈拉合同制造业的就业变动

是墨西哥“边境加工产业”（在墨西哥境内、属于美国公司的一种工厂，专门使用从外国免税输入的部分产品或零件来装配为成品——译者注）的一个普遍特征。这些墨西哥工厂的就业人数变动幅度可以达到同行业美国工厂的两倍。两个国家之间在经济上的密切联系造成了两国商业周期的同步性。有一些观察家声称，是美国将其一部分由商业周期导致的就业波动输出给了墨西哥（Bergin，Feenstra and Hanson，2008；Blecker and Esquivel，2010）。

然而，为了提高对位于瓜达拉哈拉的工厂的利用，这些合同制造商在美国的零售网点处找到了新的合作伙伴，并开始基于直发传和快速补货的方式生产小批量的产品。这些产品包括诸如低端和终端的电脑服务器、娱乐游船使用的电子探鱼装置以及家庭和企业警报系统。2000 年还在瓜达拉哈拉制造的产品如今已经难觅踪影。如今瓜达拉哈拉的合同制造商与工人都不得不适应更加复杂的生产与供应流程。新的物流功能也被开发出来用以直接向零售商提供小规模的分销运输、原材料管理、检测以及质量保证流程都要进行升级，以适应不断增加的产品种类。随着时间的推移，产业的升级已经使该地区的就业和出口恢复到了原来的水平。

资料来源：Sturgeon and Dussel-Peters，2006；Cadelec，2010。

然而，在过去的 20 年时间里，核心企业与其 NEM 伙伴之间的关系开始发生改变。由民间社团、非政府组织以及媒体所发动的运动已经令供应链中的社会与环境责任重新回归到了龙头企业中。比如，在 2009 年，洪都拉斯的一家耐克 NEM 合作企业关闭了两家工厂，造成 1800 名工人失业并且没有给予这些工人任何法定应予给付的遣散费。在“工人权利协会”这一非政府组织的帮助下，民间社团群体掀起了激烈的群众运动，直到耐克公司同意接手该供应商的全部责任（为下岗员工支付遣散费、9 个月的医疗津贴以及提供就业培训）。这种“责任公关”已经将跨国公司负担的社会责任拓展到了法定边界之外，并迫使他们提升了对价值链合作伙伴经营活动的影响力。

为了管理风险并保护其品牌和形象，跨国公司通过行为守则来控制其 NEM 伙伴，提升国际劳动标准与良好的管理实践，这对于跨国公司而言已经变得越来越普通。尽管绝大多数的守则是由企业单独制定的，但在一般情况下，这些守则也都基于国际劳工组织的劳动力标准，联合国的国际人权宣言以及经合组织（OECD）的跨国企业准则等国际化的原则的基础之上（见第三章）。除了企业自身的守则之外，很多跨国公司还运用第三方标准，如 SA8000（有关劳动的实践）或者 ISO14001（对于环境管理的要求）等。近年来，有超过 65 个行业中的 2600 家工厂获得了 SA8000 的认证[29]，同时有超过 20 万家企业获得了 ISO14001 认证，遍及世界 150 个国家和地区[30]。这些第三方认证标准确保了跨国公司的供应商能够达到基本的标准，并帮助发展中国家的企业在寻求国际商业伙伴时对自身进行一定的区分（Riisgard and Hammer，2010）。

在几乎所有的行业当中，NEM 企业在进入该行业并与龙头企业建立合作关系之前都要提交一份拟订的行为准则。因此，许多 NEM 的合作伙伴都将国际公认的劳动标准视作其契约责任的一部分。通过这种方式，核心企业本身就逐渐成为各种规则的调整者并出台一系列有关社会与环境行为规范的指导方针。为了确保这种行为准则被贯彻实施并为其合作伙伴所遵从，核心企业会进行合规性监管，包括稽查管理以及对工厂进行现场视察。比如，H&M 公司在南亚地区就设有专门的巡查员，负责对该公司在印度以及斯里兰卡两国近 40 家为其工作的工厂的工作条件进行调查。在 2010 年，他们进行了 251 次访问，其中有半数左右是在没有事先通知的情况下进行的[31]。

尽管跨国公司在面对全球价值链中的企业社会责任时仍然存在很多问题（Starmanns，2010），但可以看到的是，很多领导企业都曾经在相应的行为准则下进行过长时间的生产，这使得他们可以引入一系列系统的手段对供应商进行监管与评估。相应地，他们将检查的结果整合到其采购决策中，并对那些达到标准的 NEM 合作伙伴进行奖励，或者至少表现出满足其要求的强烈承诺。然而，在过去的十年里所出现的一个明显的情况是，很多企业不愿因为供应商没有达到某种标准而失去该合作伙伴。相反，NEM 合作伙伴常常会主动采取一些纠错行动来纠正审查过程中所产生的问题。为了支持其 NEM 合作伙伴通过自身的努力来达到相应的标准，龙头企业针对社会与环境问题提供了特殊的供应商发展计划。通过这种方式，行为准则在发展中国家的企业获取相应管理诀窍的能力建设计划中扮演了基础性的角色。

（二）地区增加值

即使在全球价值链所创造的价值中只占有限的份额，NEM（包括通过其二级关联）仍然可以为东道国经济带来显著的增加值。

NEM 在地区增加值方面所产生的直接影响是十分显著的，然而，其间接创造的价值规模则在很大程度上依赖于特定 NEM 模式的具体特性、跨国公司全球价值链的结构以及本地其他企业的潜在能力。据联合国贸发会议估计，跨国 NEM 活动每年所直接带来的增加值约 4000 亿~5000 亿美元（表 4.4）。在这一数量中，合同制造与服务外包是两个最主要的贡献者，它们所创造的增加值超过了 2000 亿美元（图 4.9）。

在那些合同制造活动较为活跃的产业中，汽车零部件贴牌生产与服装制造在增加值中占据了最大的比重。电子工业的合同制造、鞋帽以及玩具所创造的增加值则明显要低一些。这在一定程度上归因于其所在的行业规模（鞋帽与玩具的市场相对较小）以及合同制造本身的特性（电子产业的很多生产活动都与最终产品的组装有关）。涵盖了一系列离散活动的跨国特许经营在世界范围内创造了将近 1500 亿美元的增加值。

与 NEM 有关的增加值的真正意义植根于其在

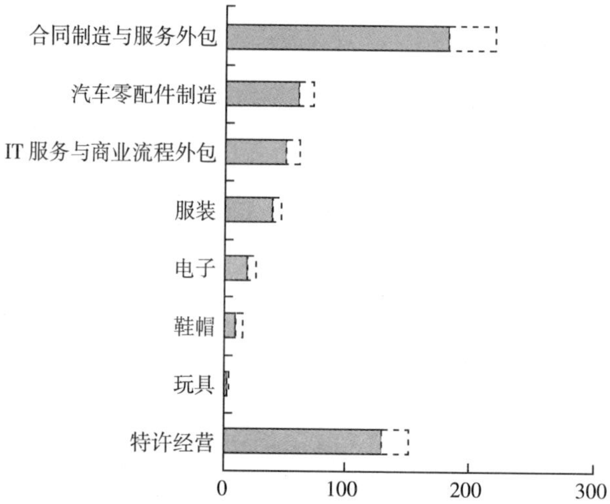

图 4.9　2010 年选定行业合同制造、服务外包与特许经营的全球增加值估计值（10 亿美元）

注：所使用的方法见专栏 4.2，虚线部分代表了每个条目的估计范围。
资料来源：UNCTAD。

一个国家特定经济背景下的重要性。尽管全球 NEM 活动创造的增加值不足全球 GDP 的 1%，但在一些发展中国家中，这些增加值却在经济活动中占据了显著的份额。比如在菲律宾，IT–BPO 活动在 2009 年占到了该国 GDP 的 4.8%并创造了 90 亿美元的出口收入[32]。印度的汽车零配件工业基本上是在契约安排下进行生产的，其创造的增加值也占到了该国的 2.3%，并且在 2010~2011 财政年度预计会带来 300 亿美元的收入[33]。

然而，对于任何特定产品而言，这种增值活动在全球价值链所产生的价值中都只占很小的一部分。对于诸如合同制造、服务外包以及订单农业等效率寻求型的 NEM 活动而言，东道国所能够得到的价值通常会很小，并且严重依赖于 NEM 与龙头跨国公司掌控的全球价值链整合的程度以及二者之间的力量对比。如果 NEM 合作伙伴的角色被定义为在跨国公司价值链中处理相关的投入，并将其转移到价值链的下一个环节，那么产品会在该国经历进口、加工阶段并随即被出口，此时 NEM 所带来的本地采购规模以及间接价值创造都将是相对有限的。另外，由于 NEM 合作伙伴可以更充分地利用本地供应商并将价值留在东道国经济内部，因此，更大的经营自主权可能会为该地区带来潜在的间接增加值。

电子行业的合同制造为这些力量之间的相互作用提供了一个很好的例证。在该产业中，合同制造这种模式的爆发式增长在很大程度上源于龙头企业将其内部流程中附加值最低的活动进行外包的意图。凭借其相对于 NEM 伙伴的强大议价能力，龙头企业在使用合同制造的过程中常常会挤压当地企业所获得的增加值。这导致了那些面临更小边际的 NEM 伙伴所创造的增加值不断下滑（图 4.10）。

比如，在富士康（中国台湾）为苹果公司（美国）的 IPhone 手机提供组装的过程中，每件产品的增加值只有很小一部分为该公司的中国工厂所获得，其他大部分的增加值则仍为日本、韩国以及其他一些苹果公司预先选定成为该公司全球价值链组成部分的国际供应商以及苹果公司及其销售商所获得（专栏 4.7）。尤为重要的是，在这一例子中，NEM 合作伙伴所获得的较低的增加值在很大程度上反映了行业特征（以及内部的力量平衡）而不是国家的生产区位。比如，在另一个与之类似的例子，即诸基亚 N95 智能手机中，尽管具体的生产方式与要素投入可能有所不同，但无论该产品是在芬兰生产还是在中国生产，制造环节所产生的增加值都只占全部增加值的2.1%（Ali-Yrkkö et al.，2011）。

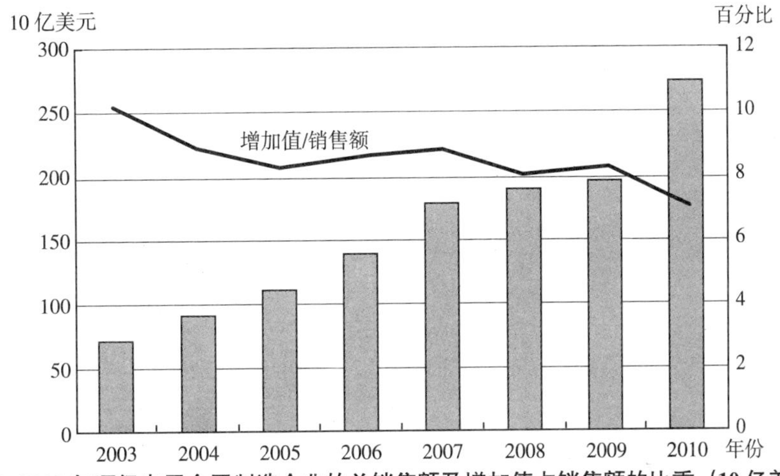

图4.10 2003~2010年顶级电子合同制造企业的总销售额及增加值占销售额的比重（10亿美元，百分比）

注：增加值是以税前收入、人工成本（工资）以及摊销/折旧的加总来计算的。增加值占销售额的百分比基于该部门十大主要公司中的六家（鸿海、仁宝、英业达、广大电脑、纬创集团和冠捷科技）来计算。

资料来源：UNCTAD。

专栏4.7 价值创造可能十分有限：IPhone在中国的生产

相对于全球价值链所创造出来的，并且以最终目标市场所在地的货币计价的全部价值（或以其占最终产品销售价格的百分比衡量）而言，发展中国家合同制造商所获得的相对增加值可能是极其有限的。这方面的一个典型例证就是广为人知的苹果IPhone手机。在每部手机179美元（在美国市场零售价为500美元）的制造成本中，只有6.5美元为富士康（中国台湾）这家位于中国的NEM合作伙伴所获得（专栏图4.2），而由中国国内企业所获得的增加值份额甚至更少，并仅限于包装与本地服务领域。其中的部分原因在于，IPhone手机主要是由其他国家，如美国、日本、德国以及韩国等国生产的部件在中国组装而成。

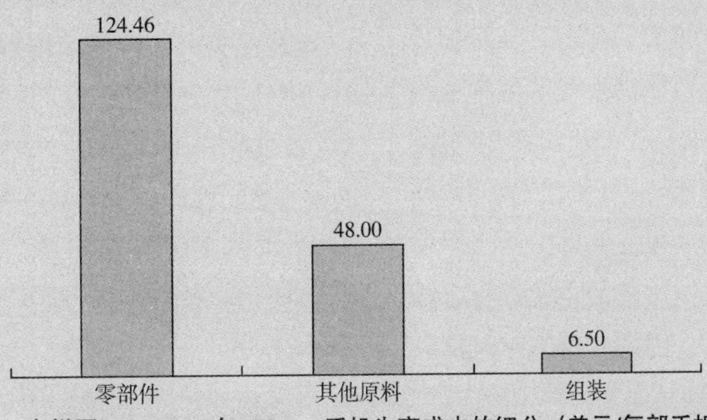

专栏图4.2 2010年IPhone手机生产成本的细分（美元/每部手机）

注：500美元零售价中的321美元主要用于苹果公司以及其他公司R&D、设计、分销与零售等环节的回报。

资料来源：UNCTAD，基于2010年Xing and Detert绘制。

然而，本地NEM伙伴并不是必然要被锁定在低附加值陷阱中。很多电子行业的合同制造商都迅速进行转型，在价值链的其他环节向其客户提供高附加值的额外服务。在某些领域中，一些早期的合同制造商已经创立了自己的品牌并且在全球的消费电子产品市场上同龙头跨国公司展开了竞争（Sturgeon and Kawakami，2010）。也有观点支持发展中国家从事低附加值的NEM活动，该观点认为，本地NEM企业在价值获取方面的不利地位实际上体现了它们支付给跨国公司用于换取知识资产与长期发展能力的初始价格（Moran，2011）。

除了合同制造之外，诸如特许经营、管理合同以及许可经营等主要的市场寻求型NEM活动所创造的增加值除相应的使用费与版税之外也主要留存于东道国经济中。比如在酒店行业，相关发现表明，与跨国公司有关的经营所进行的本地采购活动并不低于其东道国竞争者（UNCTAD，2007）。

NEM后相关联的程度与特性以及由此产生的本地增加值也会随着经营的模式、所在行业以及东道国的不同而有所差异，并且依赖于本地企业的能力。如果合同制造等活动的出现会导致集群（如工业园区）中生产与出口活动集中度的提高，本地投入的使用以及对东道国增加值所产生的整体影响会相应增强。工厂的数量越多，与跨国公司采购者之间的联系越密切，则由此产生的溢出影响与本地增加值也就越大。正如我们在20世纪80~90年代的韩国以及20世纪90年代与2000年以来的马来西亚所看到的那样。此外，由于产业集群政策会使跨国公司在同集聚的企业进行合作的过程中获得相应的利益，因此，这类政策能够降低跨国公司将生产转移到其他地区的风险。

本地采购的范围也受到跨国公司合作伙伴之间达成的契约协议的管理。比如，在许可经营、合同制造以及特许经营协议中，一个共同性的特点就是坚持特定的质量标准。在东道国本地供应商无法满足质量要求的情况下，这无疑会限制在东道国经济中的采购活动。然而，特许经营仍然可以创造出显著的本地关联。比如麦当劳（美国）经常通过构建的国内食品价值链来供应其店铺的需求。一旦某供应商与麦当劳在食品的标准以及质量担保方面达成协议，则双方的契约关系以及由此为该地区所带来的价值会维持相当长的时间[34]。

（三）出口

NEM带来了出口收益——其程度取决于具体的境况以及不同的经营模式。

NEM在很多产业中塑造了全球贸易模式。在玩具、鞋帽、服装以及电子产业中，与合同制造与服务外包有关的贸易在全球贸易额中所占的比重超过了50%（图4.11）。

诸如合同制造、业务流程外包以及订单农业等经营模式本身就可以创造出可观的出口额以及外汇收益。与这些模式相联系的行业常常表现出明显的集聚效应，这可以导致单一产业在一个国家或地区的出口中占据相当高的份额。比如，广东省（中国）的玩具产业在2010年的出口额达到了129亿美元，占据了该省当年出口额的一半以上[35]。在孟加拉国以及柬埔寨，服装产业在2008~2009年期间占到了该国全部出口额的78%~80%[36]。在印度，纺织与服装出口在2009财政年度达到了220亿美元，占该国出口总额的12.5%，并且仍有望出现迅速增长[37]。除了单一产业之外，加工贸易产品以及用于组装等进一步生产流程的中间品运输（这同时也是国际统计中用于考察合同制造发展趋势的一个较好的代理指标）在过去十年期间也出现了爆发式增长。在中

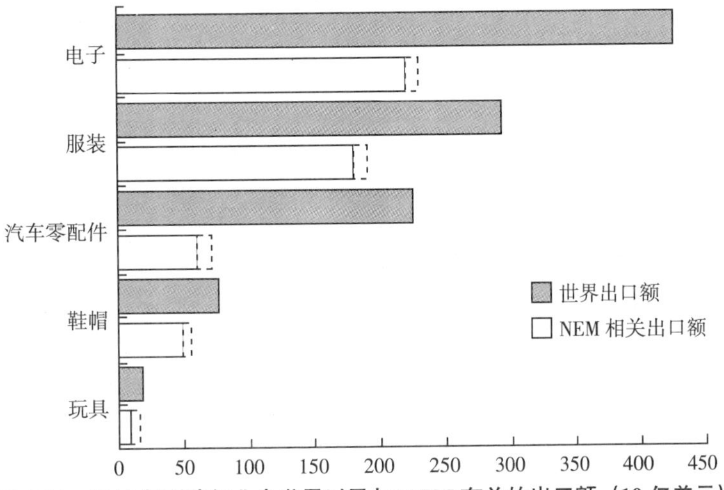

图 4.11 2010 年所选行业全世界以及与 NEM 有关的出口额（10 亿美元）

注：参见专栏 4.2 使用的方法，虚线部分描绘了每个条目的估测范围。

资料来源：UNCTAD 估计。

国，此类产品出口总额在 2009 年达到了 6550 亿美元，较 2000 年上升了将近 1380 亿美元（IMF，BoP 数据库）。[38]

在效率寻求型 NEM 活动中，IT-BPO 以及订单农业也同样具有显著的出口创汇效果。在 2005~2009 年，来自印度的 IT-BPO 出口平均占到了该国 IT-BPO 产业收入的 2/3，以及印度出口总额的 14%。与此类似，2009 年来自埃塞俄比亚、肯尼亚以及津巴布韦的鲜切花出口（基于契约化生产）占各自国家全部商品出口总额的比重分别达到了 8%、9%和 14%。

在那些主要以东道国市场为导向的 NEM，如特许经营、许可经营以及管理合同等经营活动中，出口收益显然要更加有限，但并非绝对不存在。在全球酒店行业中，几乎所有的国际经营都采取特许经营或管理合同的方式，全球价值链基于了酒店所有者以接近新顾客群的途径，特别是国际观光客以及商务旅行者。特别是在酒店市场的高端领域，较高的国际客户比例是一个重要的特征[40]。

在许可经营中，特别是在 NEM 伙伴的销售活动进行地理划界的情况下，对于出口活动的限制可以被写入跨国公司与东道国获授权人之间的契约协议。比如，南非制药公司 Aspen Pharmacare 根据其与葛兰素史克公司以及勃林格殷格翰公司达成的许可协议，对其抗逆转录病毒（ARV）的专利药物的出口进行一定的限制（Berger，2006；Amuasi，2009）。

不同模式与产业在净出口方面也会存在一定的差异。比如，在零售业的特许经营中几乎不存在任何的出口，但在品牌产品的零售过程中，进口额则会上升。而在酒店业的管理合同中，国际观光客的流入带来了服务出口的增加，但与此相关的进口则很低。与此类似，诸如合同制造以及订单农业等模式会带来净出口收益，尽管当中间产品或服务在价值中所占比重较大时，这种收益可能会十分有限，正如我们在 IPhone 手机的案例中所看到的那样（专栏 4.7）。而其他契约模式，如服务外包中所产生的出口创造影响则要更高。

作为进入国际市场的两种可选途径之一，特许经营可以在不需要高额的前期投资的情况为发展中国家的品牌成长为国际化的品牌（包括成为龙头跨国公司的主加盟商）开辟一条道路。比如，在巴西，有 68 个国产品牌（大约占该国国内特许经营网络总数的 5%）成功实现了国际化并通过特许经营这种模式进入了世界 50 多个国家。与此类似，扎根在南非的特许经营企业也在非洲南部的周边国家中开设了营业网点（图 4.12）。

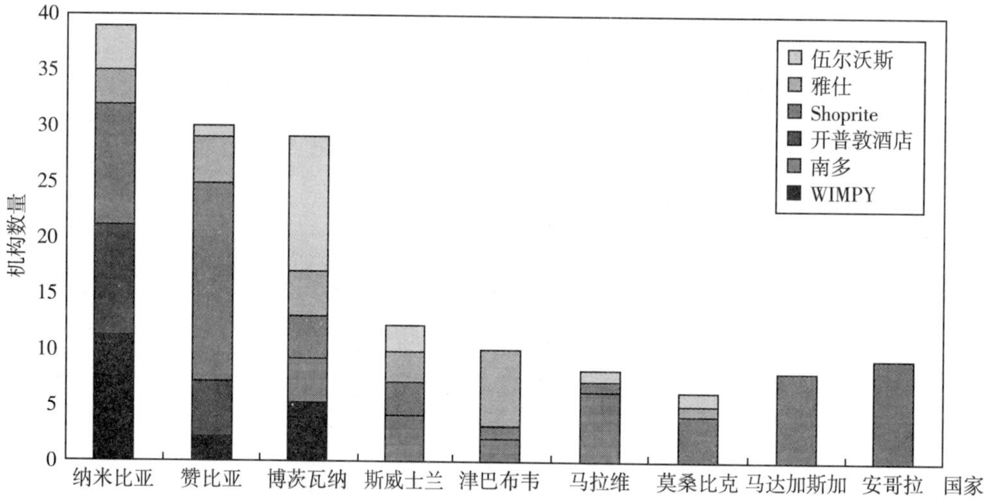

图 4.12 2010 年所选南非特许经营连锁店的地区分布

资料来源：UNCTAD，源自 Beck，Deelder and Miller（2010）。

（四）NEM 的技术与技能获取

NEM 可以将技术与技能扩散到本地合作伙伴，而技术吸收的程度则取决于本地企业的消化吸收能力。

技术涵盖了一系列的硬件与软件元素，通常包含着知识产权（包括专利、蓝图、手册等），机械与其他资本装备，生产与组织知识与技能（包括质量标准与规范），管理、工程与其他技能（包括隐性技能），商业模式，乃至潜在的企业文化与价值观等。不同 NEM 伙伴所获得的技术与技能的范围与内容各不相同。

与跨国公司有关的许可经营活动为 NEM 合作伙伴提供了获得知识产权的途径，这通常伴随着某些契约化的条件或相关的培训与技术转移。一个典型的例子是曼 B&W 柴油机（MBD）公司，这是曼集团（德国）在丹麦的一家分支机构，主要通过为亚洲的一些船舶制造商（日本、韩国与中国占据了总产出的 92%）进行培训来进行船舶发动机技术的授权活动。这种基于跨国公司与 NEM 合作伙伴之间的有限互动而产生的狭隘的技术转移意味着在许可经营中，NEM 企业通常必须已经拥有显著的技术能力与吸收能力来对接收的技术进行吸收与利用。自 20 世纪 60 年代以来，一些来自亚洲以及拉丁美洲国家的企业，特别是阿根廷、巴西和韩国一直在积极推行这一战略（获得并吸收这种狭窄的专业化技术），这主要是由于该国在诸如汽车、电子、制药以及造船等产业中所具有的基础[41]。(Kim，2003；Mudambi，Schrunder and Mongar，2004；Pyndt and Pedersen，2006；UNCTAD，WHO and ICTSD，即将出版)。

相反，在进行商业模式转移的国际特许经营活动中，跨国公司经常向本地合作伙伴提供广泛的培训与支持，以此来建立新的特许经营网点。这种培训与支持具有广泛的技术扩散含义。除了行业所需的特殊专业技能之外，这些培训与支持通常还包括让企业家可以对新企业进行有效管理的常规管理能力，如金融、市场与管理知识等（即创造吸收能力的要素）。比如 7-11 特许经营系统不仅提供结构化的支持（店铺装备），同时也安排相关领域的顾问与加盟商进行定期会晤，以帮助其实现店铺最大限度地实现其绩效与盈利能力。同样，在7-11加盟店建立之前，跨国公司会提供相应的培训来帮助新店铺的起步，同时还为加盟商提供持续性的店内支持与基于计算机的援助来帮助其发展他们的业务[42]。

除了提供内部培训计划之外，一些跨国酒店集团还主动为相关部门的能力建设做出贡献。一个相关的例证就是洲际酒店集团目前在中国的扩张。该公司已经开设了洲际酒店集团（IHG）学院。作为一家为本地社区提供在职职业培训的公关机构，该学院在10个城市中有23家合作伙伴，每年培训的学员数量达到5000人。另一个例子来自最佳西部酒店，它在印度建立了一家酒店管理与培训中心，并在阿拉伯联合酋长国开设了一家在职培训机构，以此来解决国际酒店以及旅游行业发展的需要（洲际酒店集团，2010）。

跨国公司之所以会存在，在相当程度上源于其拥有的知识产权以及其他形式的知识。因此，跨国公司出于自身利益的考虑，往往会制造或者寻求一些障碍来阻挠其他企业获得这些知识。对于东道国而言，NEM与合资企业以及加盟供应商关系一样，都是从龙头跨国公司处获得并传播相应知识的一个重要接口。这是由于NEM本身就是跨国公司全球价值链的一部分，其将技术以及本地吸收能力扩散到其他合作伙伴处的行为至少在一定程度上符合跨国公司的利益（UNCTAD，2010c）[43]。有关跨国公司在这一方面做法的典型例子来自宜家与发展中国家家居产业供应商之间所建立的关系。宜家有与其供应商保持长期合作的政策，但并不进行“绑定”（即NEM伙伴可以继续向其他客户提供产品）。其与供应商之间的关系由专门的地区贸易销售办公室（TSCO）来负责管理。该机构通过TSO自身或总部派遣的员工以及外部企业（咨询公司、国际制造商）等途径向合作伙伴提供必要的技术与技能（Ivarsson and Alvstam，2010a；2010b）。

无论是对于生产流程、产品还是对于价值链沿线，NEM企业对技术的获取与消化都并不罕见，并且与这些企业在价值链中所扮演的角色相对应（UNCTAD，2010c；Morrison，Pietrobelli and Rabellotti，2008）。绝大多数对该问题的研究集中在合同制造与服务外包领域。在东欧、拉丁美洲与南亚国家，特别是一些东亚与东南亚经济体中，技术与技能主要由在电子、服装、制药以及IT-BPO服务等领域的企业获取并吸收，这也促成该领域中的一些企业演变成为跨国公司并成为掌握自主技术的领导力量（《世界投资报告2006》）[44]。

从NEM起家并成长为著名的跨国公司与技术领导者的典型代表就是富士康的控股公司——鸿海集团（中国台湾）。在美国2010年的相关排名中[45]，该公司在全球最大的专利拥有企业中排名第13位[46]。凭借其拥有的1438项专利（2000年其专利拥有量为500项），鸿海集团已经成为2010年美国50大专利受让人中仅有的私家来自发展中国家的企业之一[47]；而该数字距离LG电子（韩国）的1490项专利并不遥远。鸿海集团的发展也是追随着宏碁与华硕等其他台湾企业的脚步，从一个纯粹的合同制造者逐渐成长为一个知名的品牌。所有这些企业的转型都基于其长期以来在产品定义与设计过程中所积累起来的深厚专业化基础[48]。

尽管通过NEM而产生的技术获取与消化活动是一种非常普遍的现象，但这并不是一个必然的结果。特别是对于企业间的管理关系不足或质量低下、供应商的吸收能力也相对较弱的第二层以及第三层供应商层面而言，情况尤其如此。比如，中国台湾在中国大陆的笔记本电脑制造网络至今都未曾带动小型本地供应商的显著升级（Yang，2010）。

总体而言，有很多因素都可能影响到 NEM 活动中技术与知识的获取与消化吸收。其中，最重要的几个因素包括：①所在行业；②本地吸收能力；③NEM 战略。在行业因素方面，最关键的决定要素是该行业的结构、全球价值链以及学习机会。比如，在服装、鞋帽以及家具制造业等低技术行业中，几乎所有关系到技术/技能升级的机会都植根于产品的设计（被品牌企业所控制）以及生产方法（资本品与投入，通常可以从独立于品牌企业的制造商处进行购买）层面。由于所有的技术都被物化于资本品当中，这意味着除了购置相关设备的成本之外，技术升级几乎没有任何的障碍[49]。

另外，在诸如汽车零部件制造等行业中，技术的消化吸收需要掌握复杂产品、流程以及系统。这使得技术的获取与消化对于该行业的新成员来说变得相当困难，同时也解释了发达国家的跨国公司在这些行业中占据主导地位的原因。

在这些不利因素的制约下，NEM 活动是否依然能够促进技术的升级则在很大程度上取决于消化吸收能力（Giuliani，Pietrobelli and Rabellotti，2005）。比如，尽管菲律宾在各种全球价值链的服务外包中都取得了成功。然而，当最近的金融与经济危机为这些产业的升级带来竞争性的冲击时，本地的 NEM 企业却仍然缺乏必要的能力，包括服务所需要的“创意”（比如动画等）来实现这种升级（Tschang and Goldstein，2010）。在菲律宾动画产业中，本地 NEM 企业高昂的工资、有限的技能以及脆弱的市场使得华纳兄弟等龙头跨国公司将其合同转移到了印度与中国等其他国家。甚至在早先提到的宜家案例中，只有很少一部分的供应商提升了自身的创新能力（尽管所有的供应商都获得了良好的运营能力，且其中半数的企业能够吸收适用的技术）（Ivarsson and Alvstam，2010a）。对于本地企业而言，为了能通过特定的 NEM 安排从获取的技术与技能中获得充分的收益，提升其消化吸收能力具有非常重要的意义。

NEM 伙伴的战略也关系到其是否能够从中获得相应的技术。比如，企业可以从事“深利基”的专业化生产，并通过大规模的生产得以在特定的零部件生产方面成为技术领先者，并由此通过成本的降低实现企业利润。比如，巴拉特锻造公司（印度）如今已经成为世界第二大汽车引擎与底盘组件的锻造商，其客户几乎包括所有的主要汽车公司，并在中国、德国、瑞典以及英国开设了分支机构。

最后，NEM 合作伙伴可以在其与跨国公司交易的过程中采取相应的战略来改善其谈判能力以及技术获取与升级能力。一种很常见的方法就是采取能导致交叉链学习（即 NEM 公司从来自很多跨国公司的知识中获益）的客户多元化策略。比如，宏碁与华硕（均来自中国台湾）都通过利用从许多跨国公司客户的供应链中获得的知识而在笔记本电脑的生产中取得了成功。他们能够通过创业开拓新的利基市场，从而赢得广泛的技术基础上的创新。这将导致华硕科技以及后来的宏碁与其他企业通过将上网本的目标市场扩展到发达国家的客户实现了对英特尔产品路线图的颠覆（英特尔的发展远景只包含了相关设备在发展中国家的销售，因此其成本较低）（Sturgeon and Kawakami，2010；Shih et al.，2008）。

实际上，尽管存在着一定的风险，但宜家也鼓励这种交叉链学习，因为这可以带来其供应商能力的改善（Ivarsson and Alvstam，2010c）。另一个来自低技术产业的例子就是巴西的家具与鞋帽工业。有研究表明，那些在该行业的 NEM 伙伴关系中同时为多个价值链提供服务的企业，包括那些为本国以及本地区的客户创造品牌的企业（与那些作为某一家跨国公司网络中的分支机构进行经营的企业相比）能够更好地应用在设计、营销以及品牌推广中所学到的知识进行有效的互动，因为他们逐步获得了将产品直接销售给最终用户的能力。由此可见，在多重价值链中的经营改善了 NEM 企业技术升级的选择（Navas-Aleman，2011）。

（五）社会与环境影响

NEM 可以向国内转移国际上最先进的社会与环境实践，但也可以使跨国公司规避这些实践。

跨国公司对于发展中国家的参与引发了很多的社会—文化以及政治问题，其中包括了一系列的外部性因素，诸如改变消费模式以及文化价值等。而在 NEM 这种经营方式下，跨国公司在一定程度上并不直接卷入其经营活动，因此所引发的问题在规模上也相对较弱，但在本质上，这些问题仍旧存在。

比如，特许经营可以通过促进消费主义的增长、增加进口投入品的使用以及商业价值与标准的发展与强化来影响本地的社会—文化规范（Freund and Martin，2008；Grünhagen，Witte and Pryor，2010）。在这种背景下，尽管很多经济体从现代零售特许经营网络中获得了不断增加的利益[50]，但同时也常常会带来“现代化”元素（其中一部分由 NEM 活动所带来）与传统特性的精髓之间的紧张关系[51]。“快餐店”的进入所带来的非传统性饮食在中国、印度以及墨西哥等国已经遭到了一些抵制（Alon，2004）。

与此同时，一些政府在运用 NEM 来解决和克服该国所出现的重要的社会问题时也表现得愈发纯熟。比如，特许经营可以将自身的商业模式整合到众多在经营中拥有所有权利益并能够迎合国家发展目标的国内企业家当中，由此成为外国企业开展本地化经营的有效方式。考虑到这一点，南非政府曾经在官方层面上为特许经营提供支持，比如在 20 世纪 90 年代向沃达康（Vodacom）公司颁发手机执照时曾附加了一些特别的要求，包括向电话线覆盖较为有限或无法连通电话线的贫困人口提供服务。沃达康公司随即建立了一套“电话亭”特许经营系统，该系统通常由废旧的船舶集装箱改装而成，其中安装了一些连接到移动网络的电话[52]。

作为一种向市场中的贫困者以及低收入阶层提供产品的分销渠道，微特许经营在发展中国家的使用很常见。其中电信服务就是一个广泛存在的例证。比如，在加纳、印度、印度尼西亚、塞内加尔以及泰国的电信产业都可以发现这种模式的踪影。而在另外一些国家，如孟加拉国以及秘鲁等地，类似的特许经营模式则在互联网接入服务中被广泛使用（Falch and Anyimadu，2003；ITU，2010）。在马来西亚，国民银行和企业家与公司发展部下属的一家代理机构国民公司（PNS）一起开展了一项总额达 400 万美元的贷款计划，用以支持妇女特许经营计划与大学生特许经营计划。另外一些例证则包含了将家用产品销售给穷人的活动，比如联合利华在印度开展的沙克蒂项目[53]。与此类似，利比里亚国家政府也利用跨国公司及其供应链来为包括农业与林业等领域在内的年轻人提供就业支持（Arai，Cissé and Sock，2010）。

跨国公司与 NEM 也可以主动采取一些社会—文化措施，并同时解决自身的一些需要。诸如酒店连锁等 NEM 经营可以通过特许经营与合同管理的方式进入市场，实现本地能力的多元化，并以此为那些除了直接的技能需求之外更为广泛的目标提供支持（尽管二者可能存在一定的相关关系）。在泰国，很多主要的国际连锁品牌［洲际酒店集团（英国）、万豪国际（美国）、费尔蒙酒店与度假村（加拿大）、四季酒店与度假村（加拿大）、凯悦酒店公司（美国）、希尔顿国际（美国）、喜达屋酒店与度假村国际集团（美国）、新罕布什尔州酒店（西班牙）］建立并维持“国际旅游伙伴关系青年职业服务”[54] 都是其很好的例证。这已经发展成为一个致力于减少贫困与促进青年就业的强有力的公私合作机构。

对其他行业银行而言，NEM 也不可避免会带来环境影响，这一点与 FDI 非常类似。订单农业可能会产生严重的影响，其中包括水土流失以及生物多样性的丧失（《世界投资报告 2009》）。订单农业活动所产生的特定环境影响取决于一些具体因素，包括特定作物与开展的活动、生产技术、经营规模、东道国以及国际环境法律法规。其中一个重要因素就是跨国公司向 NEM 伙伴提供的技术支持或鼓励，有关这一点有很大的争议。比如，为转基因作物提供支持的投入与生产方法等（专栏 4.8）。

专栏 4.8　对订单农业所产生的环境影响的管理

在鲜切花生产行业中，跨国公司及其订单农业计划经常因为其负面环境影响而遭到诟病。因为其生产过程会因为耗水量过大而导致水资源被过量消耗。同时由于很多生产者远离消费者这样一个事实，该行业也通过运输活动对环境产生了一些显著影响。为了回应这些批评，与跨国公司合作的农场引入了环境可持续发展的举措，比如地热蒸汽与病虫害综合管理系统（Wee and Arnold，2009）。出于类似原因的考虑，自 20 世纪 90 年代末期开始，拉丁美洲的香蕉产业（其中订单农业的做法也相当普遍）在种植过程中也采用了更有利于环境的农业技术。通过外资企业的经营网络引进的有机栽培技术促进了价值创造，并给农民带来了更高的收入（Liu，2009）。

除了这些有关农业可持续发展的举措之外，跨国公司曾经因为订单农业对环境的冲击而一直遭受批评。这些批评所产生的一个积极结果就是，跨国公司为了保护其公司形象并管理风险（在某些情况下，有利于环境保护的举措通常也会通过降低投入以及促进循环利用等来降低成本），越来越多的在其全球价值链生产中进行环境认证。跨国公司会定期进行环境与社会方面的检查来确保订单农户符合良好的农业规范（GAP）、可持续的环境标准以及为其雇员提供良好的工作条件。这些承诺通过业务守则以及相关行业协会的认证来得以推行。

资料来源：联合国贸发会议，基于《世界投资报告 2009》。

有相当数量的证据表明，在同样的活动中，跨国公司会使用较国内公司更为有利于环境的做法。相对于利用某些地区相对松懈的环境监管漏洞而言，在全球经营活动中应用统一的环境标准通常并不会带来太多成本的增加。跨国公司指导其 NEM 伙伴的经营活动所取得的效果主要取决于以下两个方面：首先，该效果取决于他们对法律责任风险（比如在环境破坏案件中的赔偿额度）以及商业风险（比如对品牌形象的破坏以及销售额的降低）的理解以及风险的暴露程度。其次，该效果还取决于跨国公司对 NEM 伙伴的控制程度。

跨国公司设置了很多机制来影响 NEM 伙伴，其中包括行动守则，工厂视察/审计以及第三方认证计划。最后，跨国公司对其 NEM 伙伴的影响程度还取决于一系列的因素，包括在该行业在 NEM 合作伙伴层面上的分散度或集中度，这决定了跨国公司在遴选其合作伙伴时有多少可能的选择。

在特许经营以及管理合同的情况下，由于跨

国公司自身的品牌是一个关键性的推动力，环境报告也因此具有了相当的重要性。比如，全世界10家最大的酒店集团（所有这些酒店都广泛开展了特许经营以及/或管理合同）中有7家在其年度报告以及企业社会责任报告中提供了大量有关提升环境责任的政策信息，包括废弃物的减少、水的使用、电力消费以及碳足迹等。在这方面，提供人员培训以及回收设施是应对环境挑战以及鼓励生态意识最常用的两个措施。其中一些企业，如洲际酒店集团与万豪国际在建设可持续发展酒店以及可回收资源的再利用方面走在了前列，并由此为更多的环境保护措施的传播与扩散做出了贡献。

（六）行业长期能力建设

NEM可以通过其向全球价值链的整合增强发展中国家的生产能力，但也有担心认为NEM活动会带来长期的依赖性、更低的增加值以及“自由迁徙”等问题。

发展中东道国的NEM活动会对其就业、GDP、出口、关联以及本地的技术基础产生直接性的影响。而在产生这些影响的同时，NEM活动也提供了相应的资源、技术以及通向全球价值链的途径，这些则是产业长期发展能力建设的先决条件。NEM对行业长期发展的影响可以从我们前面章节各种途径讨论中得以体现：

（1）NEM活动产生的就业会有助于创造正式的就业，并有可能获得相应的技能。随着工人转换工作，这些技能会在经济体中得到广泛的传播。这些技能既包括技术方面、管理方面和专业性的技能，也包括商业文化的价值与经验。令劳动者能够寻找新就业机会的灵活性程度（即不会因生存压力而被迫留在工作条件较差且缺乏改进空间的岗位上）也是NEM活动促进长期发展的重要方面。

（2）NEM活动所产生的地区增加值在东道国经济发展的早期阶段可能是较为有限的，此时的NEM活动可能集中在全球价值链中的低附加值与低技术环节。而从长期来看，东道国有机会通过NEM活动来提升自身在价值链中的地位，从原有的低附加值环节上升到“主导性”的国际地位，实现其发展潜力的最大化，并将其经营活动拓展到价值链的相邻环节，或进入那些需要类似技术、资源以及禀赋的价值链中。

（3）对于那些致力于出口导向型增长的国家而言，NEM是一条通往市场的“康庄大道”，以及进入跨国公司全球价值链的主要节点。然而，在处于经济发展早期阶段的国家中，初期的NEM活动可能是进入全球价值链的唯一入口。本地企业常常会逐渐成长为向多家跨国公司网络提供服务的经营者，由此成为独立的出口商并获得独立进入全球价值链的途径。

（4）行业长期能力建设意味着本地企业技术能力的渐趋升级以及对独立的技术能力的不断追求。举例来说，在发展的早期阶段，这种独立性的途径通常来自第三方工厂；而到了后续阶段，该途径则转变为向多条跨国公司价值链提供服务的合同制造活动；再到后期，则进一步演变为设计与自主品牌的发展（包括国内或地区市场）（专栏4.9）。

（5）龙头跨国公司将越来越多的企业社会责任要求施加于价值链所有成员之上，而产业升级以及向全球价值链高附加值环节迁移的活动也日益受到这些要求的约束。在这种情况下，NEM活动在社会与环境标准方面也会对相关产业的可持续发展产生不小的影响。

专栏 4.9 从合同制造到品牌建设——中国白色家电行业的发展之路

中国制造企业在全球白色家电行业中扮演着重要的角色，有超过50%的中国产品被设计用来投向海外市场。

几乎没有几家中国企业使用自身的品牌进行国际化经营。然而，一些在冰箱、洗衣机、微波炉、空调或家用空调电扇等大众产品的国际供给中表现活跃的合同制造企业已经转向了设计与二级创新活动。比如，海信集团每年都要开发出多个能够展现创新性设计的新型产品。一些制造商进入该市场仅仅只有十年左右的时间，但已经从纯粹的第三方外包工厂演变成了独立的合同制造商。

在国际上，大量的出口仍然建立在由合同制造安排所带来的成本竞争的基础之上。这些合同制造安排大都植根于制造商与大型零售连锁店的大规模采购订单。对于特定的产品类别，这些经营活动通常聚集在一个特定的城镇或城市，比如微波炉的生产主要由格兰仕和美的这两家制造商所主导，这两家厂商占据了全球总产量的2/3以上，且其生产都位于顺德。他们的供应商坐落于两小时车程之内的运输网络中，由此促进了其快速反应能力并降低了成本。

无论是在国内市场还是在以代销为基础的国际合同生产中，价格竞争都是相当激烈的。因此，该行业中的制造商不得不接受仅有个位数的利润空间。相当多的制造企业如今已经致力于在海外市场上建立独立的立足点并以此来改善其利润边际，包括海信、美的以及海尔等在内的合同子招商目前都在越来越多的从事自有品牌的设计活动。鉴于国内消费者对品牌的关注度正变得越来越高，这也对它们在国内市场上的发展起到了一定的帮助作用。

资料来源：联合国贸发会议，基于剑桥大学制造研究所的案例研究。

在NEM对构建本地生产能力与行业发展长期前景所做出的贡献中，最主要的一点在于，相对于FDI而言，NEM更多地通过固有的本地企业家与国内投资来影响国内企业的发展。这种国内投资以及获得本地或国际融资的渠道对于NEM企业而言通常更为便利。它不仅可以通过跨国公司向本地NEM合作伙伴提供明确性的支持措施（如供应商的能力建设措施或融资担保）来实现，也可以通过植根于主要跨国公司之间的伙伴关系或本地合作伙伴在合同中列明的条款与条件而形成的隐性担保关系来实现。同时，其对于资本形成也会产生一定的间接影响[55]。

比如在特许经营情况下，获得一项成功的商业模式会使本地的微型与小型企业家更容易得到商业信贷作为启动资金。而这些“久经考验”的商业模式所带来的低风险以及在某些情况下由跨国公司特许人所提供的隐性担保也使得这些小企业与银行之间的谈判变得更加轻松。与此类似，订单农业给予农民以一份有保证的固定收入，凭借这份收入农民可以从当地的金融机构那里获得相应的贷款，这也可以在一定程度上提升当地的农业投资（《世界投资报告 2009》）。在其他类型的NEM活动，比如合同制造中，联合国贸发会议已经将类似的做法纳入其有关商业联系的良好经验名录当中（《世界投资报告 2004》）。

* * *

专栏 4.10 NEM：能力建设与发展的催化剂

中国台湾的合同制造业

中国台湾已经成功地通过合同制造活动转变成为一支工业力量，特别是在电子行业方面。这一战略从第二次世界大战之后开始实施，因为该经济体在制造业以及其他产业中已经拥有了受过良好教育的劳动力、完善的基础设施以及大批的中小企业家。建立在此基础之上的政府通过提供强有力的政策影响以及制度支持来提升本地能力，包括建立与外国跨国公司之间的联系。在电子行业中，国有的电子研发与服务组织、国立交通大学以及国家发展基金在该行业的发展中扮演了重要的角色。随着时间的流逝，本地企业与经济都提升了各自的能力，从使用简单技术的产品出发，通过更高资本与技术密集度的生产环节，而逐渐发展到了以创新为主的阶段。该战略已经创造出了很多世界级的本土电子公司，如宏碁、明基、华硕、广达以及富士康等。现如今，这些企业中的很多已经成为了跨国公司。这一过程也导致了该行业大规模的产业集聚，并成为了经济继续发展的基础，比如通过向半导体产业的转型来带动经济的增长。台积电公司（TSMC）与联华微电子公司（UMC）这两家全球半导体制造商中的龙头企业之所以能够存在，背后都离不开政府的支持。

印度的服务外包

如今，印度已经成为了IT-BPO以及离岸经济活动的主要集散地。2011年，该产业的产值占据了印度GDP的6.4%，出口收入则占到了印度出口额的26%，同时创造了超过200万个的工作岗位。该产业在印度的成功在很大程度上要归功于塔塔咨询服务等IT公司的大量存在，当20世纪90年代末IT-BPO离岸服务开始加速发展时，几乎所有这些IT公司都与来自英国以及北美的跨国公司存在一定的联系。印度的NEM活动能够利用大量使用英语并具有技术能力的廉价劳动力，以及来自政府与行业组织的强大政策与制度支持。印度企业的广泛存在以及与地方工业集团的联系意味着他们拥有一定的吸收能力，可以从跨国公司合作伙伴处获得相应的技术与技能并对其进行消化与发展。他们中有很多也已经成为了跨国公司。服务外包行业的快速发展增强了印度的竞争力并改善了其整体的投资环境。IT-BPO产业经过20多年的发展与演变，如今亦成为印度经济的重要支柱性或基础性行业。它提供了熟练的、精通IT技术的员工与企业家，这些人如今正在其他一些行业中（如电信行业）发挥着重要的作用——而所有这一切都促进了经济的多样化。

肯尼亚的订单农业

订单农业帮助肯尼亚成为了重要的农业出口者，并帮助其实现了本地农民使用的生产流程的现代化。这一点在该国的花卉产业中得到了典型的体现。该产业为外国拍卖中心与零售商生产鲜切花卉。积极的政府支持、有利的农业气候条件、大量低成本的农业劳动力以及外资农场在其中扮演的角色共同促成了肯尼亚花卉产业的发展。通过外部种植安排，肯尼亚的一些小型切花种植场进行生产并将他们种植的花卉销售给更大的肯尼亚本土企业或者外资公司，这些企业与公司负责对花卉进行控制、分级、扎束并将其出口给荷兰的拍卖中心。本地与外资农场同样也在合同安排下为客户提供切花，包括其他发达国家的主要超市。肯尼亚的鲜切花产业在2000~2009年以18.6%的速度快速增长，同时雇佣了大约 200 万的劳动者，在全部人口中大约有 7%依靠该产业维持生活。该产业同时促进了贫困的减少以及农村的就业与发展。技术的获取、质量的控制以及基础设施的改善在肯尼亚农业部门现代化以及农业竞争力提升的过程中扮演了重要角色。此外，强调质量与可靠性的商业文化的引入在工人与企业家中建立起了一种农业生产之外的能力，这也成为推动当地经济多元化的重要力量。

资料来源：联合国贸发会议。

作为一种催化剂，NEM 对于长期发展的潜在贡献是显而易见的，这也从印度、肯尼亚以及中国台湾（专栏 4.10）等经济体的发展实践中得到了证实。然而，也有很多人担心（特别是对于合同制造与许可经营），一个国家对于 NEM 活动的过分依赖会使该国面临相关产业的发展被锁定在跨国公司全球价值链中的低附加值环节，从而无法降低其技术依赖程度的风险。在这种情况下，由于 NEM 活动比相应的 FDI 经营具有更强烈的“自由迁徙”特性，因此，发展中国家极易因跨国公司的生产区位转移而受到冲击，这使得发展中国家面临着更为严重的风险。

要解决由“依赖性”以及“自由迁徙”性所导致的风险，必须要针对上述讨论的各个受影响的领域采取相应的政策。然而首先需要加以解决的一点在于，NEM 活动必须要被置于国家的整体发展战略之中。

五、与国际生产的非股权形式有关的政策

最大化 NEM 所带来的收益需要将其纳入总体的发展战略、建设本地与 NEM 相关的生产能力、实施针对 NEM 的促进措施并采取相应的政策来规避其带来的负面影响。

如果一个国家想要最大限度地从本地企业融入跨国公司 NEM 网络的过程中获益，那么合适的政策就变得必不可少。这对于政策制定者而言有四个关键性的挑战。首先，如何将 NEM 政策整合到国家发展战略的整体背景当中；其次，如何为本国生产能力的建设提供支持来保证吸引到那些能够在全球价值链中占据一席之地的商业合作伙伴；再次，如何促进和推动 NEM 活动；最后，怎样解决与 NEM 相关的负面影响（表 4.15）。

（一）将 NEM 政策纳入发展战略

将 NEM 政策纳入总体发展战略需要将其整合到产业发展战略当中，确保其与贸易、投资以及技术政策之间的兼容性，并减轻依赖性风险。

很多国家都在越来越多地选择更为积极的产业发展政策，特别是在 2008 年全球经济危机发生之后。这些政策与国内以及国际有关 FDI（参见第三章）和贸易政策框架之间存在着日益紧密的互动关系。当 NEM 在全球价值链以及发展中国家经济中发挥重要影响的情况下，NEM 作为实现发展目标的一种附加手段也需要在产业发展政策中有所体现。

表 4.15　实现 NEM 发展收益的最大化

政策领域	政策行动
将 NEM 政策纳入整体发展战略	将 NEM 政策整合到产业发展战略当中
	确保其与贸易、投资以及技术政策的一致性
	规避依赖性风险并采取支持升级的措施
建设本地生产能力	发展创业活动
	改善教育
	提供融资渠道
	增强技术能力
推动与促进 NEM 活动	建立可行的法律框架
	通过投资促进机构促进 NEM 活动
	获取母国的支持措施
	制定有益于 NEM 的国际政策
解决负面影响	增强国内企业的议价能力
	维护竞争性
	保护劳动者权益与环境

注：该数据为与跨国 NEM 活动相关的销售与就业数据。
资料来源：联合国贸发会议（UNCTAD）估算。

与“挑选赢家”的产业政策所面临的政策挑战类似，成功的政府战略应该可以通过 NEM 来激发反映经济特性与禀赋条件、工业结构以及本地企业的能力建设。这些战略应该建立在一些能够将本地参与者整合到全球价值链的特定活动与环节当中的具体机遇基础之上，比如现有的与国际生产网络之间的关联以及现有的出口市场等。由于全球价值链的演化特征，在一个“全球价值链利基”中取得的最初成功可以衍生出额外的外包活动并引发快速的增长（Whittaker et al.，2010）。

在产业发展战略中，致力于产业升级的 NEM 政策可以支持企业向价值链的更高阶段升级，降低其技术依存度，发展自身的品牌或称为自主的 NEM 发起者。此外，相关政策还可以支持企业将其经营拓展到价值链的邻近活动与环节中，以创造最大化的增加值和就业机会。

尤为重要的是，将 NEM 活动整合到全面的产业发展战略当中，有助于解决因对部分技术、跨市场环节或跨国公司合作伙伴的依赖而产生的风险。

在短期内，“自由迁徙”所产生的影响可以通过提升 NEM 活动的“粘性”，维持跨国公司与国内 NEM 伙伴之间的关系来得以缓解。政策制定者可以通过建设足够的区域性集群以及二级供应商集群，支持现有的 NEM 关系或者改善整体的 NEM 环境（比如改善基础设施的软件与硬件条件）等方式来维持（甚至提升）国内合作伙伴的吸引力。

作为长期发展战略的一部分，国家可以通过对专业化与多样化的平衡来降低依赖性风险。促进专业化的政策能够改善 NEM 伙伴在价值链内部的竞争优势，使其最终得以向具有更高附加值的环节迈进，甚或转变成为 NEM 的“发起者”。这对于国家的发展路径以及相关的结构转变具有特别重要的意义，并会导致其低劳动力成本竞争力的丧失。相反，多样化战略可以确保国内企业在不同价值链内部以及价值链上从事多种不同的活动，并与 NEM 伙伴企业建立广泛的联系，从而有助于解决依赖性风险。

这些战略可以通过致力于缓解调整成本与平滑调整过程的劳动与社会政策加以补充。当国内企业在其他经营活动中建设生产能力来弥合差距，或者寻找到可供选择的国际 NEM 合作伙伴时，衔接性的支持措施将有助于解决由此带来的社会与其他方面的挑战。

从更长远的角度来看，东道国对其有关 NEM 的国际竞争力进行定期的检视，包括对有关劳动力与其他成本因素的关键指标进行密切的监控是十分重要的。仅仅建立在廉价劳动力基础之上的竞争力会随着经济的发展而化为乌有。对于国内企业而言，当外国企业将其相对“低端”的经济活动与生产流程转移到更加廉价的地区时，国内企业家与劳动者持续不断的学习与技术升级是使其满足高附加值生产的要求并保持其对合作伙伴吸引力的先决条件。植根于人的技术最终才是固定跨国公司最有效的锚索。

（二）国内生产能力建设

为了吸引并从 NEM 活动中获益，有效的政策需要提升本地商业伙伴的企业管理与技术能力，并使其获得足够的融资渠道。

只有在发展中国家的企业达到跨国公司对 NEM 成员的潜在要求的情况下，有关 NEM 的发展战略才会取得成功。在这样的背景下，一些与生产能力有关的政策就变得十分重要。

（1）企业家政策，提升本地企业家参与并利用国际 NEM 活动的能力。

（2）教育政策，改善本地劳动者与企业有关的技术与管理技能，包括职业培训，使其能够从事 NEM 活动。

（3）技术政策，为本地技术吸收与升级提供支持，从而使本地企业能够从 NEM 关系中获得更多的增加值。

（4）旨在拓宽融资渠道的政策。

1. 企业家政策

积极的企业家政策包括很多方面的措施，比如提升将企业家作为一种职业选择的意识，以及为那些愿意承担商业活动奉献的个人提供支持等。要在一个国家的人口中培养起企业家文化，相关的意识是不可缺少的。在相关意识确立的基础之上，在商业发展以及 NEM 的早期阶段为业务的启动以及商业化活动提供支持发挥着基础性的作用。商业“孵化器”是政府帮助那些从事合同制造等活动的生产者的一件利器。几乎所有的产业孵化器都是由政府机构、大学或者工业协会所创建或与其相关。政府还可以为商业网络与关联的创新提供支持，以此来帮助那些新的企业家与已有的公司实现有效的互动并拓宽获取相关资源和客户的途径。最后，支持性的行政规章可以通过简化行政手续以及通过政府网站与门户网站提供专门的信息等途径帮助企业家将新的创意转变成为商业产品和企业。

2. 教育

教育在塑造企业家的观念、技术与管理技能以及与 NEM 有关的行为过程中发挥着基础性的作用。这方面的关键因素就是将企业家的相关知识（包括财务知识以及起步阶段的经营战略）纳入包括中学、大学以及私人部门机构在内的各阶段正式教育系统之中。这可以通过深入商界领域并将其整合进学习进程，如提供在企业中的实习与培训等方式来得到支持。

职业培训以及专业技能的发展是增强本地企业 NEM 参与能力的关键政策（专栏 4.11）。它可以为实习生提供相关的指南或者实践活动，帮助其为以后的就业做好准备。这些活动都是非学术性的，并且与专门的商业活动或职业有关。有关于此的一个例证就是对本地农民实施的，旨在提升其生产率并增强农业生产可持续性的教育计划（《世界投资报告 2009》）。依靠国家教育系统，职业培训可以设置在中学或者大专水平上，并与学徒系统形成互动。为了促进专业技能的发展，可以建立企业家中心作为协调各种商业活动与教育机构的枢纽。这些中心同样可以专注于各种课外培训计划或者社区中心所开展的活动。

专栏 4.11 越南的教育改革与企业家才能的提升

在越南，政府曾通过其教育培训部（MOET）为高等教育职业培训学校提供支持。近年来，MOET 已经采取了多项措施来改善全民的知识水平。2005 年，新的教育法通过，MOET 也制订了一项计划，拟建立一个国家政策框架将所有现有的大学转变成为高等职业教育机构，以此促进以就业为导向的教育系统的发展。该系统将为相关课程与工业部门、服务部门以及劳动力市场不断变化的教育与培训需求之间的衔接提供可能。

资料来源：联合国贸发会议，基于 Pham Truong Hoang，"Industrial Human Resource Development in Vietnam in the New Stage of Industrialization"，Vietnam Development Forum。该文可以从 www.vdf.org.vn 获取。

3. 提升技术能力

国家的技术政策在本地企业与 NEM 有关的技术能力建设方面扮演了极其重要的角色。这需要一系列相关政策的组合，包括致力于促进技术集群、鼓励通过改善本地吸收能力实现相关技术的获取与传播，以及对知识产权进行保护等方面的内容。在更广泛的意义上，它还包括向跨国公司的本地 NEM 伙伴传播有关国际商业标准的信息，如质量标准、自动化程序以及主流的 ITC 系统等。

对于本地企业与技术有关的 NEM 能力发展而言，技术的产生与扩散都是非常重要的活动。技术的扩散可以促进技术升级并由此推动国内制造商对全球价值链的参与。发展中小型企业与海外组织之间的伙伴关系对于产品、流程或者管理经验的获取也会起到一定的作用。比如，提供新型的种子与农药可以为从事订单农业的本地农民提供支持（《世界投资报告 2009》）；致力于技术创新的政策可以增强本地 NEM 伙伴的技术基础与吸引力。比如，能够提升特定行业 R&D 活动的技术集群会有助于通过技术企业、供应商与研究机构的聚集而产生新的技术。

最近几年，政府所实施的一些成功的举措已经为世人所见证。这些措施不仅提升了国内制造商在全球价值链中的参与程度，同时也通过技术创新推动了其升级。比如，通过实施一系列有针对性的激励措施以及设立精英人才交流中心等举措，埃及[56]与菲律宾[57]都促进了本地承包商在提升呼叫中心竞争力以及业务处理操作方面的技术升级。这两个国家的发展战略都建立在现有的能力与比较优势基础之上，并通过相关政策为企业与广泛的商业团体之间的创新关联提供了支持。从长远来看，这些措施同样可以帮助国内的 NEM 承包商转变成为自主的 NEM 发起人。技术相关的政策在防止本地企业被锁定在 NEM 关系中的低附加值活动方面也具有关键性的意义，升级帮助东道国从价值链中获得更高的经济租金。具体的政策包括通过技术发展与商业发展服务计划而进行的培训支持与能力建设、建立试验与示范性的物流技术中心、推动技术升级以及促进伙伴关系等。

对知识产权的适当保护与强制是知识产权所

有者将其技术传递给发展中国家的被许可人的先决条件，特别是在 R&D 密集的领域以及技术模仿相对容易的行业，如制药行业中（联合国贸发会议，2010b）。因此，知识产权保护在 NEM 活动中扮演着重要的角色。它同时还可以作为一项鼓励本国 NEM 伙伴企业从事 R&D 活动的措施。联合国贸发会议针对发展中国家汽车零配件、软件以及视听设备产业的案例研究进一步强调了技术升级与知识产权保护之间的相关性与相互依存关系（联合国贸发会议，2010b）。如果创新活动能够得到有效的保护而防止被侵权，那么中小企业将更有可能将相关资源投入到 R&D 活动以及技术升级活动当中。

4. 融资渠道

融资渠道是中小企业家们普遍关注的一个重要问题，同时也是从事 NEM 活动所面临的一个特定约束。致力于提高中小企业信用的政府政策可以采取税收减免、补贴以及政府贷款担保等措施[58]，或者选择传统银行信贷的替代品，如风险投资基金等为起步阶段的企业提供资金支持。

通过制定相关的政策可以为那些从事与外资公司有关的 NEM 活动的中小企业所面临的问题提供解决之道。比如，为了降低合同制造商所面临的商业风险，政府可以创造一种"保理"性的法律框架，在该框架下，企业可以将其应收账款（即发票）出售给第三方以换取资金来为当前的支出进行融资[59]。同样，政府可以通过为许可经营以及特许经营等特定类型活动开设特别窗口的官方机构来为这些经营活动提供融资支持，或者鼓励其在现有的私人机构中进行获得融资（专栏 4.12）。农业发展银行的建立可以为本地农民以及小业主的融资需求提供有针对性的服务。

专栏 4.12 为从事特许经营活动的中小企业提供融资渠道

在菲律宾，菲律宾特许经营协会（PFA），小企业担保与金融公司（SBGFC），菲律宾发展银行（DBP）以及出口产业银行（EIB）开设了特许经营融资便利窗口，专门为特许人以及加盟商提供融资支持。除此之外，SBGFC 还通过银行系统提供的信贷资金来满足不同生产部门，包括制造业、农业综合产业以及服务业中的中小企业（包括特许经营企业）的融资需求。

资料来源：联合国贸发会议，基于菲律宾特许经营协会与小企业担保与金融公司所提供的信息。

（三）推动与促进 NEM

要推动与促进 NEM 活动，需要行之有效的法律框架、健全的促进政策、可靠的母国支持以及配套的国际政策。

1. 建立行之有效的法律框架

NEM 活动是建立在契约关系基础之上的，因此管理这些契约的法律与规章就成为了 NEM 一个重要的决定因素，它既有可能对这种商业合作关系起到相应的激励作用，同时也可能对其造成一定的阻碍[60]。对于发展中国家与转型经济体中的投资促进机构（IPA）而言，羸弱的合同法律以及业务初创阶段繁冗的管理规程都是跨国公司所面临的主要法律障碍。这一点在合同制造与管理合同情况下也同样如此。

清晰稳定的法规框架能够有效地促进 NEM 活动的开展。NEM 成员需要了解对其合同进行管理的国内法律，这些规章对其合同自由裁量权的约束程度、他们是否有权选择第三国（中立国）的法律来建立合同以及该权利的程度、合同违约的后果、争端解决的程序，特别是他们是否能够使用国际仲裁来代替国内法律程序，以及司法判决或者仲裁决定能够在多大程度上被执行。

考虑到几乎所有的国家都没有针对单一 NEM 类型（如合同制造、订单农业或特许经营等）的专门性法律这一事实，确定 NEM 活动所应用的法律法规是一件相当困难的事情。而应用普通的合同法以及其他一些法律有可能会产生一些具体的问题。有很多领域的相关法律都可以被应用，比如有关知识产权保护（如在许可经营或特许经营中）、竞争、消费者权益保护、就业以及环境保护等方面的规章。在这样的环境下，确保法律框架的透明度与一致性就变得异常重要。

要改善本地的法律框架以促进 NEM 活动的开展，另一项任务就是简化新建企业的审批程序。比如“一站式服务”措施将所有的登记注册程序都集中在一个机构当中，由此减少了建立企业所需要的时间并节约了成本。交流活动通过媒体与网站提供了有关法律法规的信息，因此也有利于推动相关业务的开展。

2. 投资促进机构的作用

联合国贸发会议对于投资促进机构的最新调查显示，目前这些机构在吸引 NEM 方面的参与仍然非常有限，且迄今为止其注意力基本上都集中在合同制造方面（表 4.16）。这种情况几乎存在于所有的地区之中，只有亚洲的一些机构似乎对特许经营给予了更多的关注。

表 4.16 2011 年投资促进机构在推动 NEM 活动中的参与程度（回应数量的百分比）

模 式	当前的促进活动	未来预期的重要性	主要行业
战略联盟合作经营企业	54	60	所有类型
合同制造	40	49	纺织与服装、电力与电子设备，商业服务
特许经营	26	43	酒店与餐馆以及批发与零售贸易
管理合同	24	36	酒店与餐馆
订单农业	20	32	农业、狩猎、林业、渔业
许可经营	19	31	制药

资料来源：联合国贸发会议，即将发表。

一项对现有针对 NEM 的促进措施的调查表明，无论这些措施源自投资促进机构还是其他政府机构，其在不同的 NEM 模式之间都会有不同的表现：①财政与金融补贴主要用于合同制造；②促进本地企业家能力的措施主要与特许经营有关；③技术升级主要在与合同制造有关的领域被提及；④“牵线搭桥”活动在各种类型的活动中都扮演了重要的角色。

除了为本地 NEM 合作伙伴提供帮助之外，投资促进机构还在提升跨国公司对 NEM 的应用方面发挥了重要的作用。图 4.13 表明，在一般情况下，投资促进机构自身主要从事信息提供以及项目推广等有关活动。比如，投资洽谈会在增进特许经营机遇方面扮演了重要的角色。对项目谈判的参与主要发生在管理合同的情况下。而在合同生产的情况下，投资目标、投资任务以及奖励规定则更为常见。

3. 母国政策

有例证表明，跨国公司母国可以推动特定形式的 NEM 活动，特别是特许经营活动的开展。比如，澳大利亚贸易委员会（AUSTRADE）为澳大

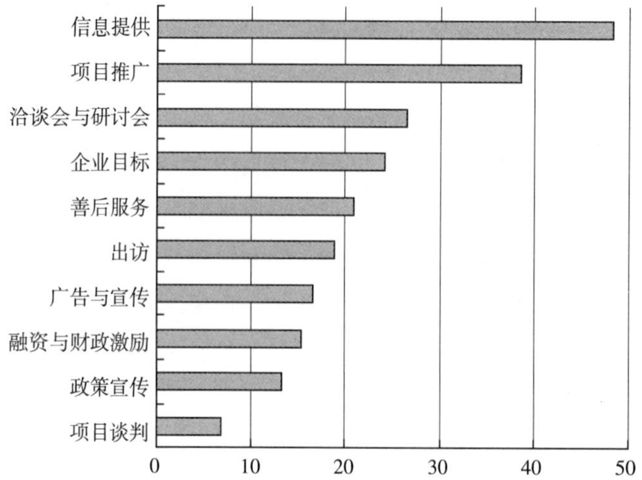

图 4.13 2011 年投资促进机构与 NEM 有关的政策工具的使用情况（回应总数的百分比）

资料来源：联合国贸发会议，即将出版。

利亚在海外经营的特许人提供了大量的服务，包括在国际事件中执行协调任务，开展市场调查、寻求商业伙伴以及单一市场的走访计划[61]等。美国进出口银行在新兴市场上为从事国际特许经营的美国特许经营者提供长期的融资支持（Richter，2009）。在马来西亚，有马来西亚外贸发展公司（MATRADE）为特许经营产业提供的出口促进活动包括参加国际洽谈会以及在特许经营展销会[62]上组织专门的市场营销活动。

为 FDI 设计的国家出口保险计划以及对政治风险的保险可以拓展到 NEM 活动中。比如，美国进出口银行可以为特许经营提供与出口活动相关的保险[63]。官方的发展援助可以用来为母国的供应商发展计划提供资金（《世界投资报告 2001》），并可以包含致力于推动与 NEM 有关的国内能力建设的技术援助。

4. 国际政策

尽管目前尚无有关促进 NEM 及其发展的全面的国际法律与政策框架，但大量不同的国际条约与政策仍值得我们借鉴。

国际投资协定（IIA）在保护与促进 NEM，以及与 NEM 有关的投资活动中并没有扮演直接性的角色。IIA 的设计并没有涵盖 NEM 安排，该协定并不涉及（股权）投资，因此也不涉及那些能够触发 IIA 应用的元素[64]。更为重要的是，IIA 提供的保护类型（即保护投资免受政府的干预或引导）可能在很大程度上与 NEM 合作伙伴的要求并不相符。然而在 IIA 更为广泛的或者以资产为基础的“投资”定义中（比如商标或专利），某些具体的 NEM 元素可以被视为整个投资计划的一个组成部分，特别是当跨国公司在同一个东道国中同时采取 FDI 和 NEM 形式时。在这种情况下，IIA 仍然可以得到一定程度的应用。

然而，仍有其他一些国际条约可以直接或间接对 NEM 产生影响，包括诸如 WTO 服务贸易总协定（GATS）（比如通过降低服务贸易壁垒并在一定程度上促进商业流程或者酒店、餐馆以及配送服务中的跨国特许经营）。依赖于知识产权的 NEM 活动可能从国家、地区乃至多边层面的知识产权规则中获益。此外，在一些具体的领域，如许可经营、技术转让与创新中也有一些非约束性的指导与建议可以对 NEM 的发展产生积极影响。

区域一体化协定可以通过促进和谐与相关制度的建设，以及帮助区域一体化生产网络和价值链的构建来推动 NEM 的发展。与此相关的则是世界银行多边投资担保机构（MIGA），自 2010 年 11 月以来，该机构同样为 FDI 以外的经济活动提供政治风险保险，包括管理合同、服务、特许经营与许可协定[65]。

国际上的一些“软性法律”文件也会通过对管理私人 NEM 成员间契约关系的规则进行协调，或者对私人 NEM 成员在合同制定过程中提供指导等方式来促进 NEM 的发展。比如，①由国际商会（ICC）制定的国际特许经营合同模本为特许人以及加盟商起草协议提供了示范；②1998 年国际统一司法协会（UNDROIT）国际主特许经营安排指南（2007 年版）对主特许经营安排进行了全面的检查与解释。

这些国际性的举措中有一些也致力于解决 NEM 所带来的负面影响。比如，在增强国内 NEM 成员的谈判能力方面，2002 年由国际统一司法协会（UNDROIT）制定的“特许经营模式披露法”从特许人的角度解决了签约前的信息披露问题；而国际商会的合同模本则明确地专注于在特许人与加盟商的利益之间寻求平衡。至于潜在的反竞争效果，国际竞争政策仍然参差不齐[66]。国际环境法、国际劳动标准以及包括企业社会责任在内的软性法律措施都在确保 NEM 活动带来切实的发展利益，并消除由此带来的负面影响方面发挥了一定作用。

（四）解决 NEM 的潜在负面影响

要解决 NEM 所带来的负面影响，需要增强本地企业的谈判能力、维护市场竞争并保护劳动者权利与环境。

1. 增强国内企业的谈判能力

与外国的跨国公司进行 NEM 合同的谈判对于发展中国家的企业而言是一项挑战。这些本土企业家们常常处于弱势地位，并且几乎甚或完全没有从事 NEM 活动的知识或经验，有时候，他们甚至完全不能理解所达成的交易的具体含义。同时，由于跨国公司在与当地的外国合作者谈判过程中常常使用标准化的合同，这几乎没有给谈判对手留下任何的议价空间，这一事实也进一步削弱了本土企业的谈判地位。增强国内企业的谈判能力是实现相关风险在合同各方的合理分担，并防止本地公司因该合同被锁定在低附加值环节方面的重要工具。

为国内企业在谈判过程中提供支持的方法之一就是由通过对 NEM 的参与各方实施强制性的要求。此时各自的问题将不再成为谈判方之间讨价还价的筹码。这些强制性的规定尤其存在于特许经营以及订单农业当中。比如，很多国家都有相应的特许经营法规，并对特许人相对于加盟商在签约前的要求做了具体的规定（专栏 4.13）。

专栏 4.13　特许经营的签约前要求

对于特许人而言，在签约之前对所有相关信息进行披露，从而使得相关的加盟商能够在掌握有关事实的全部知识情况下进入合同当中是其最基本的责任之一。而有多少信息需要加以披露，要提前多长时间进行披露则取决于各国的具体规定。一些国家对需要披露的信息制定了一个详细的清单（比如在中国、法国、日本、墨西哥、美国）；而在另外一些国家，信息的披露则基于一般性的规则（比如英国）或者源于案例法（比如德国）。最常见的要求包括有关特许人的商业经历、过去或未决的诉讼、财务状况、特许费以及现有的加盟商网络等信息。其他方面的信息可能囊括了经营的细节，包括特许人对加盟商的监管与培训等。而这些文件的公开需要多长时间也因国而异，从新加坡要求的 7 天到澳大利亚、加拿大或美国要求的 14 天，到中国与墨西哥要求的 30 天不等。

特许经营规则还可能包含了特许人的其他一些责任。比如，美国要求特许人提供所在州的注册材料。而在中国，特许人必须满足“2+1”的要求，即特许人必须拥有至少两家店铺，并且开展特许经营业务超过 1 年以上，尽管在中国这些要求完全没有必要。而在法国，特许人需要在类似的商业模式下经营一定的时间以证明该业务的成功。而在其他一些国家，类似的要求没有被写入该国的法律框架，而是以特许经营规范的形式出现（比如在德国与英国）。

资料来源：联合国贸发会议，基于“Getting the Deal Through—Franchise 2011”的资料，可从 www.franchise.org 获取。

有关订单农业的专门法律已经在印度、泰国和越南等一些国家中得以实施。该规定建立了一套有关订单农业安排、有关农民对土地的所有权以及企业支付土地出让金的具体规则、违约赔偿以及与不可抗力有关的规则等方面的专门登记或通告程序。另一个关键方面与具体的争端解决机制有关，比如为农民的司法行为提供便利并确保相关的裁决是最终的、有约束力而且能够得以执行的（《世界投资报告 2009》）。通过这些规定的实施，NEM 在敏感情况下可能比 FDI 具有更大的适用性，因为订单农业要比大规模的土地收购更有可能解决与农民的本地权利与生计，以及资源的可持续利用等同责任有关的投资问题。

如何进行 NEM 合同谈判的建议对于本地企业家同样大有裨益。这种建议包括经济（商业风险的分担）、财务（比如纳税）以及法律元素（合同的含义）等方面的考虑。在绝大多数情况下，造成后续问题以及失败的原因并不是缺乏足够的法律框架，而是缺乏一份内容详尽的合同。而在谈判指南的建立与出版、谈判中涉及的条目名录、行为规范、合同模本（包括订单农业）以及相应产品或服务的标价等的确定方面，政府可以扮演重要的角色。提升“契约文化”，即对于进入正式合同的优越性形成更深切的理解也是十分重要的。最后，在同跨国公司的摊牌中，为集体谈判提供支持，包括为国内生产者协会提供信息等也会有助于为提升谈判能力提供重要的砝码。

2. 解决竞争问题

与 FDI 类似，NEM 也可以为东道国的市场竞争产生重要的影响。NEM 的一些具体的契约性规定，比如排外的交易责任、地域限制以及转售价格维持等都会引发竞争方面的关注。这些规定在很多竞争法律制度中都被看做是反竞争的行为。如果从事 NEM 活动的跨国公司获得了支配性地位，他们可能会滥用其市场力量来打压其（国内与国外的）竞争者以及其自身的贸易伙伴。因此，促进 NEM 的政策需要与维护竞争的政策进行紧密的配合（《世界投资报告 1997》）。

与竞争有关的考虑可以超越“游戏规则”的执行，以确保企业不会采取限制性的商业措施。其他的公共利益标准可能同样需要加以关注。本土生产能力以及传统活动可能会被成功并快速成长的 NEM 活动，特别是诸如特许经营等市场寻求型的 NEM 活动挤出市场，因此对其的保护也应当引起相应的重视。

3. 劳动力与环境保护问题

与 NEM 有关的劳动损害以及环境破坏问题会引起人们的担忧，这就需要政府与相关行业采取措施来确保对国际公认的劳动权益的尊重以及环境保护措施的落实。

确保对国际劳工组织（ILO）公约所体现的劳动标准的尊重是一个关键的政策问题。这不仅需要将相应的标准转换成为本地的法律，同时也需要东道国当权者的有效控制，以保证国内的 NEM 企业能够尊重这些标准。

另一个关键性的问题就是在 NEM 关系被跨国公司终止的情况下如何保护国内利益主体的权益。保证“有条件的撤资”不仅是一个契约关系以及与东道国法律法规框架有关的问题（包括社会调节政策），同时从参与经营的跨国公司方面来看，这也是一个社会责任方面的问题。

由 NEM 经营引发的环境破坏引发了相关的法律责任问题。尽管国内的 NEM 企业作为工厂的所有者与经营者直接担负起了相关的责任，但这里仍然存在一些疑问，即如果跨国公司控制或者强烈影响着 NEM 活动中的很多流程，那么这些责任是否也应该被追溯至跨国公司那里。

劳动与环境问题也可以在跨国公司资源的企业社会责任（CSR）标准下得到相应的解决。政府可以在创造连贯性的政策以及制度框架方面发挥出重要的作用，以此来解决企业社会责任标准范畴所带来的挑战和机遇。正如在第三章中所解释的那样，各种方法都已经开始被付诸实施，不断提高的混合监管与资源的措施一起促进了负责任的商业行为的开展。

相关政策在培育本地 NEM 企业的能力，使其达到跨国公司期望的劳动与环境标准方面也会发挥相应的作用。随着跨国公司企业社会责任守则以及其他的企业社会责任标准被拓展到了国际价值链当中，国内的 NEM 合作伙伴也越来越多的希望能够达到劳动与环境保护的国际标准。潜在的法律责任与对品牌形象的破坏阻止了跨国公司与那些在劳动与环境保护方面有着不良记录的合作者共同从事 NEM 活动。很多跨国公司会对 NEM 合作伙伴实施审计以与工厂视察，对于那些始终不能达到跨国公司行为守则要求的合作者，跨国公司将终止与其的合作关系。发展中国家的政府可以考虑同资金来源国、国际组织、民间社会专家以及行业协会进行合作，向这些领域的国内企业提供实用的管理培训与技术援助。

* * *

要最大限度地实现 NEM 对发展的贡献，需要一个综合性的政策办法，结合一系列不同的政策工具与手段，并对总体的工业政策目标、投资、贸易以及技术政策予以特别的关注。

究竟何种政策最为适用？这一问题的答案要因地因时而异，并取决于其他多种因素：①一国的经济与技术发展水平；②其现实与潜在的 NEM 发展潜力；③其广泛的发展与工业政策战略。

所有这些都发生在一个动态的背景下，其中与 NEM 相关的产业在全球竞争力的提升与下降都需要对特定国家的总体发展战略与政策工具进行不断的评估和调整。

不同政策制定者以及各机构之间不断增强的协调能力，以及在私人部门直接的发展经验基础上确立的旨在促进协同效应的相关架构在该背景中都是至关重要的。

注释

[1] 严格来说，跨国公司可选择的海外经营模式并不是新近出现的。诸如许可经营与管理合同等一些形式在过去十年中已经被普遍采用（Jones，2010；Wilkins and Schröter，1998）。

[2] OLI 模型解释了：为何一些企业会选择进行海外扩张而另一些企业却没有这样做（所有权优势）；为何企业选择在特定地区进行经营（区位优势）以及为何它们选择了“自己制造”而不是“从外面买”（内部化优势）。

[3] 从经营范围来看，NEM 既可以在国内进行，也可以在国际上（跨境）进行。《世界投资报告 2011》中所提

到的 NEM 都是指跨境安排。

[4] 比如在管理合同与特许权经营中，从技术角度而言，跨国公司都是 NEM，因为他们向本地合作者包括基础设施建设与采掘工业中的政府部门提供技术与专业知识。然而，这却导致其在不拥有所有权的情况下控制了东道国经济实体。

[5] 分支机构与本地 NEM 伙伴之间的这些联系可能包含了二级或三级供应商，这些供应商通过某种途径依附于或受控于首要的跨国公司。

[6] 比如在合同制造中，报告将关注点集中在了产品生产的最终环节上。在电子行业中，这与消费电子产品的最终组装环节有关，一些大型的电子制造服务企业，如鸿海（中国台湾）以及伟创力（新加坡）是其中的典型代表。从这一角度来看，NEM 企业主导了与最终消费电子产品有关的国际贸易。然而，在整个电子行业的供给当中，仍然存在着许多其他的生产者。

[7] 将销售产值在这些不同形式的经营活动之间进行分配在概念上是十分困难的（比如特许权通常以投资价值来衡量），同时也缺乏相应的可靠数据。

[8] 分支机构为其中很多的劳动者提供了培训，特别是在东南亚地区，由此创造了后来被合同制造商所利用的资产。

[9] 这种战略在很大程度上属于产业动态性的一部分。

[10] 参见公司网站 www.lifunggroup.com/eng/businesses/sourcing.php（2011 年 6 月 9 日访问）。该公司的业务主要集中在服装与鞋帽领域。

[11] 基于 Nasscom，XMG 全球，IDC 与 Gartner 提供的信息。

[12] 据估计，这些国家在相关产业中的全球份额可以达到 78%。参见 Eileen Yu 在 ZDNet Asia 2009 年 9 月 23 日的"World's outsourcing revenue worth $373 billion"一文中引述的 XMG 全球报告，该文可从网站 www.zdnetasia.com 获得。

[13] 关于高额回报能够持续多长时间仍存在一定的疑问。比如，在特许经营情况下，Alon Drtina and Gilbert（2007）发现特许经营网络并没有比非特许经营网络得到更多的利润。

[14] 辉瑞公司在 2003~2008 年将其所拥有的工厂数量削减了 50%。外包决策所要考虑的关键问题包括供应能力、适应能力、成本竞争力以及技术。同时确保供应链的完整性与可靠性、产品质量以及合规性。信息来自辉瑞公司网站 www.pfizer.com。

[15] 参见时代周刊 2009 年 5 月 15 日的"Why Wal-Mart's First India Store Isn't a Wal-Mart"（源自 www.time.com），以及沃尔玛公司 2011 年 2 月的"Walmart: India Fact Sheet"，源自 http: //walmartstores.com。

[16] 参见马来西亚特许经营协会的"Government to the fore"，源自 www.ifranchisemalaysia.com。

[17] 这包含了英语技能强化计划（该基金主要用于支持个人的语言培训）以及其他一些措施，如税收激励与减免等。参见"Philippines call center industry enjoy the strong Government support"，源自 www.pitonglobal/resource16.html。

[18] 比如，该国采取了很多措施来改善人力资源的质量并鼓励创新活动，以此来增强该产业的发展能力。在员工培训与发展方面的支出可以在所得税中得到 200% 的扣除，而研究与开发支出则可以在所得税中得到 160%~200% 的扣除。购买研究与开发设备可以享受 50% 的特许权税减免。在技术园区建立的企业可以免除财产税并获得服务税的减免。参见 Brasscom，"Brazil IT-BPO Book: 2008 ~ 2009"，（brazilexportati.files.wordpress.com）以及 Brasscom"Government Support"，(www.brasscom.org)。

[19] 参见 2010 年 8 月 19 日 BBC 新闻"Foxconn to hire more workers in China"，源自 www.bbc.co.uk。

[20] 参见 NASSCOM，India（2010），"Impact of the IT-BPO industry in India: a decade in review"，源自 www.nasscom.in。

[21] 参见 2009 年 IDC 对 CORFO 的研究："Chilean global services industry"，源自 www.investchile.com。

[22] 参见"IT-BPO Road Map 2011-2016"(www.bpap.org) 以及"IT-BPO road map 2011-2016: driving to global leadership"。

[23] 信息由雀巢公司提供。

[24] 参见《东亚政策摘要》，2007 年第 2 期"Contract farming offers fresh hope for Africa's declining agriculture"，源自 www.worldagroforestry.org。

[25] Bendeta Gordon (2008): "The Franchise Factor. Franchise Directions, Franchising Consulting and Trainings", 源自 www.franchize.co.za。

[26] "IHG invests in China's future hospitality talent with three new IHG academies", 源自 2011 年 3 月 31 日 IHG 网站 (www.ihgplc.com); 以及 "IHG in Greater China-IHG Greater China Facts Sheet", 源自 IHG 网站。

[27] 包括麦当劳、塔可钟以及汉堡王等在内的快餐连锁因压低马铃薯合同供应商(订单农户)的价格而遭到批评。2005 年，在塔可钟决定通过为每磅马铃薯支付额外的费用来解决消费者的抵制活动后，佛罗里达马铃薯供应商赢得了其自 20 世纪 70 年代以来的第一次加薪。该活动仍在继续，以确保马铃薯的合同供应商可以获得更好的待遇 (Schlosser, Eric (2007), "Penny foolish",《纽约时报》11 月 29 日)。

[28] 比如，为了更加灵活地应对跨国公司的采购需求，合同制造商、服务外包企业以及订单农户越来越多地雇佣短期工人或将人力资源外包给"临时机构"(Barrientos, 2007; VanLiemt, 2007)。

[29] 数据来自 2011 年 3 月 31 日的 www.saasaccreditation.org/certfacilitieslist.htm。

[30] ISO (2010), ISO Survey for 2009.

[31] 对 H&M 印度公司检查负责人 Linda Johansson 的访问，源自 http: //somo.nl。该公司采用一套方法来从工人那里获得真实的回馈。

[32] 参见 Everest Global and Outsource2Philippines 的 "Philippine IT-BPO road map 2016: driving to global leadership", 源自www.ncc.gov.ph。

[33] 参见《经济时报》, 2011 年 5 月 23 日, "Auto parts cost strike JVs for technology, consolidation looms", 源自 http: //articles.economictimes.indiatimes.com。

[34] Carl J. Kosnar, "Global Economic Development through the Utilization of the Franchising System", www.kosnar.com.

[35] 广东省的出口总额为 222 亿美元，而中国的出口总额为 15779 亿美元(中华人民共和国商务部)。广东省的玩具出口占中国全部玩具出口量的 58%(中国玩具工业协会)。

[36] 参见 2010 年 7 月 25 日《每日星报》"Bangladesh ranks fourth in global apparel exports"。

[37] 该数字有望在 2011 年增长到 370 亿美元。事实上，诸如玛莎百货、哈格服饰 (Haggar Clothing)、莱图莱宝 (Little Label)、布尔贸易公司 (Boules Trading Company)、卡索 (Castle)、凯斯特服饰 (Quest Apparel)、沃尔玛、杰西潘尼、诺蒂卡、道客 (Docker and Target) 等公司越来越多地从印度采购纺织品与服装。参见 IBEF2010 年11 月的 "Textiles and apparel", www.ibef.org。

[38] 加工贸易中的一部分产品是在母公司与其分支企业或者分支企业内部进行交易的。

[39] 源自联合国贸发会议数据计算。

[40] "Segments", 源自 IHG 网站 www.ihgplc.com。这种途径是由国际连锁的品牌声誉、国际质量标准、集中营销和客户忠诚度计划及其全球订单系统建立起来的。此外，他们还可以直接与旅游组织者、大型旅行社、大型公司以及其他组织等进行直接洽谈，并由此形成了通往那些无法接触到的客户群的首选途径。

[41] 事实上，由于被许可人能够拥有显著的吸收能力，跨国公司因此面临一定程度的风险。在 MBD 的案例中，其最大的客户占 MBD 许可经营总数 26%的现代重工如今已经凭借自主知识产权的柴油发动机对其市场份额形成了一定的竞争 (Pyndt and Pedersen, 2006)。

[42] 7-11 公司——网络公司通讯 2011。源自 www.franchise, 7-eleven.com。

[43] 比如，在订单农业安排中的合作社以及其他形式的协会尽管在表面上打破了对跨国公司力量平衡，但普遍被认为有利于后者。

[44] 这些公司的例子包括宏碁与台电(均为来自中国台湾的消费电子公司)、综合微电子公司(菲律宾)、LG 与 DA 公司(韩国电子公司)、皮拉马尔保健 (Piramal Health Care、印度)、森达 (Sonda 智利 IT-BPO)、图灵根库马拉 (Trinunggal Komara、印度尼西亚服装企业)、精电(中国香港电子显示器)以及裕元(中国台湾制鞋企业)(《世界投资报告 2006》)。

[45] 其他电子合同制造商，特别是一些台湾企业也越来越多地掌握了大量的专利，比如英业达和广达。但其数量与鸿海相比仍有很大的距离。

[46] “IFI CLAIMS announces top global companies ranked by 2010 U.S. patents”，源自：www.ificlaims.com。

[47] 其他三个来自韩国。

[48] 宏碁与华硕将其合同制造的主要力量分拆为“纬创”与“和硕”。

[49] 然而，在机械翻修领域也存在一个巨大的市场(Rasiah，2009)。

[50] 对于财富与就业起重要作用的本地产业，如建筑业与房地产业都会从特许经营网络扩上所带来的商业与购物中心的发展中获益。

[51] 由于担忧外国品牌与产品会改变国内消费者的偏好与消费习惯（即失去与东道国文化和传统的接触），这一框架也会引发一定的矛盾(Grünhagen，Witte and Pryor，2010)。

[52] 参见 Magleby (2007)。

[53] 沙克蒂计划由印度斯坦利华（联合利华在印度的公司）于 2000 年为推广其香皂与香波产品而发起。截至 2009 年末，共雇佣了 45000 名沙克蒂企业家。参见 www.unliever.com。

[54] 源自 www.tourismpartnership.org。

[55] 这可以通过“挤出效应”(NEM 活动会通过竞争将那些没有从跨国公司的技术与知识转移中获益的本土企业挤出市场）或者反向的“挤入效应”产生。

[56] 埃及设立了一个新的通信与信息技术部(MCIT) 并布置了相关的任务，对国内电信系统进行升级以增强埃及参与国际价值链的程度。参见埃及通信与信息技术部 (MCIT) 的国家战略，源自 www.mcit.gov.eg。

[57] 在菲律宾，政府不仅为购买外国公司的企业转变其业务经营领域提供税收优惠，同时也建立了一个人才中心为其劳动力培训提供支持。产业政策当局也支持通过产业集群的方式建立关联，以此来增强产业的竞争能力，促进农村地区的投资并发展微型、小型与中型企业。参见菲律宾贸易与工业部 www.dti.gov.ph。

[58] 有关积极的信贷支持的记录较为复杂。补贴性的融资确实拓宽了中小型企业的融资途径，但同时这种融资的发放也承担着贷款由低盈利者和无效率者所获得的风险 [联合国贸发会议(UNCTAD)，2001]。

[59] 由于保理业务对抵押品的要求相对较低，它可以为那些信用等级低于其他客户（通常为跨国公司）的制造者提供融资渠道。同时，在商业法律与执行力较弱的金融系统中，保理业务也可以发挥非常积极的作用。

[60] 联合国贸发会议 (UNCTAD) 对 238家投资促进机构在吸引 NEM 方面所扮演的角色进行了调查。共有 91 份问卷被完成，总体回应率为38%。回应者中包括 27 家来自发达国家的投资促进机构、54 家来自发展中国家的投资促进机构以及 10 家来自转轨经济体的投资促进机构 [联合国贸发会议 (UNCTAD)，即将发表]。

[61] 参见澳大利亚贸易委员会网站的“Franchising Overview”，源自 www.austrade.gov.au。

[62] 参见马来西亚贸易促进中心(MATRADE) 网站列出的与特许经营有关的出口促进活动列表，源自 www.matrade.gov.my。

[63] Richter，John (2009).“Ex-Im Bank：A Valuable Partner for Ifa Members Seeking to Export”，Franchising World，October，源自 www.franchise.org。

[64] 对于“隐性投资”确定标准以及在此背景下的发展计划所扮演角色的讨论请参见联合国贸发会议 [联合国贸发会议 (UNCTAD)，2011d]。

[65] 参见多边投资担保机构 (MIGA) 网站www.miga.org。

[66] 尽管在国际上没有维护竞争的强制性法律措施，但一系列非强制性的措施为国内竞争法律的多边的设计提供了参考（比如管制限制性商业行为的多边同意的公平原则与规则，或者联合国贸发会一有关竞争的法律模板）。在区域性措施方面，欧洲竞争法律作为超国家法律脱颖而出并可以直接应用于欧盟成员国，但竞争性的规则仍然存在于区域贸易协定中 [联合国贸发会议 (UNCTAD，2000)]。

附　录

联合国贸发会议网站提供的附录表清单

www.unctad.org/wir

1. 1990~2010 年按地区和经济体统计的外国直接投资流入量
2. 1990~2010 年按地区和经济体统计的外国直接投资流出量
3. 1990~2010 年按地区和经济体统计的内向外国直接投资存量
4. 1990~2010 年按地区和经济体统计的外向外国直接投资存量
5. 1990~2010 年外国直接投资流入量占固定资本形成总额的百分比
6. 1990~2010 年外国直接投资流出量占固定资本形成总额的百分比
7. 1990~2010 年按地区和经济体统计的内向外国直接投资存量占国内生产总值的百分比
8. 1990~2010 年按地区和经济体统计的外向外国直接投资存量占国内生产总值的百分比
9. 1990~2011 年 5 月按出售方所属地区和经济体统计的跨国并购出售额
10. 1990~2011 年 5 月按收购方所属地区和经济体统计的跨国并购收购额
11. 1990~2011 年 5 月按出售方所属地区和经济体统计的跨国并购交易数量
12. 1990~2011 年 5 月按收购方所属地区和经济体统计的跨国并购交易数量
13. 1990~2011 年 5 月按部门/产业统计的跨国并购出售额
14. 1990~2011 年 5 月按部门/产业统计的跨国并购收购额
15. 1990~2011 年 5 月按部门/产业统计的跨国并购出售交易数量
16. 1990~2011 年 5 月按部门/产业统计的跨国并购收购交易数量
17. 2010 年完成的价值超过 10 亿美元的跨国并购交易
18. 2003~2011 年 4 月按投资来源地统计的绿地 FDI 项目投资额
19. 2003~2011 年 4 月按投资目的地统计的绿地 FDI 项目投资额
20. 2003~2011 年 4 月按部门/产业统计的绿地 FDI 项目投资额
21. 2003~2011 年 4 月按投资来源地统计的绿地 FDI 项目数量
22. 2003~2011 年 4 月按投资目的地统计的绿地 FDI 项目数量
23. 2003~2011 年 4 月按部门/产业统计的绿地 FDI 项目数量

续表

24.1990~2009 年按部门和产业统计的全世界内向 FDI 存量估计值
25. 1990~2009 年按部门和产业统计的全世界外向 FDI 存量估计值
26.1990~1992 和 2007~2009 年按部门和产业统计的全世界内向 FDI 流量估计值
27. 1990~1992 和 2007~2009 年按部门和产业统计的全世界外向 FDI 流量估计值
28. 1990~2010 年吸收 FDI 业绩指数和潜力指数排名
29. 2010 年按国外资产排序前 100 名非金融跨国公司
30. 2010 年按国外资产排序来自发展中和转型期经济体的最大 100 家跨国公司
31. 2010 年按地理分布指数（GSI）排序的前 50 位金融跨国公司
32. 2003~2010 年按母国地区和经济体统计的国有跨国公司外向 FDI 项目
33. 2003~2010 年按部门/产业统计的国有跨国公司外向 FDI 项目
34. 最新数据年份按照地区和经济体统计的跨国公司母公司和国外分支机构数量

附表 1.1 2005~2010 年世界各地区和经济体的 FDI 流量（百万美元）

地区/经济体	FDI 流入量						FDI 流出量					
	2005 年	2006 年	2007 年	2008 年	2009 年	2010 年	2005 年	2006 年	2007 年	2008 年	2009 年	2010 年
世界	982593	1461863	1970940	1744101	1185030	1243671	882132	1405389	2174803	1910509	1170527	1323337
发达经济体	619134	977888	1306818	965113	602835	601906	745679	1154983	1829044	1541232	850975	935190
欧洲	503730	635832	895753	514975	387825	313100	686671	792652	1274118	983284	434171	475763
欧盟	496075	581719	850528	487968	346531	304689	606515	690030	1199325	906199	370016	407251
奥地利	10784	7933	31154	6858	7011	6613	11145	13670	39025	29452	7381	10854
比利时	34370	58893	93429	142041	23595	61714	32658	50685	80127	164314	–21667	37735
保加利亚	3920	7805	12389	9855	3351	2170	310	177	282	755	–119	238
塞浦路斯	1186	1864	2234	4050	5725	4860	558	902	1245	4142	5052	4220
捷克	11653	5463	10444	6451	2927	6781	–19	1468	1620	4323	949	1702
丹麦	12871	2691	11812	2216	2966	–1814	16193	8206	20574	14142	6865	3183
爱沙尼亚	2869	1797	2725	1731	1838	1539	691	1107	1746	1114	1549	133
芬兰	4750	7652	12451	–1035	–4	4314	4223	4805	7203	9297	3831	8385
法国	84949	71848	96221	64184	34027	33905	114978	110673	164310	155047	102949	84112
德国	47439	55626	80208	4218	37627	46134	75893	118701	170617	77142	78200	104857
希腊	623	5355	2111	4499	2436	2188	1468	4045	5246	2418	2055	1269
匈牙利	7709	6818	3951	7384	2045	2377	2179	3877	3621	3111	2699	1546
爱尔兰	–31689	–5542	24707	–16453	25960	26330	14313	15324	21146	18949	26616	17802
意大利	19975	39239	40202	–10845	20073	9498	41826	42068	90778	67002	21271	21005
拉脱维亚	707	1663	2322	1261	94	349	128	170	369	243	–62	16
立陶宛	1028	1817	2015	2045	172	629	346	291	597	336	217	128
卢森堡	6564	31843	–28260	9785	30196	20350	9932	7747	73350	10171	18726	18293
马耳他	676	1840	1006	845	760	1041	–21	30	14	305	134	87
荷兰	39046	13976	119383	3577	34514	–16141	123071	71174	55608	67485	26927	31904
波兰	10293	19603	23561	14839	13698	9681	3406	8864	5405	4414	5219	4701
葡萄牙	3930	10902	3055	4665	2706	1452	2111	7139	5490	2741	816	–8608
罗马尼亚	6483	11367	9921	13910	4847	3573	–31	423	279	277	–86	193
斯洛伐克	2429	4693	3581	4687	–50	526	150	511	600	530	432	328
斯洛文尼亚	588	644	1514	1947	–582	834	641	862	1802	1390	167	151
西班牙	25020	30802	64264	76993	9135	24547	41829	104248	137052	74717	9737	21598
瑞典	11896	28941	27737	36771	10322	5328	27706	26593	38836	31326	25778	30399
英国	176006	156186	196390	91489	71140	45908	80833	86271	272384	161056	44381	11020
其他发达的欧洲国家	7655	54113	45225	27006	41294	8411	80156	102622	74793	77085	64155	68512

续表

地区/经济体	FDI 流入量						FDI 流出量					
	2005 年	2006 年	2007 年	2008 年	2009 年	2010 年	2005 年	2006 年	2007 年	2008 年	2009 年	2010 年
直布罗陀	122①	137①	165①	159①	172①	165①	—	—	—	—	—	—
冰岛	3071	3843	6824	917	83	2950	7072	5473	10186	-4209	2281	-1935
挪威	5413	6415	5800	10781	14074	11857	21966	21326	13588	25990	28623	12195
瑞士	-951	43718	32435	15149	26964	-6561	51118	75824	51020	55305	33251	58253
北美洲	130465	297430	330604	363543	174298	251662	42907	270434	451244	388090	324351	367490
加拿大	25692	60294	114652	57177	21406	23413	27538	46214	57726	79794	41665	38585
美国	104773	237136	215952	306366	152892	228249	15369	224220	393518	308296	282686	328905
其他发达国家	-15060	44626	80460	86595	40712	37144	16101	91897	103682	169858	92454	91937
澳大利亚	-24246	31050	45397	46843	25716	32472	-31137	25409	16786	33604	16160	26431
百慕大群岛	44	261	577	-146	-88	210	31	579	1040	563	208	693
以色列	4818	15296	8798	10875	4438	5152	2946	15462	8604	7210	1695	7960
日本	2775	-6507	22550	24426	11939	-1251	45781	50264	73548	128019	74699	56263
新西兰	1548	4526	3138	4598	-1293	561	-1521	182	3703	462	-308	589
发展中经济体	332343	429459	573032	658002	510578	573568	122143	226683	294177	308891	270750	327564
非洲	38160	46259	63132	73413	60167	55040	1968	6943	10719	9750	5627	6636
北非	12236	23143	24775	24045	18468	16926	287	134	5545	8751	2543	3384
阿尔及利亚	1081	1795	1662	2594	2761	2291	-20	35	295	318	215	226
埃及	5376	10043	11578	9495	6712	6386	92	148	665	1920	571	1176
利比亚	1038	2013	4689	4111	2674	3833①	128	-534	3933	5888	1165	1282①
摩洛哥	1654	2449	2805	2487	1952	1304①	75	445	622	485	470	576①
苏丹	2305	3534	2426	2601	2682①	1600①	—	7	11	98	45①	51①
突尼斯	783	3308	1616	2758	1688	1513	13	33	20	42	77	74
其他非洲国家	25924	23116	38357	49367	41699	38114	1681	6809	5173	999	3084	3252
西非	7126	6976	9522	12718	12662	11323	289	342	977	1341	1504	1120
贝宁	53	53	255	171	135	111	0	-2	-6	-4	31	7
布基纳法索	34	34	344	137①	171①	37①	0	1	0	0①	1①	0①
佛得角	82	131	190	209	119	111	—	—	0	0	0	0
科特迪瓦	312①	319①	427①	446①	381①	418①	52①	-27①	0①	8①	-7①	0①
冈比亚	45	71	76	70	47	37①	—	—	—	—	—	—
加纳	145	636	855	1220	1685	2527	—	—	—	9	7	8
几内亚	105	125	386	382	141	303①	—	—	—	126①	—①	—①
几内亚比绍	8	17	19	6	14①	9①	1	0	0	0	0	0①
利比里亚	83	108	132	395	218	248①	255	47	65	119	-93	30①

续表

地区/经济体	FDI 流入量						FDI 流出量					
	2005 年	2006 年	2007 年	2008 年	2009 年	2010 年	2005 年	2006 年	2007 年	2008 年	2009 年	2010 年
马里	225	82	65	180[①]	109	148[①]	-1	1	7	3[①]	4[①]	5[①]
毛里塔尼亚	814	106	138	338	-38	14[①]	2	5	4	4	4	4[①]
尼日尔	30	51	129	566	739	947[①]	-4	-1	8[①]	24[①]	10[①]	14[①]
尼日利亚	4978	4898	6087	8249	8650	6099	15	322	875	1058	1542	923
圣海伦娜	0	0	0	—	—	—	—	—	—	—	—	—
塞内加尔	52	210	273[①]	272[①]	208[①]	237[①]	-8	10	25[①]	9[①]	15[①]	154[①]
塞拉利昂	83	59	97	53[①]	33[①]	36[①]	-8	—	—	—	—	5[①]
多哥	77	77	49	24[①]	50[①]	41[①]	-15	-14	-1	-16[①]	-10[①]	-31[①]
中非	2675	3051	5985	4395	5400	7959	84	127	87	159	117	94
布隆迪	1	0	1[①]	14[①]	10[①]	14[①]	—	—	0	—	—	—
乍得	-99	-279	-69	234	462	781[①]	—	—	—	—	—	—
喀麦隆	225	309	284	270	337	425[①]	-9	-1	-2	2[①]	-9[①]	2[①]
中非共和国	32	35	57	117	42	72[①]	—	—	—	—	—	—
刚果	1475	1925	2275	2483[①]	2083[①]	2816[①]	—	—	—	—	—	—
刚果民主共和国	—	256	1808	1727	664	2939	13	18	14	54	35	7
赤道几内亚	769	470	1243	-794	1636	695[①]	—	—	—	—	—	—
加蓬	242	268	269	209[①]	33[①]	170[①]	65[①]	106[①]	59[①]	96[①]	87[①]	81[①]
卢旺达	14	31	82	103	119	42	—	—	13	—	—	—
圣多美和普林西	16	38	35	33[①]	14[①]	3[①]	15	3	3	7[①]	4[①]	5[①]
东非	1424	2588	4085	3667	3638	3728	91	42	112	109	89	153
科摩罗	1	1	8[①]	8[①]	9[①]	9[①]	—	—	—	—	—	—
吉布提	22	108	195	229	100	27	—	—	—	—	—	—
厄立特里亚	-1	0	0	0	0	56[①]	—	—	—	—	—	—
埃塞俄比亚	265	545	222	109	221[①]	184[①]	—	—	—	—	—	—
肯尼亚	21	51	729	96	141	133[①]	10	24	36	44	46	18[①]
马达加斯加岛	86	295	773	1169	1066	860	—	—	—	—	—	—
毛里求斯	42	105	339	383	257	430	48	10	58	52	37	129
马约特	5	0	—	—	—	—	—	—	—	—	—	—
塞舌尔	86	146	239	179	275	369[①]	33	8	18	13	5	6[①]
索马里	24[①]	96[①]	141[①]	87[①]	108[①]	112[①]	—	—	—	—	—	—
乌干达	380	644	792	729	816	848	—	—	—	—	—	—
坦桑尼亚	494	597	647	679	645	700[①]	—	—	—	—	—	—

续表

地区/经济体	FDI 流入量						FDI 流出量					
	2005 年	2006 年	2007 年	2008 年	2009 年	2010 年	2005 年	2006 年	2007 年	2008 年	2009 年	2010 年
南部非洲	14699	10501	18764	28588	19999	15105	1218	6298	3998	–610	1373	1885
安哥拉	6794	9064	9796	16581	11672	9942	221	194	912	2570	8	1163①
博茨瓦纳	279	486	495	528	579①	529①	56	50	51	–91	–65①	–38①
莱索托	57	89	97	56	48	55	—	—	—	—	—	—
马拉维	52	72	92	9	60①	140①	1	1	1	25	1①	1①
莫桑比克	108	154	427	592	893	789	0	0	0	0	–3	1
纳米比亚	348	387	733	720	516	858	–13	–12	3	5	–3	–4
南非	6647	–527	5695	9006	5365	1553	930	6063	2966	–3134	1151	450
斯威士兰	–46	121	37	106	66	93①	21	1	–23	8	–7	8①
赞比亚	357	616	1324	939	695	1041	—	—	86	—	270	289
津巴布韦	103	40	69	52	105	105	1	0	3	8	20	15
拉丁美洲和加勒比地区	78082	98459	169514	206733	140997	159171	33999	68129	61731	80580	45544	76273
南美洲和中美洲	72198	69833	108701	126163	75772	111103	19645	43603	23412	37374	13471	47062
南美洲	44266	43916	71546	92134	55287	86481	11898	35449	12247	34161	4066	30294
阿根廷	5265	5537	6473	9726	4017	6337	1311	2439	1504	1391	712	964
玻利维亚	–288	281	366	513	423	622	3	0	7	4	–3	–58
巴西	15066	18822	34585	45058	25949	48438	2517	28202	7067	20457	–10084	11519
智利	6984	7298	12534	15150	12874	15095	2183	2172	2573	8041	8061	8744
哥伦比亚	10252	6656	9049	10596	7137	6760	4662	1098	913	2254	3088	6504
厄瓜多尔	493	271	194	1006	319	164	10	8	–8	8	36	12
福克兰群岛	—	0	—	—	—	—	—	—	—	—	—	—
圭亚那	77	102	152	178	144①	188①	—	—	—	—	—	—
巴拉圭	54	173	185	320	209	419	6	7	7	8	8	–4
秘鲁	2579	3467	5491	6924	5576	7328	—	—	66	736	398	215
苏里南	348	323	179	209	151	180①	—	—	—	—	—	—
乌拉圭	847	1493	1329	2106	1593	2355	36	–1	89	–11	16	9
委内瑞拉	2589	–508	1008	349	–3105	–1404	1170	1524	30	1273	1834	2390
中美洲	27932	25916	37155	34029	20485	24622	7747	8154	11164	3213	9405	16768
伯利兹	127	109	143	170	109	97	1	1	1	3	0	1
哥斯达黎加	861	1469	1896	2078	1347	1413	–43	98	263	6	7	9
萨尔瓦多	511	241	1551	903	366	78	–113	26	–95	–80	—	—
危地马拉	508	592	745	754	600	687	38	40	25	16	26	24

续表

地区/经济体	FDI 流入量						FDI 流出量					
	2005 年	2006 年	2007 年	2008 年	2009 年	2010 年	2005 年	2006 年	2007 年	2008 年	2009 年	2010 年
洪都拉斯	600	669	928	1006	523	797	-1	1	1	-1	1	-1
墨西哥	24122	20052	29734	26295	15334	18679	6474	5758	8256	1157	7019	14345
尼加拉瓜	241	287	382	626	434	508	18	21	9	16	15	14
巴拿马	962	2498	1777	2196	1773	2363	1372	2209	2704	2095	2336	2377
加勒比地区	5884	28626	60813	80570	65226	48068	14354	24526	38320	43207	32073	29211
安圭拉岛	117	142	119	99	46	25	—	—	—	—	—	—
安提瓜和巴布达岛	221	359	338	174	118	105	0	—	—	—	—	—
阿鲁巴岛	101	565	-127	200	73	161	-9	-13	30	3	1	4
巴哈马群岛	912	1159	1164	1103	657	977	—	—	—	—	—	—
巴巴多斯岛	128	245	338	267	160	80①	9	44	82	3	-80	2①
英属维尔京群岛	-9090①	7549①	31443①	51742①	42100①	30526①	6380①	15698①	29339①	29121①	25742①	20598①
开曼群岛	10221①	14963①	22969①	18749①	17878①	12894①	7451①	8333①	8769①	13333①	6379①	8539①
古巴	16①	26①	64①	24①	24①	86①	-2①	-2①	—	—	—	—
多米尼亚	19	26	40	57	41	31	—	—	—	—	—	—
多米尼亚共和国	1123	1085	1667	2870	2165	1626	21	-61	-17	-19	-32	-23
格林纳达	70	90	152	142	103	89	—	—	—	—	—	—
海地	26	160	75	30	38	150	—	—	—	—	—	—
牙买加	682	882	867	1437	541	201①	101	85	115	76	61	67①
蒙特赛拉特	1	4	7	13	3	2	—	—	—	—	—	—
荷属安的列斯群岛②	42	-22	234	266	117	138	65	57	-3	-15	-7	17
波多黎各	36	—	—	—	—	—	—	—	—	—	—	—
圣基茨和尼维斯	93	110	134	178	104	141	—	—	—	—	—	—
圣卢西亚	78	234	272	161	146	99	—	—	—	—	—	—
圣文森特和格林纳丁斯	40	109	131	159	106	92	—	—	—	—	—	—
特里尼达和多巴哥	940	883	830	2801	709	549	341	370	0	700	—	—
特克斯和凯科斯群岛	108①	58①	97①	99①	95①	97①	-3①	14①	5①	6①	9①	7①
亚洲和大洋洲	216101	284741	340387	377857	309414	359357	86176	151611	221727	218560	219579	244656
亚洲	215834	283463	339252	375665	307527	357846	86051	151566	221688	218436	219500	244585
西亚	44498	67112	78211	91564	65993	58193	12452	22570	34175	40180	26309	12999
巴林	1049	2915	1756	1794	257	156	1135	980	1669	1620	-1791	334
伊拉克	515	383	972	1856	1452	1426	89	305	8	34	116	52
约旦	1984	3544	2622	2829	2430	1704	163	-138	48	13	72	28

续表

地区/经济体	FDI 流入量						FDI 流出量					
	2005 年	2006 年	2007 年	2008 年	2009 年	2010 年	2005 年	2006 年	2007 年	2008 年	2009 年	2010 年
科威特	234	121	112	-6	1114	81	5142	8211	9784	9091	8636	2069
黎巴嫩	3321	3132	3376	4333	4804	4955	715	875	848	987	1126	574
阿曼	1538	1588	3431	2528	1471	2045	234	263	70	481	66	317
巴勒斯坦地区	47	19	28	52	265	115①	13	125	-8	-8	-15	-11①
卡塔尔	2500①	3500①	4700①	3779	8125	5534①	352①	127①	5160①	6029①	11584①	1863①
沙特阿拉伯	12097	17140	22821	38151	32100	28105	-350	-39	-135	3498	2177	3907
叙利亚	583	659	1242	1467	1434	1381①	80	-11	2	2	3	0①
土耳其	10031	20185	22047	19504	8411	9071	1064	924	2106	2549	1553	1780
阿拉伯联合酋长国	10900	12806	14187	13724	4003	3948	3750	10892	14568	15820	2723	2015
也门	-302	1121	917	1555	129	-329①	65①	56①	54①	66①	66①	70①
南亚、东亚和东南亚地区	171337	216351	261041	284100	241534	299653	73599	128997	187513	178256	193191	231585
东亚	116189	131829	151004	185253	161096	188291	51907	85402	114391	133173	142941	174283
中国	72406	72715	83521	108312	95000	105735	12261	21160	22469	52150	56530	68000①
中国香港	33625	45060	54341	59621	52394	68904	27196	44979	61081	50581	63991	76077
朝鲜	50①	-105①	67①	44①	2①	38①	—	—	—	—	—	—
韩国	7055	4881	2628	8409	7501	6873	6359	11175	19720	20251	17197	19230
中国澳门	1240	1608	2305	2591	2770	2558①	60	636	3	-102	-708	-269①
蒙古	188	245	373	845	624	1691	2	54	13	6	54	62
中国台湾	1625	7424	7769	5432	2805	2492	6028	7399	11107	10287	5877	11183
南亚	14411	27821	34297	51901	42458	31954	3524	14812	17709	19897	16405	15079
阿富汗	271	238	243	300	185	76	—	—	—	—	—	—
孟加拉国	845	792	666	1086	700	913	3	4	21	9	29	15
不丹	9	6	78	28	15	12	—	—	—	—	—	—
印度	7622	20328	25350	42546	35649	24640	2985	14285	17234	19397	15929	14626
伊朗	3136	1647	1670	1615	3016	3617	452	386	302	380	356	346
马尔代夫	53	64	91	135	112	164	—	—	—	—	—	—
尼泊尔	2	-7	6	1	39	39①	—	—	—	—	—	—
巴基斯坦	2201	4273	5590	5438	2338	2016	45	109	98	49	71	46
斯里兰卡	272	480	603	752	404	478	38	29	55	62	20	46
东南亚	40737	56701	75740	46947	37981	79408	18169	28782	55413	25185	33845	42223
文莱	289	434	260	239	370	496①	15	17	-7①	16①	9①	6①
柬埔寨	381	483	867	815	539	783	11	12	5	24	18	17
印度尼西亚	8336	4914	6928	9318	4877	13304	3065	2726	4675	5900	2249	2664

续表

地区/经济体	FDI 流入量						FDI 流出量					
	2005 年	2006 年	2007 年	2008 年	2009 年	2010 年	2005 年	2006 年	2007 年	2008 年	2009 年	2010 年
老挝	28	187	324	228	319	350[1]	0	39	1	-75	1	6
马来西亚	4065	6060	8595	7172	1430	9103	3076	6021	11314	14965	7930	13329
缅甸	236	428	715	976	579	756[1]	—	—	—	—	—	—
菲律宾	1854	2921	2916	1544	1963	1713	189	103	3536	259	359	487
新加坡	15460	29348	37033	8588	15279	38638	11218	18809	32702	-256	18464	19739
泰国	8067	9517	11355	8448	4976	5813	529	970	3003	4053	4116	5122
东帝汶	1[1]	8	9	40	50	280	—	—	—	—	—	—
越南	2021	2400	6739	9579	7600	8173[1]	65	85	184	300[1]	700[1]	853[1]
大洋洲	267	1278	1134	2192	1887	1511	124	45	39	125	79	71
库克群岛	1	3	0	1[1]	1[1]	1[1]	0	0	—	—	—	—
斐济	160	370	376	354	114	129[1]	10	1	-6	-8	3	3[1]
法属波利尼西亚	8[1]	31[1]	58	14	10	26[1]	16[1]	10[1]	14[1]	30[1]	8[1]	16[1]
基里巴斯	5	1	1	3	3	4	0	0	0	1	0	0
马绍尔群岛	7[1]	6[1]	12[1]	6[1]	8[1]	9[1]	54[1]	-8[1]	—	—	—	—
密克罗尼西亚	0[1]	1[1]	17[1]	6[1]	8[1]	10[1]	—	—	—	—	—	—
瑙鲁	1[1]	0[1]	1[1]	1[1]	1[1]	1[1]	—	—	—	—	—	—
新喀里多尼亚	-7	749	417	1	1146	1003[1]	31	31	7	93	58[1]	49[1]
纽埃岛	-1	—	—	—	—	—	1[1]	-2[1]	4[1]	2[1]	0[1]	—
帕劳群岛	1[1]	1[1]	3[1]	2[1]	2[1]	2[1]	-2	—	—	—	-	—
巴布亚新几内亚	34	-7	96	-30	423	29	6	1	8	0	4	0
萨摩亚群岛	-4	3	3	17	1	2	2	2	0	0	0	0
所罗门群岛	19	34	64	95	120	238	0	7	10	4	3	2
托克劳	0	—	—	—	—	—	—	—	—	—	—	—
汤加	17	10	28	6	15	16[1]	5	2	2	2	2	—
图瓦卢	0[1]	5[1]	0[1]	2[1]	2[1]	2[1]	—	—	—	—	—	—
瓦努阿图	28	72	57	44	32	39	1	1	1	1	1	1
瓦利斯群岛和富图纳群岛	—	0[1]	1[1]	1[1]	1[1]	1[1]	—	—	—	—	—	—
东南欧和独联体	31116	54516	91090	120986	71618	68197	14310	23723	51581	60386	48802	60584
东南欧	4877	9875	12837	12601	7824	4125	273	395	1448	1896	1371	52
阿尔巴尼亚	264	325	656	988	979	1097	4	11	28	81	36	-12
波斯尼亚和黑塞哥维尼亚	613	766	2080	932	246	63	0	4	28	13	-9	47
克罗地亚	1825	3473	5035	6179	2911	583	239	259	289	1425	1235	-203
马其顿	501	622	934	960	1527	760	4	33	157	108	46	29

续表

地区/经济体	FDI 流入量						FDI 流出量					
	2005 年	2006 年	2007 年	2008 年	2009 年	2010 年	2005 年	2006 年	2007 年	2008 年	2009 年	2010 年
塞尔维亚	1577	4256	3439	2955	1959	1329	22	88	947	283	52	189
黑山	96	433	693	586	201	293	3	0	–1	–14	11	2
独联体	26239	44642	78252	108385	63794	64072	14037	23328	50134	58490	47432	60532
亚美尼亚	239	453	699	935	778	577	7	3	–2	10	53	8
阿塞拜疆	1680	–584	–4749	14	473	563	1221	705	286	556	326	232
白俄罗斯	305	354	1805	2180	1886	1350	2	3	15	31	102	43
格鲁吉亚	453	1170	1750	1564	658	549	–89	–16	76	70	1	6
哈萨克斯坦	1971	6278	11119	14322	13771	9961	–146	–385	3153	1204	3118	7806
吉尔吉斯斯坦	43	182	209	377	190	234	0①	0①	0①	0①	0①	0①
摩尔多瓦	191	240	534	713	128	199	0	–1	17	16	7	4
俄罗斯	12886	29701	55073	75002	36500	41194	12767	23151	45916	55594	43665	51697
塔吉克斯坦	54	339	360	376	16	45①	—	—	—	—	—	—
土库曼斯坦	418	731	856	1277	3867①	2083①	—	—	—	—	—	—
乌克兰	7808	5604	9891	10913	4816	6495	275	–133	673	1010	162	736
乌兹别克斯坦	192	174	705	711	711①	822①	—	—	—	—	—	—
备注												
最不发达国家（LDCs）③	14831	20888	26083	33030	26538	26390	555	393	1234	3049	441	1819
内陆发展中国家（LLDCs）④	6832	11935	15736	25420	26190	23022	1169	476	3627	1693	3809	8352
小岛屿发展中国家（SIDS）⑤	3728	5083	5833	7968	4250	4210	623	526	291	851	42	215

注：①估计数。

②这个经济体于 2010 年 10 月 10 日解散。

③最不发达国家包括：阿富汗、安哥拉、孟加拉国、贝宁、不丹、布基纳法索、布隆迪、柬埔寨、中非共和国、乍得、科摩罗、刚果民主共和国、吉布提、赤道几内亚、厄立特里亚、埃塞俄比亚、冈比亚、几内亚、几内亚比绍、海地、基里巴斯、老挝人民民主共和国、莱索托、利比里亚、马达加斯加、马拉维、马里、毛里塔尼亚、莫桑比克、缅甸、尼泊尔、尼日尔、卢旺达、萨摩亚、圣多美和普林西比、塞内加尔、塞拉利昂、所罗门群岛、索马里、苏丹、东帝汶、多哥、图瓦卢、乌干达、坦桑尼亚联合共和国、瓦努阿图、也门和赞比亚。

④内陆发展中国家包括：阿富汗、亚美尼亚、阿塞拜疆、不丹、玻利维亚、博茨瓦纳、布基纳法索、布隆迪、中非共和国、乍得、埃塞俄比亚、哈萨克斯坦、吉尔吉斯斯坦、老挝人民民主共和国、莱索托、马其顿、马拉维、马里、摩尔多瓦、蒙古、尼泊尔、尼日尔、巴拉圭、卢旺达、斯威士兰、塔吉克斯坦共和国、土库曼斯坦、乌干达、乌兹别克共和国和南斯拉夫、赞比亚和津巴布韦。

⑤小岛屿发展中国家包括：安提瓜和巴布达、巴哈马、巴巴多斯、佛得角、科摩罗、多米尼加、斐济、格林纳达、牙买加、基里巴斯、马尔代夫、马绍尔群岛、毛里求斯、密克罗尼西亚、瑙鲁、帕劳、巴布亚新几内亚、圣基茨和尼维斯、圣卢西亚、圣文森特和格林纳丁斯、萨摩亚、圣多美与普林西比、塞舌尔、所罗门群岛、东帝汶联邦、汤加、特立尼达和多巴哥、图瓦卢和瓦努阿图。

资料来源：联合国贸发会议，外国直接投资/跨国公司数据库（www.unctad.org/fdistatistics）。

附表 1.2　1990 年、2000 年和 2010 年世界各地区和经济体的 FDI 存量（百万美元）

地区/经济体	内向 FDI 存量			外向 FDI 存量		
	1990 年	2000 年	2010 年	1990 年	2000 年	2010 年
世界	2081299	7445637	19140603	2094169	7962170	20408257
发达经济体	1563969	5653192	12501569	1948644	7083477	16803536
欧洲	808896	2440473	7614844	887519	3759713	10023881
欧盟	761851	2322264	6890387	810472	3492863	8933485
奥地利	10972	31165	154999	4747	24821	169697
比利时和卢森堡	58388	195219	—	40636	179773	—
比利时	—	—	670013	—	—	736725
保加利亚	112	2704	47971	124	34	1486
塞浦路斯	—①, ②	2846	29530	8	557	20600
捷克	1363	21644	129893	—	738	15523
丹麦	9192	73574	139205①	7342	73100	194948①
爱沙尼亚	—	2645	16438	—	259	5779
芬兰	5132	24273	82706	11227	52109	130617
法国	97814	390953	1008378	112441	925925	1523046
德国	111231	271613	674217①	151581	541866	1421332①
希腊	5681	14113	33559	2882	6094	37876
匈牙利	570	22870	91933	159	1280	20685
爱尔兰	37989	127089	247097	14942	27925	348737
意大利	59998	121170	337401	60184	180275	475598
拉脱维亚	—	2084	10838	—	23	833
立陶宛	—	2334	13449	—	29	2092
卢森堡	—	—	114691①	—	—	137575①
马耳他	465	2385	9866①	—	203	1528①
荷兰	68731	243733	589825	106900	305461	890222
波兰	109	34227	193141	95	1018	36839
葡萄牙	10571	32043	110241	900	19794	64253
罗马尼亚	0	6953	70012	66	136	1486
斯洛伐克	282	4762	50678	—	379	2830
斯洛文尼亚	1643	2893	15022	560	768	7603
西班牙	65916	156348	614473	15652	129194	660160
瑞典	12636	93995	348667	50720	123256	336086
英国	203905	438631	1086143	229307	897845	1689330
其他发达的欧洲国家	47045	118209	724457	77047	266850	1090396
直布罗陀	263①	642①	1903①	—	—	—
冰岛	147	497	11771	75	663	10504
挪威	12391	30265	171833①	10884	34026	170481①
瑞士	34245	86804	538950	66087	232161	909411
北美洲	652444	2995951	4012516	816569	2931653	5459459
加拿大	112843	212716	561111	84807	237639	616134
美国	539601	2783235	3451405	731762	2694014	4843325
其他发达国家	102629	216769	874209	244556	392111	1320196
澳大利亚	80364	118858	508123	37505	95979	402249
百慕大群岛	—	265①	3266①	—	108①	2932①

续表

地区/经济体	内向 FDI 存量			外向 FDI 存量		
	1990 年	2000 年	2010 年	1990 年	2000 年	2010 年
以色列	4476	22367	77810	1188	9091	66299
日本	9850	50322	214880	201441	278442	831074
新西兰	7938	24957	70129	4422	8491	17642
发展中经济体	517322	1731604	5951203	145525	857354	3131845
非洲	60675	154268	553972	20229	44224	122429
北非	23962	45728	206067	1836	3281	23562
阿尔及利亚	1561	3537	19498	183	249	1814
埃及	11043	19955	73095[①]	163	655	5447[①]
利比亚	678	451	19342[①]	1321	1942	13269[①]
摩洛哥	3011	8842	42023[①]	155	402	2745[①]
苏丹	55	1398	20743[①]	—	—	—
突尼斯	7615	11545	31367	15	33	286
其他非洲国家	36712	108540	347905	18393	40942	98867
西非	14013	33401	95396	2202	6699	6793
贝宁	—[①, ②]	213	849	2	11	63[①]
布基纳法索	39[①]	28[①]	905[①]	4[①]	0[①]	11[①]
佛得角	4[①]	192[①]	1140	—	—	1
科特迪瓦	975[①]	2483	6641[①]	6	9	23[①]
冈比亚	157[①]	216[①]	675[①]	—	—	—
加纳	319[①]	1605[①]	9098[①]	—	—	—
几内亚	69[①]	263[①]	1917[①]	—	7[①]	139[①]
几内亚比绍	8[①]	38[①]	190[①]	—	—	3[①]
利比里亚	2732[①]	3247[①]	4888[①]	846[①]	2255[①]	960[①]
马里	229[①]	132[①]	1234[①]	22[①]	22[①]	62[①]
毛里塔尼亚	59[①]	146[①]	2155[①]	3[①]	4[①]	27[①]
尼日尔	286[①]	45[①]	2310[①]	54[①]	117[①]	171[①]
尼日利亚	8539[①]	23786[①]	60327[①]	1219[①]	4144[①]	5041[①]
塞内加尔	258[①]	295[①]	1615[①]	47[①]	117[①]	364[①]
塞拉利昂	243[①]	284[①]	495[①]	—	—	—
多哥	268[①]	427[①]	955[①]	—	13[①]	—[①, ②]
中非	3808	5733	38835	372	648	1039
布隆迪	30[①]	47[①]	86[①]	0[①]	2[①]	2[①]
喀麦隆	1044[①]	1600[①]	4828[①]	150[①]	254[①]	245[①]
中非共和国	95[①]	104[①]	369[①]	18[①]	43[①]	43[①]
乍得	250[①]	576[①]	4168[①]	37[①]	70[①]	70[①]
刚果	575[①]	1889[①]	15983[①]	—	—	—
刚果民主共和国	546[①]	617	3994	—	—	—
赤道几内亚	25[①]	1060[①]	7374[①]	0[①]	—[①, ②]	3[①]
加蓬	1208[①]	—[①, ②]	1438[①]	167[①]	280[①]	663[①]
卢旺达	33[①]	55	435	—	—	13
圣多美和普林西	0[①]	11[①]	163[①]	—	—	—
东非	1701	7199	30913	165	387	1063
科摩罗	17[①]	21[①]	58[①]	—	—	—

续表

地区/经济体	内向 FDI 存量			外向 FDI 存量		
	1990 年	2000 年	2010 年	1990 年	2000 年	2010 年
吉布提	13[1]	40	878	—	—	—
厄立特里亚	—[1]	337[1]	438[1]	—	—	—
埃塞俄比亚	124[1]	941[1]	4102[1]	—	—	—
肯尼亚	668[1]	931[1]	2262[1]	99[1]	115[1]	306[1]
马达加斯加岛	107[1]	141	4452	1[1]	10[1]	6[1]
毛里求斯	168[1]	683[1]	2319[1]	1[1]	132[1]	504[1]
塞舌尔	213[1]	515	2017	64[1]	130	247
索马里	—[1,2]	4[1]	566[1]	—	—	—
乌干达	6[1]	807	5853	—	—	—
坦桑尼亚	388	2778	7966	—	—	—
南部非洲	17191	62208	182762	15653	33208	89971
安哥拉	1024	7978	25028[1]	1	2	4672[1]
博茨瓦纳	1309	1827	1299	447	517	448
莱索托	83	330	1129[1]	0	2	2[1]
马拉维	228	358	961[1]	—	—[1,2]	24[1]
莫桑比克	25	1249	5489	2	1	3
纳米比亚	2047	1276	5290	80	45	57
南非	9207	43451	132396[1]	15004	32325	81127[1]
斯威士兰	336[1]	536[1]	902[1]	38[1]	87[1]	60[1]
赞比亚	2655[1]	3966[1]	8515[1]	—	—	3290[1]
津巴布韦	277[1]	1238[1]	1754[1]	80	234	288
拉丁美洲和加勒比地区	111377	502012	1722278	57645	204515	732781
南美洲和中美洲	103311	424209	1307203	56014	115170	406071
南美洲	74815	309055	899541	49346	96041	307495
阿根廷	9085	67601	86685	6057	21141	29841
玻利维亚	1026	5188	6869	7	29	21
巴西	37143	122250	472579	41044	51946	180949
智利	16107	45753	139538	154	11154	49838
哥伦比亚	3500	11157	82420	402	2989	22772
厄瓜多尔	1626	6337	11815	18[1]	247[1]	324[1]
福克兰群岛	0[1]	58[1]	75[1]	—	—	—
圭亚那	45[1]	756[1]	1754[1]	—	1[1]	2[1]
巴拉圭	418	1325	3105	134	214	238
秘鲁	1330	11062	41849	122	505	3319
乌拉圭	671	2088	14830	186	138	304
委内瑞拉	3865	35480	38022	1221	7676	19889
中美洲	28496	115154	407662	6668	19129	98576
伯利兹	89	301	1243	20	43	51
哥斯达黎加	1324	2709	13500	44	86	88
萨尔瓦多	212	1973	7760	56	104	7
危地马拉	1734	3420	6399	—	93	382
洪都拉斯	293	1392	25870	—	—	168
墨西哥	22424	97170	327249[1]	2672	8273	66152[1]

续表

地区/经济体	内向 FDI 存量			外向 FDI 存量		
	1990 年	2000 年	2010 年	1990 年	2000 年	2010 年
尼加拉瓜	145	1414	4698	—	22①	169①
巴拿马	2275	6775	20945	3876	10507①	31559①
加勒比地区	8066	77803	415074	1630	89345	326710
安圭拉岛	11①	231①	978①	—	—	—
安提瓜和巴布达岛	290①	619①	2401①	—	—	—
阿鲁巴岛	145	760	2284	—	374	366
巴哈马群岛	586①	2988①	9062①	—	—	—
巴巴多斯岛	171①	308①	1706①	23①	41①	98①
英属维尔京群岛	126①	32093①	212034①	875①	67132①	239252①
开曼群岛	1749①	25585①	133967①	648①	20788①	84478①
古巴	2①	74①	317①	—	—	—
多米尼亚	66①	275①	590①	—	—	—
多米尼亚共和国	572①	1673①	14731①	—	—	—
格林纳达	70①	348①	1268①	—	—	—
海地	149①	95①	603①	—	2①	2①
牙买加	790①	3317①	10829①	42①	709①	288①
蒙特赛拉特	40①	83①	118①	—	—	—
荷属安的列斯群岛③	408①	277①	1222①	21①	6①	106①
圣基茨和尼维斯	160①	487①	1560①	—	—	—
圣卢西亚	316①	807①	2110①	—	—	—
圣文森特和格林纳丁斯	48①	499①	1312①	—	—	—
特里尼达和多巴哥	2365①	7280①	17424①	21①	293①	2119①
特克斯和凯科斯群岛	2①	4①	557①	—	—	—
亚洲和大洋洲	345270	1075324	3674953	67651	608615	2276635
亚洲	342937	1072694	3662985	67600	608366	2276194
西亚	31194	60465	575214	8674	16564	161029
巴林	552	5906	15154	719	1752	7883
伊拉克	—①,②	—①,②	6487①	—	—	—
约旦	1368	3135	20406	158	44	483
科威特	37	608	6514	3662	1677	18676
黎巴嫩	53	4988	37040	43	586	7150
阿曼	1723①	2577①	15196	590①	611①	2228
巴勒斯坦地区	—	932①	1551①	—	809①	1644①
卡塔尔	63①	1912①	31428①	—	74①	25712①
沙特阿拉伯	15193	17577	170450	2328	5285	16960
叙利亚	154①	1244①	8715①	4①	107①	418①
土耳其	11150	19209	181901	1150	3668	23802
阿拉伯联合酋长国	751①	1069①	76175①	14①	1938①	55560①
也门	180①	1336①	4196①	5①	12①	513①
南亚、东亚和东南亚地区	311743	1012229	3087772	58927	591801	2115165
东亚	240645	716103	1888390	49032	504301	1586468
中国	20691①	193348	578818①	4455①	27768①	297600①
中国香港	201653①	455469	1097620	11920	388380	948494

续表

地区/经济体	内向 FDI 存量			外向 FDI 存量		
	1990 年	2000 年	2010 年	1990 年	2000 年	2010 年
朝鲜	572[①]	1044[①]	1475[①]	—	—	—
韩国	5186	43738	127047	2301	21497	138984
中国澳门	2809[①]	2801	14631[①]	—	—	—[①,②]
蒙古	0[①]	182[①]	4512[①]	—	—	191[①]
中国台湾	9735[①]	19521	64288	30356	66655	201228
南亚	6795	29834	260980	422	2949	97168
阿富汗	12[①]	17[①]	1625[①]	—	—	—
孟加拉国	477	2162	6072	45	69	100
不丹	2[①]	4[①]	160[①]	—	—	—
印度	1657	16339	197939	124	1733	92407
伊朗	2039[①]	2597[①]	27600[①]	—	572[①]	2555[①]
马尔代夫	25[①]	128[①]	876[①]	—	—	—
尼泊尔	12[①]	72[①]	205[①]	—	—	—
巴基斯坦	1892	6919	21494	245	489	1727
斯里兰卡	679	1596	5008	8	86	380
东南亚	64303	266291	938401	9472	84551	431529
文莱	33[①]	3867[①]	11225[①]	0[①]	512[①]	681[①]
柬埔寨	38	1580	5958	—	193	343
印度尼西亚	8732[①]	25060[①]	121527[①]	86	6940[①]	1703[①]
老挝	13[①]	588[①]	2088[①]	1	26	—[①,②]
马来西亚	10318	52747	101339	753	15878	96758
缅甸	281[①]	3211[①]	8273[①]	—	—	—
菲律宾	4528[①]	18156[①]	24893[①]	406[①]	2044[①]	6582[①]
新加坡	30468	110570	469871[①]	7808	56755	300010[①]
泰国	8242	29915	127257[①]	418	2203	25454[①]
东帝汶	—	—	342	—	—	—
越南	1650[①]	20596[①]	65628[①]	—	—	—
大洋洲	2333	2630	11967	51	249	441
库克群岛	14[①]	34[①]	41[①]	—	—	—
斐济	284[①]	356	2256[①]	25①	39	41[①]
法属波利尼西亚	69[①]	139[①]	342[①]	—	—	122[①]
基里巴斯	—[①]	–[①]	20[①]	—	—	4[①]
新喀里多尼亚	70[①]	67[①]	5354[①]	—	—	—
纽埃岛	—[①]	0[①]	7[①]	—	—	—
帕劳群岛	—[①]	97[①]	129[①]	—	—	—
巴布亚新几内亚	1582[①]	935[①]	1745[①]	26[①]	210[①]	225[①]
萨摩亚群岛	9	53	51[①]	—	—	1[①]
所罗门群岛	—[①]	106[①]	654	—	—	27
托克劳	—[①]	0[①]	1[①]	—	—	—
汤加	1[①]	15[①]	115[①]	—	—	—
图瓦卢	—[①]	—[①,②]	35[①]	—	—	—
瓦努阿图	—[①]	61[①]	450	—	—	21

续表

地区/经济体	内向 FDI 存量			外向 FDI 存量		
	1990 年	2000 年	2010 年	1990 年	2000 年	2010 年
东南欧和独联体	—	60841	687832	—	21339	472876
东南欧	—	5682	76414	—	840	8775
阿尔巴尼亚	—	247	4355①	—	—	145①
波斯尼亚和黑塞哥维尼亚	—	1083	7152①	—	—	82①
克罗地亚	—	2796	34374	—	824	4154
马其顿	—	1017	20584	—	—	3928
塞尔维亚	—	—	5456	—	—	375
黑山	—	540	4493①	—	16	91①
独联体	—	55159	611418	—	20499	464101
亚美尼亚	9①	513	4206①	—	0	85①
阿塞拜疆	—	3735	9593	—	1	5790
白俄罗斯	—	1306	9940	—	24	205
格鲁吉亚	—	784	7821	—	92	155
哈萨克斯坦	—	10078	81352	—	16	16176
吉尔吉斯斯坦	—	432	974	—	33	1
摩尔多瓦	—	449	2837	—	23	68
俄罗斯	—	32204	423150①	—	20141	433655①
塔吉克斯坦	—	136①	915①	—	—	—
土库曼斯坦	—	949①	8186①	—	—	—
乌克兰	—	3875	57985	—	170	7966
乌兹别克斯坦	—	698	4460①	—	—	—
备注						
最不发达国家（LDCs）④	11051	37437	151689	1089	2974	10865
内陆发展中国家（LLDCs）⑤	7471	35896	169599	844	1448	27144
小岛屿发展中国家（SIDS）⑥	7166	20102	60634	202	1555	3576

注：①估计数。

②负库存值。然而，这个值包含于在区域和全球总数中。

③这个经济体解散于 2010 年 10 月 10 日。

④最不发达国家包括：阿富汗、安哥拉、孟加拉国、贝宁、不丹、布基纳法索、布隆迪、柬埔寨、中非共和国、乍得、科摩罗、刚果民主共和国、吉布提、赤道几内亚、厄立特里亚、埃塞俄比亚、冈比亚、几内亚、几内亚比绍、海地、基里巴斯、老挝人民民主共和国、莱索托、利比里亚、马达加斯加、马拉维、马里、毛里塔尼亚、莫桑比克、缅甸、尼泊尔、尼日尔、卢旺达、萨摩亚、圣多美和普林西比和普林西比、塞内加尔、塞拉利昂、所罗门群岛、索马里、苏丹、东帝汶、多哥、图瓦卢、乌干达、坦桑尼亚联合共和国、瓦努阿图、也门和赞比亚。

⑤内陆发展中国家包括：阿富汗、亚美尼亚、阿塞拜疆、不丹、玻利维亚、博茨瓦纳、布基纳法索、布隆迪、中非共和国、乍得、埃塞俄比亚、哈萨克斯坦、吉尔吉斯斯坦、老挝人民民主共和国、莱索托、马其顿、马拉维、马里、摩尔多瓦、蒙古、尼泊尔、尼日尔、巴拉圭、卢旺达、斯威士兰、塔吉克斯坦、土库曼斯坦、乌干达、乌兹别克斯坦、赞比亚共和国、前南斯拉夫的和津巴布韦。

⑥小岛屿发展中国家包括：安提瓜、巴布达、巴哈马、巴巴多斯、佛得角、科摩罗、多米尼加、斐济、格林纳达、牙买加、基里巴斯、马尔代夫、马绍尔群岛、毛里求斯、密克罗尼西亚、瑙鲁、帕劳、巴布亚新几内亚、圣基茨、尼维斯、圣卢西亚、圣文森特、格林纳丁斯、萨摩亚、圣多美与普林西比、塞舌尔、所罗门群岛、东帝汶联邦、汤加、特立尼达、多巴哥、图瓦卢、瓦努阿图。

资料来源：联合国贸发会议，外国直接投资/跨国公司数据库（www.unctad.org/ fdistatistics）。

附表 1.3　2005~2011 年 5 月世界各地区/经济体的卖者/买者的跨国并购值（百万美元）

地区/经济体	销售净值①							购买净值②						
	2005 年	2006 年	2007 年	2008 年	2009 年	2010 年	2011 年 1~5 月	2005 年	2006 年	2007 年	2008 年	2009 年	2010 年	2011 年 1~5 月
世界	462253	625320	1022725	706543	249732	338839	224163	462253	625320	1022725	706543	249732	338839	224163
发达经济体	403731	527152	891896	581394	203530	251705	189614	359551	497324	841714	568041	160785	215654	135369
欧洲	316891	350740	559082	273301	133871	123354	56764	233937	300382	568988	358981	102709	33825	63981
欧盟	304740	333337	527718	251169	116226	113539	47314	210111	260680	537890	306734	89694	17328	48869
奥地利	1713	1145	9661	1327	1797	432	6584	3871	6985	4720	3049	3345	1653	1275
比利时	4277	1794	961	2491	12089	9406	799	4067	3640	8258	30146	-9638	-238	-176
保加利亚	2551	807	971	227	151	24	-234	—	—	5	7	2	9	—
塞浦路斯	24	294	1343	-909	52	684	400	52	1274	775	1725	1395	-12	-2560
捷克	6196	1154	107	5169	2669	-457	468	579	812	846	34	1608	-17	-552
丹麦	12093	11235	5761	6095	1651	1448	-1181	11921	2078	3226	2841	3198	-3519	-1066
爱沙尼亚	82	3	-57	110	28	3	92	16	179	—	4	-0	4	—
芬兰	2923	1321	8313	1153	508	324	-42	2720	2169	-1128	13179	653	391	1014
法国	25172	19423	28207	4590	724	3785	4162	58255	41030	78451	56806	41565	7157	-7468
德国	47501	41388	44091	31911	12790	10893	1668	4677	16427	58795	61340	24313	7138	1310
希腊	872	7309	723	6903	477	-1185	621	1159	5238	1495	2697	386	518	0
匈牙利	2470	2337	721	1559	1853	213	1707	415	1522	1	41	0	465	17
爱尔兰	725	2731	811	2892	1712	2127	674	3375	10176	6677	3693	-526	2505	-5247
意大利	40445	25760	23630	-2377	1109	6762	3018	23565	6887	55880	21358	17505	-5336	672
拉脱维亚	9	11	47	195	109	72	—	—	—	4	3	-30	40	—
立陶宛	61	97	35	98	20	462	-10	—	—	30	31	—	—	—
卢森堡	7989	35005	7339	-3570	444	2083	—	6847	15539	22631	8109	3382	2998	-21147
马耳他	12	517	-86	—	13	315	—	—	115	—	-25	—	235	—
荷兰	21326	25560	162770	-8156	17988	4002	2176	3140	51304	-3268	53668	-3273	14252	23065
波兰	1487	773	728	966	776	1042	2958	586	194	128	432	117	292	310
葡萄牙	1648	537	1715	-1279	504	2208	984	-1612	644	4023	1164	1236	-8885	2426
罗马尼亚	1851	5324	1926	993	314	148	11	—	—	—	4	7	24	—
斯洛伐克	117	194	50	136	13	—	—	493	-142	—	—	—	—	-18
斯洛文尼亚	148	15	57	418	—	332	—	47	29	74	320	251	-50	—
西班牙	21217	7951	51686	33708	32173	8669	5961	24162	71481	40893	-14654	-1278	1898	10954
瑞典	7892	15228	4563	18770	1098	1439	2711	11606	3199	32390	6108	9024	-128	-4668

续表

地区/经济体	销售净值①							购买净值②						
	2005 年	2006 年	2007 年	2008 年	2009 年	2010 年	2011 年 1~5 月	2005 年	2006 年	2007 年	2008 年	2009 年	2010 年	2011 年 1~5 月
英国	93940	125421	171646	147748	25164	58309	13788	50170	19900	222984	54653	–3546	–4068	50724
其他发达的欧洲国家	12150	17403	31363	22132	17645	9816	9451	23826	39702	31099	52247	13015	16496	15112
安道尔	–433	1174	—	—	—	—	—	—	—	—	—	—	—	136
法罗群岛	—	—	—	0	—	85	—	—	—	—	—	—	—	—
直布罗陀	4	—	50	212	—	—	—	13	404	116	1	253	—	1757
根西岛	—	—	31	17	260	427	—	667	1424	1144	556	4001	8425	2333
冰岛	12	39	–227	—	—	14	—	3714	2171	4664	737	–317	–221	–881
马恩岛	606	—	221	35	66	157	129	489	990	720	319	136	858	–325
新泽西州	32	254	816	251	414	52	—	–1561	96	814	–829	844	1234	81
列支敦士登	—	—	—	—	—	—	—	—	154	270	—	1	—	—
摩纳哥	—	—	437	—	—	—	—	–455	–13	—	—	100	100	0
挪威	4568	4289	7831	14997	1630	7171	6318	6994	9465	10641	6102	611	–4084	3016
瑞士	7361	11647	22206	6620	15275	1910	3004	13966	25010	12729	45362	7385	10184	8994
北美洲	79865	165591	265866	262698	51475	94737	136322	94088	138576	226646	114314	40477	118670	57873
加拿大	12464	37841	100888	35253	11389	14470	19516	8000	20848	46751	44141	16718	32328	14313
美国	67401	127750	164978	227445	40085	80267	116806	86088	117729	179895	70173	23760	86342	43560
其他发达国家	6975	10821	66948	45395	18185	33613	–3472	31525	58366	46080	94747	17598	63159	13515
澳大利亚	2070	10508	44222	33530	22206	26530	–5871	26602	31949	43439	18454	–2981	15323	3987
百慕大群岛	1613	1083	1424	850	820	–405	—	400	503	–40691	4507	3248	5330	–2045
以色列	1223	8061	684	1363	803	1024	406	403	9747	8408	11316	167	6453	835
日本	662	–11683	16538	9251	–5771	6675	1469	5012	16966	30346	56379	17440	31016	9506
新西兰	1407	2853	4081	401	126	–211	524	–892	–799	4578	4092	–275	5037	1232
发展中经济体	63801	89163	100381	104812	39077	82813	25473	68680	114922	144830	105849	73975	96947	25395
非洲	8685	11181	8076	21193	5140	7608	454	14494	15913	9891	8216	2702	3184	3316
北非	3351	6773	2182	16283	1475	1141	—	12892	5633	1401	4665	1004	1470	—
阿尔及利亚	—	18	—	82	—	—	—	—	—	–47	—	—	—	—
埃及	1478	2976	1713	15895	993	195	—	12892	5633	1448	4613	76	1091	—
利比亚	—	1	200	307	145	91	—	—	—	—	51	601	377	—
摩洛哥	1438	133	269	–125	333	846	—	—	—	—	—	324	—	—
苏丹	390	1332	—	—	—	—	—	—	—	—	—	—	—	—

续表

地区/经济体	销售净值①							购买净值②						
	2005 年	2006 年	2007 年	2008 年	2009 年	2010 年	2011 年 1~5 月	2005 年	2006 年	2007 年	2008 年	2009 年	2010 年	2011 年 1~5 月
突尼斯	46	2313	—	122	4	9	—	—	—	—	—	3	2	—
其他非洲国家	5334	4408	5894	4910	3665	6467	454	1603	10279	8490	3551	1697	1714	3316
安哥拉	175	1	—	-475	-471	1300	—	—	—	-60	—	—	—	—
博茨瓦纳	—	57	1	—	50	—	14	88	—	—	3	—	—	—
布基纳法索	—	289	—	20	—	—	—	—	—	—	—	—	—	—
喀麦隆	—	—	—	1	—	—	0.2	—	—	—	—	—	—	—
佛得角	—	—	—	4	—	—	—	—	—	—	—	—	—	—
刚果	13	20	—	435	—	—	—	—	—	—	—	—	—	—
刚果民主共和国	—	—	—	—	5	175	—	—	—	-45	—	—	—	—
赤道几内亚	—	—	—	-2200	—	—	—	—	—	—	—	—	—	—
厄立特里亚	—	—	—	—	—	12	—	—	—	—	—	—	—	—
埃塞俄比亚	—	—	—	—	—	—	-18	—	—	—	—	—	—	—
加蓬	—	—	82	—	—	—	—	—	—	-16	—	—	—	—
加纳	—	3	122	900	—	—	—	—	—	—	—	—	1	—
几内亚	0.1	2	—	—	—	—	—	—	—	—	—	—	1	—
肯尼亚	32	2	396	—	—	—	18	12	—	—	18	—	—	—
利比亚	—	—	—	—	—	587	—	—	—	—	—	—	—	—
马达加斯加岛	—	1	—	—	—	—	—	—	—	—	—	—	—	—
马拉维	—	—	5	—	0.5	0.1	—	—	—	—	—	—	—	—
马里	—	1	—	—	—	—	—	—	—	—	—	—	—	—
毛里塔尼亚	—	—	375	—	—	—	—	—	—	—	—	—	—	—
毛里求斯	-25	268	—	26	27	203	1	-265	232	89	206	191	-50	—
莫桑比克	—	34	2	—	—	35	21	—	—	—	—	—	—	—
纳米比亚	7	181	2	15	59	8	40	—	—	—	—	—	—	—
尼日利亚	25	4883	490	-597	-241	296	119	—	—	—	418	—	—	—
卢旺达	—	—	—	6	—	—	—	—	—	—	—	—	—	—
塞内加尔	—	—	—	—	—	-457	—	22	—	—	—	—	—	—
塞舌尔	—	—	89	49	—	19	—	115	—	0	66	—	11	0
塞拉利昂	—	—	31	40	—	13	—	—	—	—	—	—	—	—
南部非洲	5092	-1336	4301	6676	4215	3943	232	1604	10046	8541	2817	1491	1488	3316

续表

地区/经济体	销售净值①							购买净值②						
	2005 年	2006 年	2007 年	2008 年	2009 年	2010 年	2011 年 1~5 月	2005 年	2006 年	2007 年	2008 年	2009 年	2010 年	2011 年 1~5 月
斯威士兰	—	—	—	—	—	—	—	—	—	—	—	—	6	—
多哥	—	—	—	—	—	—	—	—	—	—	20	—	—	—
乌干达	—	—	—	1	—	—	—	—	—	—	—	—	257	—
塔桑尼亚	—	—	—	—	2	60	—	—	—	—	—	—	—	—
赞比亚	8	4	—	1	11	272	—	29	—	25	—	16	2	—
津巴布韦	7	—	—	7	6	—	27	0	1	-44	1	—	—	—
拉丁美洲和加勒比地区	14563	12768	20648	15452	-4358	29481	9024	10013	28064	40195	2466	3740	15710	5979
南美洲	8427	4503	13697	8121	-5342	18026	8240	2513	19923	13152	4765	3104	11686	2592
阿根廷	358	344	877	-3283	111	3457	-1079	-173	160	569	274	-77	92	200
玻利维亚	—	-39	-77	24	—	0	—	—	—	—	—	—	—	—
巴西	2993	2637	6539	7568	-1369	8874	11006	2505	18629	10785	5243	2501	7757	3384
智利	-779	447	1480	3234	829	1642	-131	-80	431	466	-88	55	544	244
哥伦比亚	5775	1319	4303	-57	-1633	-1594	-2029	258	697	1384	16	211	3210	315
厄瓜多尔	—	21	29	0	6	356	72	—	—	—	0	—	—	2
圭亚那	—	—	3	1	1	—	3	—	—	—	—	—	—	—
巴拉圭	—	—	10	4	-60	-1	—	—	—	—	—	—	—	—
秘鲁	55	53	1135	293	38	684	329	3	6	195	679	416	77	34
乌拉圭	0	164	157	8	3	448	70	—	—	—	—	—	7	13
委内瑞拉	26	-443	-760	329	-3268	4158	—	—	—	-248	-1358	-2	—	-1600
中美洲	3903	2898	4889	2899	153	8854	166	3140	3699	17452	-1053	3434	3324	3899
伯利兹	—	—	—	0.4	—	1	—	—	4	-43	—	2	—	—
哥斯达黎加	59	294	-34	405	—	5	—	—	97	642	—	—	—	—
萨尔瓦多	441	173	835	—	30	43	103	15	370	—	—	—	—	—
危地马拉	10	-2	5	145	—	650	—	1	317	140	—	—	—	—
洪都拉斯	—	—	140	—	—	1	—	—	—	—	—	—	—	—
墨西哥	2899	874	3717	2304	104	7990	9	3036	2750	18226	-463	3247	3306	3453
尼加拉瓜	—	2	—	—	-1	—	4	—	—	—	—	—	—	—
巴拿马	493	1557	226	44	20	164	50	88	160	-1512	-591	185	17	446
加勒比地区	2232	5367	2061	4432	832	2601	619	4359	4442	9592	-1245	-2799	701	-512
安圭拉岛	—	—	—	—	—	—	—	71	-1	—	30	—	-10	—

续表

地区/经济体	销售净值①							购买净值②						
	2005年	2006年	2007年	2008年	2009年	2010年	2011年1~5月	2005年	2006年	2007年	2008年	2009年	2010年	2011年1~5月
安提瓜和巴布达岛	160	85	1	—	—	—	—	—	—	—	—	—	—	—
阿鲁巴岛	1	468	—	—	—	—	—	—	—	—	—	—	—	—
巴哈马群岛	—	3027	—	41	—	82	212	-146	-411	2693	537	11	112	—
巴巴多斯岛	—	999	1	207	—	413	—	166	—	3	3	—	—	—
英属维尔京群岛	524	19	559	980	242	432	275	2086	2900	5017	-1635	-1579	-700	2264
开曼群岛	449	49	—	969	—	84	92	1800	1563	2047	2079	-1237	759	-3929
多米尼亚共和国	—	427	42	—	0.4	1	39	—	—	93	-25	—	31	—
海地	—	—	—	—	1	59	—	—	—	—	—	—	—	—
牙买加	-0.2	67	595	—	—	—	—	1	158	3	13	28	1	—
荷属安的列斯群岛③	43	10	—	—	2	19	—	-20	350	—	—	-30	-156	3
波多黎各	1085	216	862	—	587	1037	1	512	-216	-261	-2454	13	665	—
圣基茨和尼维斯	—	—	—	—	—	—	—	—	—	—	—	—	-0.3	—
特里尼达和多巴哥	-30	—	—	2236	—	—	—	-129	97	-2	207	-10	—	—
美属维尔京群岛	—	—	—	—	—	473	—	21	—	—	—	4	—	1150
亚洲	40537	65250	71423	68909	38291	36706	15991	44023	70792	94469	94398	67310	77962	16100
西亚	13358	22431	22602	16287	3543	4617	3969	19983	35350	40103	22099	26843	-15560	-2487
巴林	85	-410	190	178	—	452	—	4514	4275	1002	4497	323	-3319	-1810
伊拉克	—	—	—	34	—	—	—	—	—	33	—	—	—	—
约旦	89	750	440	773	108	-103	—	—	4	45	322	—	-34	—
科威特	—	13	3963	496	-55	473	3	725	1345	1416	2147	124	-10810	1097
黎巴嫩	236	5948	-153	108	—	642	—	103	716	210	-233	283	0.3	142
阿曼	116	1	621	10	—	386	—	6	5	79	601	893	-529	172
卡塔尔	—	—	—	124	298	13	—	352	127	5160	6029	10266	865	-1200
沙特阿拉伯	—	21	125	102	42	264	216	6603	5405	15780	1442	121	422	-129
叙利亚	—	—	—	—	—	41	—	—	—	—	—	—	—	—
土耳其	12771	15340	16415	13238	2849	2053	3574	199	356	767	1313	—	2	538
阿拉伯联合酋长国	61	53	856	1225	300	376	176	7481	23117	15611	5983	14831	-2157	-1297
也门	—	716	144	—	—	20	—	—	—	—	—	—	—	—
南亚、东亚和东南亚地区	27179	42819	48822	52622	34748	32089	12002	24041	35441	54365	72298	40467	93521	18587
东亚	20998	25456	23390	17226	15741	16144	3097	12597	21163	-667	39888	35851	53089	-7070

续表

地区/经济体	销售净值①							购买净值②						
	2005年	2006年	2007年	2008年	2009年	2010年	2011年1~5月	2005年	2006年	2007年	2008年	2009年	2010年	2011年1~5月
中国	7207	11298	9332	5375	10898	5965	2825	3653	12090	-2282	37941	21490	29201	13476
中国香港	5449	9106	7102	8707	3028	12024	264	8195	8003	-7980	-1048	7461	14455	-1325
韩国	5165	-161	46	1194	1956	-2169	-64	194	1057	8646	3882	6951	9915	1863
中国澳门	67	413	133	593	-57	33	34	0	—	—	0	-580	52	—
蒙古	—	2	7	—	344	65	55	—	—	—	106	-24	—	—
中国台湾	3110	4798	6770	1356	-429	227	-17	554	14	949	-993	552	-533	316
南亚	738	7883	5371	12654	6094	5556	1170	1877	6745	29096	13488	291	26434	-2005
孟加拉国	—	330	4	—	9	10	—	—	—	—	—	—	1	—
伊朗	—	—	—	695	—	—	—	—	—	—	—	—	—	—
印度	526	4424	4405	10427	6049	5537	886	1877	6715	29083	13482	291	26421	74
马尔代夫	—	—	—	3	—	—	—	—	—	—	—	—	-3	—
尼泊尔	—	-15	—	13	—	—	—	—	—	—	—	—	—	—
巴基斯坦	207	3139	956	1147	—	0	247	—	30	—	—	—	15	—
斯里兰卡	5	4	6	370	36	9	36	—	—	12	6	—	—	—
东南亚	5443	9480	20061	22743	12913	10389	7755	9567	7533	25936	18922	4325	13998	-1167
文莱	—	0	0	—	3	—	—	—	112	—	—	10	—	—
柬埔寨	—	9	6	30	-336	5	—	—	—	—	—	—	—	0
印度尼西亚	6171	388	1706	2070	1332	1667	4496	290	-85	826	913	-2590	893	74
老挝	—	—	—	—	—	110	5	—	—	—	—	—	—	—
马来西亚	1141	2509	6976	2781	354	3441	734	1946	2664	3654	9751	3277	2306	858
缅甸	—	—	-1	—	0	—	—	—	-1010	—	—	—	—	—
菲律宾	-5180	-134	1165	2621	1291	30	661	1829	190	-2514	-174	-7	25	30
新加坡	3933	2908	7426	14240	9693	4578	1162	5706	5566	23916	6992	2762	7851	2139
泰国	-632	3771	2372	142	346	457	388	-203	88	54	1416	872	2864	1083
越南	10	29	412	859	230	101	308	—	8	—	25	—	59	—
大洋洲	16	-36	234	-742	4	9019	4	150	154	275	770	224	91	—
库克群岛	—	—	—	—	—	—	—	—	—	—	—	50	—	—
斐济	1	—	12	2	—	1	—	—	—	—	—	—	—	—
法属波利尼西亚	—	—	—	—	—	—	—	—	—	—	—	—	—	—
关岛	—	72	—	—	—	—	—	150	—	—	—	—	—	—

续表

地区/经济体	销售净值①							购买净值②						
	2005年	2006年	2007年	2008年	2009年	2010年	2011年1~5月	2005年	2006年	2007年	2008年	2009年	2010年	2011年1~5月
马绍尔群岛	—	—	45	—	—	—	—	—	—	—	—	0.3	—	—
瑙鲁	—	—	—	—	—	—	—	-3	—	—	—	172	—	—
新喀里多尼亚	—	-100	—	—	—	—	—	3	—	—	—	—	—	—
纽埃岛	6	—	—	—	—	—	—	—	—	—	—	—	—	—
巴布亚新几内亚	9	7	160	-758	0	9018	4	—	—	275	1051	—	-4	—
萨摩亚群岛	—	-18	3	13	—	—	—	—	64	—	-324	—	95	—
所罗门群岛	—	—	14	—	—	—	—	—	—	—	—	—	—	—
托克劳	—	—	—	—	—	—	—	—	—	—	43	—	—	—
瓦努阿图	—	3	—	—	4	—	—	—	—	—	—	—	—	—
东南欧和独联体	-5279	9005	30448	20337	7125	4321	9076	6188	2940	21729	20167	7432	9698	2352
东南欧	955	3942	2192	767	529	266	97	-654	-2092	1039	-4	-167	325	—
阿尔巴尼亚	7	41	164	3	146	—	—	—	—	—	—	—	—	—
波斯尼亚和黑塞哥维尼亚	21	79	1022	2	8	—	—	—	—	—	—	—	—	—
克罗地亚	360	2530	674	204	—	201	84	-125	3	—	2	8	325	—
黑山	—	7	0.1	—	362	—	—	—	—	4	—	—	—	—
塞尔维亚	—	582	280	501	10	19	13	—	-1898	860	-7	-174	—	—
塞尔维亚和黑山	549	419	—	—	3	—	—	—	—	—	—	—	—	—
马其顿	0	280	53	57	—	46	—	—	—	—	—	—	—	—
前南斯拉夫	17	5	—	—	—	—	—	-529	-198	175	—	—	—	—
独联体	-6234	5064	28256	19570	6596	4056	8979	6842	5032	20691	20171	7599	9373	2352
亚美尼亚	4	—	423	204	30	—	26	—	—	—	—	—	—	—
阿塞拜疆	—	—	—	2	—	0.2	—	—	—	—	519	—	—	—
白俄罗斯	4	—	2500	16	—	649	—	—	—	—	—	—	—	—
格鲁吉亚	232	115	53	104	14	30	—	—	—	—	—	—	0	-10
哈萨克斯坦	1474	-1751	727	-242	1322	101	137	430	1503	1833	2047	—	254	—
吉尔吉斯斯坦	155	—	179	—	—	44	—	—	—	—	—	—	—	—
摩尔多瓦	—	10	24	4	—	—	-9	—	—	—	—	—	—	—
俄罗斯	-14547	6319	22529	13507	5079	2907	7502	6029	3507	18598	16634	7599	9082	2346
塔吉克斯坦	12	—	5	—	—	—	—	—	—	—	—	—	—	—
土库曼斯坦	47	—	—	—	—	—	—	—	—	—	—	—	—	—

续表

地区/经济体	销售净值①							购买净值②						
	2005 年	2006 年	2007 年	2008 年	2009 年	2010 年	2010 年 1~5 月	2005 年	2006 年	2007 年	2008 年	2009 年	2010 年	2010 年 1~5 月
乌克兰	6386	261	1816	5933	147	322	1324	383	23	260	972	—	37	16
乌兹别克斯坦	—	110	—	42	4	1	—	—	—	—	—	—	—	—
未指定	—	—	—	—	—	—	—	24613	10134	11981	12486	7528	16192	61046
备注														
最不发达国家（LDCs）④	573	2688	584	–2552	–774	2201	8	51	–946	–80	–261	16	354	—
内陆发展中国家（LLDCs）⑤	1707	–1052	1357	144	1708	639	237	546	1504	1814	2676	–8	518	—
小岛屿发展中国家（SIDS）⑥	115	4438	920	1824	31	9735	217	–263	141	3061	1803	393	161	—

注：①被收购公司所在地区/经济体的销售净值。

②收购公司所在地区/经济体的购买净值。

③这个经济体解散于 2010 年 10 月 10 日。

④最不发达国家包括：阿富汗、安哥拉、孟加拉国、贝宁、不丹、布基纳法索、布隆迪、柬埔寨、中非共和国、乍得、科摩罗、刚果民主共和国、吉布提、赤道几内亚、厄立特里亚、埃塞俄比亚、冈比亚、几内亚、几内亚比绍、海地、基里巴斯、老挝人民民主共和国、莱索托、利比里亚、马达加斯加、马拉维、马里、毛里塔尼亚、莫桑比克、缅甸、尼泊尔、尼日尔、卢旺达、萨摩亚、圣多美和普林西比和普林西比、塞内加尔、塞拉利昂、所罗门群岛、索马里、苏丹、东帝汶、多哥、图瓦卢、乌干达、坦桑尼亚联合共和国、瓦努阿图、也门和赞比亚。

⑤内陆发展中国家包括：阿富汗、亚美尼亚、阿塞拜疆、不丹、玻利维亚、博茨瓦纳、布基纳法索、布隆迪、中非共和国、乍得、埃塞俄比亚、哈萨克斯坦、吉尔吉斯斯坦、老挝人民民主共和国、莱索托、马其顿、马拉维、马里、摩尔多瓦、蒙古、尼泊尔、尼日尔、巴拉圭、卢旺达、斯威士兰、塔吉克斯坦、土库曼斯坦、乌干达、乌兹别克斯坦、赞比亚共和国、南斯拉夫和津巴布韦。

⑥小岛屿发展中国家包括：安提瓜和巴布达、巴哈马、巴巴多斯、佛得角、科摩罗、多米尼加、斐济、格林纳达、牙买加、基里巴斯、马尔代夫、马绍尔群岛、毛里求斯、密克罗尼西亚、瑙鲁、帕劳、巴布亚新几内亚、圣基茨和尼维斯、圣卢西亚、圣文森特和格林纳丁斯、萨摩亚、圣多美与普林西比、塞舌尔、所罗门群岛、东帝汶联邦、汤加、特立尼达和多巴哥、图瓦卢和瓦努阿图。

⑦跨国并购的销售和购买以如下净值为计算基础：在东道国的跨国并购销售净值 = 东道国公司向外国跨国公司的出售额 – 外国子公司在东道国经济的出售额；母国的跨国并购购买净值 = 母国跨国公司境外公司的购买额 – 母国跨国公司境外公司的出售额。这些数据只包括涉及超过 10%的股权收购交易。

资料来源：联合国贸发会议跨国并购数据库（www.unctad.org / fdistatistics）。

附表 1.4 2005~2011 年 5 月世界各地区/经济体的卖者/买者的跨国并购数量（交易量）

地区/经济体	销售净值[①]							购买净值[②]						
	2005 年	2006 年	2007 年	2008 年	2009 年	2010 年	2011 年 1~5 月	2005 年	2006 年	2007 年	2008 年	2009 年	2010 年	2011 年 1~5 月
世界	5004	5747	7018	6425	4239	5405	2036	5004	5747	7018	6425	4239	5405	2036
发达经济体	3805	4326	5187	4603	2920	3638	1420	3741	4446	5443	4732	2666	3644	1484
欧洲	2271	2531	2955	2619	1476	1944	804	2109	2519	3117	2853	1522	1989	737
欧盟	2108	2354	2717	2419	1344	1780	718	1828	2216	2782	2548	1328	1723	662
奥地利	57	44	48	30	19	31	11	62	77	104	75	42	36	13
比利时	64	87	81	86	50	77	22	49	63	77	61	15	21	13
保加利亚	29	29	30	28	14	4	—	1	2	2	6	3	1	2
塞浦路斯	—	5	17	32	22	23	13	3	23	21	46	160	273	53
捷克	31	53	54	72	29	26	13	7	14	12	10	6	9	3
丹麦	90	90	89	75	39	85	22	112	85	82	102	43	43	9
爱沙尼亚	13	10	13	19	5	8	6	3	8	10	4	—	3	4
芬兰	53	68	91	52	25	37	18	56	66	66	109	32	58	26
法国	222	224	232	178	101	155	56	253	265	404	381	191	219	87
德国	374	426	434	337	169	185	108	226	229	264	286	196	147	82
希腊	9	11	9	13	15	–1	1	13	20	17	27	7	1	2
匈牙利	20	46	27	26	8	20	4	8	13	14	10	5	2	—
爱尔兰	42	49	76	62	41	36	13	48	94	128	82	32	33	17
意大利	118	111	140	150	85	113	55	52	59	121	119	45	55	15
拉脱维亚	14	10	17	14	4	15	4	1	1	4	–1	—	4	—
立陶宛	14	18	17	18	4	7	–1	3	2	2	7	2	4	1
卢森堡	11	12	20	10	10	12	4	26	39	42	53	34	33	17
马耳他	3	3	2	—	4	2	2	1	1	1	1	4	4	1
荷兰	126	88	163	116	74	107	54	91	146	173	221	104	165	53
波兰	44	49	55	43	48	62	20	15	8	30	28	3	21	5
葡萄牙	37	29	32	11	15	8	7	10	16	25	36	20	18	2
罗马尼亚	41	44	48	38	18	17	8	—	1	–1	7	3	6	—
斯洛伐克	13	12	15	14	6	7	1	2	2	1	7	2	5	—
斯洛文尼亚	5	7	8	6	2	3	—	6	7	6	4	4	5	–1
西班牙	81	148	162	193	147	150	54	82	109	156	106	50	54	13
瑞典	115	144	148	164	73	117	42	154	185	207	161	94	167	69

续表

地区/经济体	销售净值①							购买净值②						
	2005 年	2006 年	2007 年	2008 年	2009 年	2010 年	2011 年 1~5 月	2005 年	2006 年	2007 年	2008 年	2009 年	2010 年	2011 年 1~5 月
英国	482	537	689	632	317	474	181	544	681	814	600	231	336	176
其他发达的欧洲国家	163	177	238	200	132	164	86	281	303	335	305	194	266	75
安道尔	–1	1	—	—	—	—	—	—	1	—	1	1	2	2
法罗群岛	1	—	—	1	—	1	—	—	—	1	—	—	1	—
直布罗陀	2	1	2	1	–1	—	—	1	3	3	1	3	—	3
根西岛	—	2	6	3	6	6	—	5	14	21	20	11	32	—
冰岛	5	3	1	—	—	3	—	47	50	38	4	–11	–15	–2
马恩岛	7	4	3	4	3	4	1	11	14	25	5	3	14	–1
新泽西州	3	3	7	6	4	5	—	4	18	28	13	8	17	5
列支敦士登	—	2	1	—	—	1	—	—	1	1	1	3	—	—
摩纳哥	1	—	4	1	—	2	1	–1	–1	—	2	2	2	1
挪威	78	81	93	86	53	87	40	82	84	93	84	41	53	14
瑞士	67	80	121	98	66	55	44	131	119	125	174	133	160	53
北美洲	1200	1380	1717	1491	1013	1228	487	1234	1458	1667	1436	888	1301	578
加拿大	252	324	420	374	303	344	130	337	395	426	351	306	422	196
美国	948	1056	1297	1117	710	884	357	897	1063	1241	1085	582	879	382
其他发达国家	334	415	515	493	431	466	129	398	469	659	443	256	354	169
澳大利亚	180	229	252	306	283	305	87	209	246	363	153	58	107	52
百慕大群岛	6	8	7	8	5	8	—	11	8	28	31	9	2	8
以色列	25	35	31	30	16	22	6	38	49	59	42	22	34	11
日本	44	57	106	99	85	98	16	126	137	161	185	160	192	90
新西兰	79	86	119	50	42	33	20	14	28	48	32	7	19	8
发展中经济体	1062	1219	1552	1501	975	1290	501	765	839	1047	1011	746	1061	360
非洲	72	107	116	106	58	75	44	54	53	60	47	56	60	13
北非	21	25	20	23	15	14	4	6	16	11	8	14	13	1
阿尔及利亚	2	5	2	4	1	—	—	—	1	–1	—	—	1	—
埃及	11	14	9	11	3	9	3	4	14	8	6	5	8	1
利比亚	2	1	1	1	2	2	—	1	—	2	1	3	3	—
摩洛哥	–1	1	4	2	7	—	1	1	1	2	1	3	—	—
苏丹	3	2	1	1	—	—	—	—	—	—	—	—	—	—

续表

地区/经济体	销售净值①							购买净值②						
	2005年	2006年	2007年	2008年	2009年	2010年	2011年1~5月	2005年	2006年	2007年	2008年	2009年	2010年	2011年1~5月
突尼斯	4	2	3	4	2	3	—	—	—	—	—	3	1	—
其他非洲国家	51	82	96	83	43	61	40	48	37	49	39	42	47	12
安哥拉	1	2	1	—	—	1	—	—	—	-1	—	—	—	—
贝宁	—	—	—	—	—	—	1	—	—	—	—	—	—	—
博茨瓦纳	1	1	4	1	1	1	2	1	-1	—	3	1	1	—
布基纳法索	—	1	—	2	—	1	—	—	—	—	—	—	—	—
布隆迪	—	1	—	1	—	—	—	—	—	—	—	—	—	—
喀麦隆	1	1	—	2	—	-1	1	—	—	—	—	—	—	—
佛得角	1	—	—	1	—	—	—	—	—	—	—	—	—	—
刚果	1	4	—	1	1	1	—	—	—	—	—	—	—	—
刚果民主共和国	—	—	2	—	2	1	—	—	—	-2	—	—	—	—
赤道几内亚	—	—	—	-1	—	—	—	—	—	—	—	—	—	—
加蓬	—	1	3	2	—	—	—	—	—	-1	—	—	—	—
加纳	1	2	5	3	2	—	—	—	—	—	—	—	1	—
几内亚	1	1	—	—	—	—	—	—	—	—	—	—	—	—
肯尼亚	3	2	2	5	—	1	3	2	4	4	3	1	2	1
利比里亚	—	1	—	—	—	3	—	—	—	—	—	—	—	—
马达加斯加	—	3	—	1	—	—	—	—	—	—	—	—	—	—
马拉维	—	—	2	—	1	1	—	—	—	—	—	—	—	—
马里	—	2	1	—	—	—	—	—	—	—	—	—	—	—
毛里塔尼亚	—	—	1	—	—	—	—	—	—	—	—	—	—	—
毛里求斯	3	4	2	5	5	9	3	14	12	6	6	10	5	1
莫桑比克	—	5	2	—	—	4	2	—	—	—	—	—	-1	—
纳米比亚	2	2	7	2	3	1	1	—	—	—	—	1	—	—
尼日利亚	2	5	1	—	-2	2	4	2	-1	1	4	1	—	—
留尼汪	—	—	—	1	—	1	—	—	—	—	—	—	—	—
卢旺达	—	1	3	2	—	—	—	—	—	—	—	—	—	—
塞内加尔	1	—	1	1	—	-1	—	1	—	—	—	—	—	—
塞舌尔	—	—	2	1	—	1	—	3	—	2	-1	-1	3	2
塞拉利昂	—	—	1	3	—	1	—	—	—	—	—	—	—	—

续表

地区/经济体	销售净值①							购买净值②						
	2005 年	2006 年	2007 年	2008 年	2009 年	2010 年	2011 年 1~5 月	2005 年	2006 年	2007 年	2008 年	2009 年	2010 年	2011 年 1~5 月
南部非洲	24	34	41	37	22	27	23	26	22	38	22	29	33	7
斯威士兰	1	—	2	—	—	—	—	—	—	—	—	—	1	—
多哥	—	—	—	—	—	—	—	-1	—	—	2	—	—	—
乌干达	2	2	5	3	1	1	1	—	—	1	—	—	1	—
坦桑尼亚	—	4	2	2	3	1	—	—	—	—	—	—	—	—
赞比亚	3	3	—	5	2	4	—	1	1	1	—	1	1	—
津巴布韦	2	—	5	2	2	—	—	-1	2	—	—	—	—	—
拉丁美洲和加勒比地区	147	250	425	378	221	400	161	80	132	174	146	116	192	68
南美洲	77	135	265	266	130	250	116	24	39	67	63	37	92	39
阿根廷	5	40	43	44	11	41	20	—	3	-1	3	—	5	6
玻利维亚	1	—	2	2	—	-1	—	—	—	1	—	1	—	—
巴西	37	54	126	116	44	112	43	15	20	35	50	19	36	15
智利	9	14	20	31	29	21	11	3	7	13	1	3	23	5
哥伦比亚	13	13	26	30	22	36	19	3	4	16	2	8	14	6
厄瓜多尔	1	6	9	2	7	8	3	—	1	—	1	—	—	1
圭亚那	—	1	1	1	1	1	4	—	—	—	—	—	—	—
巴拉圭	—	—	2	5	-1	2	1	—	—	—	—	1	—	—
秘鲁	3	8	30	28	24	28	9	—	2	1	6	4	13	5
苏里南	—	—	1	—	—	—	1	—	—	—	—	—	—	—
乌拉圭	2	—	6	4	3	6	3	2	—	—	—	—	1	2
委内瑞拉	5	-1	-1	3	-10	-4	2	—	2	2	—	1	—	-1
中美洲	37	79	97	64	39	86	27	27	42	38	19	34	37	18
伯利兹	—	—	—	1	1	1	—	-2	1	-1	1	5	11	-1
哥斯达黎加	3	2	2	7	3	4	1	2	3	3	2	-1	—	2
萨尔瓦多	4	4	5	—	3	5	1	1	13	—	—	—	—	—
危地马拉	2	—	3	4	2	2	—	5	9	3	1	3	—	—
洪都拉斯	1	1	2	—	—	1	—	—	—	—	—	—	—	—
墨西哥	23	67	75	46	26	59	18	17	14	28	16	22	20	17
尼加拉瓜	1	2	1	—	-1	4	3	—	—	—	—	—	—	—
巴拿马	3	3	9	6	5	10	4	4	2	5	-1	5	6	—

续表

地区/经济体	销售净值①							购买净值②						
	2005年	2006年	2007年	2008年	2009年	2010年	2011年1~5月	2005年	2006年	2007年	2008年	2009年	2010年	2011年1~5月
加勒比地区	33	36	63	48	52	64	18	29	51	69	64	45	63	11
安圭拉岛	—	—	—	—	—	—	—	2	—	—	1	—	-1	—
安提瓜和巴布达岛	6	1	1	—	—	—	—	1	2	—	2	-1	—	—
阿鲁巴岛	1	3	—	—	—	—	—	—	—	—	—	—	—	—
巴哈马群岛	1	—	2	4	1	4	2	1	1	1	4	2	—	—
巴巴多斯岛	—	1	2	—	—	2	—	6	3	9	4	1	-1	-1
英属维尔京群岛	10	8	20	25	39	42	11	3	9	19	20	21	39	10
开曼群岛	4	4	5	12	3	3	3	5	19	35	37	17	14	-2
古巴	—	—	—	—	—	—	—	—	—	—	—	1	—	—
多米尼亚	—	2	6	1	3	2	1	—	1	1	-1	—	5	—
海地	—	2	—	—	1	2	—	—	—	—	—	—	—	—
牙买加	1	3	13	1	—	—	—	3	6	4	—	6	1	—
荷属安的列斯群岛③	5	5	1	—	3	2	—	—	3	—	—	-1	2	4
波多黎各	4	6	9	1	—	5	1	7	5	—	-4	—	6	-1
圣基茨和尼维斯	—	—	—	—	—	—	—	—	—	—	—	—	-1	—
圣卢西亚	1	—	1	—	—	—	—	—	—	—	—	—	—	—
特里尼达和多巴哥	1	1	1	2	2	—	—	1	—	-1	1	-3	-2	-1
美属维尔京群岛	-1	—	1	—	—	2	—	1	1	—	—	2	—	2
亚洲	832	854	999	1011	693	808	295	630	649	809	813	565	808	278
西亚	57	86	116	138	77	101	37	66	91	129	166	73	60	30
巴林	3	2	6	9	3	3	—	8	14	15	28	3	9	2
伊拉克	4	—	—	2	2	—	1	—	—	1	—	—	—	—
约旦	4	9	4	8	12	4	3	3	4	3	2	1	-1	—
科威特	—	1	4	14	2	13	2	11	6	19	23	7	6	7
黎巴嫩	3	2	-1	2	—	3	—	2	2	3	1	5	6	3
阿曼	1	2	9	2	2	2	1	1	4	2	7	5	7	1
卡塔尔	—	—	2	2	2	—	—	4	1	8	19	9	6	-1
沙特阿拉伯	1	5	10	12	8	11	5	8	14	10	13	3	8	2
叙利亚	—	—	—	—	2	2	—	—	—	—	—	—	—	—
土耳其	29	51	63	60	31	44	12	7	4	12	5	4	3	5

续表

地区/经济体	销售净值①							购买净值②						
	2005年	2006年	2007年	2008年	2009年	2010年	2011年1~5月	2005年	2006年	2007年	2008年	2009年	2010年	2011年1~5月
阿拉伯联合酋长国	12	13	18	27	13	18	13	22	42	56	68	36	15	11
也门	—	1	1	—	—	1	—	—	—	—	—	—	1	—
南亚、东亚和东南亚地区	775	768	883	873	616	707	258	564	558	680	647	492	748	248
东亚	408	396	430	403	279	325	98	190	190	226	252	266	345	-49
中国	217	224	232	236	142	146	52	45	38	61	69	97	148	47
中国香港	138	119	144	93	67	105	22	117	118	116	110	88	117	45
朝鲜	—	1	—	—	—	—	—	—	—	—	—	—	—	—
韩国	25	17	19	37	59	45	12	17	30	39	50	57	55	25
中国澳门	7	6	5	—	—	1	1	1	1	—	1	-1	2	—
蒙古	1	1	3	2	5	8	6	—	—	—	1	—	—	—
中国台湾	20	28	27	35	6	20	5	10	3	10	21	25	23	11
南亚	101	139	159	158	112	122	46	99	137	176	166	57	142	-15
孟加拉国	1	1	1	1	1	2	—	—	—	—	—	—	3	—
伊朗	—	—	—	3	—	—	—	—	—	—	—	—	—	—
印度	94	130	147	136	104	115	39	98	134	175	163	56	139	44
马尔代夫	1	—	—	2	—	1	—	—	—	—	—	—	-1	—
尼泊尔	—	-1	—	1	—	—	1	—	—	—	—	—	—	—
巴基斯坦	5	7	7	10	-1	-1	3	—	1	—	1	1	—	—
斯里兰卡	—	2	4	5	8	5	3	—	2	2	2	—	1	—
东南亚	266	233	294	312	225	260	114	275	231	278	229	169	261	-49
文莱	—	5	2	—	2	2	—	—	1	—	—	2	1	—
柬埔寨	2	3	3	1	2	1	1	—	—	—	—	—	—	1
印度尼西亚	30	24	40	54	35	60	29	5	1	5	11	9	13	7
马来西亚	92	67	91	80	75	59	19	120	117	123	113	63	86	16
缅甸	—	—	-1	—	-1	—	—	—	-1	—	—	—	—	—
菲律宾	13	5	11	18	3	12	7	8	2	10	9	4	4	2
新加坡	96	91	103	89	62	76	36	134	100	129	78	74	134	40
泰国	29	36	31	41	12	18	7	10	9	11	17	16	21	10
越南	2	2	14	30	35	31	14	-2	2	—	1	1	3	—
大洋洲	11	8	12	6	3	7	1	1	5	4	5	9	1	1
美属萨摩亚	—	—	—	—	—	1	—	—	—	—	—	—	—	—

续表

地区/经济体	销售净值①							购买净值②						
	2005 年	2006 年	2007 年	2008 年	2009 年	2010 年	2011 年 1~5 月	2005 年	2006 年	2007 年	2008 年	2009 年	2010 年	2011 年 1~5 月
库克群岛	—	—	—	—	—	—	—	—	—	—	—	2	—	—
斐济	3	1	1	3	—	1	—	—	—	-1	1	—	—	—
法属波利尼西亚	—	1	1	—	-1	—	—	—	2	1	—	2	—	—
关岛	—	2	—	—	—	—	—	1	—	—	—	—	—	—
马绍尔群岛	—	—	1	—	1	1	—	—	—	1	—	3	—	—
新喀里多尼亚	1	-1	—	—	—	—	—	1	1	—	—	—	1	—
北马利亚纳群岛	1	—	1	—	—	1	—	—	—	—	—	—	—	—
巴布亚新几内亚	4	3	3	1	1	3	1	—	—	2	2	1	-1	—
萨摩亚群岛	—	1	3	1	1	—	—	—	1	—	1	—	1	1
所罗门群岛	—	—	1	—	—	—	—	—	—	—	—	—	—	—
汤加	—	—	1	1	—	—	—	—	—	—	—	—	—	—
图瓦卢	—	—	—	—	—	—	—	—	—	—	1	—	—	—
瓦努阿图	—	1	—	—	1	—	—	—	—	—	—	—	—	—
东南欧和独联体	137	202	279	321	343	477	115	51	62	102	123	70	83	31
东南欧	30	39	73	46	17	18	10	-9	-2	9	4	—	3	—
阿尔巴尼亚	1	1	4	6	2	—	—	—	—	—	—	—	—	—
波斯尼亚和黑塞哥维尼亚	6	9	8	4	2	1	—	—	—	—	1	—	1	—
克罗地亚	7	8	18	12	2	11	5	1	2	6	3	1	1	1
黑山	—	1	2	—	3	1	—	—	—	1	—	—	—	—
塞尔维亚	—	4	21	20	7	4	4	—	4	2	—	-11	-1	—
塞尔维亚和黑山	14	10	—	2	1	—	—	—	—	—	—	—	—	—
马其顿	1	5	20	2	—	1	1	—	—	—	—	—	—	—
前南斯拉夫	1	1	—	—	—	—	—	-10	—	—	-8	—	—	—
独联体	107	163	206	275	326	459	105	60	64	93	119	70	80	31
亚美尼亚	3	2	5	4	3	—	3	—	—	—	—	—	—	—
阿塞拜疆	—	—	1	3	2	3	—	—	—	—	—	1	—	—
白俄罗斯	1	1	7	4	—	10	3	—	1	1	—	—	1	—
格鲁吉亚	5	7	9	4	-1	3	—	—	—	1	—	—	-1	—
哈萨克斯坦	6	2	9	6	12	12	2	9	4	11	6	-1	1	—
吉尔吉斯斯坦	3	2	5	—	1	3	2	—	—	—	—	—	—	—
摩尔多瓦	1	5	2	6	—	—	2	—	—	—	1	—	—	—

续表

地区/经济体	销售净值[①]							购买净值[②]						
	2005年	2006年	2007年	2008年	2009年	2010年	2011年1~5月	2005年	2006年	2007年	2008年	2009年	2010年	2011年1~5月
俄罗斯	66	101	118	181	185	343	73	45	54	70	108	65	75	27
塔吉克斯坦	1	—	3	—	—	—	—	—	—	—	—	—	—	—
土库曼斯坦	2	—	1	—	—	—	—	—	—	—	—	—	—	—
乌克兰	19	37	43	63	122	84	20	6	4	10	4	5	4	4
乌兹别克斯坦	—	6	3	4	2	1	—	—	1	—	—	—	—	—
未指定	—	—	—	—	1	—	—	444	399	425	554	752	608	160
备注														
最不发达国家（LDCs）[④]	17	36	31	23	14	25	6	2	—	-2	4	—	5	—
内陆发展中国家（LLDCs）[⑤]	30	33	79	50	31	38	21	11	7	13	11	3	4	—
小岛屿发展中国家（SIDS）[⑥]	22	16	34	22	12	22	6	27	25	23	21	19	4	-2

注：①被收购公司所在地区/经济体的销售净值。

②收购公司所在地区/经济体的购买净值。

③ 这个经济体解散于 2010 年 10 月 10 日。

④ 最不发达国家包括：阿富汗、安哥拉、孟加拉国、贝宁、不丹、布基纳法索、布隆迪、柬埔寨、中非共和国、乍得、科摩罗、刚果民主共和国、吉布提、赤道几内亚、厄立特里亚、埃塞俄比亚、冈比亚、几内亚、几内亚比绍、海地、基里巴斯、老挝人民民主共和国、莱索托、利比里亚、马达加斯加、马拉维、马里、毛里塔尼亚、莫桑比克、缅甸、尼泊尔、尼日尔、卢旺达、萨摩亚、圣多美和普林西比和普林西比、塞内加尔、塞拉利昂、所罗门群岛、索马里、苏丹、东帝汶、多哥、图瓦卢、乌干达、坦桑尼亚联合共和国、瓦努阿图、也门和赞比亚。

⑤ 内陆发展中国家包括：阿富汗、亚美尼亚、阿塞拜疆、不丹、玻利维亚、博茨瓦纳、布基纳法索、布隆迪、中非共和国、乍得、埃塞俄比亚、哈萨克斯坦、吉尔吉斯斯坦、老挝人民民主共和国、莱索托、马其顿、马拉维、马里、摩尔多瓦、蒙古、尼泊尔、尼日尔、巴拉圭、卢旺达、斯威士兰、塔吉克斯坦、土库曼斯坦、乌干达、乌兹别克斯坦、赞比亚共和国、南斯拉夫和津巴布韦。

⑥小岛屿发展中国家包括：安提瓜和巴布达、巴哈马、巴巴多斯、佛得角、科摩罗、多米尼加、斐济、格林纳达、牙买加、基里巴斯、马尔代夫、马绍尔群岛、毛里求斯、密克罗尼西亚、瑙鲁、帕劳、巴布亚新几内亚、圣基茨和尼维斯、圣卢西亚、圣文森特和格林纳丁斯、萨摩亚、圣多美与普林西比、塞舌尔、所罗门群岛、东帝汶联邦、汤加、特立尼达和多巴哥、图瓦卢和瓦努阿图。

⑦跨国并购的销售和购买以如下净值为计算基础：在东道国的跨国并购销售净值 = 东道国公司向外国跨国公司的出售额 – 外国子公司在东道国经济的出售额；母国的跨国并购购买净值 = 母国跨国公司境外公司的购买额 – 母国跨国公司境外公司的出售额。这些数据只包括涉及超过 10%的股权收购交易。

资料来源：联合国贸发会议，跨国并购数据库（www.unctad.org/fdistatistics）。

附表 1.5　2005~2011 年 5 月部门/行业的跨国并购值（百万美元）

部门/行业	销售净值①							购买净值②						
	2005 年	2006 年	2007 年	2008 年	2009 年	2010 年	2011 年 1~5 月	2005 年	2006 年	2007 年	2008 年	2009 年	2010 年	2011 年 1~5 月
总计	462253	625320	1022725	706543	249732	338839	224163	462253	625320	1022725	706543	249732	338839	224163
初级部门	17145	43093	74013	90201	48092	73461	45096	2816	32650	95021	53131	29097	52971	38525
农业、狩猎、林业、渔业	7499	−152	2422	2898	1033	5441	1813	85	2856	887	4240	1476	675	183
采矿、采石、石油	9647	43245	71591	87303	47059	68019	43283	2731	29794	94134	48891	27622	52296	38342
制造业	147527	212998	336584	326114	76080	129183	62688	118804	163847	218661	244667	37632	119862	79220
食品、饮料和烟草	37047	6736	49950	131855	9636	39125	5393	17763	3124	36280	54667	−804	35011	7710
纺织品、服装和皮革	1818	1799	8494	2112	410	962	356	3266	809	−1220	−189	537	4320	458
木材和木材产品	333	1922	5568	3166	821	−462	291	−524	1660	4728	−251	536	8112	220
出版及印刷	4933	24386	5543	4658	66	4977	87	3882	7783	843	8228	−130	570	769
焦炭、石油和核燃料	−77	2005	2663	3086	2214	2584	−605	820	5429	7691	−3244	−1096	−5477	255
化学品及化学产品	31709	48035	116736	73563	32559	32243	35781	29069	35192	89397	71293	28861	43080	37869
橡胶和塑料制品	2639	6577	7281	1200	15	5987	322	684	5409	658	−235	−197	183	388
非金属矿物制品	11281	6166	37800	28944	118	3151	−115	17534	6370	16613	23053	−260	4352	161
金属和金属制品	20371	46312	69740	14215	−2953	1938	3302	15255	47613	44241	20695	1433	2773	2604
机械及设备	1467	17664	20108	15060	2431	7922	3360	6421	14890	−37504	7868	2635	5800	2994
电器及电子设备	11938	35305	24483	14151	17763	13237	9439	8305	27908	33644	32401	1880	6404	11748
精密仪器	11339	7064	−17184	23059	4105	9465	1665	9102	9118	19339	19176	4428	7397	4923
汽车及其他运输设备	8524	7475	3099	11608	8753	7484	2621	5827	−2031	3795	10254	−480	6638	6783
其他制造业	4205	1552	2305	−565	141	570	792	1400	574	158	951	290	701	2337
服务业	297581	369228	612128	290228	125561	136196	116379	340634	428822	709043	408746	183003	166007	106418
电力、燃气及水	40158	1402	103005	48969	61627	−1881	2856	25274	−18197	50150	25270	47613	−18656	1561
建筑	4319	9955	12994	2452	10391	7035	−714	3683	3372	10222	−5220	−1704	−2113	−3088
贸易	15946	11512	41307	17458	3658	14468	8472	406	4241	7422	19766	3360	9526	−185
旅馆和餐馆	3273	14476	9438	3499	1422	5411	489	−779	−164	−8357	3702	673	1045	527
运输，仓库及通讯业	75783	113915	66328	34325	15912	15762	15715	49802	87466	45574	48088	12187	15386	33943
金融	53912	107951	249314	73630	9535	31929	67434	224103	316920	548901	311409	110555	125669	65811

续表

部门/行业	销售净值①							购买净值②						
	2005年	2006年	2007年	2008年	2009年	2010年	2011年1~5月	2005年	2006年	2007年	2008年	2009年	2010年	2011年1~5月
商务服务	84366	80978	102231	100701	17167	45634	15107	42487	47087	50893	57088	17652	27025	10050
公共管理和国防	324	-111	29	30	110	63	14	-9201	-15477	-17058	-46337	-8202	-4422	-1663
教育	1474	-429	860	1048	559	1931	27	1112	122	42	155	51	111	5
卫生和社会服务	2293	10624	8140	2222	1123	9056	-4198	-2247	506	9493	-176	40	3799	225
社区，社会及个人服务活动	15627	17060	15625	1002	3434	4739	4827	5524	1798	9263	-5270	87	6604	-1714
其他服务	105	1896	2856	4893	624	2050	6349	471	1148	2497	270	692	2033	945

注：① 在被收购公司的行业的净销售。

② 所收购公司的行业的净购买。

③跨国并购的销售和购买以如下净值为计算基础：各部门/行业的跨国并购销售净值=被并购公司所在行业的公司向外国跨国公司的出售额-外国子公司在该行业的出售额；各部门/行业的跨国并购购买净值=收购公司所在行业的母国跨国公司的境外公司购买额-其境外子公司的出售额。这些数据只包括涉及超过10%的股权收购交易。

资料来源：联合国贸发会议，跨国并购数据库（www.unctad.org/fdistatistics）。

附表 1.6 2005~2011 年 5 月部门/行业的跨国并购量（交易量）

部门/行业	销售净值[1]							购买净值[2]						
	2005 年	2006 年	2007 年	2008 年	2009 年	2010 年	2011 年 1~5 月	2005 年	2006 年	2007 年	2008 年	2009 年	2010 年	2011 年 1~5 月
总计	5004	5747	7018	6425	4239	5405	2036	5004	5747	7018	6425	4239	5405	2036
初级部门	265	413	485	486	433	600	264	199	288	350	296	221	344	174
农业、狩猎业、林业和渔业	38	39	64	59	63	70	25	24	34	35	40	28	42	14
采矿、采石和石油	227	374	421	427	370	530	239	175	254	315	256	193	302	160
制造业	1522	1688	1993	1976	1153	1485	544	1367	1523	1872	1850	909	1286	524
食品、饮品及烟草制品	158	130	213	220	109	167	71	147	110	237	180	71	119	45
纺织品、服装和皮革	41	62	56	64	39	49	15	20	39	36	22	26	42	17
木材和木材产品	40	75	78	49	26	46	21	25	37	58	52	10	33	14
出版及印刷	96	97	90	60	37	34	21	105	110	100	72	20	38	28
焦炭、石油和核燃料	9	21	14	20	16	17	4	9	10	16	11	4	9	—
化学品及化学产品	321	275	325	316	225	307	110	252	231	266	323	191	269	102
橡胶和塑料制品	38	55	66	63	35	53	7	51	49	60	41	25	33	12
非金属矿物制品	76	91	130	91	22	42	10	79	102	110	92	16	24	6
金属和金属制品	146	155	218	199	95	123	51	133	162	205	224	87	139	54
机械及设备	160	187	228	265	134	175	63	124	166	195	247	127	160	63
电器及电子设备	167	257	266	309	203	199	74	162	254	255	259	144	179	92
精密仪器	148	152	155	184	109	140	45	140	159	164	203	91	120	55
汽车及其他运输设备	78	84	86	95	74	86	31	77	49	122	88	60	78	23
其他制造业	44	47	68	41	29	47	21	43	45	48	36	37	43	13
服务业	3217	3646	4539	3962	2653	3320	1228	3438	3936	4796	4279	3109	3775	1338
电力、燃气及水	97	110	135	159	130	166	57	61	75	92	155	98	70	47
建筑	99	118	149	114	96	129	34	44	55	83	73	48	56	16
贸易	441	425	588	590	324	445	180	276	354	374	352	198	264	124
旅馆和餐馆	49	101	134	123	77	115	28	14	24	56	60	26	40	17
运输、仓库及通信业	351	352	436	343	211	288	98	285	304	346	260	169	214	84
金融	484	531	712	563	458	557	187	1492	1661	2121	1887	1728	1923	553

续表

部门/行业	销售净值[①]							购买净值[②]						
	2005年	2006年	2007年	2008年	2009年	2010年	2011年 1~5月	2005年	2006年	2007年	2008年	2009年	2010年	2011年 1~5月
商务服务	1402	1651	1372	1681	1109	1320	533	1188	1331	1545	1305	816	1006	425
公共管理和国防	10	7	10	8	13	2	4	-81	-84	-77	-72	-86	1	-7
教育	22	22	19	43	30	26	12	22	12	12	22	15	18	7
卫生和社会服务	85	85	124	95	59	110	34	35	39	69	52	22	68	26
社区，社会及个人服务活动	149	178	197	177	116	110	45	75	111	123	127	50	76	41
其他服务	28	66	63	66	30	52	16	27	54	52	58	25	39	5

注：①在被收购公司的行业的净销售。

②所收购公司的行业的净购买。

③跨国并购的销售和购买以如下净值为计算基础：各部门/行业的跨国并购销售净值 = 被并购公司所在行业的公司向外国跨国公司的出售额 – 外国子公司在该行业的出售额；各部门/行业的跨国并购购买净值 = 收购公司所在行业的母国跨国公司的境外公司购买额 – 其境外子公司的出售额。这些数据只包括涉及超过10%的股权收购交易。

资料来源：联合国贸发会议，跨国并购数据库（www.unctad.org/ fdistatistics）。

附表 1.7 2010 年 30 亿美元以上的跨国并购

序号	交易值（10亿美元）	被购公司	所在国	被购公司所属行业	收购公司	所属国或地区①	收购公司所属行业	收购份额
1	18.8	吉百利	英国	糖果和其他糖果产品	卡夫食品公司	美国	食品制造	100
2	10.7	Zain Africa BV	尼日利亚	无线电通信	Bharti Airtel Ltd	印度	除无线电外其他通讯设备	100
3	9.7	Brasilcel NV	巴西	无线电通信	Telefónica SA	西班牙	除无线电外其他通讯设备	50
4	9.1	EDF Energy PLC	英国	电力服务	Investor Group	中国香港	投资	100
5	9.0	利希尔黄金有限公司	巴布新几内亚	金矿	Newcrest Mining Ltd	澳大利亚	金矿	100
6	8.5	T-Mobile（英国）有限公司	英国	无线电话通信	Orange PLC	英国	无线电通讯设备	100
7	7.6	E.ON 美国有限责任公司	美国	天然气分销	PPL Corp	美国	电力服务	100
8	7.6	苏威制药	比利时	医药制造	Abbott Laboratories	美国	医药制造	100
9	7.3	Fomento Economico Mexicano SAB de CV	墨西哥	麦芽饮料	Investor Group	荷兰	其他投资	100
10	7.1	西班牙雷普索尔巴西公司	巴西	原油和天然气	中石油	中国	原油和天然气	40
11	6.1	密理博公司	美国	原油和天然气	默克公司	德国	医药制造	100
12	6.0	Sybase Inc	美国	预包装软件	谢菲尔德收购公司	美国	软件	100
13	5.5	ZAO “Kyivstar GSM”	乌克兰	无线电话通信	OAO “Vympel-Kommunikat-sii”（Vimpelkom）	俄罗斯	无线电通讯设备	100
14	5.2	Unitymedia GmbH	德国	有线电视及其他收费服务	自由媒体公司	美国	有线电视及其他收费服务	100
15	4.9	Ratiopharm International GmbH	德国	医药制造	Teva Pharmaceutical Industries Ltd	以色列	医药制造	100
16	4.8	Republic of Venezuela-Carabobo Block	委内瑞拉	原油和天然气	投资集团	印度	投资	40
17	4.7	东方资源公司	美国	原油和天然气	荷兰皇家壳牌公司	荷兰	原油和天然气	100
18	4.5	Pactiv Corp	美国	塑料泡沫制品	雷诺集团控股有限公司	新西兰	纸张和纸板产品	100
19	4.5	埃及移动服务合作	埃及	无线电话通讯	Orange Participations SA	法国	除无线电外其他通讯设备	51
20	4.4	Tomkins PLC	英国	机械动力传输设备	Pinafore Acquisitions Ltd	加拿大	房地产投资	100
21	4.1	骏威汽车	中国香港	汽车零配件	中国龙投资有限公司	中国香港	投资者	62
22	4.1	英国人寿	英国	人寿保险	Friends Provident Holdings (UK) Ltd（FPH）	英国	人寿保险	100
23	4.0	OSI 制药公司	美国	医药制造	Ruby Acquisition Inc	美国	医药制造	100
24	4.0	自由全球公司	美国	有线电视及其他收费服务	KDDI Corp	日本	除无线电外其他通讯设备	100
25	3.8	Bunge Participacoese Investimentos SA	巴西	豆油加工	Vale SA	巴西	铁矿	100
26	3.7	Piramal Healthcare Ltd	印度	医药制造	Abbott Laboratories	美国	医药制造	100

续表

序号	交易值 (10亿美元)	被购公司	所在国	被购公司所属行业	收购公司	所属国或地区[①]	收购公司所属行业	收购份额
27	3.7	卡夫食品公司	美国	速冻食品	Nestlé SA	瑞士	巧克力和可卡因产品	100
28	3.7	Abertis Infraestructuras SA	西班牙	公路和街道建设	Trebol Holdings Sarl	西班牙	房地产投资	26
29	3.4	Tandberg ASA	挪威	广播电视设备及通讯设备	Cisco Systems Inc	美国	电脑周边设备	100
30	3.4	HS1 Ltd	英国	铁路及长途运输	Investor group	加拿大	投资	100
31	3.4	安第斯资源有限公司	美国	金矿	Goldcorp Inc	加拿大	金矿	100
32	3.4	Springer Science +Business Media Deutschland GmbH	德国	图书出版或出版印刷	Investor group	根西岛	投资	100
33	3.3	Interactive Data Corp	美国	信息检索服务	Interactive Data Corp SPV	美国	房地产投资	100
34	3.3	General Growth Properties Inc	美国	房地产投资信托基金	Brookfield Asset Management Inc	加拿大	开放式房地产投资管理基金	36
35	3.3	Sunrise Communications AG	瑞士	无线电话通讯	CVC Capital Partners Ltd	卢森堡	投资	100
36	3.3	英国石油公司	加拿大	原油和天然气	Apache Corp	美国	原油和天然气	100
37	3.2	Arrow Energy Ltd	澳大利亚	原油和天然气	CS CSG (Australia) Pty Ltd	澳大利亚	原油和天然气	100
38	3.2	Tommy Hilfiger Corp	荷兰	男式衬衫和睡衣	Phillips-Van Heusen Corp	美国	男式衬衫和睡衣	100
39	3.1	Dimension Data Holdings PLC	南非	计算机集成系统设计	Nippon Telegraph & Telephone Corp	日本	除无线电外其他通讯设备	100
40	3.1	Bridas Corp	阿根廷	原油和天然气	中海油	中国	原油和天然气	50
41	3.1	BP PLC-Permian Basin Assets	美国	原油和天然气	Apache Corp	美国	原油和天然气	100
42	3.1	Intoll Group	澳大利亚	投资	加拿大退休金计划投资局	加拿大	投资咨询	100
43	3.0	RBS WorldPay	英国	银行存款	投资集团	美国	投资	80

注：①一个直属的国家。
②只要东道国与母国不同，M&A 在同一经济进行的交易仍然被认为是跨国并购。
资料来源：联合国贸发会议，跨国并购数据库（www.unctad.org/ fdistatistics）。

附表 1.8 2005~2011 年 4 月按来源/目的地分绿地投资项目值（百万美元）

合作地区/经济体	全世界作为目的地							全世界作为来源地						
	2005 年	2006 年	2007 年	2008 年	2009 年	2010 年	2011 年（1~4 月）	2005 年	2006 年	2007 年	2008 年	2009 年	2010 年	2011 年（1~4 月）
	按来源分							按目的地分						
世界	709764	884087	940100	1461783	952200	806969	295867	709764	884087	940100	1461783	952200	806969	295867
发达国家	530218	598448	650301	1027741	685086	569081	203876	225107	286272	298350	462450	305231	263509	74017
欧洲	269658	352000	413499	586118	411360	343026	125589	148751	213079	212965	314699	191644	148924	49018
欧盟	252532	325512	375229	537991	383270	317370	119723	145730	210078	208204	307195	186381	143123	47329
奥地利	8407	21207	14112	22632	10106	7443	1909	3681	1861	2861	2864	1547	1889	697
比利时	2766	3048	5951	13731	8407	4890	1177	4101	3879	9568	10634	3540	4554	557
保加利亚	98	55	74	161	9	77	3	3703	16995	6857	9495	4257	4515	2154
塞浦路斯	282	356	396	242	725	239	4207	89	220	180	428	185	440	43
捷克	784	1356	4926	4110	1487	2001	329	4815	6887	6799	4516	3805	5473	1759
丹麦	8795	4621	6561	13249	8840	4013	2751	1751	1641	2004	1975	2206	341	173
爱沙尼亚	632	959	2448	403	94	1245	1062	1898	698	764	1371	1144	996	297
芬兰	8674	9555	13159	9294	3385	4292	2938	1274	1455	1083	2252	956	1475	699
法国	31432	46102	53171	83660	64849	46893	12311	10321	16104	17572	22201	11201	8516	2585
德国	58853	69942	73012	92741	67727	66161	22565	13188	17884	18514	35163	19750	13748	5854
希腊	1006	2107	1600	5406	1670	1332	392	680	1669	4195	4704	1748	1035	888
匈牙利	2396	563	2691	4997	3304	508	649	7702	8321	9384	7661	4095	7349	1176
爱尔兰	4267	8937	8321	17252	14871	5055	823	9397	6687	3903	8176	4776	4436	2492
意大利	15549	15372	24187	41024	28440	21469	7164	7536	9939	9790	14112	12121	10084	1815
拉脱维亚	176	768	155	418	575	725	5	1470	3066	616	2409	594	974	884
立陶宛	960	3071	305	669	292	267	—	1129	967	1164	1225	1104	1558	513
卢森堡	2016	11046	10959	11565	8366	4772	3426	30	204	654	182	619	356	152
马耳他	67	4	36	164	622	14	9	89	870	287	383	197	261	29
荷兰	27928	35230	25148	32483	29299	18488	6677	4105	4879	5288	9131	8721	9826	1156
波兰	644	864	2809	2459	1042	2334	512	13771	15014	21530	32766	13557	9999	3131
葡萄牙	1065	1015	4161	10506	6641	4785	336	791	4065	10649	7164	4958	2582	740
罗马尼亚	80	54	90	3991	62	713	—	10704	19038	21519	33613	15379	7958	5204
斯洛伐克	—	346	486	297	400	1571	130	9021	11258	5732	3331	5416	3760	2808
斯洛文尼亚	749	3039	600	1638	661	545	90	380	616	927	822	193	776	49
西班牙	10586	24941	35838	41876	38928	36335	16132	9974	17516	19397	27726	13729	14833	3255

续表

合作地区/经济体	全世界作为目的地							全世界作为来源地						
	2005 年	2006 年	2007 年	2008 年	2009 年	2010 年	2011 年（1~4 月）	2005 年	2006 年	2007 年	2008 年	2009 年	2010 年	2011 年（1~4 月）
	按来源分							按目的地分						
瑞典	9624	10777	10920	20974	14007	13354	4496	7244	6797	4068	2498	2714	1836	1009
英国	54697	50176	73112	102049	68461	67849	29630	16888	31548	22898	60395	47869	23556	7212
其他发达的欧洲国家	17125	26488	38270	48128	28090	25656	5866	3021	3001	4762	7505	5263	5800	1689
冰岛	358	4118	1291	786	518	584	169	2	180	52	84	—	706	—
列支敦士登	79	40	24	88	74	35	27	15	—	94	2	—	16	—
挪威	6585	3847	13930	12521	8722	3707	1563	1756	628	594	3125	2260	2169	433
瑞士	10103	18482	23024	34733	18776	21330	4107	1248	2194	4022	4294	3003	2909	1256
北美洲	192441	167743	142970	306426	182289	148127	50793	58059	52959	55733	107896	87961	71524	19347
加拿大	40661	13772	13745	76871	29039	16135	6740	21501	14623	7767	17594	16043	14397	3626
美国	151779	153971	129225	229556	153250	131992	44053	36558	38337	47966	90302	71919	57127	15720
其他发达国家	68120	78706	93832	135197	91438	77929	27494	18297	20233	29652	39855	25626	43061	5652
澳大利亚	14322	18988	17597	29919	16156	9049	4111	6847	3815	20937	27362	15200	37107	3774
百慕大群岛	928	807	763	3521	5156	1424	378	—	4	17	—	1	13	7
格陵兰	24	—	183	37	—	—	—	365	—	—	—	—	475	—
以色列	2961	10825	4262	15598	2575	6720	1837	4798	833	439	860	3268	813	200
日本	49789	47509	70548	85561	66652	60033	21058	5338	13741	6318	9804	6692	4523	562
新西兰	96	577	480	560	899	703	111	949	1840	1941	1829	464	130	1109
发展中经济体	152844	267768	268353	404054	248451	218697	87154	421460	540760	559778	883917	593041	491622	200740
非洲	4588	6684	8039	15587	14866	14602	7131	90290	101510	93210	212811	96933	84078	27417
北非	2257	4047	4150	7019	2216	3211	5	42208	67453	53452	100174	37708	25407	4414
阿尔及利亚	—	15	10	2504	34	—	—	15226	9708	13281	21418	1597	1806	621
埃及	2109	3844	3651	3541	1810	3138	5	13689	27349	13003	13363	18213	13827	704
利比亚	21	—	—	—	18	—	—	5696	20920	4170	22872	1677	1762	3
摩洛哥	96	60	26	560	237	27	—	4300	5201	4842	17855	5760	3516	2300
苏丹	—	9	7	—	—	—	—	1715	1154	18	2709	1978	2430	61
突尼斯	32	120	455	414	117	46	—	1582	3122	18138	21957	8483	2066	726
其他非洲国家	2330	2637	3889	8569	12650	11392	7125	48082	34057	39757	112637	59224	58671	23002
安哥拉	—	—	24	48	—	493	—	583	2549	7585	11170	13691	1101	116
贝宁	—	—	—	—	—	—	—	—	—	—	9	—	—	—

续表

合作地区/经济体	全世界作为目的地							全世界作为来源地						
	2005年	2006年	2007年	2008年	2009年	2010年	2011年（1~4月）	2005年	2006年	2007年	2008年	2009年	2010年	2011年（1~4月）
	按来源分							按目的地分						
博茨瓦纳	—	108	—	—	10	9	26	217	866	310	2089	308	728	497
布基纳法索	—	—	—	—	—	—	—	488	—	9	252	234	447	25
喀麦隆	9	—	—	—	18	—	—	900	728	2460	344	1054	5275	1296
佛得角	—	—	—	—	—	—	—	—	—	9	128	—	37	—
刚果	—	—	—	—	—	—	—	—	—	223	—	1226	—	—
刚果民主共和国	—	—	169	—	—	—	2158	1427	1042	3316	41	695	869	—
科摩罗	28	9	—	12	18	18	—	764	405	59	309	94	213	—
吉布提	—	—	—	—	—	—	—	300	528	5	1723	1295	1387	—
赤道几内亚	—	—	—	—	—	—	—	—	85	—	6	2887	1	1600
厄立特里亚	—	—	—	3	—	—	—	969	5	—	—	—	—	—
埃塞俄比亚	—	—	—	24	3	—	—	20	1507	2499	703	310	276	269
加蓬	—	—	—	—	—	—	—	2088	1727	333	4232	913	1062	151
冈比亚	—	—	—	—	—	—	—	400	83	9	21	21	537	—
加纳	—	—	—	—	8	15	7	5431	1030	124	4808	6570	2658	5193
几内亚	—	—	—	—	—	—	—	96	249	—	—	56	1400	234
几内亚比绍	—	—	—	—	—	—	—	—	—	409	—	18	—	—
肯尼亚	24	42	18	590	216	3517	121	546	81	354	437	3708	1549	1766
莱索托	—	—	—	—	—	—	—	—	—	46	17	22	41	509
利比亚	—	—	—	—	—	—	—	909	—	—	2600	820	4319	3
马达加斯加岛	—	27	—	—	—	—	—	336	246	3331	1273	474	—	—
马里	—	—	—	—	—	—	—	598	372	—	174	47	5	0
毛里塔尼亚	—	—	—	—	—	—	—	1107	542	37	242	—	211	237
毛里求斯	2	—	36	314	2392	1028	2357	80	3	538	294	58	54	503
莫桑比克	—	—	—	—	—	—	—	—	595	2103	11607	1557	3192	1208
纳米比亚	—	2	—	2	—	—	—	868	65	443	1791	1448	393	513
尼日尔	—	—	—	—	—	—	—	—	1	—	3087	—	100	234
尼日利亚	16	524	184	2168	177	1254	775	21051	11053	4172	35722	6722	12492	750
留尼汪	—	—	—	—	—	—	—	—	13	—	—	—	—	—
卢旺达	—	—	—	—	1	—	—	11	—	273	253	313	1717	83

续表

合作地区/经济体	全世界作为目的地							全世界作为来源地						
	2005年	2006年	2007年	2008年	2009年	2010年	2011年（1~4月）	2005年	2006年	2007年	2008年	2009年	2010年	2011年（1~4月）
	按来源分							按目的地分						
圣多美和普林西	—	—	—	—	—	—	—	9	—	2	—	—	—	—
塞内加尔	—	—	—	—	—	—	—	13	1243	2979	1296	328	927	5
塞舌尔	—	—	—	—	—	—	—	57	—	1421	137	1	128	—
塞拉利昂	—	—	—	—	—	—	—	727	247	—	68	—	230	—
索马里	—	—	—	—	—	—	—	—	400	—	409	—	52	—
南部非洲	2212	1926	3589	4452	9608	4953	3830	3467	4947	5148	11873	7509	5891	1042
斯威士兰	—	—	—	—	—	—	—	94	—	—	14	3	—	468
坦桑尼亚	—	—	—	9	32	49	—	1520	263	315	2090	726	994	990
多哥	9	—	29	64	104	36	9	—	421	400	—	1	—	—
乌干达	30	—	9	37	28	9	—	67	325	289	2941	2306	8339	2024
赞比亚	—	—	—	—	9	—	—	2148	1926	410	4613	2358	1228	947
津巴布韦	—	—	—	667	15	10	—	60	127	2022	965	903	682	1449
拉丁美洲和加勒比地区	5358	7961	12074	20023	16164	19946	9838	65433	64461	63847	125406	109094	118195	58257
南美洲	4198	5834	8823	17675	12991	16791	4412	50505	42621	38235	82557	74696	91932	46893
阿根廷	33	811	447	370	573	1434	781	3537	10389	5489	6700	7593	7100	3494
玻利维亚	—	—	—	—	—	—	—	343	2588	1448	637	1780	668	191
巴西	3224	3523	5383	14803	9693	8755	1029	20487	10578	16720	35952	36866	43184	28714
智利	723	318	1928	371	1453	2207	362	4919	4244	2891	8951	11325	8077	8421
哥伦比亚	—	35	84	541	54	3362	33	1719	2043	3080	8836	2280	8835	2903
厄瓜多尔	10	9	31	24	213	75	—	2822	1058	515	313	325	64	269
圭亚那	—	—	—	—	—	—	—	422	311	10	1000	12	7	—
巴拉圭	—	—	—	—	—	—	—	5	—	607	175	38	6304	12
秘鲁	20	33	267	16	88	135	34	4852	6593	2540	10693	13324	11599	2016
苏里南	—	—	—	—	—	—	—	—	—	—	95	—	—	—
乌拉圭	—	—	25	2	48	2	3	490	1756	2648	4299	352	308	474
委内瑞拉	189	1105	659	1549	870	821	2172	10908	3060	2288	4906	801	5787	400
中美洲	443	1711	2625	919	2369	2988	5273	9737	17825	23172	37716	31036	19052	9646
哥斯达黎加	2	—	81	3	48	62	11	467	358	1274	339	2354	1767	606
萨尔瓦多	—	—	103	—	308	150	—	86	630	249	375	727	304	131

续表

合作地区/经济体	全世界作为目的地							全世界作为来源地						
	2005年	2006年	2007年	2008年	2009年	2010年	2011年（1~4月）	2005年	2006年	2007年	2008年	2009年	2010年	2011年（1~4月）
	按来源分							按目的地分						
危地马拉	9	—	40	21	46	62	—	278	14	880	469	1170	877	95
洪都拉斯	11	54	61	—	—	—	—	227	34	897	934	83	172	437
墨西哥	421	1656	2296	842	1919	2578	5250	7651	16199	17767	32517	23761	14462	7478
尼加拉瓜	—	—	29	19	—	66	—	64	114	96	154	849	272	10
巴拿马	—	—	16	35	49	71	12	964	476	2010	2928	2089	1197	889
加勒比地区	717	416	626	1429	804	167	152	5192	4016	2439	5134	3362	7210	1718
阿鲁巴岛	—	—	—	—	—	—	—	285	—	—	64	—	7	22
巴哈马群岛	390	5	1	11	7	—	—	55	—	16	48	3	—	21
巴巴多斯岛	—	—	2	—	—	4	22	—	—	—	—	27	130	—
开曼群岛	290	205	74	495	744	72	119	42	11	3	30	32	124	9
古巴	—	—	—	32	—	—	—	847	450	127	1180	842	6048	377
多米尼亚共和国	10	—	498	—	30	22	—	1122	807	709	2098	1255	145	690
瓜德罗普岛	—	—	—	—	—	—	—	—	25	—	267	—	—	22
海地	—	—	—	—	—	2	—	9	139	—	1	136	59	241
牙买加	—	205	7	887	19	30	—	260	368	32	281	17	23	186
马提尼克岛	—	—	—	—	—	12	—	—	25	17	—	6	—	—
波多黎各	—	—	17	4	3	22	11	425	672	857	715	746	496	86
圣卢西亚	17	—	—	—	—	—	—	—	—	12	—	1	144	64
特里尼达和多巴哥	9	1	28	—	—	3	—	2140	1518	666	320	299	23	—
亚洲	142898	252513	248239	368400	217413	184143	70135	265726	374346	398579	540948	385457	288227	111962
西亚	58434	134275	77928	176092	73776	35705	10688	77075	79088	67236	159371	92944	51978	19553
巴林	8522	20416	8937	20877	14526	1085	129	2410	5700	742	8670	1932	1739	1870
伊拉克	82	—	48	—	20	—	33	1489	5249	456	20110	3447	2766	1024
约旦	136	194	258	2618	860	535	4	2034	4478	1223	12346	2426	2074	887
科威特	9407	17426	4567	16181	4554	2837	2188	595	1799	384	2216	1500	688	65
黎巴嫩	891	5406	549	2393	54	199	20	1118	2056	431	1441	2116	1779	406
阿曼	—	—	95	91	3177	39	—	2958	3216	2349	13792	6266	4226	1105
巴勒斯坦地区	—	300	—	—	—	—	—	—	88	6	1050	4	18	—
卡塔尔	293	1440	1883	9763	13302	2925	1757	11694	3977	1109	19009	21848	6030	2573

续表

合作地区/经济体	全世界作为目的地							全世界作为来源地						
	2005 年	2006 年	2007 年	2008 年	2009 年	2010 年	2011 年（1~4 月）	2005 年	2006 年	2007 年	2008 年	2009 年	2010 年	2011 年（1~4 月）
	按来源分							按目的地分						
沙特阿拉伯	6378	5922	2191	13863	5951	1315	1015	6234	19537	26821	21187	14776	9741	3755
叙利亚	—	—	—	364	48	—	—	18370	2628	3434	6236	3207	1919	676
土耳其	3830	1876	2038	4367	3671	3551	2629	4316	12996	13330	15063	21311	9114	2155
阿拉伯联合酋长国	28897	81296	57365	105523	27613	23217	2913	23715	17057	16762	34241	13160	10835	5016
也门	—	—	—	54	—	1	—	2144	308	190	4010	952	1049	22
南亚、东亚和东南亚地区	84463	118237	170311	192308	143637	148438	59447	188651	295258	331343	381576	292512	236249	92409
东亚	52273	60206	94376	105888	81460	96524	39749	99422	128068	140398	130813	108662	99781	34759
中国	9689	15433	29923	49029	28202	29178	9834	83691	114024	95115	111582	94555	84579	31561
中国香港	6680	12048	18972	15313	15274	7837	8194	2831	3147	2442	3899	6327	4999	1106
朝鲜	—	—	—	—	—	—	—	—	175	338	509	173	—	56
韩国	24205	23093	27082	31143	26764	35178	19177	8175	7625	8525	10252	3829	2674	1228
中国澳门	—	—	—	1	—	—	—	324	70	4719	556	354	108	3
蒙古	—	—	—	—	—	150	—	1225	176	350	243	288	1033	1
中国台湾	11700	9632	18400	10403	11220	24181	2544	3178	2852	28909	3770	3137	6388	805
南亚	12667	33914	30034	38442	25953	17961	7045	43986	110957	64396	90380	67492	54404	30248
阿富汗	135	—	—	—	—	—	25	128	31	6	180	2957	537	2
孟加拉国	208	20	—	14	24	50	—	1942	511	169	510	574	2447	93
不丹	—	—	—	—	—	—	—	—	32	—	—	100	15	—
印度	11232	28192	23928	35666	20651	17314	6400	27224	86738	51564	74335	50022	45358	28538
伊朗	264	860	6076	1643	5197	503	518	1205	977	8284	7798	8807	2532	6
马尔代夫	—	—	—	—	—	—	—	—	847	170	179	347	1441	177
尼泊尔	—	—	—	6	—	4	31	—	3	3	392	259	303	48
巴基斯坦	351	83	22	1087	16	54	20	13237	21270	3600	5901	2744	1055	852
斯里兰卡	477	4760	7	26	65	36	52	249	547	602	1085	1682	716	531
东南亚	19523	24117	45901	47978	36224	33953	12652	45243	56233	126549	160384	116358	82065	27402
文莱	4	—	—	66	—	—	1	25	—	706	393	578	148	—
柬埔寨	—	—	—	41	37	—	—	206	1103	139	2701	2978	865	523
印度尼西亚	4554	633	1659	390	1039	400	4927	12747	12467	18266	36731	27317	11659	8863
老挝	—	—	—	157	—	—	—	527	563	1359	1169	1965	235	78

续表

合作地区/经济体	全世界作为目的地							全世界作为来源地						
	2005年	2006年	2007年	2008年	2009年	2010年	2011年(1~4月)	2005年	2006年	2007年	2008年	2009年	2010年	2011年(1~4月)
	按来源分							按目的地分						
马来西亚	6481	4996	25314	18121	13544	20566	521	4091	4497	9912	20168	12088	12750	4403
缅甸	—	—	20	—	—	—	—	—	227	1403	1241	1890	372	15
菲律宾	238	242	1310	344	1111	1538	11	4368	4954	19755	16057	10400	4380	1528
新加坡	6861	11105	14141	18127	11216	7683	3840	5825	11767	22939	10478	9596	13603	6533
泰国	975	2366	2881	7951	7898	3193	2230	6048	4291	7173	12369	7036	7696	1157
东帝汶	—	—	—	—	—	—	—	10	—	—	—	—	1000	—
越南	410	4774	576	2782	1379	573	1122	11395	16365	44897	59075	42510	29358	4301
大洋洲	—	611	—	43	9	6	51	11	443	4142	4751	1558	1122	3104
斐济	—	—	—	—	1	3	—	—	173	169	77	372	—	53
密克罗尼西亚	—	11	—	—	—	—	—	—	66	—	—	—	—	—
新喀里多尼亚	—	—	—	—	—	—	—	7	—	3800	3200	16	—	—
巴布亚新几内亚	—	—	—	41	—	3	51	3	204	173	967	1144	904	3000
东南欧和独联体	26702	17871	21446	29988	18663	19190	4837	63197	57056	81972	115416	53928	51838	21111
东南欧	464	306	2734	1961	545	1432	53	5506	9327	13553	19160	6852	7043	3521
阿尔巴尼亚	—	—	—	—	—	105	—	559	2254	4398	3268	85	38	115
波斯尼亚和黑塞哥维尼亚	48	—	—	—	—	15	3	2212	289	2507	1836	1238	222	648
克罗地亚	416	224	2703	1269	130	981	3	1034	514	1712	3836	1325	2263	164
黑山	—	—	—	—	—	7	—	—	407	1769	732	120	267	3
塞尔维亚	—	83	31	692	405	322	43	912	2996	2668	6975	3274	3794	2447
马其顿	—	—	—	—	10	1	5	788	2867	499	2514	809	458	144
独联体	26238	17565	18712	28026	18118	17758	4784	57691	47729	68419	96256	47077	44796	17590
亚美尼亚	34	2	—	9	—	9	—	334	194	2440	258	726	188	20
阿塞拜疆	260	14	4230	988	3584	512	77	1282	817	1762	2348	1452	373	364
白俄罗斯	33	35	53	1715	525	1991	62	828	753	376	2255	1781	1724	403
格鲁吉亚	—	—	—	47	30	35	18	886	455	998	1905	4105	718	23
哈萨克斯坦	237	70	13	97	523	429	—	3705	3437	4196	19489	1504	2034	3464
吉尔吉斯斯坦	2	—	—	7	15	—	—	538	63	3440	534	10	—	101
摩尔多瓦	—	—	—	522	—	—	—	430	76	50	138	425	320	38
俄罗斯	25404	14812	13221	22211	11951	13617	4563	40819	37031	46459	58453	30198	33355	9224

续表

合作地区/经济体	全世界作为目的地							全世界作为来源地						
	2005 年	2006 年	2007 年	2008 年	2009 年	2010 年	2011 年（1~4 月）	2005 年	2006 年	2007 年	2008 年	2009 年	2010 年	2011 年（1~4 月）
	按来源分							按目的地分						
塔吉克斯坦	—	—	—	31	5	—	—	952	9	269	185	483	1	1042
土库曼斯坦	—	—	—	—	—	—	—	2	—	834	3463	1370	348	407
乌克兰	267	2632	1195	2400	1487	1166	64	7015	4306	6751	6740	4123	3320	819
乌兹别克斯坦	—	—	—	—	—	—	—	900	590	843	488	900	2415	1685
备注														
最不发达国家（LDCs）①	383	656	90	638	255	645	65	19141	17083	25427	62915	42524	37037	10510
内发展中国家（LLDCs）②	699	194	4252	2553	4212	1132	164	14862	16569	24363	48933	23071	29103	14126
小岛屿发展中国家（SIDS）③	419	822	73	1255	2426	1070	2431	2622	3178	3207	3013	2297	4104	4055

注：①最不发达国家包括：阿富汗、安哥拉、孟加拉国、贝宁、不丹、布基纳法索、布隆迪、柬埔寨、中非共和国、乍得、科摩罗、刚果民主共和国、吉布提、赤道几内亚、厄立特里亚、埃塞俄比亚、冈比亚、几内亚、几内亚比绍、海地、基里巴斯、老挝人民民主共和国、莱索托、利比里亚、马达加斯加、马拉维、马里、毛里塔尼亚、莫桑比克、缅甸、尼泊尔、尼日尔、卢旺达、萨摩亚、圣多美和普林西比和普林西比、塞内加尔、塞拉利昂、所罗门群岛、索马里、苏丹、东帝汶、多哥、图瓦卢、乌干达、坦桑尼亚联合共和国、瓦努阿图、也门和赞比亚。

②内陆发展中国家包括：阿富汗、亚美尼亚、阿塞拜疆、不丹、玻利维亚、博茨瓦纳、布基纳法索、布隆迪、中非共和国、乍得、埃塞俄比亚、哈萨克斯坦、吉尔吉斯斯坦、老挝人民民主共和国、莱索托、在马其顿、马拉维、马里、摩尔多瓦、蒙古、尼泊尔、尼日尔、巴拉圭、卢旺达、斯威士兰、塔吉克斯坦、土库曼斯坦、乌干达、乌兹别克斯坦、赞比亚共和国、前南斯拉夫和津巴布韦。

③小岛屿发展中国家包括：安提瓜和巴布达、巴哈马、巴巴多斯、佛得角、科摩罗、多米尼加、斐济、格林纳达、牙买加、基里巴斯、马尔代夫、马绍尔群岛、毛里求斯、密克罗尼西亚、瑙鲁、帕劳、巴布亚新几内亚、圣基茨和尼维斯、圣卢西亚、圣文森特和格林纳丁斯、萨摩亚、圣多美与普林西比、塞舌尔、所罗门群岛、东帝汶联邦、汤加、特立尼达和多巴哥、图瓦卢和瓦努阿图。

④数据是指资本投资额估计。

资料来源：联合国贸发会议，根据金融时报有限公司，外国直接投资市场（www.fDimarkets.com）的信息。

附表 1.9 2005~2011 年 4 月按来源/目的地分绿地投资项目数

合作地区/经济体	全世界作为目的地							全世界作为来源地						
	2005 年	2006 年	2007 年	2008 年	2009 年	2010 年	2011 年（1~4 月）	2005 年	2006 年	2007 年	2008 年	2009 年	2010 年	2011 年（1~4 月）
	按来源分							按目的地分						
世界	10560	12277	12245	16422	14192	14142	4874	10560	12277	12245	16422	14192	14142	4874
发达国家	9057	10291	10356	13474	11651	11574	4022	5145	6163	6355	7526	6618	6766	2216
欧洲	4920	5860	6344	8027	7147	6872	2295	4074	4888	4912	5802	4633	4418	1400
欧盟	4586	5426	5896	7331	6583	6316	2127	3975	4756	4725	5578	4466	4265	1344
奥地利	220	263	252	281	201	214	51	104	90	109	111	74	82	30
比利时	125	142	191	209	141	141	39	163	126	210	183	104	96	35
保加利亚	6	6	7	12	4	11	2	134	286	150	146	101	122	28
塞浦路斯	5	22	8	10	18	23	11	5	15	7	18	10	17	2
捷克	22	41	32	53	12	34	11	151	179	149	145	113	183	67
丹麦	152	142	136	179	208	138	36	78	68	67	66	36	31	12
爱沙尼亚	25	44	39	26	13	11	6	63	55	32	44	25	27	8
芬兰	185	190	183	203	133	130	49	35	44	38	38	24	33	16
法国	649	688	912	1060	984	812	254	492	588	570	697	414	373	93
德国	1026	1262	1278	1464	1320	1362	444	285	372	456	727	692	454	143
希腊	39	54	61	74	28	27	9	28	29	38	48	40	29	12
匈牙利	12	19	30	30	21	15	13	205	243	218	154	110	150	55
爱尔兰	76	94	98	132	146	136	39	192	146	116	184	175	187	71
意大利	322	288	335	519	444	399	135	138	149	178	232	172	186	55
拉脱维亚	11	24	15	18	9	17	2	84	110	33	52	28	23	9
立陶宛	54	66	13	18	12	15	—	75	59	45	47	35	42	4
卢森堡	26	29	94	83	64	64	36	2	14	26	17	15	28	6
马耳他	3	3	3	3	3	3	1	9	12	9	9	15	15	7
荷兰	238	351	309	453	406	376	134	112	138	131	174	160	144	54
波兰	28	38	40	45	39	38	9	272	336	343	376	225	307	89
葡萄牙	21	26	37	88	47	57	12	30	56	82	82	57	51	11
罗马尼亚	13	13	13	26	13	13	—	260	375	371	360	204	218	73
斯洛伐克	—	4	2	9	2	10	2	118	117	101	85	57	93	35
斯洛文尼亚	41	49	27	31	20	23	5	20	25	23	23	12	24	4
西班牙	183	232	461	622	623	609	214	171	304	452	577	391	384	115

续表

合作地区/经济体	全世界作为目的地							全世界作为来源地						
	2005年	2006年	2007年	2008年	2009年	2010年	2011年（1~4月）	2005年	2006年	2007年	2008年	2009年	2010年	2011年（1~4月）
	按来源分							按目的地分						
瑞典	272	285	294	334	326	335	117	106	122	86	87	98	67	20
英国	832	1051	1026	1349	1346	1303	496	643	698	685	896	1079	899	290
其他发达的欧洲国家	334	434	448	696	564	556	168	99	132	187	224	167	153	56
冰岛	17	30	27	25	9	11	8	1	5	1	2	—	4	—
列支敦士登	4	3	3	7	3	6	3	1	—	2	1	—	2	—
挪威	90	102	71	113	109	93	38	20	22	25	45	31	29	8
瑞士	223	299	347	551	443	446	119	77	105	159	176	136	118	48
北美洲	3126	3278	3037	3894	3340	3439	1309	790	927	1036	1206	1516	1788	649
加拿大	419	243	259	331	326	299	137	207	179	168	218	260	318	108
美国	2707	3035	2778	3563	3014	3140	1172	583	748	868	988	1256	1470	541
其他发达国家	1011	1153	975	1553	1164	1263	418	281	348	407	518	469	560	167
澳大利亚	145	159	154	208	164	172	70	115	135	178	240	254	322	100
百慕大群岛	22	52	33	64	62	57	9	—	2	4	—	1	2	1
格陵兰	1	—	1	1	—	—	—	2	—	—	—	—	2	—
以色列	55	108	66	120	74	84	30	23	34	21	42	21	29	18
日本	775	808	702	1131	827	915	296	122	149	179	203	163	179	34
新西兰	13	26	19	29	37	35	13	19	28	25	33	30	26	14
发展中经济体	1321	1779	1700	2650	2297	2302	781	4509	5337	5110	7728	6731	6470	2379
非洲	70	87	64	199	173	151	60	463	448	388	852	692	630	232
北非	24	28	18	45	40	34	1	209	200	195	364	262	219	69
阿尔及利亚	—	1	2	3	2	—	—	45	50	33	73	32	20	7
埃及	13	17	9	23	14	25	1	47	51	54	85	103	73	10
利比亚	1	—	—	—	2	—	—	15	11	20	40	17	17	1
摩洛哥	4	5	3	5	14	4	—	59	46	58	93	48	52	30
苏丹	—	1	1	—	—	—	—	10	15	2	13	12	9	6
突尼斯	6	4	3	14	8	5	—	33	27	28	60	50	48	15
其他非洲国家	46	59	46	154	133	117	59	254	248	193	488	430	411	163
安哥拉	—	—	2	4	—	4	—	18	15	10	35	33	34	7
贝宁	—	—	—	—	—	—	—	—	—	—	1	—	—	—

续表

合作地区/经济体	全世界作为目的地							全世界作为来源地						
	2005 年	2006 年	2007 年	2008 年	2009 年	2010 年	2011 年（1~4 月）	2005 年	2006 年	2007 年	2008 年	2009 年	2010 年	2011 年（1~4 月）
	按来源分							按目的地分						
博茨瓦纳	—	4	—	—	2	1	2	6	4	6	17	13	7	6
布基纳法索	—	—	—	—	—	—	—	3	—	1	2	1	3	1
喀麦隆	1	—	—	—	2	—	—	1	1	1	3	8	2	4
佛得角 e	—	—	—	—	—	—	—	—	—	1	1	—	4	—
刚果	—	—	—	—	—	—	—	—	—	1	—	3	—	—
刚果民主共和国	—	—	—	2	—	—	—	10	8	5	15	5	8	7
科特迪瓦	3	1	—	2	2	2	—	2	2	2	5	8	9	—
吉布提 i	—	—	—	—	—	—	—	1	2	1	3	2	3	—
赤道几内亚	—	—	—	—	—	—	—	—	3	—	1	2	1	1
厄立特里亚	—	—	—	1	—	—	—	4	1	—	—	—	—	—
埃塞俄比亚	—	—	—	2	1	—	—	1	3	10	10	8	8	5
加蓬	—	—	—	—	—	—	—	4	3	3	5	3	4	1
冈比亚	—	—	—	—	—	—	—	1	2	1	3	3	3	—
加纳	—	—	—	—	1	2	2	17	16	4	20	22	23	11
几内亚	—	—	—	—	—	—	—	3	3	—	—	2	3	1
几内亚比绍	—	—	—	—	—	—	—	—	—	2	—	2	—	—
肯尼亚	4	3	2	26	26	17	10	13	12	8	19	29	35	19
莱索托	—	—	—	—	—	—	—	—	—	1	1	1	1	2
利比里亚	—	—	—	—	—	—	—	2	—	—	1	5	6	1
马达加斯加岛	—	2	—	—	—	—	—	4	3	3	4	3	—	—
马里	—	—	—	—	—	—	—	3	3	—	2	1	3	1
毛利塔尼亚	—	—	—	—	—	—	—	3	4	2	1	—	5	2
毛里求斯	1	—	2	5	8	8	8	5	1	4	14	5	5	2
莫桑比克	—	—	—	—	—	—	—	—	5	5	23	10	16	5
纳米比亚	—	1	—	1	—	—	—	7	6	5	14	8	6	3
尼日尔	—	—	—	—	—	—	—	—	1	—	2	—	1	1
尼日利亚	3	7	6	27	21	13	7	38	25	20	47	40	33	13
流尼汪	—	—	—	—	—	—	—	—	1	—	—	—	—	—
卢旺达	—	—	—	—	1	—	—	2	—	8	13	26	6	3

续表

合作地区/经济体	全世界作为目的地							全世界作为来源地						
	2005 年	2006 年	2007 年	2008 年	2009 年	2010 年	2011 年（1~4 月）	2005 年	2006 年	2007 年	2008 年	2009 年	2010 年	2011 年（1~4 月）
	按来源分							按目的地分						
圣多美和普林西	—	—	—	—	—	—	—	1	—	1	—	—	—	—
塞内加尔	—	—	—	—	—	—	—	3	5	4	9	10	8	2
塞舌尔	—	—	—	—	—	—	—	3	—	3	2	1	1	—
塞拉利昂	—	—	—	—	—	—	—	2	2	—	5	—	2	—
索马里	—	—	—	—	—	—	—	—	1	—	2	—	1	—
南部非洲	32	41	29	65	50	61	29	62	76	59	120	109	95	41
斯威士兰	—	—	—	—	—	—	—	2	—	—	3	1	—	1
坦桑尼亚	—	—	—	1	2	3	—	11	7	6	17	11	23	7
多哥	1	—	4	7	9	3	1	—	1	1	—	1	—	—
乌干达	1	—	1	3	3	1	—	6	15	7	41	16	21	2
赞比亚	—	—	—	—	1	—	—	14	14	5	17	15	13	10
津巴布韦	—	—	—	7	3	2	—	2	3	2	5	13	13	3
拉丁美洲和加勒比地区	86	128	226	219	230	273	92	568	588	820	1169	1229	1180	524
南美洲	66	91	146	168	156	173	61	368	339	457	648	687	753	350
阿根廷	2	16	27	15	21	22	7	42	52	112	123	114	116	56
玻利维亚	—	—	—	—	—	—	—	2	9	4	3	14	6	2
巴西	34	40	66	102	63	72	35	169	152	154	254	276	348	163
智利	15	15	26	24	37	50	11	39	39	30	70	112	58	34
哥伦比亚	—	2	9	13	6	12	2	46	32	77	78	61	106	51
厄瓜多尔	1	1	3	2	12	5	—	4	5	8	10	6	7	5
圭亚那	—	—	—	—	—	—	—	3	3	1	1	1	2	—
巴拉圭	—	—	—	—	—	—	—	2	—	2	4	3	8	1
秘鲁	3	2	6	3	5	5	1	29	23	37	64	76	59	22
苏里南	—	—	—	—	—	—	—	—	—	—	2	—	—	—
乌拉圭	—	—	1	1	2	1	1	7	8	21	16	8	21	10
委内瑞拉	11	15	8	8	10	6	4	25	16	11	23	16	22	6
中美洲	13	21	61	38	59	81	24	165	213	323	453	487	365	150
哥斯达黎加	1	—	7	2	5	5	2	12	20	39	19	68	43	14
萨尔瓦多	—	—	2	—	5	2	—	4	5	7	11	19	13	8

续表

合作地区/经济体	全世界作为目的地							全世界作为来源地						
	2005年	2006年	2007年	2008年	2009年	2010年	2011年(1~4月)	2005年	2006年	2007年	2008年	2009年	2010年	2011年(1~4月)
	按来源分							按目的地分						
危地马拉	1	—	2	4	7	5	—	1	2	16	17	18	11	3
洪都拉斯	1	2	2	—	—	—	—	3	2	11	10	7	9	5
墨西哥	10	19	43	26	35	52	19	136	177	217	355	320	238	100
尼加拉瓜	—	—	2	2	—	7	—	1	3	6	7	7	10	2
巴拿马	—	—	3	4	7	10	3	8	4	27	34	47	40	18
加勒比地区	7	16	19	13	15	19	7	35	36	40	68	55	62	24
阿鲁巴岛	—	—	—	—	—	—	—	1	—	—	1	—	1	2
巴哈马群岛	1	1	2	1	1	—	—	2	—	1	3	2	—	2
巴巴多斯岛	—	—	1	—	—	1	2	—	—	—	—	1	2	—
开曼群岛	3	10	6	5	8	7	4	1	2	2	6	4	6	1
古巴	—	—	—	1	—	—	—	5	1	2	7	12	8	3
多米尼亚共和国	1	—	3	—	2	2	—	8	9	8	16	13	10	5
瓜德罗普岛	—	—	—	—	—	—	—	—	1	—	1	—	—	2
海地	—	—	—	—	—	1	—	1	2	—	1	2	1	2
牙买加	—	4	1	5	2	4	—	2	2	2	5	3	2	2
马提尼克岛	—	—	—	—	—	1	—	—	1	2	—	1	—	—
波多黎各	—	—	4	1	2	2	1	8	13	18	20	15	26	4
圣卢西亚	1	—	—	—	—	—	—	—	—	1	—	1	2	1
特里尼达和多巴哥	1	1	2	—	—	1	—	6	5	4	5	1	2	—
亚洲	1165	1562	1410	2229	1890	1876	628	3476	4297	3899	5695	4801	4653	1619
西亚	232	423	297	582	437	414	118	498	699	588	1106	1016	914	339
巴林	3	9	11	34	32	13	4	27	49	34	68	70	56	26
伊拉克	1	—	1	—	1	—	2	8	4	2	18	16	46	10
约旦	6	12	6	14	13	9	2	24	32	20	34	26	47	9
科威特	15	46	28	77	39	29	14	10	21	9	30	28	32	7
黎巴嫩	11	16	6	11	4	14	2	11	18	11	9	27	32	11
阿曼	—	—	4	6	3	4	—	13	37	16	55	42	38	25
巴勒斯坦地区	—	1	—	—	—	—	—	—	5	1	2	1	1	—
卡塔尔	9	20	10	50	22	18	18	23	44	31	82	85	64	28

续表

合作地区/经济体	全世界作为目的地							全世界作为来源地						
	2005 年	2006 年	2007 年	2008 年	2009 年	2010 年	2011 年（1~4 月）	2005 年	2006 年	2007 年	2008 年	2009 年	2010 年	2011 年（1~4 月）
	按来源分							按目的地分						
沙特阿拉伯	20	58	54	56	32	28	8	58	94	54	108	140	116	38
叙利亚	—	—	—	2	1	—	—	24	16	16	29	19	21	8
土耳其	65	51	32	62	61	87	21	68	86	97	171	156	146	47
阿拉伯联合酋长国	102	210	145	266	229	211	47	229	290	293	490	401	309	128
也门	—	—	—	4	—	1	—	3	3	4	10	5	6	2
南亚、东亚和东南亚地区	933	1139	1113	1647	1453	1462	510	2978	3598	3311	4589	3785	3739	1280
东亚	514	586	643	844	820	806	267	1589	1734	1526	1972	1638	1721	563
中国	141	129	207	261	330	267	85	1257	1407	1218	1548	1167	1301	424
中国香港	99	119	116	170	134	121	52	126	160	150	224	275	209	70
朝鲜	—	—	—	—	—	—	—	—	2	4	4	1	—	1
韩国	186	217	198	256	222	241	80	119	88	72	88	97	112	32
中国澳门	—	—	—	1	—	—	—	9	6	13	14	9	7	1
蒙古	—	—	—	—	—	1	—	8	3	6	7	3	8	1
中国台湾	88	121	122	156	134	176	50	70	68	63	87	86	84	34
南亚	214	315	226	380	294	372	157	691	1056	764	1072	850	857	357
阿富汗	1	—	—	—	—	—	2	5	3	1	2	6	9	1
孟加拉国	4	3	—	3	2	6	—	7	12	5	13	17	30	6
不丹	—	—	—	—	—	—	—	—	2	—	—	2	2	—
印度	191	297	215	358	267	339	148	591	984	695	972	745	747	329
伊朗	7	7	7	9	16	13	2	10	9	17	20	15	11	1
马尔代夫	—	—	—	—	—	—	—	—	5	2	4	3	8	2
尼泊尔	—	—	—	1	—	3	2	—	2	1	11	4	4	2
巴基斯坦	6	4	3	6	5	8	2	66	28	28	28	35	20	6
斯里兰卡	5	4	1	3	4	3	1	12	11	15	22	23	26	10
东南亚	205	238	244	423	339	284	86	698	808	1021	1545	1297	1161	360
文莱	2	—	—	1	—	—	1	4	—	6	4	8	4	—
柬埔寨	—	—	—	1	7	—	—	6	5	8	35	31	34	13
印度尼西亚	9	5	9	5	10	14	2	76	98	82	136	118	124	46
老挝	—	—	—	2	—	—	—	8	8	11	21	15	12	3

续表

合作地区/经济体	全世界作为目的地							全世界作为来源地						
	2005年	2006年	2007年	2008年	2009年	2010年	2011年(1~4月)	2005年	2006年	2007年	2008年	2009年	2010年	2011年(1~4月)
	按来源分							按目的地分						
马来西亚	73	71	73	135	114	75	18	92	125	172	214	158	187	51
缅甸	—	—	1	—	—	—	—	—	2	3	6	5	5	2
菲律宾	6	9	25	19	14	23	2	66	62	97	143	119	96	24
新加坡	84	100	92	177	119	106	28	156	197	254	304	311	321	121
泰国	19	36	29	47	51	38	25	120	112	123	331	276	209	40
东帝汶	—	—	—	—	—	—	—	1	—	—	—	—	1	—
越南	12	17	15	36	24	28	10	169	199	265	351	256	168	60
大洋洲	—	2	—	3	4	2	1	2	4	3	12	9	7	4
斐济	—	—	—	—	1	1	—	—	1	1	3	2	—	2
密克罗尼西亚	—	1	—	—	—	—	—	—	1	—	—	—	—	—
新喀里多尼亚	—	—	—	—	—	—	—	1	—	1	1	1	—	—
巴布亚新几内亚	—	—	—	2	—	1	1	1	2	1	6	5	5	1
东南欧和独联体	182	207	189	298	244	266	71	906	777	780	1168	843	906	279
东南欧	8	14	9	31	21	32	5	148	140	156	231	136	175	61
阿尔巴尼亚	—	—	—	—	—	1	—	13	11	8	16	7	6	3
波斯尼亚和黑塞哥维尼亚	2	—	—	—	—	2	2	26	17	23	25	20	20	9
克罗地亚	6	7	7	16	8	13	1	45	39	32	40	30	42	11
马其顿	—	—	—	—	4	2	1	11	27	9	22	18	14	3
黑山	—	—	—	—	—	1	—	—	3	5	14	1	11	1
塞尔维亚	—	7	2	15	9	13	1	53	43	79	114	60	82	34
独联体	174	193	180	267	223	234	66	758	637	624	937	707	731	218
亚美尼亚	2	1	—	3	—	2	—	12	8	8	20	20	9	2
阿塞拜疆	4	2	10	21	20	15	6	20	14	17	43	44	24	6
白俄罗斯	2	7	14	8	9	19	6	11	19	19	28	26	39	9
格鲁吉亚	—	—	—	2	3	3	1	11	19	20	40	29	30	4
哈萨克斯坦	12	5	2	7	10	9	—	29	25	33	62	46	32	21
吉尔吉斯斯坦	1	—	—	1	1	—	—	3	3	4	7	2	—	2
摩尔多瓦	—	—	—	1	—	—	—	13	6	12	6	9	11	4
俄罗斯	139	154	133	192	151	160	46	512	396	383	573	403	451	135

续表

合作地区/经济体	全世界作为目的地							全世界作为来源地						
	2005 年	2006 年	2007 年	2008 年	2009 年	2010 年	2011 年（1~4 月）	2005 年	2006 年	2007 年	2008 年	2009 年	2010 年	2011 年（1~4 月）
	按来源分							按目的地分						
塔吉克斯坦	—	—	—	3	2	—	—	6	2	4	4	6	1	3
土库曼斯坦	—	—	—	—	—	—	—	1	—	5	11	10	7	2
乌克兰	14	24	21	29	27	26	7	126	128	108	125	92	113	22
乌兹别克斯坦	—	—	—	—	—	—	—	14	17	11	18	20	14	8
备注														
最不发达国家（LDCs）①	7	7	9	33	29	22	5	133	152	109	327	267	288	97
内陆发展中国家（LLDCs）②	21	12	13	52	49	36	13	173	172	169	358	327	242	97
小岛屿发展中国家（SIDS）③	4	8	8	14	14	16	11	22	17	21	48	25	34	13

注：①最不发达国家包括：阿富汗、安哥拉、孟加拉国、贝宁、不丹、布基纳法索、布隆迪、柬埔寨、中非共和国、乍得、科摩罗、刚果民主共和国、吉布提、赤道几内亚、厄立特里亚、埃塞俄比亚、冈比亚、几内亚、几内亚比绍、海地、基里巴斯、老挝人民民主共和国、莱索托、利比里亚、马达加斯加、马拉维、马里、毛里塔尼亚、莫桑比克、缅甸、尼泊尔、尼日尔、卢旺达、萨摩亚、圣多美和普林西比和普林西比、塞内加尔、塞拉利昂、所罗门群岛、索马里、苏丹、东帝汶、多哥、图瓦卢、乌干达、坦桑尼亚联合共和国、瓦努阿图、也门和赞比亚。

②内陆发展中国家的国家包括：阿富汗、亚美尼亚、阿塞拜疆、不丹、玻利维亚、博茨瓦纳、布基纳法索、布隆迪、中非共和国、乍得、埃塞俄比亚、哈萨克斯坦、吉尔吉斯斯坦、老挝人民民主共和国、莱索托、前南斯拉夫马其顿共和国、马拉维、马里、摩尔多瓦、蒙古、尼泊尔、尼日尔、巴拉圭、卢旺达、斯威士兰、塔吉克斯坦共和国、土库曼斯坦、乌干达、乌兹别克斯坦、赞比亚和津巴布韦共和国。

③小岛屿发展中国家包括：安提瓜和巴布达、巴哈马、巴巴多斯、佛得角、科摩罗、多米尼加、斐济、格林纳达、牙买加、基里巴斯、马尔代夫、马绍尔群岛、毛里求斯、密克罗尼西亚、瑙鲁、帕劳、巴布亚新几内亚、圣基茨和尼维斯、圣卢西亚、圣文森特和格林纳丁斯、萨摩亚、圣多美与普林西比、塞舌尔、所罗门群岛、东帝汶联邦、汤加、特立尼达和多巴哥、图瓦卢和瓦努阿图。

资料来源：联合国贸发会议，根据金融时报有限公司，外国直接投资市场（www.fDimarkets.com）的信息。

附表 3.1 至 2011 年 5 月末国际投资协定列表[①]

	经济和地区	双边投资协定	避免双重征税协定	其他国际协定[②]	总计
1	阿富汗	3	1	2	6
2	阿尔巴尼亚	40	30	5	75
3	阿尔及利亚	46	31	6	83
4	安哥拉	8	—	7	15
5	安圭拉	0	4	1	5
6	安提瓜和巴布达	2	6	7	15
7	阿根廷	58	41	16	115
8	亚美尼亚	36	39	2	77
9	阿鲁巴	—	6	—	6
10	澳大利亚	23	66	16	105
11	奥地利	64	94	63	221
12	阿塞拜疆	40	37	2	79
13	巴哈马	—	1	—	1
14	巴林	30	26	12	68
15	孟加拉国	29	27	3	59
16	巴巴多斯	10	22	3	35
17	白俄罗斯	58	43	2	103
18	比利时[③]	93	106	63	262
19	伯利兹	8	6	9	23
20	贝宁	14	2	5	21
21	百慕大	—	6	1	7
22	玻利维亚	22	8	14	44
23	波斯尼亚和黑塞哥维那	38	12	4	54
24	博茨瓦纳	9	7	6	22
25	巴西	14	38	17	69
26	英属维尔京群岛	—	11	1	12
27	文莱	8	8	17	33
28	保加利亚	68	68	61	197
29	布基纳法索	14	2	6	22
30	布隆迪	7	—	8	15
31	柬埔寨	21	—	16	37
32	喀麦隆	14	4	4	22
33	加拿大	28	108	22	158
34	佛得角	9	1	2	12
35	开曼群岛	—	5	1	6
36	中非共和国	4	1	5	10
37	乍得	14	—	5	19
38	智利	51	26	25	102
39	中国	127	107	15	249
40	哥伦比亚	6	7	17	30
41	科摩罗	6	1	8	15
42	刚果	12	3	5	20
43	刚果民主共和国	14	3	8	25
44	库克群岛	—	1	2	3

续表

	经济和地区	双边投资协定	避免双重征税协定	其他国际协定②	总计
45	哥斯达黎加	20	4	15	39
46	科特迪瓦	10	20	6	36
47	克罗地亚	58	55	5	118
48	古巴	58	12	3	73
49	塞浦路斯	27	43	60	129
50	捷克	78	77	63	218
51	丹麦	55	116	63	234
52	吉布提	7	—	9	16
53	多米尼加	2	7	10	19
54	多米尼加共和国	15	1	6	22
55	厄瓜多尔	18	9	11	38
56	埃及	100	49	15	164
57	萨尔瓦多	22	2	10	34
58	赤道几内亚	7	—	4	11
59	厄立特里亚	4	—	4	8
60	爱沙尼亚	27	50	63	140
61	埃塞俄比亚	29	9	5	43
62	斐济	—	8	3	11
63	芬兰	71	94	63	228
64	法国	101	133	63	297
65	加蓬	12	5	6	23
66	冈比亚	13	6	5	24
67	格鲁吉亚	29	35	5	69
68	德国	136	105	63	304
69	加纳	26	8	5	39
70	希腊	43	52	63	158
71	格林纳达	2	3	9	14
72	危地马拉	17	—	11	28
73	几内亚	19	1	9	29
74	几内亚比绍	2	—	6	8
75	圭亚那	8	4	10	22
76	海地	5	—	4	9
77	洪都拉斯	11	1	10	22
78	中国香港	15	29	3	47
79	匈牙利	58	69	63	190
80	冰岛	9	35	28	72
81	印度	81	80	14	175
82	印尼	62	60	17	139
83	伊朗伊斯	60	37	1	98
84	伊拉克	4	1	6	11
85	爱尔兰	1	71	63	135
86	以色列	37	52	4	93
87	意大利	94	96	63	253
88	牙买加	16	12	10	38

续表

	经济和地区	双边投资协定	避免双重征税协定	其他国际协定②	总计
89	日本	16	75	20	111
90	约旦	52	22	10	84
91	哈萨克斯坦	42	40	4	86
92	肯尼亚	11	13	8	32
93	基里巴斯	—	5	2	7
94	朝鲜	24	10	—	34
95	韩国	90	85	15	190
96	科威特	58	49	13	120
97	吉尔吉斯斯坦	28	16	1	45
98	老挝	23	5	14	42
99	拉脱维亚	45	51	61	157
100	黎巴嫩	50	33	8	91
101	莱索托	3	3	7	13
102	利比里亚	4	4	5	13
103	利比亚	32	12	10	54
104	列支敦士登	—	6	23	29
105	立陶宛	52	48	63	163
106	卢森堡③	—	70	63	133
107	中国澳门	2	7	2	11
108	马达加斯加	9	2	8	19
109	马拉维	6	9	8	23
110	马来西亚	67	82	22	171
111	马里	17	2	9	28
112	马耳他	22	60	60	142
113	毛里塔尼亚	19	2	7	28
114	毛里求斯	36	43	7	86
115	墨西哥	28	49	17	94
116	摩尔多瓦共和国	39	46	3	88
117	摩纳哥	1	6	—	7
118	蒙古	43	31	3	77
119	黑山	16	3	2	21
120	蒙特塞拉特	—	6	5	11
121	摩洛哥	61	49	7	117
122	莫桑比克	24	4	6	34
123	缅甸	6	7	12	25
124	纳米比亚	13	8	4	25
125	尼泊尔	5	7	3	15
126	荷兰	98	131	63	292
127	新喀里多尼亚	—	1	1	2
128	新西兰	5	50	14	69
129	尼加拉瓜	17	—	11	28
130	尼日尔	5	1	6	12
131	尼日利亚	22	15	5	42
132	挪威	15	110	27	152

续表

	经济和地区	双边投资协定	避免双重征税协定	其他国际协定[②]	总计
133	阿曼	33	28	9	70
134	巴基斯坦	47	59	6	112
135	巴勒斯坦领土	2	—	5	7
136	巴拿马	22	14	9	45
137	巴布亚新几内亚	6	7	4	17
138	巴拉圭	24	5	15	44
139	秘鲁	32	8	22	62
140	菲律宾	35	40	16	91
141	波兰	62	90	63	215
142	葡萄牙	53	66	63	182
143	卡塔尔	45	37	11	93
144	罗马尼亚	82	74	61	217
145	俄罗斯	69	68	4	141
146	卢旺达	6	2	9	17
147	圣基茨和尼维斯	—	8	10	18
148	圣卢西亚	2	4	5	11
149	圣文森特和格林纳丁斯	2	5	10	17
150	萨摩亚	—	3	2	5
151	圣马力诺	6	13	—	19
152	圣多美和普林西比	1	—	—	1
153	沙特阿拉伯	22	23	12	57
154	塞内加尔	24	14	6	44
155	塞尔维亚	46	53	2	101
156	塞舌尔	7	14	8	29
157	塞拉利昂	3	4	5	12
158	新加坡	41	81	29	151
159	斯洛伐克	53	63	63	179
160	斯洛文尼亚	37	42	63	142
161	所罗门群岛	—	3	2	5
162	索马里	2	—	6	8
163	南非	46	67	9	122
164	西班牙	76	96	63	235
165	斯里兰卡	27	38	5	70
166	苏丹	28	11	11	50
167	苏里南	3	1	7	11
168	斯威士兰	5	6	9	20
169	瑞典	70	109	63	242
170	瑞士	118	118	26	262
171	叙利亚	41	33	6	80
172	中国台湾	23	19	5	47
173	塔吉克斯坦	31	16	3	50
174	泰国	39	62	23	124
175	马其顿	36	37	5	76
176	东帝汶	2	—	1	3

续表

	经济和地区	双边投资协定	避免双重征税协定	其他国际协定[②]	总计
177	多哥	4	2	5	11
178	汤加	1	—	2	3
179	特立尼达和多巴哥	12	17	10	39
180	突尼斯	54	47	9	110
181	土耳其	82	82	19	183
182	土库曼斯坦	23	12	3	38
183	图瓦卢	—	4	2	6
184	乌干达	15	12	9	36
185	乌克兰	66	46	5	117
186	阿拉伯联合酋长国	38	48	11	97
187	英国	104	153	63	320
188	坦桑尼亚	15	10	7	32
189	美国	47	155	65	267
190	乌拉圭	30	11	17	58
191	乌兹别克斯坦	49	35	3	87
192	瓦努阿图	2	—	2	4
193	委内瑞拉	28	28	6	62
194	越南	58	52	19	129
195	也门	37	9	7	53
196	赞比亚	12	21	9	42
197	津巴布韦	31	14	9	54

注：①这不仅包括了签署和生效的协议，也指结束谈判的协议。本表中的双边投资协定和避免双重征税协定的数目不添加到文中所述的双边投资协定和避免双重征税协定的总数，因为有些经济体/地区并未包括未在此表中列出的协议。另外，因为目前报告的继续更新，由成员国和贸发会议数据库中的数据不同 WIR10 报告中的。

②这些数字包括经济作为区域一体化组织的成员所缔结的协定。

③双边投资协定包括比利时—卢森堡经济联盟。

资料来源：联合国贸发会议，根据 IIA 数据库整理。

附表 3.2 多方利益相关者倡议（MSI）标准（标准和科目代码）

多方利益相关者	标准	标准中的基本原则	相关主题
4C 协会	4C 行为规则	● 联合国人权宣言 ● 打击跨国有组织犯罪的联合国公约 ● 国际劳动组织的基本劳工标准 ● 经合组织的跨国公司准则	人权 劳工行为 环境
Bonsucro	Bonsucro 标准	● 土著人民权利的联合国宣言 ● 国际劳动组织的基本劳工标准	人权 劳工行为 环境
CERES	CERES 原则	● 无	环境
清洁成衣运动	服装行业（包括运动服）劳动实践	● 国际劳工组织基本劳工标准	人权 劳工行为
道德贸易倡议	ETI 基本规则	● 国际劳工组织基本劳工标准	人权 劳工行为
公平劳工协会	公平劳工协会工作行为守则	● 国际劳工组织基本劳工标准	人权 劳工行为
服交会基金会	服交会行为守则	● 国际劳工组织基本劳工标准 ● 人权宣言	人权 劳工行为
森林监管委员会（FSC）	FSC 原则与标准	● 国际劳工组织基本劳工标准	劳工行为 环境
GoodWeave	GoodWeave 行为守则	● 国际劳工组织基本劳工标准	人权 劳工行为
全球报告倡议组织（GRI）	全球报告倡议组织可持续报告指南	● 联合国人权宣言 ● 联合国气候变化框架公约 ● 联合国消除对妇女一切歧视公约 ● 国际劳工组织基本劳工标准	人权 劳工行为 环境 贿赂
Greene 能源	Greene 气候标准	● 联合国气候变化框架公约	环境
国际有机农业运动联合会（IFOSM）	国际有机农业运动联合会标准（开发中）	● 联合国宪章的儿童国际劳工组织公约中有关劳工福利的权利	人权 劳工行为 环境
ISO	ISO14000	● 无	环境
	ISO26000	● ISO26000 中关于企业社会责任的主要国际标准	人权 劳工行为 环境 贿赂
海洋管理委员会（MSC）	MSC 可持续渔业环保标准	● 负责渔业行为守则（联合国粮农组织）	环境
生物燃料可持续发展圆桌会议（RSB）	RSB 原则和标准	● 无	人权 劳工行为 环境
棕榈油可持续发展圆桌会议（RSPO）	RSPO 原则和棕榈油可持续生产标准（RSPO P&C）	● 土著人民权利的联合国宣言 ● 联合国生物多样性公约 ● 国际劳工组织基本劳工标准 ● 国际劳工组织关于土著和部落民族公约	人权 劳工行为 环境
国际社会责任	SA8000	● 联合国人权宣言 ● 联合国关于消除对妇女一切歧视公约 ● 联合国儿童权利公约 ● 国际劳工组织基本劳工标准	人权 劳工行为

多方利益相关者	标准	标准中的基本原则	相关主题
农业可持续发展网络（SAN）/雨林联盟	SAN 标准	● 联合国人权宣言 ● 联合国儿童权利公约 ● 国际劳工组织基本劳工标准	人权 劳工权利 环境
透明国际	透明国际反贿赂商业原则	● 无	贿赂
UTZ 认证	UTZ CERTIFIED 行为法则	● 国际劳工组织基本劳工标准	人权 劳工权利 环境
安全和人权自愿原则	安全和人权自愿原则	● 联合国人权宣言 ● 联合国执法人员行为守则 ● 联合国执法人员关于使用武力和火器的基本原则	人权
工人权利协会	工人权利协会行为守则	● 国际劳工组织基本劳工标准 ● 劳工组织的其他公约	人权 劳工行为
全球生产责任认证（WRAP）	WRAP 行为守则	● 国际劳工组织基本劳工标准	人权 劳工行为

资料来源：联合国贸发会议。

附表 3.3 行业协会准则（相关主题和政府间组织标准）

行业协会	标准（准则）	相关政府间组织标准	相关主题
商业社会责任倡议（BSCI）	BSCI 行为准则	● 联合国世界人权宣言 ● 联合国全球契约 ● 国际劳工组织的基本人权公约 ● 经合组织的跨国公司准则	人权 劳工行为 环境 贿赂
Caux 圆桌会议	Caux 商业圆桌会议原则	● 无	人权 劳工行为 环境 贿赂
欧洲纸业联合会（CEPI）	CEPI 行为守则	● 无	环境
电子产业公民联盟	电子行业行为准则	● 联合国世界人权宣言 ● 联合国全球契约 ● 联合国反腐倡廉公约 ● 国际劳工组织的基本人权公约 ● 经合组织的跨国公司准则	人权 劳工行为 环境 贿赂
赤道原则	赤道原则	● 国际劳工组织的基本人权公约	人权 劳工行为 环境
Forética	NormaSGE21	● 联合国世界人权宣言 ● 联合国全球契约 ● 跨国功盖和社会政策的第三方宣言 ● 国际劳工组织的其他公约 ● 经合组织的跨国公司准则	人权 劳工行为 环境 贿赂
国际商会	ICC 可持续发展商业宪章	● 无	环境
	ICC 敲诈和贿赂的国际刑事法院规则	● 联合国反腐倡廉公约 ● 联合国全球契约 ● 经合组织关于打击贿赂外国公职人员的公约	贿赂
国际玩具工业理事会（ICTI）	国际玩具工业理事会（ICTI）CARE 行为守则	● 国际劳工组织的基本劳动标准	人权 劳工行为
国际水电协会（IHA）	IHA 可持续性指南	● 无	环境
国际采矿和金属理事会（IMMC）	可持续发展业绩的原则	● 联合国全球契约 ● 里约宣言 ● 国际劳工组织的其他公约 ● 经合组织的跨国公司准则 ● 经合组织关于打击贿赂外国公职人员的公约	人权 劳工行为 环境 贿赂
石油工业（IPIECA）	报告温室气体排放指南	● 无	环境
责任关怀（化工）	全球责任宪章	● 联合国全球契约	劳工行为 环境
倡廉国际经济论坛（PACI）	打击贿赂的 PACI 原则	● 联合国全球契约 ● 经合组织关于打击贿赂国际商业交易中的外国公职人员的公约 ● 经合组织的跨国公司准则	贿赂
世界可可基金会	可持续发展原则	● 无	人权 劳工行为 环境
世界联合会运动食品工业（WFSFI）	WFSFI 行为守则	● 国际劳工组织的基本劳动标准	人权 劳工行为

资料来源：联合国贸发会议和个别倡议数据。

附表 4.1 2009 年收入排名前 10 位的电子产品合同制造商[1]

公司	总部	收入（10 亿美元）	主要客户	全球雇员	主要海外生产基地	其他相关信息
富士康/鸿海	中国台湾	59.3	苹果公司，惠普，戴尔，诺基亚，索尼爱立信，三星，微软，宏碁，英特尔，三星，思科，任天堂，亚马逊	611000	中国，马来西亚，越南，捷克	在许多国家的生产操作。在中国约 20 家工厂
伟创力	新加坡	30.9	阿尔卡特—朗讯，思科，戴尔，索尼爱立信，惠普，华为，联想，微软，柯达，西部数据，研究在运动，摩托罗拉	160000	巴西，中国，匈牙利，马来西亚，墨西哥，波兰，乌克兰，印度	在 30 个国家和地区的生产设施，覆盖美洲、欧洲和亚洲
广达电脑	中国台湾	25.4	苹果公司，康柏，东芝，戴尔，惠普，富士通，LG，西门子，索尼，Gateway 公司，思科，联想，西门子，松下，夏普公司，Research in Motion 公司，Gericom	64719	中国，美国，德国	在美洲、亚洲和欧洲生产，也有许多工厂在中国
仁宝	中国台湾	20.4	宏碁公司，富士通—西门子，惠普，戴尔，东芝，联想集团	58025	中国，越南，波兰，巴西，美国	有大量工厂在中国
纬创	中国台湾	13.9	宏碁，索尼，戴尔，微软，联想，富士通西门子，惠普	39239	中国，菲律宾，捷克共和国，墨西哥	纬创在中国和荷兰都有研发中心
英华	中国台湾	13.5	苹果公司，宏碁，惠普，东芝，富士通—西门子，联想	29646	中国，韩国，美国，墨西哥，英国，捷克，马来西亚	研发设施在美国、英国和日本。软件和服务外包中心在中国
Jabil	美国	13.4	苹果公司，惠普，思科，IBM，Echostar，NetApp，Pace，Research in Motion，通用电气公司	61000	巴西，墨西哥，奥地利，英国，德国，法国，匈牙利，中国，马来西亚，新加坡，越南	在美洲、欧洲和亚洲 20 多个国家有 59 家制造和设计工厂
冠捷科技	中国香港	8.0	戴尔，惠普，IBM，三菱电机	24479	主要集中在中国。此外，在波兰，巴西和墨西哥	另外销售其自有品牌 AOC 和冠捷等各种 PC 显示器。2009 年 PC 显示器销售收入中有 31%来自自有品牌制造（OBM）和 69%的原始设计制造（ODM），而 LDC 电视有 12%来自 OBM 和 88%的 ODM
天鸿	加拿大	6.5	日立，IBM，思科，Research in Motion 公司	35000	中国，马来西亚，新加坡，泰国，墨西哥，美国，捷克共和国，爱尔兰，罗马尼亚，英国	在全世界有 20 多家设计生产工厂。同时，Celestica 在泰国还有一个区域技术中心，在中国台湾有一个全球设计服务中心
Sanmina-SCI	美国	5.2	IBM，联想，惠普，思科，戴尔，诺基亚，卡特彼勒	31698	墨西哥，巴西，匈牙利，马来西亚，新加坡，中国，印度尼西亚，泰国	在 18 个国家生产产品
总计	—	196.5	—	—	—	—

注：①这些公司通常被称为电子制造服务（EMS）供应商。
资料来源：联合国贸发会议，根据彭博及公司年度报告中的数据整理。

附表 4.2 2009 年收入排名前 10 位的汽车零配件合同制造商

公司	总部	全球零配件销售额（10 亿美元）	主要客户	雇员[③]	其他相关信息
Denso 公司	日本	32[①]	通用，克莱斯勒，宝马，奔驰，丰田，本田，五十铃，斯巴鲁，马自达，日野，三菱，现代，起亚，Deer&Co.，卡特彼勒公司，铃木，康明斯，CNH 公司。2008 年，丰田公司占公司销售的 30%	共 120000 人	在 33 个国家生产经营，其海外子公司在美洲有 34 家公司，欧洲 34 家和亚洲—大洋洲 48 家。在 2009~2010 财年的销售额约 42%来自日本以外，其中，在美洲 15%，欧洲 12%，亚太（15%）。在日本约 76%的销售于第三方客户，在美洲 99%，欧洲 98%和亚太地区 93%
罗伯特博世	德国	25.6	约 76%的销售收入在德国以外的其他国家产生	共 270687 人，其中德国占 41%，欧洲 26%，美国 12%，亚太平洋地区和其他国家 21%	在 60 个国家有 300 多家分公司和区域性公司
爱信精机	日本	22.1	除丰田外，其他主要客户还包括大众，铃木，福特，三菱，通用汽车公司，马自达，大宇，尼桑和现代	74447 人	有 154 家子公司，其中国内 71 家，海外 83 家。主要生产基地包括泰国，中国和美国。其他主要的制造中心：美国，英国，比利时，捷克共和国，土耳其，印度尼西亚，印度，巴西，墨西哥和加拿大。在 2009~2010 年约 25%的销售额来自日本以外的国家
Continental	德国	18.7	大众，戴姆勒，福特，沃尔沃，依维柯，宝马，丰田，本田，雷诺，通用，KOEGEL，福莱纳卡车	共 148228 人，其中德国占 33%，欧洲占 33%，NAFTA 占 14%，亚洲占 15%	包括汽车和橡胶集团，在 46 个国家经营。约 99%的销售给外部客户。这包括对底盘和安全事业部，动力总成，内饰，和乘客的轻型卡车轮胎。在 2009 年的销售主要集中在欧洲，占全球销售的 34%，德国 29%，北美自由贸易区 17%和亚洲 14%。它仅在中国拥有 18 个工厂
麦格纳国际	加拿大	17.4	通用，福特，宝马，菲亚特/克莱斯勒，大众，戴姆勒	共 96000 人，主要集中在欧洲，美国，墨西哥和加拿大	在 26 个国家有 256 个生产装配工厂，覆盖 5 大洲：美国 49 家，墨西哥 29 家，中国 15 家，印度 5 家，巴西 5 家，阿根廷 4 家，韩国 4 家，南非 2 家，泰国 1 家
LG 化工	韩国	13.1[②]	通用汽车，现代汽车，沃尔沃，福特和雷诺	共 3000 人	该公司已在 15 个国家有 25 个营业网点。2008 年公司总收入中约 81%来自石化行业，19%来自信息、电子材料和电池等行业。2008 年，中国是在收入方面最大的东道国，占海外销售的 64.4%。其海外工厂大部分都集中在中国（9 个）。它还有工厂在印度，越南，中国和波兰，台湾省。另外，还有 2 个研发中心在美国
佛吉亚	法国	13	2009 年的销售额中 PSA 标致雪铁龙贡献了 20%。其他主要客户包括大众汽车集团，福特，雷诺/日产，宝马，通用，戴姆勒，丰田，克莱斯勒，菲亚特	共 8414 人	标致集团的一部分。它在 32 个国家拥有 200 个生产基地。海外生产厂中的大部分都是在美国，西班牙，德国，中国。佛吉亚已经在墨西哥，巴西，阿根廷，英国，葡萄牙，瑞典，波兰，捷克共和国和印度的工厂。它在全世界有 33 个研发中心，主要分布在欧洲和美国，其他的集中于中国，印度和巴西等
江森自控	美国	12.8[①]	在 2010 财年，该公司的最大客户是福特汽车公司，通用汽车公司（GM），戴姆勒克莱斯勒。对于 2009 财年，销售分布地域是美国（39%），德国（10%），墨西哥（3%），其他欧洲国家（26%），和世界其他地区（22%）	共 30000 人	在 27 个国家有 175 家生产组装工厂

续表

公司	总部	全球零配件销售额(10亿美元)	主要客户	雇员[③]	其他相关信息
德尔福控股	美国	11.8	通用，福特和其他汽车制造商。客户主要是1级汽车供应商。约21%的收入来自通用汽车公司和其分支机构，79%的来自其他客户	共46600人	在32个国家生产运作
ZF Friedrichs-hafen	德国	11.7	其中主要客户包括：阿尔法罗密欧，宝马，DKW，法尔，福特，克虏伯泰坦，易初莲花，奔驰，标致，保时捷	共9771人	ZF集团在26个国家有117生产企业和8个主要发展地。其涵盖5个大洲：欧洲，北美，南美，亚太和中东及非洲。117个生产企业中，有31个在德国，中国19个，美国10个，法国7个，巴西5个，印度5个，南非5个，墨西哥4个，斯洛伐克3个，英国3个和意大利3个
总计	—	178.2	—	—	—

注：①一个会计年度。

②估计数。

③2010年。

④这些数字不包括售后市场销售和各自公司无关的销售。

资料来源：联合国贸发会议、彭博和公司的年度报告以及汽车新闻："全球供应商100强"，2010年6月14日。

附表 4.3 2009 年收入排名前 10 位的合同医药制造商①

公 司②	总部	收入（百万美元）	主要客户	全球雇员	主要海外生产基地
Catalent 制药公司	美国	1640	前 50 强医药公司：Pfizer、Merck、Novartis、GlaxoSmithKline、Bayer、Amgen、Roche and Astra Zeneca。前 20 名客户占了 55%的收入	9200	在 5 个国家有 20 多家生产工厂
龙沙集团股份有限公司	瑞士	1310	KaloBios 医药公司、Genentech、Enobia、Athera	8386	在美国、西班牙、比利时、丹麦、德国、瑞士、美国、捷克、中国、新加坡、印度、日本和法国有 R&D 工厂
Boehringer Ingelheim Verwaltungs GmbH	德国	1096	MorphoSys，Elan，Amgen & Wyeth Pharmaceuticals，Bayer Schering Pharma Ag，Genentech，Genzyme Corp，GlaxoS－mithKline，InterMune，MedImmune，Merck，Nycomed Danmark	6200	在北美、南美、欧洲和亚洲有生产点。在奥地利、美国、意大利、西班牙、印度尼西亚、巴西和希腊有代加工生产点
Royal DSM	荷兰	1006	Novacta Biosystems Ltd.，APT Pharmaceu－ticals Inc.，GlycoMimetics Inc.，Genzyme Pharmaceuticals，MorphoSys，NicOx	4374	在美国、中国、印度、奥地利和其他欧洲国家有生产基地
Piramal Healthcare Ltd.	印度	735	主要客户来自前 50 强医药公司，亚洲业务收入主要来自印度。然而，印度之外其他国家的收入也逐渐增长。大约总收入的 28%来自合同制造商：Amgen 和 AstraZeneca	7311	在加拿大和英国的工厂进行药物的研发活动而在中国的工厂仅限于原材料配制
Jubilant Life Sciences（formerly known as Jubilant Organosys Limited）	印度	710	Duke 医药，Endo 医药，GlaxoSmithKline，Guerbet	5950	在美国和加拿大有生产工厂
NIPRO Corporation	日本	625	—	9939	在巴西、美国、泰国、中国和印度都有医药加工厂大约占公司收入的 33%医药业务
Patheon Inc.	加拿大	530	全世界大约有 300 家客户。其中，世界最大的 20 家医药公司中有 19 家；世界最大的 10 家生物科技企业中有 6 家；世界最大的 10 家特殊药物公司中有 5 家。还有很多其他的大型医药企业	4000	在美国、英国、法国和意大利等国家有 14 个研发和制造基地
Fareva Holding	法国	418	超过 200 家国际医药企业	5000	在德国、意大利、瑞士、英国和土耳其等国家有工厂，在德国还有研发中心
Haupt Pharma AG	德国	348	全球主要医药企业	2000	在意大利、法国和日本有生产工厂
总计	—	8418	—	—	—

注：①仅包括合同制造商的收入。
②Evonik（Degussa）是一个很重要的合同制造商，但其信息难以获得。
资料来源：联合国贸发会议、彭博资讯和公司年度报告。

附表 4.4　2009 年主要服装和鞋类品牌拥有者合同生产情况

品牌公司	所属国	销售额	供应商国家数	供应商数	供应商工厂数	供应商工人数	主要生产基地/其他信息
Dior（包括 LVMH）	法国	25459	—	—	—	—	时装和皮革商品的分包商费用是迪奥 2010 年销售成本的 34%。迪奥在生产中，约有 70%的供应商来自欧洲（法国、意大利和西班牙），亚洲 20%，北美 5%，其他 5%
Nike	美国	19083	46	—	—	600823026（北亚 490670，南亚 256385，51604 美洲，EMEA[①]24367）	都由美国以外的供应商生产。2010 年，越南、中国、印度尼西亚、泰国和印度的产量分别约占耐克总产量的 37%、34%、23%、2%和 1%。NIKE 与阿根廷、巴西和墨西哥的独立工厂有代加工协议，主要供应当地市场。基本耐克所有的品牌产品都是在美国以外的其他 33 个国家代加工生产，例如中国、泰国、印度尼西亚、马来西亚、越南、斯里兰卡、土耳其、柬埔寨、萨尔瓦多、墨西哥和中国台湾
Adidas Group	Germany	14894	69	—	1230	—	阿迪达斯由多个供应商代加工，大部分在亚洲，如中国、印度、印度尼西亚、泰国和越南
H&M Hennes & Mauritz AB	瑞典	14507	30	675	1693	—	H&M 在 30 多个国家由 675 个工厂代加工生产，主要集中于亚洲和欧洲。其中，在东亚和东南亚约有 660 家工厂，EMEA 地区 580 家，南亚 400 家
The Gap Inc.	美国	14197	—	—	728	—	像其他品牌一样，Gap 也是广泛进行代加工生产，其代加工厂商主要集中在低生产成本国家。Gap 的代加工厂商在亚洲有 188 家，中国 186 家，东南亚 180 家，北亚 57 家，墨西哥—中美洲—加勒比海地区共 39 家，北非和中东 20 家，欧洲 20 家，美国和加拿大 18 家，南美洲 14 家，撒哈拉非洲地区 5 家
Indites SA	西班牙	13336	—	1237	—	308508（其中孟加拉国 161080，土耳其 43275，葡萄牙 14264，中国澳门 36804，印度 53085）	共有 599 个工厂为其代加工生产，其中 480 家在亚洲，94 家在非洲，51 家在美洲
VF	United States	7143	60	—	1500+	—	2010 年，VF 大约有 66%的产品是外包给代加工厂商进行生产的。其中亚洲厂商占 51%，北美占 18%，中南美占 16%，欧洲占 12%，非洲 3%
Polo Ralph Lauren	United States	5019	—	400+	—	—	2010 年，公司不到 2%的产品是在美国本土生产，超过 98%的产品是由来自亚洲、欧洲和南美洲的代工商生产的
Puma	德国	3530	45	—	351（发展中国家和转型经济体 292，中国 100，土耳其 30，越南 22）	300000（including tier 2 and 3 suppliers）	Puma 主要的代加工厂商集中在亚洲，如中国、越南、印度尼西亚、柬埔寨和孟加拉国
The Jones Group	美国	3327	—	—	—	—	Jones 集团的产品主要是自己设计，然后由亚洲、中东和非洲等地厂商代加工生产。2010 年公司产品几乎都是由北美厂商代加工生产，该公司与其合作厂商往往都是长期的合作关系，但彼此间的长期合作并非是通过协议建立的

续表

品牌公司	所属国	销售额	供应商国家数	供应商数	供应商工厂数	供应商工人数	主要生产基地/其他信息
Collective Brands Inc.	美国	3308	—	—	—	—	鞋类产品的85%都是由中国厂商代工生产。该公司为降低生产成本不仅在国家间，即便是在中国，国家也采取外包的生产模式。2010年，公司鞋类产品中13%由越南代工，剩余13%由其他不同国家的厂商代工生产，如巴西、印度、印度尼西亚和泰国。各地代加工厂商所生产的所有产品都满足公司要求和标准
American Eagle	美国	2991	20+	—	450+	—	公司只拥有品牌，没有相关生产设施，所有产品都是有来自20多个国家的代加工厂商生产
Abercrombie & Fitch	美国	2929	28	191	—	—	2010年，这个品牌公司的商品主要从世界各地191家厂商那购买而来，主要是亚洲和中南美洲。在2010年该公司从任意一家代工厂商那所购买的商品都没有超过5%
Benetton	意大利	2925	—	—	—	—	Benetton在不同国家有其代工网络，其外包厂商集中在中国、印度、泰国和土耳其。中国、东南亚和印度是其三个主要外包地区。到2010年12月，公司代加工商品已达50%
Onward Holdings	日本	2668	—	—	—	—	Onward没有自己的生产工厂，90%的产品是靠外包代工，而其中70%~80%的由中国厂商代加工生产
Phillips Van Heusen	美国	2399	55	—	1014	—	公司大部分的衬衫和运动服是由远东、印度、中东、加勒比海地区和中美洲等地的厂商代加工生产。而鞋类产品则主要外包给远东、南美洲和加勒比海地区的工厂生产
Hugo Boss	德国	2241	—	300	—	—	Hugo Boss有自己的生产工厂，但大部分产品仍然外包给第三方供应商。大约有76%是由其他厂商代加工生产，其中，51%由欧洲厂商生产，27%在亚洲，11%在东欧，9%在南非，2%在美洲
总计	—	139956	—	—	—	—	—

注：①欧洲、中东和非洲（EMEA）。

资料来源：联合国贸发会议，由公平劳动协会的2009年年报（www.FairLabor.org）及各公司报告整理。

附表 4.5　2009 年收入排名前 15 位的外包 IT-BPO 服务供应商

公司	所属国	IT-BPO 收入（百万美元）	全球雇佣	主要服务中心
IBM①	美国	38201	总共 426751 人，其中 190000 人从事商业服务。大约 100000 名员工在印度 IBM 调度中心从事 BPO 服务	IBM 在 40 多个国家有 50 个 IT-BPO 服务中心，大部分位于发展中国家
惠普①	美国	34935	总共 324600 人，其中 139500 人在 50 多个国家从事 IT-BPO 服务。在 2007 年，大约 30%的劳动力来自印度	主要的服务中心在美国、印度和英国。此外，HP 在 50 多个国家有服务点。在印度、中国、新加坡、墨西哥、哥斯达黎加和西班牙等地拥有 7 个全球商务中心
富士通	日本	27071	总共 172438 人，其中 18000 人在富士通的服务部门。其分公司 TDS 有大约 1200 员工在从事 IT-BPO 服务	富士通有 91 个数据中心和外包服务中心在 16 个国家，包括英国、芬兰、澳大利亚、中国、新加坡、菲律宾和印度
施乐①	美国	9637	总共 136500 人，其中 46000 人从事服务业务	全球服务中心主要位于印度、墨西哥、菲律宾、牙买加、加纳、巴西、危地马拉、智利、阿根廷、西班牙、波兰和爱尔兰
Accenture①	爱尔兰	9179	总共 204000 人，主要从事科技服务和外包活动	Accenture 在世界各地拥有 50 多个服务中心，主要集中在美国、欧洲、中东和非洲
NTT DataCorporation	日本	8925	总共 231315 人，其中 34543 人从事系统整合和 IT 服务业务。其子公司 Emerio 在全球 14 个基地有 1400 名员工	NTT 的服务中心主要在美国、英国及一些发展中国家，如中国、印度、新加坡和菲律宾
Computer SciencesCorporation（CSC）	美国	6451	总共 94000 人，其中 45000 人在服务部门	CSC 在印度、中国、南亚、东欧、澳大利亚和越南有服务中心
Capgemini①	法国	6071	总共 108698 人，仅在印度就有多余 20000 人从事服务外包	Capgemini 的服务中心遍布世界 36 个国家。其外包中心主要集中在印度、罗马尼亚、越南、澳大利亚和其他地区
戴尔	美国	5622	总共 96000 人，其中 43000 人从事服务业务。戴尔的后勤服务和 BPO 活动在全球拥有 15000 名员工②	戴尔国际服务中心集中在印度、欧洲、拉丁美洲、加拿大和菲律宾
Logica①	英国	5459	总共 38963 人（5750 人在离岸服务点）	Logica 在多于 35 个国家从事服务业务，其外包服务调度主要在印度、菲律宾、墨西哥、马来西亚和东欧国家
Tata ConsultancySer-vices	印度	5164	总共 396517 人，其中 143000 人从事服务业务	TCS 在拉丁美洲、东欧、中东、非洲和亚太地区的服务中心初具规模
Atos Origin①	法国	5011	总共 49036 人，其中 41324 人从事管理服务，医疗 BPO 和系统整合	主要有 4 个离岸管理服务中心：印度、马来西亚、摩洛哥和波兰
Wipro	印度	4189	总共 108071 人，其中有 22000 人从事 BPO 活动	Wipro 的服务中心主要位于美国、法国、德国、澳大利亚、日本、瑞典和英国。在马来西亚、越南、印度尼西亚、菲律宾、波兰、巴西和中国也有
EMC Corporation	美国	3875	总共 48500 人	在许多国家有服务中心，如中国和新加坡
Unisys Corporation	美国	2754	总共 22900 人，其中 17000 人从事专业服务	服务中心主要位于美国、英国、澳大利亚和加拿大，在印度和中国等发展中国家也有
总计	—	172554	—	—

注：①2010 年的数据。

②见 2011 年 4 月 6 日《商业标准》的“Vaswani to lead Dell Services applications and BPO arm”。

资料来源：联合国贸发会议，国际外包服务协会的“2010 年全球外包 100”，Bloomberg，各公司的年度报告和相关信息，Outsourcing Alert（http://www.outsourcing-alert.com/2010/），及各咨询公司的研究报告。

附表 4.6 2009 年收入排名前 15 位的特许经营商

特许经营品牌	母公司	所属国	2009 年全世界销售额（百万美元）	店数总计	国内店数	国际店数	国际化程度（%）	覆盖国家数	覆盖发展中国家和转型经济体数
麦当劳	McDonald's Corporation	美国	70693	31967	13918	18049	56	117	77
7-Eleven	Seven and i Hol-dings Co. Ltd.	日本	53700	35603	6378	29225	82	15	9
肯德基	Yum! Brands, Inc.	美国	17800	12459	5166	7293	59	109	>75
Subway	Doctor's Associates, Inc.	美国	12900	30257	21881	8376	28	98	>60
Burger King	Burger King Holdings, Inc.	美国	12789	11925	7534	4391	37	76	>60
Ace Hardware	Ace Hardware Corp	美国	12500	4630	4410	220	5	70	34
Pizza Hut	Yum! Brands, Inc.	美国	10400	11068	6119	4949	45	95	>90
Circle K Stores	Alimentation Couche-Tard Inc.	加拿大	9148	7077	3324	3753	53	8	6
Wendy's	Wendy's/Arby's Group	美国	9000	6630	5905	725	11	47	35
Marriott Hotels, Resorts & Suites	Marriott International	美国	8539	531	348	183	34	72	57
Hilton Hotels & Resorts	Hilton Worldwide	美国	7700	526	253	273	52	76	>40
RE/MAX	RE/MAX, LLC	美国	7500	6552	3745	2807	43	98	>75
Taco Bell	Yum! Brands, Inc.	美国	7000	5345	5142	203	4	21	10
Blockbuster	Blockbuster, Inc.	美国	6200	7405	4585	2820	38	21	12
Holiday Inn Hotels & Resorts	InterContinental Hotels Group	英国	5840	1353	920	433	32	100 (all brands)	>80
总计	—	—	251709	—	—	—	—	—	—

资料来源：联合国贸发会议，2010 年 10 月《Franchise Times》的 "Top 200 Franchise Systems"，《Franchise Direct》的 "Top 100 Global Franchises 2010"（http:www. franchisedirect.com/top100globalfranchises/rankings/? year=2010），以及各公司年报。

附表 4.7　2009 年收入排名前 10 位的半导体生产商

公司	所属国	收入（百万美元）	客户	全球雇员	主要生产基地	市场份额（%）	其他相关信息
台湾半导体制造公司（TSMC）	中国台湾	9246	TSMC 全世界有 400 多个客户，主要包括：应用微电路公司、高通、Altera、博通、Conexant、Marvell、Nvidia、LSI Logic、英特尔、赛灵思、AMD、苹果和德州仪器	26390	中国台湾、美国、中国和新加坡	46	TSMC 是先进的 IC 的主要外包制造商，是世界最大的半导体制造商，像其他厂商一样，TSMC 即不设计生产，也不营销自己的品牌
美国微电子公司（UMC）	中国台湾	2857	UMC 的主要客户包括：高通、德州仪器、英飞凌、STMi-croelectronics、索尼、安捷伦科技一些设计领先公司，如：赛灵思、博通、MediaTek、Realtek 和 Novatek	13051	中国台湾、新加坡、日本和中国	14	UMC 的大多数硅片都是从几个供应商那购买。2010 年，主要有四家供应商：Shin -Etsu Handotai Corporation，Siltronic AG，MEMC Corporation and Sumco Group（包括 Sumco Corporation 和 Formosa Sumco Technology Corporation）2010 年该公司的前 10 位客户占了其净营业的 63.2%，2008~2010 年，62%多的收入来自海外客户
Chartered Semiconductor[①]	新加坡	1542	摩托罗拉、National Semiconductor、高通、德州仪器	3500	新加坡	8	尽管其制造工厂都在新加坡，但 2009 年其业务却在 11 个国家开展
Global Foun-dries[②]	美国	1101	GlobalFoundries 拥有 150 多家客户，其中不乏许多世界最大的半导体公司，主要包括：ST Microelectronics、ARM、AMD、博通和高通	10000	制造工厂主要设在美国、德国和新加坡	5	GlobalFoundries 以前是 AMD 的下属企业，2009 年 3 月才开始独立运营，在 2009 年年底与 Chartered Semiconductor 合并 2010 年，GlobalFoundries 的收入和市场份额都迅速增长。该公司也与 Freescale，IBM，Infineon，NEC，Samsung and Toshiba 等公司合作研发
中芯国际集成电路制造公司（SMIC）	中国	1071	大约 69%的收入来自中国以外的地区，其中 56%来自北美，13%来自中国台湾	10307	所有生产设施都在中国	5	该公司在美国、欧洲和日本有市场部，在中国香港还有一个办事处
Dongbu HiTek	韩国	440	Analog Devices、Sanken、Silicon Mitus	3360	有两个制造工厂在韩国	2	该公司在韩国有两个生产工厂，此外，还有一个销售中心和研发网络，遍布中国台湾、日本、美国、法国和意大利等地
Vanguard International Semiconductor（VIS）	中国台湾	394	TSMC 占了其总收入的近 30%，一个主要的客户是 Winbond Electronics 公司	3236	中国台湾	2	VIS 最早是 TSMC 的供应商，现在公司收入的 80%来自其前 10 位主要客户
TowerJazz	以色列	309	包括半导体公司，如：Atheros Communications、Conexant、Fairchild Semiconductor、International Rectifier、Ikanos、Intersil、Marvell 科技集团 National Semiconductor、Freescale Semiconductor、On Semiconductor、Panavision、东芝、Vishay-Siliconix、Texas 仪器、VIA 科技 and Zoran 公司	1600	以色列和美国	2	Jazz 在 2008 年被 Tower Semiconductor 收购，现在新公司的名字为 TowerJazz。该公司在中国有 10 个生产工厂

续表

公司	所属国	收入（百万美元）	客户	全球雇员	主要生产基地	市场份额（%）	其他相关信息
IBM Microelectronics	美国	285	—	—	美国	1	—
三星电子	韩国	290	客户主要包括：戴尔，Ixys，高通，赛灵思和苹果	39900	韩国和美国		该公司有 15 个生产工厂，10 个测试和组装工厂，5 个研发中心。半导体生产工厂主要集中在韩国和美国。IC 组装工厂在韩国和中国。半导体研发中心位于美国、中国、日本、俄罗斯、印度和以色列
总计	—	14678	—	—	—	73	—

注：①2009 年，该公司被高科技投资公司（Abu Dhabi）所收购。
②Globalfoundries 曾是 AMD 的下属企业，其销售收入来自 AMD 年报。
资料来源：联合国贸发会议；2010 年 4 月 Gartner 的“Market Share：Semiconductor Foundry，Worldwide，2009”；Bloomberg；各公司相关信息和年报。

参考文献

1. Akyuz, Yilmaz (2011) “Capital flows to developing countries in a historical perspective: will the current boom end with a bust?” *Research Paper* No. 37. Geneva: South Centre.

2. Alfaro, Laura and Maggie Chen (2010) “The global agglomeration of multinational firms”, *Working Paper* 10–043, Harvard Business School, April.

3. Ali–Yrkk, Jyrki, Petri Rouvinen, Timo Seppala? and Pekka Yl?–Anttila (2011) “Who captures value in global supply chains: case Nokia N95 Smartphone”, *Journal of Industry, Competition and Trade*, May.

4. Alliance of Small Island States (AOSIS) and the United Nations Foundation (2008) *Global Climate Change and Small Island Developing States: Financing Adaptation*. Geneva: United Nations.

5. Alon, Ilan (2004) “Global franchising and development in emerging and transition markets”, *Journal of Macromarketing*, 24 (2).

6. Alon, Ilan, Ralph Drtina and James P. Gilbert (2007) “Does franchising provide superior financial returns?”, in Ilan Alon (ed.), *Service Franchising: A Global Perspective*. New York: Springer.

7. Amuasi, John, H. (2009) “Technology transfer and local manufacturing of pharmaceuticals: the South African case” . Paper presented at the ICTSD and UNCTAD conference, *African Dialogue on Technology Transfer for Local Manufacturing Capacity on Drugs and Vaccines*, Cape Town, 10–11 December.

8. Arai, Yukiko, Ata Cissé and Sock Madjiguene (2010) “Promoting job creation for young people in multinational enterprises and their supply chains: Liberia” , *Employment Report*, No. 7. Geneva: International Labour Organization.

10. Asuyama, Yoko, Dalin Chhun, Takahiro Fukunishi et al. (2010) “Firm dynamics in the Cambodian garment industry: firm turnover, productivity growth, and wage profile under trade liberalisation”, *IDE Discussion Paper* No. 268.Chiba: Institute of Developing Economies.

11. A.T. Kearney (2011) *The A.T. Kearney Global Services Location Index*. New York: A.T. Kearney.

12. Athreye, Suma and Sandeep Kapur (2009) “Introduction: the internationalization of Chinese and Indian firms, trends, motivations and strategy”, *Industrial and Corporate Change*, 18 (2): 209–221.

13. Avafia, Tenu, Jonathan Berger and Trudi Hartzenberg (2006) “The ability of select sub–Saharan African countries to utilise TRIPs flexibilities and competition law to ensure a sustainable supply of essential

medicines: a study of producing and importing countries". Stellenbosch: Trade Law Center for South Africa (TRALAC).

14. Bain & Company (2011) *Global Private Equity Report 2011*. Boston, MA: Bain & Company.

15. Barrett, Christopher, Maren Bachke, Marc Bellemare et al. (2010) "Smallholder participation in agricultural value chains: comparative evidence from three continents". *MPRA Paper*, No. 27829. Munich: MPRA.

16. Barrientos, Stephanie (2007) "Global production systems and decent work", *Working Paper*, No. 77. Geneva: International Labour Organization.

17. Beck, Steve, Wouter Deelder and Robin Miller (2010) "Franchising in frontier markets-what's working, what's not, and why", *Innovations*, 5 (1): 153-162.

18. Becken, Susanne (2005) "Harmonizing climate change adaptation and mitigation: the case of tourist resorts in Fiji", *Global Environmental Change-Part A*, 15 (4): 381-393.

19. Berger, Jonathan (2006) "Advancing public health by other means: using competition policy", in P. Roffe, G. Tansey and D. Vivas-Eugui (eds.), *Negotiating Health. Intellectual Property and Access to Medicines*. London: Earthscan.

20. Berger, M., J. Murugi, E. Buch, C. IJsselmuiden, M. Moran, J. Guzman, M. Devlin and B. Kubata (2010) *Strengthening pharmaceutical innovation in Africa*. Geneva: Council on Health Research for Development (COHRED); Johannesburg: New Partnership for Africa's Development (NEPAD).

21. Bergin, Paul, Robert Feenstra and Gordon Hanson (2008) "Offshoring and volatility: evidence from Mexico's maquiladora industry", University of California, Davis and University of California, San Diego and NBER.

22. Bhinda, Nils and Matthew Martin (2009) "Private capital flows to low income countries: dealing with boom and bust", *FPC CBP Series* No. 2. London: Department for International Development/Debt Relief International.

23. Blecker, Robert and Gerardo Esquivel (2010) "NAFTA, trade and development", *CESifo forum* 11 (4): 17-30.

24. Blinder, Alan (2006) "Offshoring: The next industrial revolution?", *Foreign Affairs*, 85 (2): 113-128.

25. Block, Jason P., Richard A. Scribner and Karen B. DeSalvo (2004) "Fast food, race/ethnicity, and income: a geographic analysis", *American Journal of Preventive Medicine*, 27 (3): 211-217.

26. Brenton, Paul, Nora Dihel, Ian Gillson and Mombert Hoppe (2011) "Regional trade agreements in sub-Saharan Africa: supporting export diversification", *Africa Trade Policy*, Note 15, March.

27. Buckley, Peter J. and Mark Casson (1976) *The Future of the Multinational Enterprise*. London: Macmillan.

28. Buckley, Peter J. and Mark Casson (2001) "The moral basis of global capitalism: beyond the

eclectic theory", *International Journal of the Economics of Business*, 8 (2): 303–327.

29. Buckley, Peter J., Jeremy Clegg, Adam R. Cross and Xin Liu (2007) "The determinants of Chinese outward foreign direct investment", *Journal of International Business Studies*, 38: 499–518.

30. Bureau of Labor Statistics (2011), "Productivity and costs, first quarter 2011, revised", Economic News Release, 2 June.

31. CADELEC (Cadena Productiva de la Electrónica) (2010) "Jaliso high tech industry: suppliers development for the Jalisco electronics industry." Slide presentation, cited in: Sturgeon and Kawakami (2010).

32. Caldwell, Melissa L. (2001) "The taste of nationalism: food politics in post-socialist Moscow", *Ethnos*, 67 (3): 295–319.

33. Carrefour (2006) "Convenience stores and other businesses". Available at: http: //www.carrefour.com.

34. Cattaneo, Olivier, Gary Gereffi and Cornelia Staritz (eds.) (2010) *Global Value Chains in a Postcrisis World: A Development Perspective*. Washington, DC: The World Bank.

35. Chari, Anusha and Gupta Nandini (2008) "Incumbents and protectionism: the political economy of foreign entry liberalization", *Journal of Financial Economics*, 88 (2).

36. Chesbrough, Henry W. and Ken Kusunoki (2001) "The modularity trap: innovation, technology phase shifts and the resulting limits of virtual organizations", in I. Nonaka and D.J. Teece (eds.), *Managing Industrial Knowledge*. London: Sage Publications.

37. Child, John and Suzana B. Rodrigues (2005) "The internationalization of Chinese firms: a case for theoretical extension?", *Management and Organization Review*, 1 (3): 381–410.

38. Dash, Kishore (2005) "McDonald's in India". Case prepared for *Thunderbird*, The Garvin School of International Management.

39. Deng, Ping (2004) "Outward investment by Chinese MNCs: motivations and implications", *Business Horizons* 47 (3): 8–16.

40. Dunning, John H. (1980) "Toward an eclectic theory of international production: Some empirical tests", *Journal of International Business Studies*, 11 (1): 9–31.

41. ECLAC (2011). *Foreign Direct Investment in Latin America and the Caribbean 2010*. Santiago: ECLAC.

42. Emerging Markets Private Equity Association (2011) *EM PE Fundraising and Investment Review*. Washington, DC: EMPEA.

43. Eskeland, Gunnar S. and Ann E. Harrison (2003) "Moving to greener pastures? Multinationals and the pollution-haven hypothesis", *Journal of Development Economics*, 70: 1–23.

44. European Commission (2010) Guidelines on Vertical Restraints. *Official Journal* C-130/01, 19 May.

45. European Commission (2011) Communication: Temporary Union framework for State aid measures

to support access to finance in the current financial and economic crisis. *Official Journal* C-006, 11 January.

46. Falch, Morten and Amos Anyimadu (2003) "Tele-centres as a way of achieving universal access-the case of Ghana", *Telecommunications Policy*, 27: 21-39.

47. Filippov, Sergey (2011) "Russia's emerging multinational companies amidst the global economic crisis", *Working Paper* No.3, United Nations University.

48. Fortanier, Fabienne and Jeroen van Wijk (2010) "Sustainable tourism industry development in sub-Saharan Africa: consequences of foreign hotels for local employment", *International Business Review* 19: 191-205.

49. Freund, Peter and George Martin (2008) "Fast cars/fast foods: hyperconsumption and its health and environmental consequences", *Social Theory & Health* 6: 309-322.

50. FSC (2009) "Literature study on the outcomes and impacts of FSC certification", *FSC Policy Series*, No. 2009-P001. FSC International Center.

51. Fujita, Masataka (2008) "A critical assessment of FDI data and policy implications", *TNC Journal*, 17 (2).

52. Fujita, Masataka (2009) "Intra-regional FDI in Africa and development". Paper prepared for *Economic Development in Africa Report* 2009.

53. Gereffi, Gary and Karina Fernadez-Starck (2010) "The offshore services global value chain", Durham, NC: Center for Globalization, Governance and Competitiveness, Duke University.

54. Gereffi, Gary and Frederick Stacey (2010) "The global apparel value chain, trade and the crisis: challenges and opportunities for developing countries", *World Bank Policy Research Working Paper.* Washington, DC: World Bank.

55. Giuliani, Elisa, Carlo Pietrobelli and Roberta Rabellotti (2005) "Upgrading in global value chains: lessons from Latin America clusters", *World Development* 33 (4): 549-573.

56. Global Services (2010) Destinations Compendium 2010. Available at: www.globalservicesmedia.com.

57. Gordon, Bendeta (2008) "The franchise factor. Franchise directions, franchising consulting and trainings." Available at: www.franchize.co.za.

58. Grünhagen, Marko, Carl L. Witte and Susie Pryor (2010) "Effects of US-based franchising in the developing world: a Middle-Eastern consumer perspective", *Consumer Behaviour*, 9: 1-17.

59. Heintz, James (2007) "Human development and clothing manufacturing in Cambodia: challenges and strategies for the garment industry". Paper prepared for Political Economy Research Institute, mimeo.

60. Hennart, Jean-Francois (2009) "Down with MNE-centric theories! Market entry and expansion as the bundling of MNE and Local Assets", *Journal of International Business Studies*, 40: 1432-1454.

61. Hoang, Pham Truong and Ngo Duc Anh (forthcoming) "Industrial human resource development in Vietnam in the new stage of industrialization". Vietnam Development Forum. Available at: www.vdf.org.vn.

62. IMF (2011a). *World Economy Outlook: Tensions from the Two-Speed Recovery: Unemployment,*

Commodities, *and Capital Flows*. Washington, DC: IMF.

63. IMF (2011b) "Global financial stability still at risk", *Global Financial Stability Report Market Update*, January. Intercontinental Hotel Group (2010) Intercontinental Hotel Group Annual Review and Summary Financial Statement. Available at www.expresshospitality.com.

64. International Enterprise Singapore (2010) Annual Report 2009/2010: Emerging Through Extraordinary Times. Ministry of Trade and Industry of Singapore. Available at: www.iesingapore.com.

65. International Franchise Association (IFA) (2007) "IFA, Commerce Department ink formal promotion agreement", *IFA Insider*, 12 (1).

66. International Telecommunication Union (ITU) (2010) *World Telecommunication/ITC Development Report 2010*: *Monitoring the WSIS Targets–A mid–term review*. Geneva: ITU.

67. Ivarsson, Inge and Claes Goran Alvstam (2010a) "Upgrading in global value chains: a case study of technologylearning among IKEA suppliers in China and South East Asia", *Journal of Economic Geography*, 11 (4): 731–752.

68. Ivarsson, Inge and Claes Goran Alvstam (2010b) "Upstream control and downstream liberty of action? Interdependence patterns in global value chains, with examples from producer–driven and buyer–driven industries", *Review of Market Integration*, 2 (1): 43–60.

69. Ivarsson, Inge and Claes Goran Alvstam (2010c) "Supplier upgrading in the home–furnishing value chain: an empirical study of IKEA's sourcing in China and South East Asia", *World Development*, 38 (11): 1575–1587.

70. Jones, Geoffrey (2010) "Multinational strategies and developing countries in historical perspective", *Harvard Business School Working Paper*, No. 10–076.

71. Kelman, Ilan and Jennifer West (2009). "Climate change and small island developing states: a critical review", *Ecological and Environmental Anthropology*, 5 (1).

72. Kenney, Martin, Silvia Massini, and Thomas P. Murtha (2009) "Offshoring administrative and technical work: new fields for understanding the global enterprise", *Journal of International Business Studies*, 40 (6): 887–900.

73. Kerkovic, Tamara Milenkovic (2010) "The main directions in comparative franchising regulation, UNIDROIT initiative and its influence", *European Research Studies*, XIII (1).

74. Kim, Linsu (2003) "The dynamics of technology development: lessons from the Korean experience", in Sanjaya Lall and Shujiro Urata (eds.), *Competitiveness*, *FDI*, *and Technological Activity in East Asia*. Cheltenham: Edward Elgar.

75. Klapper, Leora (2006) "The role of factoring in SME finance", *Access Finance*, 15.

76. Kuznetsov, Anatoly V. (ed.) (2011) "Russian multinationals continue their outward expansion in spite of global crisis", *Working Paper*, No. 76. Moscow: Institute of World Economics.

77. Lamminmaki, Dawn (2005) "Why do hotels outsource? An investigation using asset specificity",

International Journal of Contemporary Hospitality Management 17 (6): 516-528.

78. Lewin, Arie, Silvia Massini and Carine Peeters (2009) "Why are companies offshoring innovation? The emerging global race for talent", *Journal of International Business Studies*, 40: 901-925.

79. Lin, Justin Y. (2011) "From flying geese to leading dragons: new opportunities and strategies for structural transformation in developing countries". Paper presented at *World Institute for Development Economics Research (WIDER) Lecture*, Maputo, Mozambique.

80. Lin, Justin Y. and Célestin Monga (2010) "The growth report and new structural economics", *Policy Research Working Paper*, No. 5336. Washington, DC: World Bank.

81. Litovsky, Alejandro, Steven Rochlin, Simon Zadek and Brian Levy (2007) *Investing in Standards for Sustainable Development: The Role of International Development Agencies in Supporting Collaborative Standards Initiatives*. London: Account Ability.

82. Liu, Pascal (2009) *Certification in the Value Chain for Fresh Fruits: the Example of Banana Industry*, FAO Commodity Studies No. 4. Rome: FAO.

83. Lundan, Sarianna M. (ed.) (2004) *Multinationals, Environment and Global Competition*, Oxford: JAI (Elsevier).

84. Magleby, Kirk (2007) *Ending Global Poverty: The Microfranchise Solution.* Power Think Publishing.

85. Manning, Stephan, Arie Lewin and Silvia Massini (2008) "The globalization of innovation: a dynamic perspective on offshoring", *Academy of Management Perspectives*, 22 (3): 35-54.

86. Marco, Chamon, Mahvash S. Qureshi and Annamaria Kokenyne (2011) "Managing capital inflows: what tool to use", IMF Staff Discussion Note.

87. Mascarenhas, Briance (1989) "Domains of state-owned, privately held, and publicly traded firms in international competition", *Administrative Science Quarterly*, 34 (4): 582-597.

88. Maskus, Keith E. (2005) "The role of intellectual property rights in encouraging foreign direct investment and technology transfer", in C. Fink and K.E. Maskus (eds.), *Intellectual Property and Development. Lessons from Recent Economic Research.* Washington, DC: The World Bank.

89. Mazzolini, Renato (1980) "Are state-owned enterprises unfair competition?", *California Management Review*, Winter.

90. McKendrick, David, Richard F. Doner and Stephan Haggard (2000) *From Silicon Valley to Singapore*. Stanford, CA: Stanford University Press.

91. McKinsey & Co. (2005) "Extending India's leadership of the global IT and BPO industries", *NASSCOM-McKinsey Report.*

92. McNamara, Kerry (2008) "The global textile and garments industry: the role of Information and Communication Technologies (ICTs) in exploring the value chain", infoDev, Information for Development Program, International Bank for Reconstruction and Development/World Bank.

93. Meyer, Thomas (2008) "Offshoring does not explain job cuts at European banks", *Deutsche Bank*

Research, August.

94. Meyer, Thomas (2009) "Offshoring to China: from workbench to back office?", *Deutsche Bank Research*, January.

95. MIGA (2011) *World Investment and Political Risk* 2010. Washington, DC: World Bank.

96. Milberg, William and Matthew Amengual (2008) *Economic Development and Working Conditions in Export Processing Zones: A Survey of Trends*. Geneva: International Labour Organization.

97. Mitra, Devashish and Priya Ranjan (2010) "Offshoring and unemployment: the role of search frictions and labor mobility", *Journal of International Economics*, 81 (2): 219–229.

98. MKG Hospitality (2011) "Franchised–investments made easier". Note and data provided for the *World Investment Report 2011*, mimeo.

99. Moran, Theodore H. (2011) "Foreign manufacturing multinationals and the transformation of the Chinese economy: new measurements, new perspectives", *Working Paper* Series, WP 11–11, April. Washington, DC: Peterson Institute for International Economics.

100. Morin, Richard (2006) "The surprising impact of global warming on tourism", Washington, DC: Pew Research.

101. Center. Morrison, Andrea, Carlo Pietrobelli and Roberta Rabellotti (2008) "Global value chains and technological capabilities: a framework to study learning and innovation in developing countries", *Oxford Development Studies*, 36 (1): 39–58.

102. Mudambi, Ram, Claus P. Schründer and Andrew Mongar (2004) "How cooperative is cooperative purchasing in smaller firms?", *Long Range Planning*, 37: 85–102.

103. Narula, Rajneesh and John H. Dunning (2010) "Multinational enterprises, development and globalization: some clarifications and a research agenda", *Oxford Development Studies*, 38 (3): 263–287.

104. NASSCOM, India (2010) "Impact of the IT–BPO industry in India: a decade in review". Available at: www.nasscom.in.

105. Navaretti, Giorgio Barba, Davide Castellani and Anne-Célia Disdier (2010) "How does investing in cheap labour countries affect performance at home? France and Italy", *Oxford Economic Papers*, 62 (2): 234–260.

106. Navas–Aleman, Lizbeth (2011) "The impact of operating in multiple value chains for upgrading: the case of the Brazilian furniture and footwear industries", *World Development*, 39 (5).

107. Nurse, Keith (2009) "Climate change policies and tourism competitiveness in small island developing states". Paper presented at Conference on International Dimensions of Climate Change, NCCR University of Berne, Switzerland, January 2009.

108. OECD (2009) *Guidelines for Recipient Country Investment Policies Relating to National Security*. Paris: OECD.

109. OECD (2011) *Competitive Neutrality and State–Owned Enterprises: Challenges and Policy*

Options. Paris: OECD.

110. OECD-ILO (2008) "Overview of selected initiatives and instruments relevant to corporate social responsibility". Annual Report on the OECD Guidelines for Multinational Enterprises 2008 Employment and Industrial Relations.

111. OECD–UNCTAD (2010a) Third Report on G20 Investment Measures, 14 June.

112. OECD–UNCTAD (2010b) Fourth Report on G20 Investment Measures, 4 November.

113. OECD–UNCTAD (2011) Fifth Report on G20 Investment Measures, 24 May.Ostry, Jonathan D., Atish R. Ghosh, Karl Habermeier, Luc Laeven.

114. Polastro, Enrico, T. (2009) "Openings for outsourcing: is it a new paradigm in pharmaceutical outsourcing?", *Contract Pharma*, March.

115. Porter, Michael E. (1985) *Competitive Advantage: Creating and Sustaining Superior Performance*. New York: The Free Press.

116. Pyndt Jacob and Torben Pedersen (2006) *Managing Global Offshoring Strategies: A Case Approach*. Frederiksberg: Copenhagen Business School Press.

117. Rahman, Mustafizur, Debapriya Bhattacharya and Khondaker G. Moazzem (2007). "Dynamics of ongoing changes in Bangladesh's export–oriented RMG enterprises: findings from an enterprise level survey". Available at: http://bdeconassoc.org.

118. Rasiah, Rajah (2009) "Implications of the global financial crisis on garment manufacturing in Cambodia and Laos". Paper presented at UNIDO conference, Seoul, 12–13 November.

119. Ravichandran K., David Sam Jayakumar and Abdus K. Samad (2008) "Service quality: food retail", *SCMS Journal of Indian Management*, July–September.

120. Reed, Darryl, Peter Utting and Ananya Mukherjee–Reed (2011) *Business, Non–State Regulation and Development*. New York: Routledge.

121. Reich, Robert (2007) "Politics diverted", in *Supercapitalism: The Transformation of Business, Democracy, and Everyday Life*. New York: Alfred A. Knopf.

122. Reid, Mark (2008) "A case study analysis of the Benetton supply chain", MBA paper, University of Greenwich Business School.

123. Reinhardt, Forest L. (1999) "Market failure and the environmental policies of firms: economic rationales for 'beyond compliance' behaviour", *Journal of Industrial Ecology*, 3 (1): 9–21.

124. Responsible Research (2010) "Sustainable stock exchanges: real obstacles, real opportunities". Available at: www.world–exchanges.org.

125. Richter, John (2009) "Ex–Im Bank: a valuable partner for IFA members seeking to export", *Franchising World*, October.

126. Riisgard, Lone and Nikolaus Hammer (2011) "Prospects for labour in global value chains: labour standards in the cut flower and banana industries", *British Journal of Industrial Relations*, 49 (1): 168–190.

127. Rocha, Thelma, Felipe Borini and Eduardo Spers (2010) *A Internacionalizacao das Franquias Brazileiras* (The internationalization of Brazilian franchising). Associacao Brasileira de Franchising.

128. Rodrik, Dani (2004) *Industrial Policy for the 21st Century*. Cambridge, MA: Harvard University, JFK School of Government.

129. Royal Academy of Engineering (2011) *Infrastructure, Engineering and Climate Change Adaptation*. London: the Royal Academy of Engineering.

130. Rwelamira, Peter Gervase and Donatilla K. Kaino (2008) "SADC integration efforts and cross-border investments". Gaborone: Foprisa.

131. SABMiller, Coca Cola and Oxfam America (2010) "Exploring the links between international business and poverty reduction". Available at: www.oxfamamerica.org.

132. Schildbach, Jan (2009) "Global banking trends after the crisis", *Deutsche Bank Research*, June.

133. Shih, Willy, Chintay Shih, Hung-Chang Chiu, Yi-Ching Hsieh, and Howard H. Yu (2008) "ASUSTeK Computer Inc.EeePC (A)", *Case Study* 9-609-111. Cambridge, MA: Harvard Business School.

134. Starmanns, Mark (2010) "The grand illusion? Corporate social responsibility in global garment production networks", PhD thesis, University of Cologne.

135. Sturgeon, Timothy, and Enrique Dussel-Peters (2006) "From high volume to high mix and beyond: the changing role of the Guadalajara electronics cluster in global value chains". Unpublished manuscript: main findings and preliminary policy recommendations, Industrial Upgrading in Mexico project. Durham, NC: Center for Globalization, Governance, and Competitiveness, Duke University.

136. Sturgeon, Timothy J., and Momoko Kawakami (2010) "Global value chains in the electronics industry. Was the crisis a window of opportunity for developing countries?", *Policy Research Working Paper*, No. 5417. Washington, DC: The World Bank.

137. Sturgeon, Timothy J. and Greg Linden (2011) "Learning and earning in global value chains: lessons in supplier competence building in East Asia", in Timothy J. Sturgeon and Momoko Kawagami (eds.) *Local Learning in Global Value Chains: Experiences from East Asia*. Basingstoke: Palgrave Macmillan.

138. Tate, Wendy L., Lisa M. Ellram, Lydia Bals and Evi Hartmann (2009) "Offshore outsourcing of services: an evolutionary perspective", *International Journal of Production Economics*, 120: 512-524.

139. Truman, Edwin (2011) *Sovereign Wealth Funds: Threat or Salvation*? Washington, DC: Peterson Institute for International Economics.

140. Tschang, Feichin Ted and Andrea Goldstein (2010) "The outsourcing of 'creative' work and the limits of capability: the case of the Philippines' animation industry", *IEEE Transactions on Engineering Management*, 57 (1).

141. UN JIU (2010) United Nations corporate partnerships: The role and functioning of the Global Compact (JIU/REP/2010/9). Available at: www.unjiu.org.

142. UNCTAD (2000) Set of multilaterally agreed equitable principles and rules for the control of

restrictive business practices, TD/RBP/CONF/10/Rev.2. Available at: www.unctad.org.

143. UNCTAD (2001) *Improving the Competitiveness of SMEs in Developing Countries: the Role of Finance to Enhance Enterprise Development.* UNCTAD/ITE/TEB/Misc. 3. New York and Geneva: United Nations.

144. UNCTAD (2005) *International Investment Agreements in Services.* UNCTAD Series on International Investment Policies for Development. New York and Geneva: United Nations.

145. UNCTAD (2006) *Preserving Flexibility in IIAs: the Use of Reservations.* UNCTAD Series on International Investment Policies for Development. New York and Geneva: United Nations.

146. UNCTAD (2007) *FDI in Tourism: The Development Dimension.* New York and Geneva: United Nations.

147. UNCTAD (2008a) *World Investment Directory*, volume X, Africa 2008. Geneva: United Nations.

148. UNCTAD (2008b) *Investment Promotion Provisions in International Investment Agreements.* UNCTAD Series on International Investment Policies for Development. New York and Geneva: United Nations.

149. UNCTAD (2008c) "Review of the implementation status of corporate governance disclosures: an examination of reporting practices among large enterprises in 10 emerging markets". Report presented at 25th session of Intergovernmental Working Group of Experts on International Standards of Accounting and Reporting. Geneva, 4–6 November 2008. TD/B/C.II/ISAR/CRP.1.

150. UNCTAD (2009a) "Assessing the impact of the current financial and economic crisis on global FDI flows". Available at: www.unctad.org.

151. UNCTAD (2009b) *The Protection of National Security in IIAs.* UNCTAD Series on International Investment Policies for Development. New York and Geneva: United Nations.

152. UNCTAD (2009c) *The Role of International Investment Agreements in Attracting Foreign Direct Investment to Developing Countries.* UNCTAD Series on International Investment Policies for Development. New York and Geneva: United Nations.

153. UNCTAD (2010a) "Maximizing synergies between foreign direct investment and domestic investment for development: enhancing productive capacities". Report presented at Multi–Year Expert Meeting on Investment for Development. Geneva, 3–5 February.

154. UNCTAD (2010b) "Development dimensions of intellectual property in Uganda: transfer of technology, access to medicines and textbooks". A Report by the UNCTAD–ICTSD Project on Intellectual Property Rights and Sustainable Development. New York and Geneva: United Nations.

155. UNCTAD (2010c) *Integrating Developing Countries' SMEs into Global Value Chains.* New York and Geneva: United Nations.

156. UNCTAD (2010d) Model Law on Competition–Chapter III. New York and Geneva: United Nations. TD/RBP/CONF.7/L.3. Available at: www.unctad.org.

157. UNCTAD (2011a) "Partnering public and private investment for development". Report presented at

Multi-Year Expert Meeting on Investment for Development, Geneva, 2-4 February.

158. UNCTAD (2011b) *Foreign Direct Investment in Least Developed Countries: Lessons Learned from the Decade 2001-2010 and the Way Forward.* New York and Geneva: United Nations.

159. UNCTAD (2011c) "Latest developments in investor-state dispute settlement" . *Issues Note* No.1. New York and Geneva: United Nations.UNCTAD (2011d) *Scope and Definition.* UNCTAD Series on Issues in International Investment Agreements II. New York and Geneva: United Nations.

160. UNCTAD (2011e) *Investment and Enterprise Responsibility Review: Analysis of investor and enterprise policies on corporate social responsibility.* New York and Geneva: United Nations.

161. UNCTAD (forthcoming a) *World Investment Prospects Survey 2011-2013*, New York and Geneva: United Nations.

162. UNCTAD (forthcoming b) *Study of 100 company codes across 10 industries.* New York and Geneva: United Nations.

163. UNCTAD (forthcoming c) *Non-Equity Modes of TNC Operations and Development: A Survey of Investment Promotion Agencies.* New York and Geneva: United Nations.

164. UNCTAD, WHO and ICTSD (forthcoming) "The local production of pharmaceuticals and related technology transfer in developing countries. A series of case studies by the UNCTAD Secretariat" . Paper developed under a joint project with the World Health Organization and the International Centre for Trade and Sustainable Development. New York and Geneva: United Nations.

165. UN-DESA (2011) *World Economic Situation and Prospects 2011: Update as of mid-2011.* New York: United Nations.

166. UNFCCC (2007) "Vulnerability and adaptation to climate change in small island developing states". Background paper for the expert meeting on adaptation for small island developing States.

167. UNIDO (2009) "The impact of world recession on the textile and garment industries of Asia". Paper presented at Seoul Workshop, United Nations Industrial Development Organization, 12-13 November.

168. UNWTO, UNEP and WMO (2008). *Climate Change and Tourism: Responding to Global Challenges.* Madrid: UNWTO; Paris: UNEP.

169. USAID (2010) *Gambia-Senegal Sustainable Fisheries Project.* Annual Report and Year 2 Work Plan.

170. Utting, Peter (2002) *Regulating Business via Multi-stakeholder Initiatives: A Preliminary Assessment in Voluntary Approaches to Corporate Responsibility: Readings and a Resource Guide.* Geneva: United Nations Non-Governmental Liaison Service (NGLS) and UNRISD.

171. Van Liemt, Gijsbert (2007) "Subcontracting in electronics: from contract manufacturers to providers of electronic manufacturing services (EMS)", *Working Paper* No. 249. Geneva: International Labour Organization.

172. Van Welsum, Desiree and Graham Vickery (2005) "Potential offshoring of ICT-intensive using

occupations", DSTI *Information Economy Working Paper* DSTI/ICCP/IE (2004) 19 /FINAL. Paris: OECD.

173. Vermeulen, W.J.V., Y. Uitenbosgaart, L.D.L. Pesqueira, J. Metselaar and M.T.T. Kor (2010) "Roles of governments in multi-actor sustainable supply chain governance systems and the effectiveness of their interventions. An exploratory study", University of Utrecht.

174. Webb, K. and A. Morrison (2004) "The law and voluntary codes: examining the tangled web", in *Voluntary Codes: Private Governance, The Public Interest and Innovation*. Ottowa: Carleton Research Unit for Innovation, Science and Environment, Carleton University.

175. Wee, Kee Hwee and Katrin Arnold (2009) "Transnational corporations in floriculture". Paper prepared for the World Investment Report 2009, mimeo.

176. Whittaker, Hugh; Tianbiao Zhu; Timothy Sturgeon et al. (2010) "Compressed development", *Studies in Comparative International Development*, 45: 439-467.

177. Wilkins, Mira and Harm Schroter (1998) *The Free-Standing Company in the World Economy, 1830-1996*, Oxford: Oxford University Press.

178. World Bank (2006) *Investment Framework for Clean Energy and Development*, Washington, DC: World Bank.

179. World Bank (2010) *Investing across Borders*. Washington, D.C.: Investment Climate Advisory Services, World Bank Group.

180. WTO-OECD-UNCTAD (2009) "Report on G20 Trade and Investment Measures", 14 September.

181. WTO-OECD-UNCTAD (2010) "Report on G20 Trade and Investment Measures" (September 2009 to March 2010), 8 March.

182. Xing, Yuqing and Neal Detert (2010) "How the iPhone widens the United States trade deficit with People's Republic of China", *ADBI Working Paper Series*, No. 257. Asian Development Bank Institute.

183. Yamagata, Tatsufumi (2007) "Prospects for development of the garment industry in developing countries: what has happened since the MFA phase-out?", *Discussion Paper* No. 101, Institute of Developing Economies.

184. Yang, Yung-Kai (2010) *Upgrading through Linkages?: The Taiwanese notebook PC production network in China*. Saarbrucken: VDM Verlag Dr Müller.

185. Yang, Yongzheng and Sanjeev Gupta (2005) "Regional trade arrangements in Africa: past performance and the way forward", *Working Paper* WP/05/36. IMF.

186. Yin, Eden and Peter J. Williamson (2011) "Rethinking innovation for a recovery", *Ivey Business Journal* (Online Edition), May/June.

187. Zhan, James (2011) "Making industrial policy work". Project Syndicate. Available at: www. project-syndicate.org.

联合国贸发会议关于跨国公司和 FDI 方面的一些出版物

World Investment Report www.unctad.org/wir

World Investment Prospects Survey www.unctad.org/diae

Global Investment Trends Monitor www.unctad.org/iia

Investment Policy Monitor www.unctad.org/iia

Issues in International Investment Agreements www.unctad.org/iia

International Investment Policies for Development www.unctad.org/iia

Investment Advisory Series A and B www.unctad.org/diae

Investment Policy Reviews www.unctad.org/ipr

Current Series on FDI and Development www.unctad.org/diae

Transnational Corporations Journal www.unctad.org/tnc

如何获取这些出版物

The sales publications may be purchased from distributors of United Nations publications throughout the world. They may also be obtained by writing to:

UN Publications Sales and Marketing Office

300 E 42nd Street, 9th Floor, IN-919J

New York, NY, 10017 USA

Tel: 001-212-963-8302

Fax: 001-212-963-3489

Email: publications@un.org

https: //unp.un.org/

For further information on the work on foreign direct investment and transnational corporations, please address inquiries to:

Division on Investment and Enterprise

United Nations Conference on Trade and Development

Palais des Nations, Room E-10058

CH-1211 Geneva 10 Switzerland

Telephone: +41 22 917 5760

Fax: +41 22 917 0498

Web: www.unctad.org/diae

译后语

《世界投资报告 2011：国际生产和发展的非股权形式》是联合国贸易和发展组织（UNCTAD）（以下称“联合国贸发组织”）关于全球外国直接投资流动趋势的年度报告，也是 UNCTAD 最重要的出版物之一。

为了方便我国相关政府部门、企业界研究和决策人士以及外国投资研究领域的专家学者更便捷地使用这份报告，南开大学跨国公司研究中心受联合国贸发组织委托，组织翻译了《世界投资报告 2011：国际生产和发展的非股权形式》中文版。

报告的翻译主要由南开大学跨国公司研究中心的研究人员承担，具体分工是：冼国明教授和严兵副教授总校译；严兵副教授翻译前言、主旨、概述、第三章；文东伟副教授翻译第一章；杨长志副教授翻译第二章；张宇副教授翻译第四章；附录、表格由张振华博士翻译。

从报告于 2011 年 7 月 26 日在全球发布到完成翻译、出版，期间只有一个月时间，翻译和审校人员为之付出了巨大的、辛勤的汗水。

南开大学跨国公司研究中心冼国明主任、中国国际投资促进会周铭副会长、国际经济合作杂志社齐国强社长、商务部外资司吉小枫处长、国际司沈晓凯处长、合作司陈明霞副处长为本报告的翻译工作提供了便利和帮助。南开大学跨国公司研究中心葛顺奇教授对翻译和排版进行了具体的组织和协调工作，保证了报告如期翻译出版。联合国贸发组织投资和企业司司长兼本报告总撰稿人詹晓宁对本报告的翻译及出版工作进行了总体安排和指导，联合国贸发组织投资和企业司蔡梦奇负责本稿翻译和出版工作的协调和联络。

经济管理出版社张永美编辑为本报告的及早出版开展了卓有成效的工作。

南开大学跨国公司研究中心为本报告中文版的翻译和审校工作提供了资助。

南开大学跨国公司研究中心

2011 年 8 月 5 日